中 国 高 教 研 究 名 家 论 丛

韩延明 张茂聪 主编

U0641231

观念与文化：
德国高等教育研究

陈洪捷 著

山东教育出版社
·济南·

图书在版编目（CIP）数据

观念与文化：德国高等教育研究 / 陈洪捷著.
济南：山东教育出版社，2024.12. --（中国高教研究
名家论丛 / 韩延明，张茂聪主编）. -- ISBN 978-7
-5701-3319-2

Ⅰ．G649.516

中国国家版本馆 CIP 数据核字第 2024JK2977 号

ZHONGGUO GAOJIAO YANJIU MINGJIA LUNCONG

GUANNIAN YU WENHUA：DEGUO GAODENG JIAOYU YANJIU

中国高教研究名家论丛

观念与文化：德国高等教育研究 　　　　　　　　陈洪捷　著

主管单位：山东出版传媒股份有限公司
出版发行：山东教育出版社
　　　　　地址：济南市市中区二环南路 2066 号 4 区 1 号　邮编：250003
　　　　　电话：（0531）82092660　　网址：www.sjs.com.cn
印　　刷：济南精致印务有限公司
版　　次：2024 年 12 月第 1 版
印　　次：2024 年 12 月第 1 次印刷
开　　本：787 mm×1092 mm　1/16
印　　张：24.25
字　　数：360 千
定　　价：106.00 元

（如印装质量有问题，请与印刷厂联系调换）印厂电话：0531-88783898

总序

习近平总书记在党的二十大报告中强调指出，要"加快建设教育强国、科技强国、人才强国"，"加快建设高质量教育体系"，"加快建设中国特色、世界一流的大学和优势学科"。这些重要论述，为新时代高等教育高质量发展提供了根本遵循。在推进中国式现代化建设的当下，党和国家对高等教育高质量发展的期盼比以往任何时候都更为迫切。新形势下要实现高等教育高质量发展，需要清醒的判断和正确的选择；需要进一步拓宽视野，守正创新；需要积极应对新技术和新方法对高等教育发展带来的新挑战；需要研究探索新时代高等教育服务治国理政和国家重大发展战略的新路径与新方法。

山东师范大学与山东教育出版社联袂推出的这套《中国高教研究名家论丛》（以下简称《论丛》）学术专著出版计划，着眼于国家重大需求，探讨了高等教育发展的内在规律，回应了社会各界对高等教育发展的重大关切，是按照理论研究的科学范式和实践探索的应用要求编撰而成的一套高水平的高等教育书系。《论丛》不拘一格，尊重每位学者的兴趣和专长，初定学术专著20本，分2辑出版，600余万字。《论丛》站在高等教育的学科前沿，紧紧围绕"高等教育发展与前瞻"的主旨，遵循理论研究与实践应用相结合、应然建构与实然建设相结合、国际借鉴与国内经验相结合、历史回眸与未来前瞻相结合的原则，采用多学科、多视域、多元化的研究方法，以专题探索与体系构建为根基，以传承、改革、发展为主线，以国内外高等教育理论研究和实践经验探索为主题，从高等教育大系统、大拓展、大革新、大跨越的角度，对高等教育发展战略与宏观政策、高等教育组织与治理、高等教育研究何为、高等教育学及其理论问题、中国高等教育的时代命题、高等教育的理论探究、改革时代的高等教育发展、学科与研究生教育高质量发展，以及大学转型、大学治理、大学创新、大学文化、大学的未来等诸多层面和视角进行了全景式理论研究和全方位实践探索。《论丛》站位高远、立意新颖，中外结合、古今贯通，设计前卫、异彩纷呈，以国际视野打造中国高等教育的实践案例，彰显教育创新精神，凸显扎根中国大地办教育，是新时代具有高等教育舆论导向、决策参考、理论指导和实践应用价值的精品力作。

本《论丛》的作者包括中国高等教育学科创始人、厦门大学资深教授潘懋元先生等在内的20多位高等教育学界专家，分别来自厦门大学、北京大学、中国人民大学、浙江大学、中国教育科学研究院等全国知名高校和科研院所。这些作者绝大部分我都比较熟悉，有的已经认识、交往多年，也经常读到他们的论文或著作，他们在高等教育理论领域躬耕多年，贡献了许多真知灼见。他们扛起了高等教育学科理论大旗，创榛辟莽、研精覃思，坚守学术责任，攘袂引领国家教育改革决策，为中国高等教育改革和发展作出了重要贡献。

据韩延明教授介绍，潘懋元先生生前对这套《论丛》很支持、很关心，曾一度答应为丛书作序，彰显了这位国内外著名教育家对我国高等教育研究的高度重视和对后辈学人的鼎力扶持。我和潘先生是多年的学界挚友，我一直视他为我的先辈，40多年来，我们的交往最多、最频繁、最亲密。现在他走了，但他的精神永存，我们永远怀念他！

"最是书香能致远"，欣闻《中国高教研究名家论丛》即将出版，甚为高兴，聊抒所感，是为序。

2023年5月25日于北京

编撰说明

党的十八大以来，习近平总书记站在中华民族伟大复兴战略全局的高度，对新时代教育强国、高等教育高质量发展、建设世界一流大学等，作出了一系列重要指示批示，深情似海，厚望如山。《中国高教研究名家论丛》（简称《论丛》），正是在这一宏阔发展愿景和踔厉奋进背景下由山东师范大学和山东教育出版社联袂策划、组织、编撰、出版的一套接续性大型理论研究丛书。

（一）《论丛》基于新时代教育强国建设的使命担当

习近平总书记在党的二十大报告中强调，要"加快建设教育强国、科技强国、人才强国"。2023年5月29日，他在主持中共中央政治局第五次集体学习时又明确指出："建设教育强国，是全面建成社会主义现代化强国的战略先导，是实现高水平科技自立自强的重要支撑，是促进全体人民共同富裕的有效途径，是以中国式现代化全面推进中华民族伟大复兴的基础工程。"而"建设教育强国，龙头是高等教育"。这些重要论述，指明了新时代教育强国和高等教育高质量发展的方向，开启了高等教育强国建设新征程。我国高等教育要立足于中华民族的伟大复兴，心怀"国之大者"，勇攀世界高峰，提升高等教育服务强国建设的能力和水平，强化高质量高等教育支撑中国式现代化建设的责任意识和使命担当。

（二）《论丛》致力于打造高水平的高教研究智库

本丛书整合集聚了国内高等教育学界领航专家和全国知名高校教授有影响力、有代表性的创新学术成果，倾力打造高等教育高水平研究与高质量发展的理论智库、决策智库与实践智库，致力于为新时代高等教育发展编纂一套具有学术价值、实践指导、高水平决策咨询作用的精品书系。

在作者队伍上，由来自北京大学、中国人民大学、北京师范大学、大连理工大学、华东师范大学、上海师范大学、苏州大学、南京师范大学、浙江大学、厦门大学、中国石油大学（华东）、山东师范大学、华南师范大学、云南大学、西北工业大学、兰州大学、中国教育科学研究院等全国知名高校（以教育部官网公布的《全国高等学校名单》排列）和科研院所的高等教育专家学者构成。这些作者扛鼎高等教育学科理论大旗，为高等教育研究、改革、发展作出了重要贡献。特别是著名教育家、中国高等教育学科创始人、中国高等教育学会高等教育学专业委员会首任理事长、厦门大学原副校长、资深教授潘懋元先生，更是殚精竭虑、建言献策、著作等身，构建了中国高等教育的学科体系、学术体系、话语体系，开创了中国特色、中国风格、中国气派的高等教育理论。

在遴选内容上，《论丛》着眼于国家重大发展战略，聚焦于高等教育发展规律，旨在与国家发展大局同向同行、与社会发展布局同频共振、与教育发展格局相辅相成。书稿均是经作者反复斟酌、精心选择的具有较高学术价值的代表性学术成果。有的成果虽已公开发表，但此次辑录作者也进行了适当的修改和完善，还有一些是首次正式发表的具有学术含量的论文、报告、演讲、随笔、访谈、政论等，凝练了高等教育的中国智慧、中国方案和中国实践。有的著作还研究、解析、借鉴了国外高等教育发展的经验和创见。

（三）《论丛》科学建构高等教育的理论研究体系

《论丛》站在高等教育研究与发展前沿，以多学科、多视域、多元化研究路径，按照理论研究的科学范式和实践探索的应用要求，遵循高等教育科学方法论，深入探讨创新人才培养、科研成果转化、教学质量提升、大学文化传承以及人文精神培育等高等教育实践中的热点、难点和焦点问题，为高等教育理论研究"描全貌"，为高等教育实践探索"留档案"，为高等教育发展"绘蓝图"。

《论丛》由潘懋元先生担任编委会主任，教育部原副部长、教育部普通高等学校本科教育教学评估专家委员会主任、中国高等教育学会副会长（主持工作）林蕙青任编委会副主任、临沂大学原校长、山东师范大学特聘教授韩延明与山东师范大学副校长张茂聪教授任丛书主编，计划分2辑出版（共20册），倾力打造国内高等教育理论研究丛书中的标志性创新性书系。

在《论丛》编撰出版过程中，得到了教育部领导、全国相关专家学者、山东省委宣传部、山东师范大学、山东教育出版社的大力支持。潘懋元先生生前多次电话催问和指导《论丛》的编撰工作；著名教育家、教育部教师教育专家委员会主任、中国教育学会名誉会长、北京师范大学原副校长、资深教授顾明远先生不仅多次悉心指导，还在百忙中拨冗为《论丛》撰写"总序"；林蕙青同志欣然担任《论丛》编委会副主任，为圆满完成潘先生的遗愿而尽心竭力；各位作者认真梳理、修改、完善文稿，精益求精，付出了艰辛劳动；厦门大学教育研究院副教授陈斌博士，为搜集、整理、校对潘懋元先生《教育的未来》一书的文稿精辑细核、倾情奉献；山东教育出版社社长杨大卫、总编辑孟旭虹积极筹划、细心组织；李红主任、郑伟副教授协助丛书主编做了大量相关工作。在此，我们一并表示诚挚的感谢！

由于编撰出版时间紧迫，加之面广量大，难免有疏漏、不妥之处，恳请同仁和读者批评指正。

韩延明　张茂聪　谨识

2023年11月10日于济南

前言

在中国研究外国教育，通常是以一个国家为单位的。比如，我是研究德国教育的，按理说我就需要了解德国的整个教育，从历史到当代，从理论到实际，从高等教育到学前教育，从大学教育到职业教育。一物不知，儒之耻也！但是我们也清楚，这是不可能的。按照我们目前的学术体制，研究德国教育的学者，通常都是有所专攻：或研究德国高等教育，或研究德国职业教育，或研究德国教育学理论，等等。

前者固然不可能，但后者又着实可悲。我就一直在这两种极端之间挣扎。算来我从事德国教育研究，已有40多年。在这漫长的时间中，我的主攻方向是德国高等教育，但也涉猎德国的职业教育、普通教育。我既关注德国高等教育的历史，也关心其现状，有时还走出教育，涉猎到其他领域。回头来看，研究德国的教育，太泛了固然不好，太单一了也不行。

理想的路线似乎是一专多能。唯有"一专"，能够保证研究的深度和专业性，而"多能"，则保证开阔的眼界和通透的判断。回顾自己多年来关于德国教育的研究，如果说做了一点有价值的研究，也是得益于"一专"和"多能"的结合。

在国内研究国别教育，其实很不容易。研究队伍本来不大，不可能有很细的分工。每一位研究者一方面需要在研究主题方面有专一性和连续性，另一方面也需要兼顾整个对象国的教育。过于专注自己的研究领域，并不利于研究，同时也满足不了国内对外国教育的信息和研究需求。但如果研究者兴趣过于广泛，四处出击，则会缺少积累和深度。好的研究，应该都是这二者结合的产物。

好在我基本能够在这二者之间保持一定的平衡。本书的内容，是我多年来关于德国高等教育研究成果的汇总，其主题主要包括德国古典大学理念、德国博士生培养以及德国的应用型人才的培养与工业技术文化。而在这些主题的背后，是我长期关注的一些基础性的研究领域，诸如德国近代史、知识阶层、学术职业、学科史、科学史、思想史、工业化史以及社会学理论，等等。另外，中德的学术交流，也一直是我关注的一个领域，本书收入了若干关于蔡元培和季羡林的研究。这些研究虽然不能算入德国高等教育的范畴，但对于中国人认识德国的大学与学术、对于德国大学理念在中国的传播研究，很有意义。

本书中的内容写作于不同的年代，叙述的时间点也各有不同，但从内容上看，全书基本保持了一种连续性和整体性，通篇还算系统和连贯。而且总体来看，这些研究虽历经岁月，但并未过时，对于了解和研究德国高等教育仍有学术和现实的意义。

目录

第一章

德国古典大学传统

    德国是现代大学的发源地，对后世影响深远。欧洲大学虽有千年之久的历史，然而从传统到现代的转型，却完成于德国。这是一个令人难以理解的事情。与意大利和法国相比，德国大学的传统算不上悠久，在18世纪与19世纪之交，德国也算不上欧洲的一流国家，但为何偏偏在德国，大学走上了现代之路？

    无论是从政治还是从经济角度看，德国当时都不具备完成大学现代化的任务。然而，思想和文化的特殊条件，却为大学的转型提供了充足的养料。在当时封建落后的德国，形成了一套具有现代特点的大学理念和人的理念。这些理念不仅造就了德国的新式大学，同时，也开辟了世界范围新式大学的道路。本章的重点就是从不同的角度展示德国大学的理论。所谓古典，与古老无关，含有经典、典范之意。虽然世界上发生了翻天覆地的种种变化，但德国古典大学观自形成以来，其核心理念依然被视为现代大学的基本观念，可谓影响深远。

第一节　德国古典大学的教育理念

　　大学教育的理念有三个维度：目标维度、制度维度和知识维度。目标维度指培养的目标，制度维度指保证培养目标得以实现的制度性安排，知识维度则是培养目标的知识基础。培养目标的提出，必须有制度和知识作为依托，否则只能是空的目标。这三个维度形成一个整体，缺一不可。以下也按此框架讨论德国古典大学的教育理念。

一、德国古典大学理念的背景

　　要理解德国古典大学的理念，必须从了解德国社会开始。德国曾长期四分五裂，在小国林立的状况下，政治和经济发展都受到制约。18世纪，英国已经开始工业革命，德国还处在落后的封建制度之中。在德国社会中，资产阶级是一个很单薄的阶层。英国的资产阶级发起了工业革命，法国的资产阶级发起了法国大革命，而德国的资产阶级力量微弱，很难在社会中有所作为。在德国社会里，贵族把持着政治和经济的发展方向，是社会的主导力量。

　　与此同时，一个新的知识阶层正在形成，歌德（Johann Wolfgang von Goethe）、席勒（Egon Schiele）、莱辛（Gotthold Ephraim Lessing）、赫尔德（Johann Gottfried Herder）、康德（Immanuel Kant）、黑格尔（G. W. F. Hegel）等就是这个新兴知识阶层的代表。这个知识阶层在政治上没有施展身手的空间，无法参与政治生活，同时，在经济上也缺乏发展的依托，因而把目光转向古代，研究古希腊的文化，向往古希腊的世界，自比是古希腊的直接传人。

知识阶层出于对古希腊的崇拜，开始认真地研究古代经典，研究古代的文字、文学和各种文献，形成了新人文主义的思潮。他们主张超越文艺复兴时期的人文主义，不是简单地模仿古典的东西，而是要学习其活的精神，并把古希腊人的精神变成"我们"的精神。他们对古希腊文化进行了系统研究，并在此基础上，开创了新的语文学、语言学、美学、历史学等人文学科的研究路径。

这个势力微弱的阶层在教育和知识领域找到了安身立命之处，并在文学艺术、学术等方面积累了雄厚的文化资本。由于这个阶层不够强大，必须依托政府、国家提高自己的地位，所以，这个知识阶层与国家保持着密切的关系，同时，也得到了政府的庇护。19世纪初，洪堡（W. v. Humbddt）进行的大学改革，基本可以理解为是知识阶层和政府合作的产物。

二、德国古典大学理念及其教育理念

关于德国古典大学理念，或者说新人文主义的大学理念，有一种很经典的表述，即Bildung durch Wissenschaft，翻译成汉语，就是"通过学术而达至修养"或"通过科学而达至修养"。这里有两个概念需要介绍一下，一个是修养（Bildung），一个是科学（Wissenschaft）。这两个地地道道的德国概念，很难翻译成英语、法语等其他西方语言，在汉语中也没有很合适的词语与之对应。德国古典大学理念以及教育理念主要就以这两个概念为核心。

（一）修养观

说到教育观，在德语中有Erziehung一词，可以直接翻译为汉语的教育、英语的education。Erziehung概念在德国应用广泛，但主要是在启蒙运动时期。泛爱主义教育家们喜欢谈教育，他们在启蒙运动思想的指导下，关心人类、关心人的发展、关心人的教育，比如裴斯泰洛齐（Johan Heinrich Pestalozzi）。他们主要从社会发展的角度关心人、培养人，让人变成公民参与到社会中。每个人，不管来自什么阶层，都应该接受良好的教育，成为一名好公民。这是当时非常流行的思潮。他们所说的教育就是Erziehung，即要对人从外部施加影响，以此达到一定的培养目标。

但是新人文主义者不说Erziehung，而强调Bildung，即修养。这种用词上的差别意义重大。所谓教育，指的是由外到内的教育，是由他人教育"你"，按照一定的目标培养"你"，使"你"成为这样或那样的人。但是修养强调"你"自身内部的发展，强调一种人的内在、自身的发展。所以，修养所追求的是人的自我潜能的充分和全面的发展。这种发展不是靠外在的力量，而主要是靠人自己。所以，修养和教育看似很接近，实则差异巨大。教育是有明确目标的，或是公民，或是技术官员，或是神职人员；而修养没有外在的目标，人本身就是目标。新人文主义者反对把社会中的任何目标强加到个体身上。总之，这两个概念的出发点是不一样的，要求和理念也完全不同。修养强调人本身，这个人是要脱离世俗而全面发展的人，即人的智力、情感等潜在因素都要获得发展，这种发展是全面的、和谐的、个性的。这就是新人文主义者对修养这一概念的基本理解。

那么，修养与通识教育的含义有什么区别呢？好像这两个概念都强调非职业导向的教育，都强调对个性、创造力、思考力的培养，但是我觉得这两者还是有不少区别的。按照我的理解，通识教育主要关心的是在教育场景中如何培养人的心智和批判性思维。而修养的概念虽然涵括教育，但是又超出了教育的范畴，具有人类学的意味，涉及对人本身的思考、对人的发展的思考，它所反映的是一种人的图景，比教育的概念要宽广得多。

总之，修养注重人的自主性和自主发展的能动性，发展的目标是人道（Humanität）。所谓人道，类似于古希腊意义上的完全的人，完全的人的潜能得到和谐的发展，有着独立的意志、独立的品质。而这才是个人和社会的最大价值，个人的技能和专业知识并不能与之相提并论。

（二）科学观

德国古典大学观中的第二个概念是Wissenschaft，从字面上我们可以把它翻译为科学，即英文的science，但这都是非常片面的翻译，容易引起误解。Wissenschaft似乎更符合汉语中的"学问"一词，因为学问包括人文的、社会科学的、自然科学的知识，但是学问是一个开放和集合的概念，而Wissenschaft是有系统的。Wissenschaft现在通译为科学（science）。在德文里，通常为了更精确地表达，在它前面加一个Natur，即自然科学，而在它前面加一个Geistes，即为精神科学，也就是我们说的人文学科。

前面说到德国古典大学的培养目标是修养，但如何达到这一目的呢？那就要通过科学。那么，科学（或学问）如何能实现人的潜能全面和谐发展的目标呢？这两者之间有怎样的关系？这里我们必须了解一下新人文主义视野中科学的含义。这个"很德国"的概念包含以下两个方面的意思：第一，它是一个以哲学为基础的、完整的知识体系。就是说，科学是一个整体，是不能被肢解的。一个人可以专攻化学或物理，但化学或物理只是科学的片段。要进入修养的境界，就必须对科学有整体的把握。如果没有整体性的知识基础，专业就不算科学，专业只是一种具体的技能或一种工匠式的技能。所以，在19世纪的德国大学中，哲学是必修课。不管学什么专业，都必须学习哲学。这一规定体现了科学整体观的理念。第二，科学是一个发展中的知识体系，是动态的，每一名参与者都是探索者，为科学的发展作出自己的贡献。换句话说，科学不是一个固有的、不变的知识体系，而是一个探索的过程。洪堡曾说，科学就是一个永无休止的探索过程。

中世纪以来的所有大学，基本只是知识传承机构。教师传授已有的知识，学生学习已有的知识。已有的知识都是真理，不容改动，更不允许创造新知。而新人文主义科学概念的提出，为大学增添了新的元素。新人文主义提倡研究和探索，这就意味着，科学是一个不断探索的过程，并没有极终的真理。科学从静态变为动态，科学活动需要主动和能动的参与。所以，大学的培养理念也在变，不是要求学生接受既有的知识，而是要求学生主动和能动地参与科学研究。

随着新人文主义科学观进入大学，研究型大学应运而生。科学研究因此成为大学的核心工作，并贯穿整个教学和学习过程。在德国古典大学中，科学是核心，而科学就等于研究，所以大学中的人，无论是教师还是学生都应当以研究为中心。对学生来说，科学的探索也是一个修养的过程，或者说，只有通过探索，学生才能发现和发展自己的潜力。对于新人文主义来讲，科学是以哲学为基础的，以古典学为核心的，这种科学当然是修养的最佳养料。而具体的专业知识，虽然有其价值，但不适合个人的成长。所以，对专业化和对专业化的重视必须放在科学的整体中认识与探索。而且，进行探索的最终目的在于个人的成长，这与外加的实用的目的是不相容的。

三、德国古典大学教育理念的知识基础

新人文主义的大学理念是与新人文主义的人的理念相联系的，人的图景和教育的图景则扎根于古希腊思想，所以，古典学被赋予了特别的价值，古典学成为大学的核心知识。古典学时称语文学，是新人文主义科学体系的基础。语文学首先在哥廷根大学受到关注，并形成了新的研究范式。研究古典学就可以从古典精华中汲取营养，从而陶冶情趣，拓宽眼界和丰富人生观，最终达到培养人性的目标。这种知识不是外在于人，而是和人融合在一起，是可以变换气质的。语文学并不只是关心文字，它是个综合概念，涉及文学、艺术、历史、语言等各个方面，这些构成了古典大学的核心知识领域。

在研究古典学的过程中，德国古典大学形成了一套学术研究的规范和技术，比如阐释学就是在研究古典学的过程中形成的，对于文献的考据方法也是这样形成的。这套体系逐渐成为德国大学学术教育和训练的"套路"，推动了其他相关知识领域的发展，比如日耳曼学，它实际上是古典学的翻版。古典学研究的是古希腊的语言、文化、历史、艺术，日耳曼学就是研究日耳曼人语言、文化、历史、艺术的学科，然后从日耳曼学又延伸

出研究英国和法国的一套学问。还有历史学，也是在古典学之后开始发展的，即把这些研究的规范用于历史研究。过去历史的研究主要是搜集信息和编纂文本，现代历史学则是由著名的日耳曼历史学家兰克（Leopold von Ranke）建立的。古典学、历史学与现代的语文学，实际上就形成了后来所说的精神科学的核心学科。

可以说，古典学所孕育的学术规范和制度构成了德国古典大学的基本学术制度，这一点很重要。因为这是现代大学学科规训的开始。之前我们说过自然科学在德国古典大学中不被重视，但是德国的自然科学仍然成就辉煌，由此可以看出学术规范和制度的重要性。无论什么知识，一旦进入大学体制，就可以依据这套学术规范发展，从而得到体制的有力支持。

这里所说的学术规范，首先是指研究的规范、研究方法的训练与研究理念的养成。德国古典大学之所以能够颠覆传统的大学，原因就在于它从一个简单接受现成知识的地方演变成了培养学者的机构。而培养学者一方面以知识为基础，另一方面靠研究的规范和方法。今天我们所熟悉的很多学术规范，都可以追溯到德国古典大学时期。

因此，可以说精神科学是和德国古典大学的教育理念、教育制度相配套的知识体系，这套知识体系是实现培养目标的最佳材料，由此，精神科学成为德国古典大学教育理念的知识基础。而应用性、技术性知识乃至自然科学在早期都不受重视的原因也很简单——这些知识被认为无助于修养。在19世纪后半期，技术科学也逐渐挤入了科学的行列，但是技术科学无法在古典大学中获得一席之地，只能另起炉灶，通过独立的工业技术高等学校（后发展成为工业大学）发展。到1900年，柏林工业大学等一批工业大学获得了博士学位授予权，由此，获得了与传统大学平起平坐的地位。也就是说，应用性知识到20世纪初才成为德国大学知识的组成部分。

四、德国古典大学教育理念的制度基础

德国古典大学的教育理念不仅仅是理念，而是有一套与之相对应的制

度。有了制度，才能保证理念得以支配人们的行为。这里主要讲大学自主性、学习自由、研究和教学自由这三项根本制度。

（一）大学自主性

大学与政府的关系是大学发展的重要条件。启蒙运动是与现代国家的兴起携手共进的。以法国为代表的国家雄心勃勃，力图把公共管理的权限延伸到社会改革的各个方面，在教育领域开始建立国民教育体系，加强国家层面的教育管理。但德国的改革者没有追随法国的路子，特别是在教育领域，其追求的是德意志的道路。当年担任内政部教育司司长（相当于教育部部长）的洪堡（Wilhelm von Humboldt），作为普鲁士教育部门的最高长官，明确提出，"国家不能干预大学"，由此可以看出，德国大学享有自主性。

大学自主性这个概念，一方面面向政府，即偏向于政治层面、管理层面，同时，也要求大学与宗教保持距离；另一方面面向社会和经济，就是说大学要耐得住寂寞，抵御功利主义的诱惑。

所以，德国古典大学是寂寞的，或者说是甘于寂寞的。这与新人文主义的教育理念有关，从这种教育理念出发，人的发展和成长是一个自发的、自我探索和成长的过程，这个过程不能被任何其他外在的目标和利益左右。人的价值是最重要的，要大于社会价值和其他价值。所以，大学必须是一个自主的机构，为个人自主、自由的成长提供保障。

基于新人文主义的教育理念，个人的发展是一个自由探索、自由成长的过程；知识也是一样的，也是一个自由探索的过程，不应当受到外在的限制和规定。所以，大学在学习、教学和研究等方面，都必须是自由的。洪堡一再强调两个概念，一个是寂寞，一个是自由。他说这是大学最基本的制度原则。从制度角度讲，制度理念与大学的培养目标相一致。可以说，大学所享有的自主性为大学教育理念的贯彻提供了有力保障。

（二）学习自由

学习自由历来被视为德国古典大学重要的制度特征。一个大学生从进入大学的第一天开始，先上什么课、后上什么课，完全由他自己做主。大学里没有基础课、必修课、选修课这些概念，每门课程都可以去听，听不懂就走，课程也没有设置考试环节。这种学习的自由是以修养理念为基础的，既然大学要促进个人自由的发展和自主的成长，那就应该为学生提供成长的环境和探索的条件。相比之下，在19世纪之前的大学中，课程内容由学校统一安排，学生没有选课的自由。

此外，学生还有另一种自由，即转学或游学的自由，比如"你"在北京师范大学学习了一年，然后发现南京师范大学也不错，就可以去南京师范大学上一学期，后来又发现东北师范大学也不错，还可以去东北师范大学上一学期，或者可以直接选择转学。这种情况在德国大学中是常态，每一个学生都可能有换一所或两所大学的经历。

（三）研究和教学自由

所谓教学自由，意味着教师有权力决定自己用什么教材、教什么，教师享有充分的教学自由。哥廷根大学是德国的著名大学，数学学科实力很强，高斯、希尔伯特等著名的数学家都曾在这里任教。19世纪末，有一个叫闵可夫斯基的数学教授，有一天他上课讲拓扑学的时候，讲到了四色定理。当年有很多研究者都在论证四色定理，闵可夫斯基在讲课中忽然说："现在这么多人论证四色定理都没论证出来，我觉得他们所做的都是二流的数学论证。"并声称自己可以论证出来，说完他马上开始在黑板上进行论证，但到下课时也没论证出来。于是他说："下课吧！"下一次上课，他又接着在黑板上论证，花了一节课时间，还是没有论证出来，只好下课，这样持续了几周，最后他也没能论证出来。从我们的角度看，这样上课，完全没有教学计划和进度安排，也没有专门的人负责监督、评估，未免太自由了。所以说，当时德国大学的教学自由是我们今天难以想象的。

德国古典大学在强调自由的同时，也需要一些制度保证培养的质量。不同的专业都制定了考试条例，对考试的内容有一个框架性的规定，比如要想拿教育学博士学位，考试条例规定要学习教育学的教育原理、教育史等几门核心课程，另外还需要完成几种组合的课程（类似于主修、辅修），如教育学和社会学、经济学组合，除了少部分绑定的课程之外，大部分课程都可以自由组合，只要符合"一主二辅"这个基本的框架就可以。

大学的自主，并不是排斥政府，而是在政府保护下的自主。需要注意的是，在学术自由的原则背后，德国古典大学仍有非常不自由的一面：第一，经费是由国家预算拨款，大学需要向国家说明经费使用情况；第二，大学教授聘任的最终决定权在国家手中，作为个人可以自由去各个大学应聘，但最终是否聘任是教育部部长决定的。所以，虽然政府不会干涉大学的教学自由和学习自由，但大学的财务和人事其实都掌握在政府手中。另外，政府与大学在政治方面也非常有默契，政府奉行一种所谓的文化国家政策（以文化立国），大学本身就是国家的文化代表，所以，大学与政府的利益是一致的。事实上，在整个19世纪，政府与大学都基本保持着良好的关系，这是大学能够保持自主的重要前提。

五、德国古典大学教育理念的划时代意义

德国古典大学的教育理念可以说是划时代的，对世界范围内的大学都产生了重要的影响，奠定了当今大学教育的基础。

首先谈一下大学的组织形态。在18世纪，当时的各种思想和改革都是反对大学这种模式的，人们普遍认为，大学这种中世纪的模式已经过时了。如果没有洪堡等人，很可能今天就见不着大学了。德国在文化和政治上与法国是对立的，法国讲现实社会发展，德国就回归历史、继承传统。其实在柏林大学酝酿建立的初期，并没有用"大学"这个概念。当时的皇帝只是说想在柏林建立一所高等教育机构，而没有说要叫作大学或者学院，是后来洪堡和费希特（J. C. Fichte）等人坚持使用了"大学"这个名称。

那么，"大学"这个概念意味着什么呢？它实际上意味着对历史的认可和延续，而且它还含有综合的意味，即把所有知识容纳其中。大学和科学是同构的，大学覆盖了所有的知识。科学也是不能分裂的，而必须保持

其整体性。柏林大学的建立可以说改变了西方大学的发展轨迹。在18世纪末，德国大学的数量减少了一半以上，行将成为历史的陈迹，而洪堡等人通过建立柏林大学挽救了作为一种组织形态的大学。

其次是"教学"的概念。在柏林大学建立之前的传统大学中，教学总体上就是照本宣科，而且不允许改变。因为任何一本教学用书都是经典，经典即真理，是不能改变的，教学的任务就是把经典原原本本地、正确地传授给学生。后来洪堡提出"科学"这一概念，科学本身是动态的，不是一成不变的真理，所以，一切的知识都处在探索之中。用洪堡的话来说，"科学就是一个永无止境的探索过程"。如此一来，每个教师或者整个大学的工作都发生了根本性的转变，不是教授现有的知识而是教授新的知识。当然探索的过程离不开过去的知识，但是探索的重心是研究和发现，是新知识的生产。研究型大学即由此而来，而且影响深远。

再次是"学习"的概念。过去大学生的学习就是接受现成的东西，在没有书本的时候，就是通过口耳相传学习、记诵老师所说的知识，考试也是以书本知识为主，最多是考察灵活运用既有知识的能力，并不涉及对知识的探索能力。但从柏林大学开始，学生的学习就不再是学习既有的知识。洪堡认为，大学里都是研究者，只不过是先来者和后到者的区分，后到者要跟随先来者一起进行探索学习。知识的积累过程在中学阶段就已经完成了，大学之后就不再是积累知识，而是要开展研究。

最后是培养目标。前文述及Bildung（修养）旨在培养充分发展的、高尚的人，但是通往修养的道路却是科学，所以，科学就成为大学的核心。当时德国大学只有博士学位，没有硕士和学士学位，除了要成为教师、律师和医生的学生，需要参加国家考试，其他学科的学生都是拿博士学位。这就是说，德国大学实际上的目标就是培养学者，要求学生按照学术规范做一名研究者。在此之前，大学培养的是掌握某一特定领域知识的人，如医生、教师，但他们都不是知识的贡献者、研究者。而德国的大学以科学为中心，以学术为中心。在德国大学毕业生中，很多在中学担任教师的都是非常出色的学者，很多官员都发表学术论文，因为他们都曾受过很好的学术训练。总之，把学术训练融入大学教育，并使之成为一个固定的培养目标，始于柏林大学，正是这样一种具有可操作性的方式把培养人的修养落到了实处。

总之，与其说洪堡等人重塑了大学的组织、理念和知识，不如说他们再造了大学。在大学已经奄奄一息的时候，洪堡保留了大学的形态。他虽然用了大学这个旧瓶子，但里面的东西已全部焕然一新。今天的大学虽然又发生了许多变化，新增了不少东西，比如美国大学的社会服务功能，但在其基本构架、学术规范、学科设置和教育理念背后，仍然可以依稀看到德国古典大学的影子。

附录：课堂对话

问题一： 陈老师，"一战"和"二战"期间，德国科学技术突飞猛进，在"二战"结束之后，美国和苏联还从德国掠走了一大批科学家和技术原稿，您能否介绍一下在"二战"和"二战"期间德国大学的教育？

答： 这个问题涉及德国大学的后古典时代。前面我们介绍的是德国大学的古典时代。在20世纪，德国大学辉煌不再。这与德国多变的历史有关，两次世界大战特别是"二战"对德国大学的打击是致命的。我们刚才说19世纪是德国大学的时代，但把这个19世纪放宽来看，大致是从18世纪末到20世纪初，也就是说在20世纪初，德国大学的教育仍然处于世界领先的位置，而它的转折实际上是发生在20世纪20、30年代，即纳粹执政时期。

那么，为什么纳粹执政对德国大学的影响很大呢？我认为可以从两个方面看。一方面，从大学理念的内在理路来讲，德国大学的理念适合于19世纪，但是未必适合于20世纪，这是大家要注意的，因为任何一种理念和制度的设计都是在特定的时空背景下产生的，并在特定的时空发挥其效应。另一方面，20世纪初，因为希特勒对犹太人的成见，德国的政治经济发展对德国大学非常不利。纳粹"反犹"情绪的高涨对科学界影响很大。因为犹太人在德国大学里是一群非常了不起的人。在19世纪末之前，犹太人是不能进入大学任职也不能做公务员的，国家规定他们只能经商。19世纪末，大学才向犹太人开放，由此，涌现出了很多优秀的犹太人。由于希特勒颁布了一系列"排犹"法律，导致大批犹太人四处逃亡。而其他欧洲国家离德国很近，所以美国就成为犹太人心中比较好的去处，美国也比较欢迎他们。在那个年代，大量的犹太学者从德国出走，包括爱因斯坦（Albert Einstein）等著名学者。当时威廉皇家研究院（即现在的马克斯·普朗克研究所的前身）的院长普朗克觉得再这样下去不行，于是专门去找希特勒谈这件事。他觉得有信心说服希特勒，因为如果再这样下去，德国的学术界肯定会垮掉。令他没有想到的是，希特勒根本不关心这件事，说犹太人必须走，没有例外。所以，当年许多世界一流学者——不是一个两个，也不是几十个，而是数百位——就这样离开德国了。除了已经成名的精英学者，还有一大批拿到博士学位、教授资格的青年才俊，也因为在德国没有前途而选择离开。近些年，我国的学术取得了巨大进步。但是，大家想想，如果我们的顶尖学者（从院士到明星学者）少了两三千人，那中国的科学会怎么样？所以德国通过一个多世纪的积淀，培养出来的大量人才，尤其是世界顶尖科学家都离开了，这会造成多大的损失呢？

所以，"二战"之后，美国学术的崛起，可以说是希特勒送给美国的"巨大礼物"。美国也可以说是希特勒政策的受益者。回看德国的经验，我们可以认识到，即使制度设计得再好，教育理念再好，但人才的损失是无法弥补的。

问题二： 德国教育部部长说过政府要减少对德国大学的控制，那么，德国大学的内部治理决策是什么样的？德国大学的治理在全球来说都是非常出色的，政府是怎样高效地运作整个大学的呢？

答： 德国古典大学理念中的教学自由、学习自由必然会给大学带来宽松的管理环境。或者说，在当时主要就是靠学校自己管理自己，德国古典大学管理的重心不在校长、不在院长，而在教授，教授的权力很大，做什么课题、开什么课程都由教授说了算，校长不过问，院长也不过问。

德国古典大学的校长基本就是礼仪性人物，19世纪时，每位校长任期一年，从正教授里面选择，而教授一共就二三十个大家轮流担任校长。实际上，校长没有多少权力，主要职责就是在毕业典礼的时候给学生授予学位，或者接待来宾。

校长也不参与学校经费管理。那么，经费由谁管理呢？大学里有一个副校长是分管校务的，是政府给学校派的会计总监、人事总监，他就是学校的常务副校长。这个职务不会轮换，一个人一干就是一辈子。他的权力较校长来说大得多。

真正的学术权力重心基本都在基层，即在教授本身。所以我说，大学内部的危机就在这里。19世纪，当大学刚开始发展的时候，给教授这么大的权力，有其好处，因为教授可以自己判断发展的方向、资源，自己把握学科发展的脉络和方向，不受外界的干扰，有自主决策的权力。但是到了19世纪末、20世纪初，随着学科的分化、知识领域的细化，这个制度就出现问题了。19世纪，学科还没有分化，一个学科一个教授，这些教授带着一帮人在他已有经验的预判下对该学科进行研究、发展。但是在学科分化深入以后，一个教授已经没有能力去组织庞大的学术研究了。然而德国大学的制度并没有随之改变。

到20世纪60年代欧洲大学闹"革命"时，人们开始批判传统制度，认为这些制度僵化、老化，认为每一个教授就是一个国王，这样不利于对下一代学术力量的培养。教授要负责的领域太大，难以顾及各个方面，包括学生培养。这就需要建立一个和当时知识体系相适应的组织架构。德国大学的制度在初创时发挥了很好的作用，因为几乎没有行政干预，教授掌握学术权力，所以，教授的被认可度、职业自豪感、自由度是非常高的。教授决定经费的使用，决定学校雇什么人。后来德国大学虽然有预算经费，但是没有科研经费，即只有发工资的经费，没有做科研的经费。为了配合科研，教授自己建了研究所，可以通过研究所向政府申请科研经费，政府对研究所进行专款拨付，比如物理研究所每年申请10万德国马克，政府审核以后，一次性划拨给研究所。校长无权干涉这笔经费的使用，教授决定做什么就做什么。所以我们可以看到，一个有研究所的教授招什么员工、上什么课、招什么学生、做什么研究全部由自己说了算。这个制度在19世纪恰到好处，因为它极大地发挥了教授的自主性。当时的大学确实是教授的天堂，国家虽然拨付经费，但是只是提供经费，不存在考核机制，完全信任教授。学院、学校都不能干涉教授的工作，而且教授职位是终身制的，没人能解雇教授。

问题三： 德国政府对大学的控制主要是在经费方面，那么，它们的经费运作是怎样的？

答： "二战"后，德国政府开始采取国家预算拨款、学校申报经费，政府审核通过后才能拨付，而且是专款专用。由于对大学的管理太过于死板，20世纪90年代初，有人开始提出质疑，所以政府开始尝试着使用"一揽子拨款"的方式，即申报的经费获得政府批准和拨付以后，由学校决定经费在学校范围内的分配，也就是大学在经费使用方面的自主权得到了提升。这是目前的状况。

问题四： 18世纪，欧洲出现了两种教育形态，一种是英国的自由教育，另一种是德国的教育模式（修养、教化）。Bildung这个词有文化的意思，是指把一些潜在的、没有生发出来的东西外化出来，在英语里对应的词是cultivate。西塞罗认为cultivate是"精神的耕作或养育万物"的意思。在这个意义上，Bildung讲的是精神的发育和精神的耕作，它成了20

世纪德国精神科学的核心。我想问您的问题是，在人类的知识大厦里，是不是只有一部分知识与人类的精神发育直接相关联。也就是说，当我们谈教育的时候，教育的知识基础可能就只有一部分是与作为人的气质直接挂钩的，而从Bildung的角度说，这个东西直接和人精神的发育相关。而所谓专门的技艺性或技术性的知识，在一定程度上与人的精神发育并没有那么大的勾连。所以，可以说现代大学教育在一定程度上背弃了德国大学教育的传统。从精神母体上看，它们是两种意义上的大学。我们现在讲的现代大学，其实已经不是德国传统上的大学了，而是成了另外一种以培养技艺为主的大学。卢梭其实也探讨过哪些知识与人的精神气质的发展是直接相关的。希望陈老师能够展开讲一讲Bildung对人的精神发育的意义。李凯尔特关于自然科学和精神科学的探讨也涉及了Bildung的概念，席勒在研究美育的时候也用到了Bildung一词。但很奇怪的是，雅思贝尔斯在《什么是教育》中用的又是另外一个德语词。为什么会出现这样的差别？

▶ **答：**你的感觉是对的，**Bildung**是德国大学教育中一个非常核心的东西。任何一个教育理念都会提出用什么样的知识来实现其教育理念。新人文主义者对知识进行了划分。他们认为，有些知识不适合于**Bildung**，比如与专业性、技术性、应用性、职业性相关的知识，这些知识虽然对就业和工作有用，但是对人本身的成长没有价值，甚至会损害人的发展，只能使人获得片面的发展，比如你学了一套鞋匠的知识，你会做鞋，但是你只是一个片面发展的人。新人文主义者看重的是身心、技能、道德等方面全面发展的人。德国古典大学排斥技术性、技艺性的知识，因为这跟大学没关系。蔡元培在北京大学进行改革的时候也是坚守这个原则。北京大学当时没有工科、农科，就是因为蔡元培觉得，这种职业性、技术性的学科是跟大学没关系的。但是理想归理想，很多理想都没法变成现实，更不用说这么一个宏伟的理想。所以，我们在讨论理念的时候要清楚，理念和实践是有距离的，理念和实践是不能划等号的，再好的理念和现实都有差别。

我们现在讲的这个**Bildung**的理念，在德国的大学里是否完全实现呢？实际上是没有的。但是，既然是理念，它就有一种引领和规范性的作用，在现代德国大学里，我们还是可以看到这种教育理念的痕迹。大学教育的全面性、丰富性和与实践的距离、与技术的距离，这都是我们在德国的大学里能够看到的。

另外，一旦一个大学制度开始运作，它就有自己的一套运作逻辑，这可能就不是观念能够管得住的，比如在建构某个观念的时候，看起来是那么回事儿，但是这个观念进入实践后，就按照自己的逻辑运行了，会有一些当初没有考虑到的因素进入其中。很典型的一个例子就是关于自然科学的知识，洪堡等人是研究古典学、哲学和历史的，是一批人文学者。人文学者对自然科学不那么看重，而且当时自然科学的发展水平比较低。他们就把这些知识划在大学之外，认为这些知识不利于人的发展。但是可以看到，现代德国大学能够显现出来的成就，其实很大程度上都体现在自然科学领域，它们的化学、工程和物理方面都非常厉害。这如何解释呢？是它们背离了大学理念吗？这只能说它们在原有的大学理念中加入了新的元素，新的元素之所以能够加入，并且能够卓有成效地得到培育、发展，同样有赖于制度设计或者理念本身。所以在德国，很多研究自然科学的学者也有扎实的人文知识基础，很多著名的自然科学家在哲学领域也非常有见地，以至于很多新学科的产生也有赖于这些学者的综合素质，其中包括人文领域的各种素质。

当然，我们要看到，洪堡的大学理念不可能百分之百地实现，就算在德国大学最辉煌的时代也没有完全实现，因为这是不可能的，但是理念可以为人们指引基本的方向。

问题五： 现在的很多大学，包括美国大学和中国大学，都非常偏重对知识或者技能的培养，有点像是在培养机器人。学生各方面的专业技能都很强，但只关注知识本身、学业成绩，个人的修养和公德缺失，对周围的人不够关爱。我觉得这些现象正好反映出现在的大学缺少洪堡的大学理念，就是培养人性中的真善美的理念，我觉得其实应该呼唤这种教育理念的回归。

答： 其实你的问题早在洪堡时代就已经提出来了。18世纪末，大学改革者为什么要反对启蒙运动及其功利主义的教育观？因为当时工业化的趋势已经出现，改革者反对工业化把人彻底地功能化，反对把人变成螺丝钉或其他任何一个部件，反对把人"碎片化"。所以，马克思当时也呼吁人的全面发展。

所以在整个的人类教育历史中，我们可以看到有两种观念：一是注重人本身能力的培养，二是注重社会功能的发挥。两者应该是一对永恒的主题。总有一部分人在宣传人对社会的价值，也总有一部分人在宣传人本身的价值。刚才我为什么要谈启蒙运动呢？因为启蒙运动其实把这个问题更加突出地呈现出来了。法国和德国大学选择的不同道路，其实就反映了在启蒙运动背景下，现代教育的两条主线：一条是功利性的、工具性的，另一条就是价值性的。而这两者永远是冲突的，所以，今天我们仍然面临选择。可能你会说，我们要学习洪堡大学的模式，但是你想想，如果大学不培养各行各业的专门技术人才，能行吗？学生在大学里只读圣贤书，那肯定也是不行的。

我觉得这两者之间存在一种永恒的张力和冲突，问题的关键在于：在哪个阶段、用什么样的方式、以什么样的比例把两者结合好。我们不能做非此即彼的选择。当时洪堡大学的学者就是德国社会中的一个阶层，这个阶层实质上就是精神贵族。当时上大学的人凤毛麟角，他们都是精英中的精英。20世纪后，德国大学开始扩招，导致大学生增加，由此带来了多元的学生构成。德国大学的传统理念已不适用于新时代的学生。很多人选择读大学是为了获得职业技能，进而获得一个好工作，并非出于单纯的兴趣。我们需要平衡两种逻辑，人的价值肯定不能忽视，但是把其无限放大也会出现问题，因为社会发展的直接推动力还是那些实际的知识和技能。

问题六： 德国的职业教育全球领先，那么，现在提倡创新创业、产教结合的模式，会不会加快大学的消亡？技术的不断创新和工业革命的推进，会不会加快大学的消亡？

▶ **答：** 这是一个很有趣的问题。不同的时代说不同的话，今天我们面临的问题和洪堡当时面临的问题其实不一样。现代大学的功能已经发生了很大的变化，这是洪堡想象不到的。洪堡当时只想培养精英中的精英、全面发展的人。我们现在的高等教育面临的问题是多重的，大学已经开始呈现多元化，各种各样的机构构成一个总的高等教育体系，在这个体系中，不同的机构承担着不同的任务，这是大家已经接受的现实，而在未来，这些机构可能会不断分化，然后围绕一个共同的目标合作。而且大学已经无法垄断人才培养了，社会中涌现出了一些其他的知识生产和人才培养机构，我觉得这是一条正确的道路。美国大学之所以能够成功，原因就在于它走了精英化的路子，把精英培养机构移植到了哈佛大学、耶鲁大学等学校，而不是移植到社区学院。我觉得这是一条好的道路，多元化能够容忍不同的道路。德国的大学之所以能够成功，也是源于多元化的背景。我刚才讲了，德国的职业教育非常发达，也就是说，德国有多元的传统，既可以培育洪堡大学精神也可以发展职业教育。职业教育对动手能力的培养很到位，对纯粹思辨能力的培养也很到位。我觉得，多元可能就是大学发展的一个总的趋势，而德国在这方面做得非常好：职业教育那么务实、扎实，"仰望星空"的学术研究也很成功。在同一个文化里面，大学教育适应不一样的层次、不同的需求，培养不一样的人，最终形成了一个整体。我们现在就怕一刀切：一提转型，大学就全都转型；一提升格，大学就全都升格，这才是最可怕的。尤其是在现代社会，复杂性不断增强，单一的思维是危险的。

第二节　德国大学的培养理念

美国学者布鲁贝克（J.S.Brubacher）指出，高等教育存在的合法基础有两种，一种是认识论的，一种是政治—社会论的。前者注重知识本身的价值，后者则注重知识的政治和社会功用。[①]对于大学学习，同样也存在知识论和功用论，或知识取向和职业取向两种态度。不同的求学取向，就会对知识有不同的态度，对学业有不同的期待，从而会产生不同的学习行为。对待大学学习的两种态度历来并存，相互补充，但也常常相互排斥。如何处理这两者的关系，似乎是高等教育面临的一个永恒的话题。

在德国的大学教育传统中，学术和职业取向的冲突似乎尤为突出。我们知道，把科学研究引入大学是近现代德国大学的一大贡献，科学研究也成为德国大学的一个重要标志。在传统的德国大学观念中，学术研究被视为大学核心任务所在，教师和学生都是为了学术而汇聚于大学，任何职业性的考虑似乎都应当排除在大学校园之外。但从现实的层面看，大学生来大学求学，必然会面对职业、收入等方面的问题。那么，德国的大学传统是如何看待知识和职业这两种求学目标的？如何处理这两种不无矛盾的求学取向？传统的观念在现代社会又面临什么问题？这些就是以下将尝试回答的问题。

---

① ［美］布鲁贝克著，郑继伟等译：《高等教育哲学》，浙江教育出版社1987年版，第12-16页。

一、利禄之徒与哲学之才：新学习概念的出现

1798年，诗人、历史学家席勒（F. Schiller）在耶拿（Jena）大学担任教授，他在就职演讲中首先对大学学习的含义和目标进行了讨论。在他看来，有两类学生，一类是利禄之徒（Brotgelehrter），一类是哲学之才（Philosophischer Kopf），他们所追求的目标是完全不同的。对于利禄之徒，大学学习的目的就是今后的生计，是为了"获得官职以及官职所带来的好处"，所学的知识不过是利禄之学（Brotstudien）。而哲学之才的目标就是知识本身，"其所有的努力都是为了知识的圆满；只要探究的问题概念尚未融会贯通，只要还没有达到其技艺和学识的中心，并能坦然把握全局，其高贵的求知渴望便不会停歇"。利禄之徒求学，无非是由于外在的刺激和动力，而哲学之才求学，其动力就在学问本身。①

由于求学目标不同，两类学生的治学态度明显不同。利禄之徒治学的特点是"隔"和"浅"。"隔"就是局限于自己狭小的知识领域，极力避免超出其利禄之学的界限；"浅"意味着满足于知识的现状和现成的结论，任何新知都会使利禄之徒感到威胁。哲学之才的治学特点是"通"和"深"。"通"意味着超越知识的界限，打通知识之间的界限。席勒说："利禄之徒分割之地，正是哲学之才打通之处。"②"深"意味着探索无止境，求学志在求新、求深入。席勒说："知识的新进展使利禄之徒沮丧，而使哲学之才振奋。""哲学之才伴着更新更美的思路不断走向更高的完美境界，而利禄之徒带着永远静止的头脑残守着死气沉沉的教条知识"。③在席勒看来，大学、至少他所在的学科应当排除利禄之徒，而只为哲学之才保留。

席勒关于大学学习的观点显然过于理想化。在他发表这一观点的时

---

① Schiller. *Was heißt und zu welchem Ende studiert man Universalgeschichte? Ein Lesebuch für unsere Zeit*. Berlin 1984, pp.360, 362.

② Schiller. *Was heißt und zu welchem Ende studiert man Universalgeschichte? Ein Lesebuch für unsere Zeit*. Berlin 1984, pp.360, 362.

③ Schiller. *Was heißt und zu welchem Ende studiert man Universalgeschichte? Ein Lesebuch für unsere Zeit*. Berlin 1984, pp.360, 362.

代，启蒙主义的实用观点还笼罩着大学，大学学习尚普遍以追求实际功用为主。一本出版于1792年的《大学学习指南》开宗明义地写到，"大学学习的目的和功用首先在于使自己成为一名有用的公务人员（Ein brauchbarer Geschäftsman），其次使自己成为符合社会道德的人"。[①]当时对大学学习的普遍看法，由此可见一斑。

席勒的观点虽然显得不合时宜，但绝非毫无来由。在当时的德国，哈勒大学特别是哥廷根大学关于学术研究的实践已经颇具影响。同时，新人文主义思潮也已崛起，洪堡（W.v.Humboldt）已开始构建其新的教育理想。席勒关于大学学习的观点可以说预示着一种新大学观念的诞生，它虽然不是关于大学观念的系统论述，但其思想无疑已构成后来德国古典大学观中的一个重要内容。从后来关于大学的经典论述中，不难看到席勒的影子，比如1803年，哲学家谢林（F. Schelling）在耶拿大学开设了《关于大学学习方法》的课程，他沿用席勒的概念，批评利禄之徒把学术仅仅视为手段，仅为实际的需要而治学，认为利禄之学完全背离科学的精神和大学学习的目标。[②]

二、由科学而达至修养：洪堡大学理念中的学习观

19世纪初，围绕柏林大学的建立，普鲁士的知识界展开了一场关于大学的热烈讨论。哲学家费希特（J.C.Fichte）、神学家施莱尔马赫（F. Schleiermacher）等许多学者，都发表了关于理想大学的主张。最终，作为普鲁士文教主管人的洪堡促成了柏林大学的建立。这一事件构成了德国大学历史的一个重要转折。

柏林大学的建立之所以重要，是因为她体现了一种新的大学理念，这

---

① Erduin Julius Koch. *Hodegetik für das Universitätsstudium in allen Facultäten*. Berlin, 1792, p31.

② *Vorlesungen über die Methode des akademischen Studiums*. Manfred Schröter（Hg.）Schellings Werke. München 1977. Dritter Hauptband, p264.

也就是所谓的洪堡的大学理念或者说是德国的古典大学理念。根据这种大学观念，大学是一个科学的场所，科学是大学的核心所在，教师和学生都是为了科学而共处于大学。而这里的科学，是所谓的纯科学，是以世界和生命根本原则和意义为归宿的探索和思辨活动，或者说就是哲学。大学当然也是培养的机构，培养的目标就是具有全面修养的人，修养（Bildung）是人的发展的根本目的，而科学具有涵养品质和陶冶修养的作用。这样，大学就将科学研究的任务与培养学生的任务结合了起来。所以，德国古典大学观的一条核心原则就是"由科学而达至修养"（Bildung durch Wissenschaft）。

值得注意的是，无论是科学还是修养，在这些改革理论家看来，都是非功利性的。科学排斥实用性和专业性知识，不以实际用途为目标；修养更是强调人的全面、和谐的发展，排斥职业性和专门性知识。因此，按照古典大学的观念，大学学习就是一种以纯科学为媒介的学术思维与探索的训练过程，同时，也是人的个性全面发展的修养过程。换句话说，大学是为哲学之才而设的，利禄之徒完全被排除在外。

在传统的德国大学观念中，学术研究被视为大学核心任务所在，教师和学生都是为了学术而会聚于大学，任何职业性的考虑似乎都应当排除在大学校园之外。

这显然是大学改革者所希冀的一种理想状态，是一种没有实现也不可能实现的理想，但这些作为一种价值观念却被广泛接受。我们知道，在19世纪末和20世纪初的德国大学中，洪堡的大学观念在大学中占据支配地位，科学研究和科学修养被看作是大学生的根本任务，不少学生在相当自由的大学环境中，抱着为科学而科学、为学术而学术的态度进行学习和研究。魏玛时期著名的普鲁士文化部部长贝克（C.H.Becker）曾明确地说："对于德国人，大学从本质上说很少与任何实用的考虑、专业教育和职业教育相联系。"①但同时我们也知道，即使在19世纪，多数大学生毕业后便进入国家部门成为专业性的官吏，国家通过国家考试，即大学结业考试控制未来官吏的知识构成。对多数大学生来说，大学学业主要还是一种专门的职业性训练。

那么，这两种不同的培养和学习目标是如何结合在一起的？学生在学习中又是如何对待这两种不同取向的？对此，德国的大学有一种共识，即职业所需的专业知识与全面的科学研究训练，乃至哲学修养是不可分离的，放弃真正的科学研究的训练和哲学修养，实用的专业知识的获得将变得毫无意义。大学生应当掌握专业知识，但更应当是掌握一门专业的通人，具有广泛的专业知识，特别是应当具备从更大的知识背景下从事专业工作并进行思考的能力。正如19世纪末，柏林大学的一位校长所说，"大学既要为一定的实际工作进行预备教育，也要培养独立从事科学工作的能力。当为实际工作进行的学术训练与学者从事研究所需广泛基础相一致时，两种不同的培养目标就不再矛盾。这正是我们德国大学立身的基本观念之一"②。这样，学术训练成为大学教育中最受重视的部分。1902年，著名的教育史家包尔生（F. Paulsen），曾论述19世纪德国大学学习目标，认为大学学习包括三个层次的内容："第一，科学的专业知识；第二，从事独立学术研究的能力；第三，哲学修养。"于是，学生相应地有三项任务"学习、研究和哲学思考"。③在这三个层次中，专业知识虽然位居第一，但被赋予的意义却最小，远在科学研究和哲学之下，仅仅掌握一门专业的人被视为匠人。哲学修养虽然很重要，但只是软性的要求，实际上难以落实。唯有科学研究这一条得到了彻底的贯彻，学术至上不仅成为整个德国大学的特征，同时也成为支配德国大学学习的重要原则。著名教育家斯普兰格

① C. H. Becker. *Gedanken zur Hochschulreform*. Leipzig 1920. p819.

② Eduard Zeller. Ueber akademisches Lehren und Lernen. Eduard Zeller. *Vorträge und Abhandlungen*.

③ Friedrich Paulsen. *Die deutschen Universitäten und das Universitätsstudium*. Berlin 1902. p392, 393, 395.

（E. Spranger）在回顾19世纪德国大学时说，"科学修养被公认为是所有国家官吏不可或缺的训练内容"。"我们大学最大的优点之一，就是让那些今后完全从事实际工作的人，在原则上都要走近科学的源泉，在其生命的关键时期得以有机会浸润在自由的真理探索精神之中。"①

在20世纪60—70年代的德国教育改革中，大学也因为脱离社会现实、脱离实际而备受批评。

强烈的学术取向其实正是德国古典大学学习文化的一个突出特点和重要标志，德国大学在世界上的声誉在很大程度上也是源于此。正如19世纪，一位美国学者所说，"比起其他国家，德国更清楚地看到，最学术化的教育对于未来的官吏也决不多余。这是德国可荣耀之处"②。给留德美国学生印象最深的，就是德国大学研究至上、学术探索精神以及研究的方法；美国人正是效仿德国大学的学术性教育而建立起了自己的研究生教育体系，而研究生教育体系又成为提升美国高等教育和学术研究水准的一个核心因素。中国的蔡元培先生在莱比锡大学留学数年，亲身感受了德国大学的学习文化，并十分推崇德国大学生追求纯学术的精神。他回国后致力于把大学变成"纯粹研究学问之机关"，希望大学生以高深学问为唯一的学习目的。他作为北京大学校长，改革的主要目标就是创造一种像德国大学那样学术至上的学术环境。可以说，洪堡的大学模式对现代大学的最大贡献就在于创造了研究型或学术型大学，以及以学术为中心的学习文化。

三、传统的危机及其出路

德国的古典大学及其观念是建立在一系列特定的社会历史和科学发展条件之上的，随着这些条件的变化，大学的传统就面临变革的压力。其实

---

① Eduard Spranger. *Wandlungen im Wesen der Universität 100 Jahren.* Leipzig 1913. p15, 17, 18.

② Friedrich Paulsen. *Die deutschen Universitäten und das Universitätsstudium.* Berlin 1902. p392, 393, 395.

洪堡的大学理念是以新人文主义这种前现代的观念为基础的，教育的理想是培养有修养的人或文化人，随着整个西方社会的理性化和科层化进程的发展，如韦伯（M.Weber）所说，文化人（Kulturmenschentum）的理想日益为现代的专业人理念（Fachmenschen-Typus）所取代。[①]

在大众高等教育时代，大学教育和学习目标的多样化是一个必然的趋势。

在此大背景下，大学的规模、功能以及大学生的社会构成也相应发生了重大变化。其中一个关键性的变化，是大学由精英型向大众型的演变。从培养和学习的角度看，传统大学培养的是数量很少的掌握专门知识的文化和知识精英，或者说是受过专业训练的哲学之才。大众高等教育的出现，使得德国的传统大学观念陷入危机，传统大学的基本理念，如学术研究至上、研究与教学的统一、教学与学习自由等传统原则均面临挑战。在大众化高等教育时代，大学必须培养大量的掌握专业知识的专业人和职业人，为大多数学生传授职业所需的知识和技能，教学必须更多地服从教学法则而不是科学研究的逻辑，教学与学习的组织化程度在不断加强。而所有这些发展的趋势都是违反德国传统大学理念的。所以，我们可以理解，为什么德国大学很难接受高等教育大众化的过程。

在现代社会，高等教育进行职业预备性教育是一个大趋势，而德国的大学基于其传统不愿接受这一现实。早在20世纪初，德国大学的培养和学习传统就因为重理论、轻实际受到批评。如贝克所说："我们大学的教学的确没有跟上时代的要求。特别是学术研究观念极力反对传授为职业预备性教育所需的纯实践性知识。"[②]在20世纪60—70年代的教育改革中，德国大学也因为脱离社会现实、脱离实际而备受批评。虽然1976年颁布的《高等学校总纲法》已把为学生提供职业预备性教育列为高等教育的主要目标，但大学对现实的关注还是有限。为了改变大学教学和学习远离实际（Praxisfeme）传统，加强其实践取向，德国政府从20世纪70年代开始推行

---

① Max Weber. *Wirtschaft und Gesellschaft*. Tübingen 1980. p578.

② C. H. Becker. *Gedanken zur Hochschulreform*. Leipzig 1920. p819.

庞大的教学和学习改革。但我们知道，这一改革是非常不成功的。泰希勒（U.Teichler）等人在20世纪80年代对这一改革进行了大规模的实证研究，并不无遗憾地指出："实践取向的学习改革不过被视为现行学习实践的一种有限的添加剂，已被不声不响地搁置了，或者几乎只是作为倡导者的爱好而继续进行。"[1]这一改革面对各种困难，传统的学习观念显然是其中一个主要的因素，由此也可以看到，传统的学术至上的取向对德国大学深远影响。

大众高等教育首先就意味着教育目标的多样化。一方面，应当保持其传统的重学术的教育和学习文化，从培养学者和高层次研究者的角度看，德国传统的培养和学习观并未全部失去其有效性，还是很有价值的，应当珍视并继续发扬。但问题是，它未必适用于大众高等教育，未必适用于所有的大学生。所以另一方面，大学应当为大多数学生提供职业预备性教育。也就是说，大学应当放弃传统的、统一的学术培养标准，分层次、分类型地进行培养。在德国大学中，大学生的流失率很高，大约在20%左右。这里当然有课程组织、大学生需要打工谋生等原因，但有一点是很明确的，就是许多大学生认为，学习内容过于学术化，与自己的就业需求距离甚远，要么跟不上，要么不愿跟。由此可以看到，大学培养和学习传统改革的必要性。

但德国大学总是倾向于坚持一种统一的培养和学习标准，反对分层次、分类型的观念。早在19世纪初，施莱尔马赫就明确反对将大学教育分为两个层次，一个是学术性教育层次，另一个是专业知识和实用知识教育层次，说这是一种"可怕的和骇人"的观点。[2]20世纪初，斯普兰格针对大学分层培养提出建议，认为这是"不可想象"的[3]。在20世纪60年代的教育

① G. Gorzka, K. Heipcke, U. Teichler（Hg.）. *Hochschule-Beruf-Gesellschaft: Ergebnisse der Forschung zum Funktionswandel der Hochschulen*. Frankfurt/Main 1988. p227.

② Friedrich Schleiermacher. *Gelegentliche Gedanken über Universitäten im deutschen Sinn*. Berlin, 1809. p52.

③ Eduard Spranger. *Wandlungen im Wesen der Universität 100 Jahren*. Leipzig 1913. p15, 17, 18.

改革中，德国学者也讨论过所谓短学制（Kurzstudium）问题，即在传统的大学教育中分出一个强调职业针对性教育的层次。但这一模式受到大学教师以及学生的普遍反对，认为这种模式不符合大学教育的理念，缺乏学术性，像是廉价销售的杂货。1999年，德国高等学校校长联合会前主席兰特弗里德（K. Landfried）批评德国大学"还拘泥于传统的'以学术为职业'的培养目标"[①]。

而在大众高等教育时代，大学教育和学习目标的多样化是一个必然趋势。如果在保持高质量学术教育的同时，又能满足多数大学生就业的需求，就必须采取多层次多类型的培养模式。分层次的大学培养模式和学习制度经过了多次争论，直到最近才在高等教育国际化的压力下终于开始推行，目前，德国大学正在逐步建立学士和硕士两级培养制度。在我看来，这一改革是德国大学自19世纪以来最重要的改革之一，显示德国大学教育正真正朝着多样化培养的方向发展。在多样化的培养和学习模式下，无论是利禄之徒还是哲学之才均可以找到其位置，而不会因为强调一种学习态度而忽视另外一种学习取向。

第三节 德国的通识教育传统

西方的通识教育观念虽然可以追溯到古希腊、古罗马时代，但是严格说，通识教育是一个现代的现象，它是在大学的知识学科化以及大学教育

---

① Deutscher Akademischer Austauschdienst（DAAD）（Hg.）. *Bachelor und Master in den Geistes-, Sprach-und Kulturwissenschaften*. Dok & Mat Band 33. Bonn 1999. p11.

专业化和职业化的进程中产生的，是与专业教育相对应的。我们现在所理解的通识教育，在西方大致有三个来源：一是德国古典大学理念，即洪堡的大学理念；二是英国的纽曼的大学理念；三是美国的通识教育观。

德国古典大学理念强调修养（Bildung），强调人的全面发展、品格和道德的养成。所谓修养其实就是一种通识教育的方案。修养观轻视专业知识和专业教育，但并不排斥科学探索，认为自由的科学研究是通往修养的最佳途径，因此，十分重视科学知识。德国的通识教育以知识为中心。

英国的纽曼式通识教育注重对人格和心智的培养，注重普遍性知识，但认为知识的价值在于对心智的影响，或认为知识就是一种心智状态。英国式的通识教育方案重视永恒性知识（如古典学和数学）对心智训练和人格培养的意义，反对当时正在德国兴起的专业化和科学研究导向。英国的通识教育以个人为中心。

20世纪初，美国开始推行通识教育，这一通识教育理念虽然继承了纽曼的传统，但也有自身特色，尤其重视人与社会的关系，注重培养有责任感的社会人和公民。美国的通识教育以社会人为中心。

以上三种通识教育传统都主张超越专业主义、工具主义、功利主义和实用主义的教育观念，强调人和知识自身的价值。由于不同的历史背景，上述三种传统也有明显的差异。在这三种传统中，英国和美国的通识教育具有亲缘性，也有更多的共性。英国的通识教育重视个体的人，美国的通识教育重视社会人，但均以人为中心。由于英美大学在当今影响巨大，其通识教育理念与实践也更为人们所熟知，甚至被奉为样板，而以知识为中心的德国通识教育传统却很少被提及。鉴于此，本文重点讨论德国的通识教育传统。

德国现代大学观念形成于19世纪初，这就是我们所熟知的洪堡大学理念。在德国大学理念中，修养和科学是两个核心的概念。如果用一句话来概括德国大学的理念，那就是"通过科学达至修养"（Bildung durch Wissenschaft）。注意，这里的科学是新人文主义者所理解的科学，即以哲学为框架、以人文学科为基础的科学（也翻译为学术）。修养意味着人的全面的发展，对社会和自然进行理性思考的能力，追求真理的能力，审美的能力，高尚的人格品质。而献身科学被认为是修养的必由之路。新人文主义者认为，科学本身具有陶冶人格、浸润身心的功效。科学使人明智，也使人高尚。所以，在德国的大学中，修养与学术并重，修养与学术合一，知识与道德统一。修养虽然被赋予重要的意义，但修养在实践层面毕竟难以操作化，而学术研究或科学研究则是实实在在存在的，必须脚踏实地地进行。所以，在"通过科学达至修养"的理念之下，科学成为实际上的重心，学术至上成为支配性原则，科学研究也就成为德国大学的特色所在。

在德国大学理念中，科学是一个整体，任何细节和专精的知识，最终必须回归科学的整体，才有意义。这一点也适用于对学生的培养，片段性、专门化的知识无助于个人的修养。学生虽然被鼓励从事专门化的研究和学习，但却不能离开科学的整体框架。这个框架和科学的整体性主要是由哲学保证的。可以说，哲学就是德国大学的通识教育。

哲学家谢林对此有明确的论述。他在1803年出版的《关于大学学习方法的讲义》中说："面向特定学科的特殊性教育，必须以有机整体的科学认知为前提。""在科学和艺术中，特殊的知识只有寓于一般和绝对知识才有价值。但是情况往往是，人们宁愿追求特定的知识，而忽视了全面教育所需的普遍性知识，宁愿当一名优秀的法律学家或医生，而忽略学者的更高使命和科学所赋予的高尚精神。需要提醒的是，学习普遍性的科学是医治这种偏狭教育的良方。"这里所谓普遍的知识，其实就是哲学，哲学"汇集所有知识为一体，是知识的灵魂和生命所在"。谢林的这个讲义历来被视为德国古典大学观念的核心文献，其观点颇具代表性。德国大学实行学习自由，学生可以自由选课，唯独哲学课是必修课程，这一规定可以视为谢林理念在制度上的反映。

德国大学虽然要求所有大学生都学习哲学，为学生奠定通识性的知识基础，但随着知识专业化和专门化，科学研究和大学学习也日益分化和专门化，哲学已逐渐失去维系知识整体的合法性，也不足以承担通识教育任务。从19世纪后半期开始，专业化已成为不可阻挡的趋势，哲学的地位也随之不断下降。

第二次世界大战之后，德国大学力图越过纳粹时代，重新回到古典大学的传统中。哲学家雅思贝尔斯（Karl Theodor Jaspers）当时大声疾呼，希望找回哲学昔日的地位。他批评现代大学从统一的共同体分化为专业化培养机构，认为曾经维系大学统一的哲学已经沦落为"科学的婢女"，大学的教育因此失去了统一的基础。"大学为专业主义所分解，为知识技能所稀释，大学内部几乎无法彼此交流"[1]。

但是，无论雅思贝尔斯如何呼吁，哲学作为通识知识的时代已经过去了，专业化的培养步伐仍然在不断加快。面对这一趋势，不少德国大学开始建立"通识课程"（Studium Generale），以强化通识知识的基础，弥补大学中通识教育的缺陷，比如哥廷根大学、柏林工业大学等大学建立了通识课程，其他德国大学也纷纷跟进，普遍设立了通识教育的课程。但是这些通识课程的目的，更像是对哲学衰落的一种补偿，主要是为了减少被专业化所分割的学科之间的隔阂，从跨学科的角度提供不同学科间对话与交流的知识基础[2]。

也就是说，在第二次世界大战之后，德国（西德）的通识教育方案，基本上承袭了古典大学的传统，从知识的角度构建所谓的通识教育。所不同的是，此时已不再用哲学为专业化的教育奠定通识的基础，而主要依靠社会科学和人文学科打造新的通识教育。1948年，在德国的英国占领军成立了一个高等教育改革研究小组，一再就德国大学的发展提出建议。该小组发表了题为《高等教育改革意见》（*Gutachten zur Hochschulreform*）的报告。报告中专门就通识教育问题展开讨论，建议德国大学要强化通识教

---

[1] Karl Jaspers und Reitz Ernst, *Vom lebendigen Geist der Universität und vom Studieren. Zwei Vorträge*, Lambert Schneider, 1946, p.22.

[2] Rita Casale, Die Komposition des Getrennten-Über Geschichte und Gegenwart des Studium Generale, *Forschung & Lehre*, 2018, 7, p.588.

育。该报告一方面强调通识教育对专业知识的重要性，另一方面更强调通识教育的政治和社会意义，把通识教育看作培养社会人和国民的手段。可惜这一建议未能得到重视，没有产生实际上的影响。而德国大学的通识教育仍然沿着知识的路径行进，把跨学科的对话与交流视为通识课程的主要目标，比如图宾根大学通识教育课程的主旨是"科学视野中的当下问题研讨，人类生存的基本问题，跨学科的对话"。德国乌珀塔尔大学卡萨勒（Rita Casale）教授目前正在进行一项关于德国大学通识教育课程的研究。她坚持认为，通识教育课程应当"成为不同知识诉求之间的协商平台"以及大学内外知识生产的互动平台。由此可见，德国大学的通识教育至今还延续着统合知识的传统。

总之，德国的大学历来把哲学作为大学教育的基础，强调哲学在维系知识整体性方面的意义，因此，实施一种以知识为取向的通识教育。第二次世界大战之后，由于知识日益专业化和学科化，哲学本身也纳入学科化的轨道，因此，难以构成所有学科的共同基础，哲学已丧失其作为通识教育的功能。因此，德国大学借助社会科学和人文学科尝试打造新的通识教育。从总体倾向看，这种新的通识教育仍然继承了知识取向的传统，没有接受英美式的以个人和社会人为导向的通识教育方案。

第四节　从观念到制度—兼论"洪堡神话"

关于威廉·洪堡（Wilhelm von Humboldt）的大学理念与德国19世纪大学发展的关系，一直是学术界讨论的核心问题。通常的观点认为，建立于1809年的柏林大学和创建人威廉·洪堡的大学理念是现代德国大学的开端，德国19世纪大学，正是在洪堡大学理念的影响和指导下迅速崛起的，成为世界一流的大学[①]。但近来也有不同的看法，认为洪堡的大学理念并非德国19世纪大学发展的指导思想，德国大学的发展与成就与洪堡的思想没有多少关系，而且持这种观点的人在近十余年中有所增多，有人干脆认为，所谓洪堡的大学理念其实是后人编造的神话。关于这一问题的争论，不仅涉及对现代德国大学发展过程的解释，同时，也涉及一个更为一般性的问题，即观念与人们行为之间的关系，具体说，洪堡的大学理念是否对德国大学产生了影响，如何来理解和考察这种影响。

一、洪堡的大学理念：神话还是现实

很早就有学者针对主流的关于洪堡大学理念的观点提出过质疑，比如美国科学史学者本-大卫（J.Ben-David）在20世纪70年代就提出，"没有任何证据可以把德国大学最后的科学生产率归因于改革时期占支配地位的哲学思想"[②]。德国教育学者门策（Clemens Menze）也曾提出，"洪堡的大学理念在现实中无法付诸实施，未及落实于制度，便已告失败"[③]。帕勒切克（Sylvia Paletschek）在1999年提出了"洪堡神话"的命题，即所谓洪堡的大学理念其实是在20世纪初才被建构起来的，并没有对德国19世纪大学的

---

① 代表性的文献有Spranger E, *Wildhelm von Humboldt und die Reform des Bildungswesens*, Reuther & Reichard, 1910; König R, *Vom Wesen der deutschen Universitat*, Verlag Die Runde, 1935; Schelsky H, *Einsamkeit und Freiheit. Idee und Gestalt der deutschen Universitat und ihre Reformen*, Rowohlt Reinbek, 1963.

② Joseph Ben-David, *The scientist's role in society*: *A comparative study*, Prentice-Hall, 1971, p.117.

③ Clemens Menze, *Die Bildungsreform Wilhelm von Humboldt*, Schroedel, 1975, p.429.

发展产生影响①。还有一些学者，如朗格维舍（Dieter Langewiesche）、藤诺特（Heinz-Elmar Tenorth）等也提出了类似的质疑，"洪堡神话"说一时广为传播②。

这些观点虽然角度不同、说法不同，但有一个共同点，就是否认洪堡大学理念对德国大学的发展产生了实际的影响。这里包括三个具体的观点：首先，洪堡的大学理念与19世纪德国大学的实际状况相去甚远，洪堡的大学理念只是一种未曾付诸实施的观念。或者说，德国大学的成就另有原因，不能归功于洪堡的大学理念。其次，洪堡本人关于大学论述的关键文本是在20世纪初才被发现的，在整个19世纪并不为人所知，所以，不存在一种基于洪堡自己阐述的"洪堡大学观"③。最后，柏林大学并非德国现代大学的起点，也从未发挥过示范作用，因此，19世纪德国大学的崛起与成就不能归功于柏林大学。

以下将根据德国大学历史发展的实际状况，分别回应以上几种观点。

第一，众所周知，洪堡的大学理念与后来德国大学的实际发展之间有些距离，当初的有些想法未能实现，比如洪堡并不重视自然科学，但自然

① 1999年，帕勒切克在"洪堡的国际影响"学术会议上做了"洪堡模式是否影响到了其他德国大学"的发言，提出了此观点。见Schwinges R.C.（Hg.）: *Humboldt International. Der Export der deutsche Universitätsmodells im 19. und 20. Jahrhundert*, Basel, 2001. 后来，又在此基础上发表了《洪堡式大学的发明》一文，见Paletschek S, Die Erfindung der Humboldtschen Universität. Die Konstruktion der deutschen Universitätsidee in der ersten Hälfte des 20. Jahrhunderts, *Historische Anthropologie*, 2002, 10.

② Langewiesche D, Die "Humboldtsche Universität" als nationaler Mythos. *Historische Zeitschrift*, 2010, 290, pp.53-91; H.E Tenorth, Mythos Humboldt. Eine Notiz zur Funktion und Geltung der groβ en Erzählung über die Tradition der deutschen Universität, In Behrmann C, Bruhn M and Trinks, *Intuition und Institution*: *Kursbuch Horst Bredekamp*, De Gruyter, 2012, pp.69-82.

③ 洪堡大约于1809-1810年间撰写了《论柏林高等学术机构的内部和外部组织》一文，从这篇未完成的文稿可以看出，洪堡对大学的基本思想。但此文长期被淹没在其个人档案之中。大约在100年后，历史学家格哈特（Bruno Gebhardt）才发现了此手稿，并在1896年出版的《洪堡传》中刊用了部分内容。全文在1903年的《洪堡文集》中第一次公布于世。

科学后来成为德国大学最为自豪的成就；洪堡的大学理念推崇纯粹的知识，但德国大学不仅在科学方面，而且在技术和知识应用方面也有突出的表现；洪堡希望大学能有自己的基金，由此获得财务上的独立，但这一想法从未实现。如果简单地根据洪堡的大学理念与现实不一致，否认洪堡的大学理念的实际影响，这就忽视了理念所产生影响的方式和机制问题。理念与现实之间具有一种复杂的关系，正如大学史学者布鲁赫（R.v.Bruch）所言，"洪堡大学理念的许多方面在19世纪只是缓慢地被落实在制度上；但这种理念的存在对现实中的大学构成了一种持续和有益的批评；同时，洪堡大学理念的许多基本原则，由于顽固和慵懒的现实而大打折扣，这些都是不争的事实。其实，理念中的洪堡大学与现实中的19世纪的德国大学从来都不是一一对应的……，但洪堡的理念基于其观念体系产生了一种动力机制"[1]。这里所说的动力机制，其实是理解观念的作用方式的关键所在，比如虽然洪堡的大学理念是以哲学和人文学科为基础的，但自然科学仍然可以在洪堡的科学观念、教养观念、学术自由观的指引下得以发展。就这一问题而言，如果从简单对应的视角出发，就会否认洪堡的大学理念的作用，因为洪堡的说法与事实上的后果是不一致的。只有从动力机制的视角出发，才能认识洪堡大学理念的真正影响。

第二，所谓洪堡的大学理念，并非洪堡个人的大学理念。洪堡的大学理念其实是以洪堡为代表的当时一批德国知识分子关于德国特色大学的集体思想，费希特、施莱尔马赫、谢林、斯泰芬斯（Henrik Steffens），甚至康德、席勒都是洪堡大学理念的作者。而且我们知道，洪堡本人对大学并没有太多的个人经验，没有关于大学的专门论述，在建立柏林大学时，主要依据的是施莱尔马赫的大学理念。而且在20世纪关于德国大学理念的讨论中，学界除了关注洪堡本人的论述，同样也非常注重其他相关人物对大

[1] R.V. Bruch, Langsamer Abschied von Humboldt? Ettapen deutschen Universitätsgeschichte 1810—1945, Mitchell G. Ash, *Mythos Humboldt: Vergangenheit und Zukunft der deutschen Universitäten*, Böhlau, 1999, p.38.

学的论述，斯普兰格（E. Spranger）在柏林大学建校一百周年之际，编辑出版的《大学的本质》一书中就收录了费希特、施莱尔马赫、斯泰芬斯三人对大学的论述文章[①]，1960年，由安立希（Ernst Anrich）编辑出版的《德国大学理念》一书，除了斯普兰格所选的三篇文字，还增加了洪堡和谢林的两篇文献[②]。显然，在人们的心目中，所谓洪堡的大学理念，其实是集体智慧的结晶。洪堡作为柏林大学的实际建立者，被视为德国大学理念的集大成者，并被赋予了符号意义。把洪堡的大学理念完全看作洪堡个人的思想，无论出于肯定的想法还是出于否定的态度，都是有问题的。如果仅仅根据洪堡关于大学的某篇文献发现于20世纪初，而否认洪堡的大学理念在19世纪的存在和影响，应当说是有些偏颇的。

第三，根据帕勒切克的说法，在关于大学的话题中，洪堡的名字并不被人经常提起，洪堡建立柏林大学这事件也没有被赋予重大的意义。这一说法似乎也经不起推敲。1874年，历史学家蒙森（Theodor Mommsen）在就任柏林大学校长时的就任演说中明确地指出："威廉·洪堡所建立的柏林大学在（德国）历史中之地位，只有沙恩霍斯特（Scharnhorst）的军事改革和关税联盟可与之相比拟。"[③]再比如出版于1881年的《德国名人传》中，对洪堡建立柏林大学的贡献和意义给予了充分的肯定，明确了洪堡作为柏林大学建立者的重要地位[④]。哈姆（R.Hahm）在其出版于1856年的《洪堡传记》中，特别强调了洪堡对建立柏林大学的贡献，哈姆说，"柏林大学的创立，是洪堡一生活动最大的纪念碑，也是其使命之精神最完美的体现"。按照作者的说法，这种精神就是人文主义的修养（Bildung）理念。哈

---

① Spranger, E., *Über das Wesen der Universität*, DurrLeipzig.

② Anrich E, *Die Idee der deutschen Universität. Die fünf Grundschriften aus der Zeit ihrer Neugründung durch klassischen Idealismus und romantischen Realismus*, Wiss. Buchges, 1956.

③ Mommsen T, *Rede beim Antritt des Rektorats*: *Reden und Aufsätze*, 1905, p.6.

④《德国名人传》（Allgemeine Deutsche Biographie, Leipzig 1881）是由普鲁士科学院编辑出版的权威性人物传记，详见第13卷第351页。

姆还指出，洪堡是从普鲁士的角度出发，站在德意志民族的高度来构建其大学目标的，他要建立的柏林大学，应该不同于当时的德国大学，而是一种创新，是一所"样板大学"（Musster-Universität）①。仅举几例，足以说明洪堡建立柏林大学一直被视为德国大学历史，甚至现代德国历史上的重大事件，柏林大学所体现的大学理念以及洪堡的大学思想在当时已载入史册。当然，斯普兰格对洪堡大学理念的评价或许言过其实且主观因素太重，但这并不影响洪堡在创建德国现代大学过程中的重要地位。

第四，帕勒切克等学者指出，柏林大学在组织和制度方面基本沿袭了传统的大学模式，并没有什么创新，所谓柏林大学模式是不存在的，更没有在德国大学发展中起到发挥引领性的作用。对于新建的柏林大学在制度方面是否有创新的问题，笔者从以下两个方面展开讨论。

首先，帕勒切克认为，柏林大学的章程与此前的大学章程相比，没有什么新的变化，19世纪，德国大学最有特色的几项制度（如研究所和编外讲师）也是此前已有的制度。所以说，柏林大学没有什么值得称道的制度创新。但是这里我们忽视了一个根本问题，柏林大学创建于大学濒于淘汰和专业教育正在兴起的时代，其保持了大学的传统，主张大学应当覆盖所有知识，这本身就是一种制度创新。与其说是保留传统，不如说是对传统的重新建构。当时关于柏林大学的方案有13种之多，但大部分都采用了"高等教育机构"（höhere Lehranstalt），而不大学的名称，因为大学这一机构在18世纪已经濒于消亡。普鲁士政府的官员们更主张建立实用的专业型学院，以此来替代传统的、僵化的大学②。所以，洪堡、施莱尔马赫等人建立了一所大学，看似是继承传统，其实是一种重要的创新。柏林大学其实也并非简单地承袭了当时通行的大学模式，而是在大学这一传统框架下

① Hahm R, *Wildhelm von Humbodlt. Lebensbild und Charakteristik*, 1856, pp.270-271.

② R.V.Bruch, Die Gründung der Berliner Universität, In Schwinges R.C.（Hg.）: *Humboldt International. Der Export der deutsche Universitätsmodells im 19. und 20. Jahrhundert*, 2001, p.62.

整合了科学院和若干专门的研究机构，这更是一种创新。哈姆早在19世纪中叶就提到了这一创新，他认为，柏林大学的重要创新在于将大学与科学院和各种研究所融合为一体，这是一种新的大学模式[①]。洪堡本人明确地说过，"虽然采用了传统的大学这一模式，但新建立的大学'清除了所有过时的陋习弊端'（von allen veralteten Miβbräuchen gereinigt）"[②]。

其次，在柏林大学的实际创办过程中，主流的观点倾向于沿用既有的大学模式，不做制度性的改动。大学在开办时尚无大学章程，更无所谓制度创新。施莱尔马赫领导的章程起草委员会经过数年的努力才完成了对章程的起草，柏林大学的章程在1817年才正式颁布。由此也可以看到，在当时关于柏林大学的讨论中，核心问题是大学的观念性问题，而不是组织和制度问题。柏林大学的创新之处，更应该表现在精神和理念层面。对于洪堡来说，建立柏林大学的关键，不在于建立一套复杂的机构，而是选拔合适的学者。用洪堡自己的话来说："只需聘任有能力的学者，新的大学会逐步形成其制度。"[③]在柏林大学的组织制度方面，施莱尔马赫的地位也很重要，但他是稳健派，主张应当尽量保持传统[④]。从整个柏林大学建立的过程看，这是一个"旧瓶装新酒"的过程，是一场以理念为主导的改革，其意义主要在于，提出了若干新的大学原则和观念，这些正是柏林大学留给后世最主要的遗产[⑤]。

[①] Hahm R, Wildhelm von Humbodlt. *Lebensbild und Charakteristik*, 1856, pp.270−271.

[②] W. V. Humboldt, Antrag auf Errichtung der Universität Berlin, In E.Muller, *Gelegentliche Gedanken über Universitäten*, 1990, 269.

[③] W.Weischeldel, *Idee und Wirklichkeit einer Universität*, Dokumernte zur Geschichte der Friedrich−Wilhelms−Universität zu Berlin, 1960, pp.16, 19.

[④] W.Weischeldel, *Idee und Wirklichkeit einer Universität*, Dokumernte zur Geschichte der Friedrich−Wilhelms−Universität zu Berlin, 1960, pp.16, 19.

[⑤] 陈洪捷：《德国古典大学观及其对中国的影响》，北京大学出版社2000年版。

二、"复印机"还是"扳道工"

关于洪堡大学理念的争论，其实涉及一个根本性的问题，即观念如何影响制度的形成和人们的行为？从更宏观的意义上看，这里涉及如何理解观念与现实之间关系的重大问题。

理念与现实的关系颇为复杂，不是一种简单对应的关系。所有在不同程度上否认洪堡大学理念对德国大学产生影响的观点，通常是将洪堡的大学理念，而且一般是文本上的理念与德国大学的现实进行比照，并以两者之间表现出的差异为根据，以此否认洪堡大学理念的实际影响，比如认为洪堡看重哲学和人文学科，而自然科学在德国大学却得到空前发展，成就显著，或者以洪堡关于大学理念的表述没有被直接引用为依据，以此认为洪堡的大学思想没有被接受，且未能产生影响。这种观察视角基于这样一种假设，即理念与现实存在一种类似"复印机"的关系——有一种理念，必然有一种相应的现实。这种"复印机"式的思维模式很难成立。

关于理念与现实的关系，韦伯提出了"扳道工"模式。他指出，"直接决定人们行为的是（物质和观念的）利益，而非观念。但是观念所创造的世界观，往往像扳道工那样规定着利益驱动行为前进的轨道"[1]。韦伯在这里用扳道工的比喻说明观念与行为的关系，使人深受启发。按此思路，笔者有理由认为，洪堡的大学理念发挥了"扳道工"的职能，为柏林大学乃至德国大学确定了发展的方向。我们不必过于关心洪堡对大学理念的表述与德国大学现实是否完全吻合，或者看洪堡的名字是否被人提及，而应当去分析洪堡的大学理念与德国大学发展在方向和精神上是否一致，是否有延续性。

笔者曾撰文将洪堡的大学理念一分为二，一种是洪堡等人围绕柏林大学的建立所提出的大学理念，可以称之为原本的大学理念；另一种是在19

---

[1] Weber M, *Gesammelte Aufsätze zur Religionssoziologie I*, Mohr, 1988, p.252.

世纪实际支配德国大学发展的大学理念，这是实际的大学理念①。这两者都可以冠之于洪堡大学理念之名，但又是有区别的。原本的大学理念是当时包括洪堡在内的一批学者关于大学的一些观点和主张，这些主张本身未必是系统的、一贯的，其中有现实可行的成分，也包括一些理想化的成分。原本的大学理念对柏林大学的建立发挥了重要的作用，是柏林大学建立者和最初一批学者共同的信念和追求。但是理念在落实到制度和行为的过程中，往往会由于种种现实的原因有所变形，有些理念想法与制度、行为不可能一一对应。洪堡本人对柏林大学开办时的现实状况并不十分满意，因为现实中的柏林大学与洪堡设想中的大学差距较大。而现实中的大学理念本身就来自原本的大学理念，是经过了加工消化之后的大学理念，其核心原则就是学界耳熟能详的一些表述，如教学与研究统一、教学和学习自由等。这些理念与原本的理念在内容上是一致的，但并非出自洪堡等经典论者的笔下。

两种大学理念的关系可以说是神似而形异，即具体表述和所指可能会有所不同，但核心的思想和基本的方向是一致的。如果拘泥于具体的不同表述和差异，则不仅会忽视其内在的联系，而且可能会忽视对洪堡大学理念的实际影响。

1879年，在柏林大学的一次大学纪念会上，策勒（Eduard Zeller）教授做了题为《论大学教学和学习》的报告。他说："学术的教养（wissenschaftliche Bildung）只能在心无旁骛、探求真正的学术和纯粹真理的地方获得。基于科学（Wissenschaft）的教养只能在一种地方获得，在这里，知识不是僵化的传递，而是一种活生生的力量，一种需要不断争取的拥有；在这里，科学诉诸人的身心，科学的精神贯穿对世界和生命的全部认识当中，科学使人生的目标澄明而高贵，并外显于个人追求、感受以及思维之中。"他还引用康德的话说明大学教育的精神，学生在大学不是学习哲学，而是学习用

---

①陈洪捷：《什么是洪堡的大学思想》，载《中国大学教育》2003年第6期。

哲学思考[①]。

策勒的演讲是19世纪德国大学中一次普通的演讲，所阐述的内容也应该是在当时大学中耳熟能详的内容。这些话语基本上能反映出当时德国大学对于大学教学和研究共同的理解和观念，不妨称之为普遍认可的并实际支配当时大学教学和学习的观念。策勒虽然没有引用洪堡或施莱尔马赫的原话，但他所讲述的观点，可以说完全符合洪堡或施莱尔马赫的口吻。或者说，虽然具体表述不同，但十九世纪七八十年代普通大学教授所奉行的大学理念与洪堡等人在半个世纪之前所表述的大学理念基本一致。这说明，洪堡等人的论述已成为德国大学教师（乃至学生）集体的价值观，同时也说明，柏林大学建立之初的大学理念，的确在一定程度上影响着大学教师的行为和思想。

人们所接受的观念当然会影响人们的行为，会赋予人们日常行为以特别的意义。从"扳道工"的视角出发，原本的大学理念可以说定义了新大学的目标和一系列基本价值。在制度的层面上，新大学或许没有什么创新，更多的是延续传统，但新的理念为柏林大学注入了新的精神和目标，包括新的学术信念、新的职业伦理和新的培养理念。柏林大学的建立者以及最初一批教授对这种新的大学精神有着高度的认同感，并且也是这种精神的践行者。施莱尔马赫、费希特等第一批教授既是洪堡大学理念的贡献者，也是其实践者，他们的行为本身就显示了洪堡大学理念的实际影响。

如果说柏林大学在建立之初，在具体制度方面没有明显的创新举措，但是新的大学理念显然改变了（至少是）柏林大学教师乃至社会公众的大学理念。在新的大学理念的影响下，不但大学教师和学生的行为开始发生变化，而且与新的大学精神相吻合的相关制度也相继形成。柏林大学的教授资格制度（Habiltation）就是一个很好的例子。教授资格制度通常被视

[①] Zeller E, Vorträge und Abhandlungen von Eduard Zeller, *Über akademisches Lehren und Lernen.* Dritte Sammlung, 1884, pp.88-93.

为柏林大学模式的一个重要组成部分，或者说是德国研究型大学在建立过程中的一项重要制度。但帕勒切克说，柏林大学并不是第一个设立此制度的大学，只是延续了传统的做法，因此也谈不上柏林大学对其他大学有影响。不错，德国大学的确早有这一制度，但柏林大学在新的大学理念的指导下，对传统的教授资格制度进行了重塑。施莱尔马赫在建立新的大学章程时，强调要按照新的大学理念构建其制度，依靠制度约束教师行为。舒伯特（Ernst Schubert）对德国大学的教授资格制度进行了分析，指出Habilitation一词古已有之，在19世纪初并无专门的含义，而且在其他几所大学中并非一种严格的学术制度，自从柏林大学在1816年颁布了教授资格制度之后，教授资格才作为一种学术的资格制度得到确立。按照舒伯特的说法，柏林大学的教授资格制度一方面是一种继承，但同时又是对传统的一种重新定义[①]。在新的教授资格制度确立的同时，编外教师这支青年教师队伍得以形成，而编外教师对于新型学术人才成长、新的大学教师角色的形成以及教学与科研的密切结合说，形成了一种制度性的推动和保障因素。可以说，教授资格制度的产生本身，其实就是洪堡大学理念的产物，就是理念影响制度的一个案例。

三、小结

总之，洪堡的大学理念是一个特定群体的理念集体，洪堡不过是一个符号，不可将分析的焦点完全局限在洪堡个人身上。洪堡式的大学理念可以分为两个方面：原本的大学理念和现实的大学理念。在19世纪的德国大学中，这两种大学理念具有高度的一致性，由此我们看出，原本的大学理念具有长远和深刻的影响力。原本的大学理念不仅赋予了新大学以新的价值观念和学术认同，同时，也为与这些理念一致的种种制度开辟了道路。

---

① Schubert E, *Die Geschichte der Habilitation, in H.Kössler, 250 Jahre Friedrich-Alexander-Universität Erlangen-Nürnberg*, Festschrift, 1993, p.125.

尽管某些学者或在某个时期对洪堡的大学理念有"神话"的倾向，但这并不足以否认洪堡大学理念对柏林大学乃至德国大学的深远影响。

值得注意的是，按照"扳道工"的思路，洪堡的大学理念应该是一种开放性的观点，它会包含一些核心的理念，但这些理念具体的呈现方式可能会随着历史的发展而发展。所谓影响，主要是方向性的规定和基本价值的指向，不一定体现在具体的内容和表述方面。具体的表述会因时而异、因地而异。所以，洪堡大学理念的实际影响应该是一个动态的过程，不可用静态、固定的思维方式理解。"复印机"的思路把洪堡的大学理念视为一种不变的理念，将理念与现实的复杂关系简单化了。从这个角度看，洪堡的大学理念所包含的核心因素，比如学术至上、研究和教学的结合、研究和学习的自由等，贯穿于整个19世纪德国大学的发展过程之中，并进而成为世界范围内现代大学发展的主导观念。在这种意义上，可以说直到今天，洪堡的大学理念并没有完全过时。从更广泛的角度看，洪堡的大学理念奠定了整个现代大学的思想体系、话语体系和制度基础。直到今天，我们关于大学的思考，可以补充、可以诘难，但却无法绕开洪堡大学理念所呈现的观念体系。

第二章

德国大学的观念阐释

　　在18世纪末、19世纪初，当时围绕着大学的改革，在德国的知识圈内有种种的讨论，许多重要的学者和思想家都发表过关于大学理念的看法。康德、席勒、谢林、费希特、施莱尔马赫等一批学者都很关心大学的改革。洪堡在建立柏林大学时，就参考了这些论述，并对其进行了整合与提升。毫无疑问，洪堡应该算是德国大学观念的集大成者，对德国大学观念的形成产生了重要的影响。本章重点对洪堡的大学理念进行讨论，同时，也先后对施莱尔马赫和席勒的大学观念进行若干讨论。

第一节　洪堡的大学思想

按照通常的观点，19世纪德国大学的成功之路是从洪堡开始的。洪堡不仅建立了柏林大学，同时，还奠定了柏林大学的精神，并由此开启了德国大学的辉煌。也就是说，洪堡的大学思想支配了19世纪的德国大学，所谓传统的德国大学观念也就是洪堡的大学观念。但问题是，众所周知的所谓德国大学的原则，如教学与研究的统一、教学自由、学习自由，等等，似乎并非出自洪堡的手笔，翻遍洪堡有关大学的论述，根本就找不出这类表述。显然，这些著名的原则是后人对洪堡大学观念的一种总结或一种解释，并且将其看作是洪堡的大学思想。既然是后人的解释，那就有可能与洪堡本人的思想有所出入。换言之，可能存在有两种洪堡的大学观念，一种是洪堡本人的，另一种是后人所认为的洪堡的大学观念。我们首先看看洪堡自己对大学的论述，然后讨论关于两种洪堡大学观念的问题。

一、洪堡如是说

在19世纪初普鲁士改革时期，洪堡（Wilhelm von Humboldt，1767—1835）担任了一年多普鲁士教育主管人。他在短暂的任职期间，促成了柏林大学的建立，由此开创了德国大学史上一个新的时代。洪堡在进行改革的同时，特别是围绕柏林大学的建立，写了若干文稿，如《柯尼斯堡学校计划》（1809年7—8月）、《立陶宛学校计划》（1809年9月）、《文化和教育司工作报告》（1809年12月）和《关于高等学术机构的组织》（1810年）等，这些文字为我们了解洪堡大学观念提供了第一手材料，从中可以大致看出洪堡关于大学的观点。

（一）大学的任务

洪堡指出，大学兼有双重任务，一是对科学的探求，一是个性与道德的修养。洪堡所说的科学即所谓的纯科学，纯科学建立在深邃的观念之上，不同于历史和自然科学这些经验科学，纯科学能够统领一切学科，是关于世上万般现象知识的最终归宿。换句话说，纯科学就是哲学。思辨的哲学是科学发展的极致，是科学诸学科的升华和纯粹形式。纯科学不追求任何自身之外的目标，只进行纯知识、纯学理的探求[①]。大学所从事的便是这种纯科学。所谓修养（Bildung），是新人文主义的一个核心概念，指一种道德和人格上的境界。洪堡从新人文主义出发，认为修养，或者说通识性的修养（Allgemeine Bildung）是个性全面发展的结果，是人作为人应具有的素质，它与专门的能力和技艺无关。相反，任何专业性、实用性学习都会使人偏离通向修养的正途[②]。唯有探求纯科学的活动是达至修养的不二门径。洪堡说，纯科学是用于"精神和道德修养……天然合适的材料"[③]。

当然，科学活动有其独立的价值，并非其他目标的从属物，正如洪堡所说，科学非为修养刻意而准备，而是天然适于修养的进行。就是说，大学尽可以专心于科学，只要探索科学的活动在此能蓬勃进行，修养的目标

① W.v.Humboldt, *Über die Bedingungen, unter denen Wissenschaft und Kunst in einem Volk gedeihen*, 1814, in W.v.Humboldt, *Schriften zur Anthropologie und Bildung*, Ullstein Frankfurt/Main, 1984, pp.93–95.

② W.v.Humboldt, *Der königsberger Schulplan*, 1809, in W.v.Humboldt, *Schriften zur Anthropologie und Bildung*, Ullstein Frankfurt/Main, 1984, p.77.

③ W.v.Humboldt, *Über die innere und äußere Organisation der höheren wissenschaftlichen Anstalten*, 1810, in W.v.Humboldt, *Schriften zur Anthropologie und Bildung*, Ullstein Frankfurt/Main, 1984, p.82.

就会随之得以实现,"科学……也可陶冶性格"[1]。如此看来,大学完全是从事科学的机构,非狭义的教育机构。因此,洪堡极其强调科学在大学中的核心地位。他说大学应"唯科学是重"[2]。同时,洪堡的科学概念还包含着特定的对待科学的态度。他指出:"大学应视科学为一尚未完全解答之问题,因而始终处于探索之中。"[3]大学赖以立身的原则在于,"把科学看作是尚未穷尽、且永远无法穷尽的事物,并不舍地探求之"[4]。

这一点不仅适用于教师,同样也适用于学生。在洪堡看来,大学教师已非严格意义上的教师,大学生也非真正的学生;大学生已在进行研究,教师不过是引导、帮助学生进行研究[5]。

(二)大学的组织原则

洪堡从大学是从事纯科学的机构这一核心观念出发,认为大学的组织原则应建立在纯科学的观念之上。根据纯科学的要求,大学的基本组织原则有二,一曰寂寞,一曰自由。在洪堡看来,对于纯科学活动,"自由是必需的,寂寞是有益的;大学全部的外在组织即以这两点为依据"[6]。在大学

---

[1] W.v.Humboldt, *Über die innere und äußere Organisation der höheren wissenschaftlichen Anstalten*, 1810, in W.v.Humboldt, *Schriften zur Anthropologie und Bildung*, Ullstein Frankfurt/Main, 1984, p.84.

[2] W.v.Humboldt, *Über die innere und äußere Organisation der höheren wissenschaftlichen Anstalten*, 1810, in W.v.Humboldt, *Schriften zur Anthropologie und Bildung*, Ullstein Frankfurt/Main, 1984, p.82.

[3] W.v.Humboldt, *Über die innere und äußere Organisation der höheren wissenschaftlichen Anstalten*, 1810, in W.v.Humboldt, *Schriften zur Anthropologie und Bildung*, Ullstein Frankfurt/Main, 1984, p.32.

[4] W.v.Humboldt, *Über die innere und äußere Organisation der höheren wissenschaftlichen Anstalten*, 1810, in W.v.Humboldt, *Schriften zur Anthropologie und Bildung*, Ullstein Frankfurt/Main, 1984, p.84.

[5] W.v.Humboldt, *Der königsberger Schulplan*, 1809, in W.v.Humboldt, *Schriften zur Anthropologie und Bildung*, Ullstein Frankfurt/Main, 1984, p.71.

[6] W.v.Humboldt, *Der königsberger Schulplan*, 1809, in W.v.Humboldt, *Schriften zur Anthropologie und Bildung*, Ullstein Frankfurt/Main, 1984, p.79.

之中，"寂寞和自由……为支配性原则"①。

洪堡虽然强调寂寞对大学的重要性，但对寂寞的含义并未做明确说明。从他的论述看，他所谓的寂寞似包含以下三层含义：

1. 大学应独立于国家的政府管理系统，用洪堡的话来说，即"独立于一切国家的组织形式"②。洪堡认为，大学，也就是科学的活动是一种精神活动，与任何较严密的组织形式均格格不入，国家的任何介入都是一种错误。但在现实中，大学若没有国家所提供的经济和组织保障，便难以存在和发展，因此，国家有义务为大学提供这种保障。但洪堡同时提醒国家，对性质迥异的大学进行组织、提供经费这一事实本身，"总是必然会产生消极的作用，精神会为物所蔽，高尚会坠于粗俗"③。

2. 大学应独立于社会经济生活。洪堡说，关于大学与国家关系的准则，同样也适用于大学与社会实际生活④。如上所述，洪堡把纯科学和修养看作大学的任务，因此，大学所从事的活动与社会经济对知识技能的要求大相径庭。科学的目的在于探索纯粹的学问、探求真理，而不在于满足实际的社会需要，洪堡说："当科学似乎多少忘记生活时，它常常才会为生活带来至善的福祉。"⑤

---

① W.v.Humboldt, *Über die innere und äußere Organisation der höheren wissenschaftlichen Anstalten*, 1810, in W.v.Humboldt, *Schriften zur Anthropologie und Bildung*, Ullstein Frankfurt/Main, 1984, p.82.

② W.v.Humboldt, *Über die innere und äußere Organisation der höheren wissenschaftlichen Anstalten*, 1810, in W.v.Humboldt, *Schriften zur Anthropologie und Bildung*, Ullstein Frankfurt/Main, 1984, p.83.

③ W.v.Humboldt, *Über die innere und äußere Organisation der höheren wissenschaftlichen Anstalten*, 1810, in W.v.Humboldt, *Schriften zur Anthropologie und Bildung*, Ullstein Frankfurt/Main, 1984, p.83.

④ W.v.Humboldt, *Über die innere und äußere Organisation der höheren wissenschaftlichen Anstalten*, 1810, in W.v.Humboldt, *Schriften zur Anthropologie und Bildung*, Ullstein Frankfurt/Main, 1984, p.85.

⑤ W.v.Humboldt, *Antrittsrede in der Berliner Akademie der Wissenschaften*, 1809, in W.v.Humboldt, *Schriften zur Anthropologie und Bildung*, Ullstein Frankfurt/Main, 1984, p.69.

洪堡在论述人文中学教育时指出，"实际生活或某一行业的需求必须被排除在外"，它如与通识的课程两相掺和，"教养便有失纯粹"，便培养不出完全的人①。

3. 大学的教师和学生应甘于寂寞，不为任何俗务所干扰，完全沉潜于科学。洪堡常用寂寞或悠闲刻画大学生活，把寂寞看作从事学问的重要条件。但寂寞并不排除大学成员之间的学术交往，按照他的设想，大学无非是一群科学者的精神生活，"有人独自专注沉思，有人与同辈数人相过从，还有人聚学生数名于周围"②，其所求所愿无非是科学，并生活在科学之中。对学生而言，大学的意义在于使其"在中学和步入生活之间，在聚有许多教师和学生的地方，把数年的岁月完全地用于科学的思考"③。

以上，前两点是关于大学机构的寂寞，后一点涉及教师和学生的寂寞。总而言之，大学的寂寞意味着不为政治经济社会利益所左右，与之保持一定的距离，旨在强调大学在管理和学术上的自主性。

与寂寞并重的另一原则是自由。自由其实与寂寞是相互关联、相互依存的，没有寂寞就没有自由。自由也包含三层意思：

1. 自由是针对国家而言的。同样是讲大学与国家的关系，寂寞强调大学、科学与国家或政治本质的差异，自由则注重大学享有的权利与国家的职责。根据科学的内在要求，大学只能在自由的条件下进行活动。在洪堡看来，威胁大学这种自由的因素来自两个方面。一方面，国家就其性质及其对大学的职责而言，是侵害大学科学活动的主要潜在因素。因此，洪堡极其重视国家与大学的关系，一再强调，国家应当尊重科学活动的特性，

---

① W.v.Humboldt, *Der Litauische Schulplan*, 1809, in W.v.Humboldt, *Schriften zur Anthropologie und Bildung*, Ullstein Frankfurt/Main, 1984, p.77.

② W.v.Humboldt, *Über die innere und äußere Organisation der höheren wissenschaftlichen Anstalten*, 1810, in A.Flitner（ed.）, *W.v.Humboldt-Schriften zur Anthropologie und Bildung*, Frankfurt/M, 1984, p.83.

③ W.v.Humboldt, *Der königsberger Schulplan*, 1809, in W.v.Humboldt, *Schriften zur Anthropologie und Bildung*, Ullstein Frankfurt/Main, 1984, p.71.

明确自身对大学天然和潜在的影响，尽量限制对大学不得已的干预，不试图将大学的活动纳入政府的行为系统。另一方面，对大学自由的限制还可能来自大学内部，洪堡说：

> 对自由的威胁不仅来自国家，而且也会来自这些机构（指大学）本身，它们开始可能接受了某种思想，继而动辄压抑其他不同的思想。[1]

要消除此种危害因素，洪堡认为，有赖于国家。他接着说道："国家必须采取措施，以预防由此而可能产生的弊病。"[2]其具体措施主要是国家对大学教师的聘任。洪堡认为，国家应运用其对大学教授聘任权以保证大学教授的多样性，借此防止大学中的门户观念或行会风气。用洪堡的话来说：

> 大学教师的任聘须完全由国家进行；在此给各学院更多的权限，而不使明智、懂行的学监独立负责，绝非善举。在大学之中，争论和争辩是有益而必要的，教师之间因工作而产生的观点冲突会有意无意地改变其视野。[3]

就是说，国家应运用其权力，防止大学出现封闭、僵化的倾向，以此促进科学的发展。

2. 教师的自由。根据洪堡的观点，在寂寞和悠闲中从事其学术的大学教师不受国家的管束，不受社会种种利益的牵制，完全服从科学的内在要求，自由自在地进行科学探索，享受着完全的自由。

3. 学生的自由。在洪堡看来，大学生与教师具有共同的任务，均是

---

① W.v.Humboldt, *Über die innere und äußere Organisation der höheren wissenschaftlichen Anstalten*, 1810, in W.v.Humboldt, *Schriften zur Anthropologie und Bildung*, Ullstein Frankfurt/Main, 1984, p.85.

② W.v.Humboldt, *Über die innere und äußere Organisation der höheren wissenschaftlichen Anstalten*, 1810, in W.v.Humboldt, *Schriften zur Anthropologie und Bildung*, Ullstein Frankfurt/Main, 1984.

③ W.v.Humboldt, *Über die innere und äußere Organisation der höheren wissenschaftlichen Anstalten*, 1810, in W.v.Humboldt, *Schriften zur Anthropologie und Bildung*, Ullstein Frankfurt/Main, 1984, p.89.

"为科学而共处"[①]，因而，也应像教师一样享有充分的自由。按照洪堡的设想，大学生应自主地从事其科学思考，可以接受教师的指导，与教师共同研究，也可独立从事研究，甚至"听课径可偶尔为之"[②]。

（三）大学与政府的关系

在以上的论述中，已经涉及大学与国家或政府的关系，但不够全面。洪堡在论大学的寂寞和自由时，重在强调大学和学术的利益。但不能忘记，洪堡当年是作为政府教育主管来论述大学的，或者说是从国家的利益出发进行论述的。其实洪堡并非无视国家的利益，他之所以提出大学应保持独立的地位，其最终目的仍在普鲁士，在整个德国。在洪堡看来，寂寞和自由能够促进大学的繁荣，而繁荣的大学及发达的科学正是国家的利益所在。所以，国家应当为大学创造保障其繁荣所需的条件，并任其发展，而不是让大学直接地服从于国家的种种实际需要。他说道：

> 国家在整体上……不应就其利益直接所关系者，要求于大学，而应抱定这样的信念，大学倘若实现其目标，同时也就实现了，而且是在更高的层次上实现了国家的目标，由此而来的收效之大和影响之广，远非国家之力所及。[③]

这里强调的是国家与大学目标的一致性，正是在这一前提下，大学应当享有自主的地位。

二、两种洪堡大学观

从表面上看，德国19世纪大学的原则与洪堡的大学思想基本完全一

---

① W.v.Humboldt, *Über die innere und äußere Organisation der höheren wissenschaftlichen Anstalten*, 1810, in W.v.Humboldt, *Schriften zur Anthropologie und Bildung*, Ullstein Frankfurt/Main, 1984, p.82.

② W.v.Humboldt, *Der königsberger Schulplan*, 1809, in W.v.Humboldt, *Schriften zur Anthropologie und Bildung*, Ullstein Frankfurt/Main, 1984, p.71.

③ W.v.Humboldt, *Über die innere und äußere Organisation der höheren wissenschaftlichen Anstalten*, 1810, in W.v.Humboldt, *Schriften zur Anthropologie und Bildung*, Ullstein Frankfurt/Main, 1984, p.85.

致。但是我们知道，以上洪堡关于大学的论述，其实在整个19世纪基本上是不为人知的，他最主要的关于大学的文字《论柏林高等学术机构的内在和外在组织》是在1900年才被发现的。所以，当时德国大学的基本原则虽然被认为是由洪堡提出的，但实际上是一种新的构建。他为人熟知的"教学自由""学习自由""研究与教学的统一"等关于德国大学观念的标准表述，是在洪堡之后逐渐形成的。相反，倒是有人否认洪堡的大学思想与后来德国大学观念的联系，认为洪堡的思想根本就未能运用于德国大学，德国大学的成就很难归功于洪堡的思想。德国著名学者门策（C. Menze）在20世纪70年代就认为，由于种种原因，"洪堡的大学观念在现实中无法付诸实施，未及落实于制度，便已告失败"[1]。且不论这种说法是否合适，但至少可以看出，洪堡本人关于大学的思想与后来德国大学的基本观念是不同的。从科学和修养这两个德国大学的根本观念上即可看出，洪堡的大学思想与后来支配德国大学的观念之间的区别。

首先，无论是洪堡，还是后来德国的大学都将科学看作大学的根本所在，但对科学的理解却有着较大的差别。在洪堡看来，科学是一个整体，是不可分割的，它只涉及纯粹的知识，无关乎实用，几乎等同于哲学。这就决定了其大学的本质特征，即大学是以纯知识为对象的学术研究机构。据此，大学应有一种精神贵族的气质和对纯学术的信念，而不考虑社会经济、职业等种种实际需要。而在19世纪的德国大学中，特别是在30年代以后，随着自然科学的发展，洪堡所说的科学，基本无法落实到大学的实际教学和研究之中。特别是19世纪后期的专业化科学研究实践，从根本上违背了洪堡的大学思想的。

其次，从其特有的科学观出发，洪堡认为，大学生应当通过参与研究和主动的学习与思考，来完成其自身的修养。这种修养是全面的，而非专业性或职业性的教育。大学的毕业生首先应当是有人文和科学修养的人，

---

① Clemens Menze, *Die Bildungsreform Wilhelm von Humboldt*, Schroedel, 1975, p.429.

是会用哲学的眼光看待世界的人，而不是专门的学者。而德国的大学所培养的主要是专业型的学者、教师和官员，是以职业为其主要目标的。

最后，门策认为，洪堡本人的大学思想从来没有真正在德国的大学中实行过。然而他忽视了洪堡大学思想在观念上带来的革新动力，以及对整个大学信念转变所产生的影响[①]，这是另外一个话题，且不去深究。只是后来树立起的洪堡形象以及对洪堡大学观念的推崇使人们忽视了洪堡思想与19世纪大学现实之间的距离。所以，在德国学术界有"洪堡神话"之说。就是说，德国的大学在19世纪末期面对工业化、科学技术的发展，为了维护传统的学术信念和价值，重新发现了洪堡的大学思想，或者说用洪堡的大学思想来加强大学的信念体系。当时德国大学虽然对洪堡的大学观念深信不疑，并以为继承了真正的洪堡精神，但洪堡观念的阐释者们的出发点是当时大学所处的时代，他们的目的是为当时的大学进行辩护。这样，实际上就存在两种不同的洪堡大学观念，一种是洪堡本人的，但这种观念并未受到真正的关注；另一种是后来建构起来的洪堡大学观念，这便是支配19世纪末及20世纪初德国大学的大学观念。这种对洪堡思想的重建正是哈布瓦赫（Maurice Halbwachs）所说的集体记忆，"尽管我们确信自己的记忆是精确无误的，但社会却不时地要求人们不能只是在思想中再现他们生活中以前的事件，而且还要润饰它们，消减它们，或者完善它们，乃至我们赋予了它们一种现实都不曾拥有的魅力"[②]。

[①] R.v.Bruch, *Langsamer Abschied von Humboldt, Forschung & Lehre*, 1995, 12, pp.667-673.

[②] ［法］莫里斯·哈布瓦赫著：《论集体记忆》，毕然、郭金华译，上海人民出版社2002年版，第91页。

第二节　如何理解洪堡的大学理念

　　洪堡作为普鲁士的教育主管人，1810年主持建立了柏林大学，这不仅是德国，也是西方大学发展史上的一个重大事件。洪堡的大学理念从此成为大学改革与发展的重要思想资源。在过去的两个世纪中，洪堡的教育思想和大学理念在不断地被解读、阐释，被推崇也被批评，那么，究竟如何去理解洪堡？如何看待洪堡留给我们的遗产？在当今高等教育大众化的时代，洪堡的大学理念是否还有现实的意义？我们能否绕过洪堡，甚至超越洪堡？

　　其实洪堡距离我们并不遥远。洪堡所思考的问题，今天读来还是颇具现实意义的。他所关心的问题，也是我们今天所关心的问题，比如大学与国家的关系，大学与人才的培养，大学与学术的关系，大学与自由的关系，等等。洪堡是站在振兴民族的高度来建立柏林大学的，这种教育强国、学术立国的观念与实践，在某种意义上讲，为许多国家提供了一个样板。

　　关于大学与国家的关系，洪堡主张学术立国。所谓学术立国，就是把学术放在国家发展的层面上考虑。洪堡当年建立柏林大学，这只是他所进行的教育改革的一个组成部分，而教育改革又是当时普鲁士社会经济改革的组成部分。当时，普鲁士战败，在面临民族危亡、国家前途未卜的时刻，洪堡站在振兴民族的高度建立了柏林大学。希望柏林大学能够为加强普鲁士在德国的领导地位，复兴德意志的文化和学术作出重要贡献。从柏林开始，大学不再是民间的、教会的和学人的社团机构，而成为国家的机构。

其实，大学与国家的这种密切关系，本来就是德意志国家的传统。洪堡在此基础上，提出了所谓文化国家的理念，从政治的角度，从国家的层面为大学的合法性和优先性奠定了基础。这种学术立国的观念一直成为德国大学的一个根本理念，在19世纪末，对中国和日本都产生了重要的影响。从全球的角度看，进入20世纪之后，科学技术在国家发展中的地位日益提升，学术和科技普遍成为国家的行为和国家发展的目标。如此看来，洪堡的文化国家理念无疑具有一种引领作用。学术研究是大学的关键所在，大学教育不是专业教育和针对某种职业的教育。大学中的知识是纯的知识，是关于人类和世界的思考。

在洪堡的大学理念中，大学与学术是分不开的，而学术意味着探索和研究，这是西方大学发展史中的一个重要转折。产生于中世纪的大学从来都是以保存和传承既有的知识为使命的，而洪堡把学术看作是一个探索知识的过程，而探索就是研究。这就重新定义了大学的角色，大学除了传统的教学职能之外，又增添了一项新的职能，即科学研究。对洪堡来说，学术和研究是大学的关键所在，没有学术研究，便不是真正的大学。我们今天所熟知的"研究型大学"其实可以追溯到洪堡。所谓"教学与科研的统一"，其实是用学术研究统领大学的活动，其中包括教学活动。既然知识是一个不断发展的过程，大学的教学就不能满足于提供已有的、现成的知识，而应当去探索、发现新的知识。不光是大学教师，学生也应当参与这种探索，所以，教学和研究是不能分开的，教学就是教师带领学生学习研究和进行研究的活动。洪堡从人文主义知识观和哲学角度出发，还认为知识是一个整体，对任何具体知识的思考和探索，都应该在知识整体的框架下进行。所以，大学教育不是专业教育和针对某种职业的教育。

同时，大学中的知识是纯的知识，是关于人类和世界的思考，不关乎实际的使用和职业的目标。注意，洪堡强调大学应当重视纯粹的、理论的知识，并不意味着否定技术的、职业性以及应用性知识的地位，只是反对大学从事这类知识的传承。大学的最终目的是使人成为有修养的人。应用性知识和职业性知识在现代社会中是不可缺少的，但洪堡坚持认为，人在成为职业人、专业人之前，应当首先是人，是全面发展的、具有教养的人。洪堡虽然非常强调学术的重要性，但大学的最终目的，却是人，有修养的人。在洪堡的大学理念中，修养或修身是关键的概念。以洪堡为代表的知识分子信奉人文主义的理念，强调以人为本，把人的修养看作整个教育的基本出发点和最终目标。在修养观中，首先注重人的独立性、自主性以及和谐、全面的发展，这是超越任何实用和功利性目标之上的价值。同时，他们把教育看作一个能促进学生能动地探索与成长的过程，而不是机械地灌输知识的过程。所谓的知识是一个整体，如果把这个体系拆分开来，孤立地、专门地去研究，就失去了培养人的功能，往往会片面化、技能化、科学化等，与真正的"人"的观念背道而驰。因此，大学中知识的完整性和非功利性，都是与大学的培养目标相联系的。专门化的、被割裂的知识，被认为是不利于人的全面发展、不利于修养的。

洪堡也清楚，应用性知识和职业性知识在现代社会中是不可缺少的。但他坚持认为，人在成为职业人、专业人之前，应当首先是人，是全面发展的、具有教养的人。今天，我们把知识的传承看得更加重要，有人认为，是因为洪堡把科研带进大学，从而导致以科研来争胜，以至于不太重视人的培养。这其实并不是洪堡的思想，而是我们近些年教育出现的怪现象。大学制度的第一原则：自由。无论从修养的目标出发，还是从学术的目标出发，自由都是不可缺少的。洪堡坚信，无论是出于学术的目的，还是为了人的修养，大学必须保持其自主性，享有自由。洪堡虽然认为发展大学是国家的分内之职责，但国家的职责主要是支持、扶持和监督，而不是具体的管理。洪堡作为普鲁士的教育主管官员，认为学术虽然具有重要的政治和道德功能，但毕竟与政治不同，应当具有其学术的独立性。这是大学更好发挥政治功能和服务国家的前提。洪堡强调，大学在按照自身的逻辑、实现其自身目标的同时，其实也就实现了国家的目标，而且是在更高的层面上实现了国家的目标。所以，他把自由看作是大学制度的第一原则。对洪堡来说，学术的自由首先来自学术本身。学术既然是探索活动，教师和学生就应当具有探索的自由。同时，修养意味着个人潜力的自由与和谐的发展。所以，无论从修养的目标出发，还是从学术的目标出发，自由都是不可缺少的。

对于大学教师来说，他们不受国家的管束，不受社会种种利益的牵制，完全服从科学的内在要求，可以自由自在地进行科学的探索。大学生与教师具有共同的任务，都是"为科学而共处"，因而，也应像教师一样享有充分的自由。洪堡时代，对学生的期待是很高的，学生进入大学以后，师生之间是一种同伴关系，不是教育与被教育的关系。按照洪堡的设想，大学生应自主地从事其科学思考，可以接受教师的指导，与教师共同研究，也可独立从事研究。当时在德国，学生的学习很自由，很少有什么规定，没有什么选修课、必修课。我们现在课程的管理或者教学的概念更加细化、组织化，但规定得比较死板，学生自由选择的范围很小，因为课程都是有限定的。其实学习自由更有利于以学习为中心、突出学生的积极性等。洪堡的大学理念依然对当下具有指导意义。

如果大学只满足于传递既有的知识，只满足于信息的传递，而不去激发学生探索未知的好奇心和热情，不去教给学生如何独立自主地去学习、去研究和探索，那我们的大学就只能"填鸭"工厂。自20世纪中叶开始，高等教育呈现出大发展的趋势，世界范围的高等教育都发生了巨大的变化。在德国，我们可以听到不少质疑洪堡大学理念的声音，认为洪堡的思想早已过时。的确，洪堡大学理念的一些具体内容可能已不适应今天的现实，比如洪堡认为，大学应当排除应用性、技术性的职业性知识，大学应当远离政治、市场和世俗的社会，等等。但是洪堡大学理念中的许多内容在今天仍然具有现实意义。

虽然今天的高等教育在很大程度上是在人力资源的逻辑下运行的，大学必须考虑大学生的就业问题，必须为大学生提供他们今后在职业中所需要的专业知识，但是大学从来没有认同于职业培训机构的角色，从来没有放弃过培养大学生的心智、道德和修养的追求，更希望大学生能够获得探索真理的能力与热情。在这一意义上，洪堡的大学理念仍然是大学的精神支柱。今天我们对于通识教育的期待，其实正是当年洪堡对大学的要求。

今天的大学已经深深地被卷入社会的各个方面，我们已无法回到学术的象牙塔之中。但大学的自主性仍然是大学的基本诉求。无论是关于现代大学制度的完善，还是大学治理模式的设计，显然都要以大学的自主性为前提。一个没有自主性、没有自己边界的、完全依附政治和经济的大学，是完全不可想象的。因此，洪堡试图划清学术与政治经济的界限，为大学保留其活动空间的努力，也没有过时。在知识经济时代之中，洪堡关于大学自主性的诉求，或许尤其值得重视。在当下的知识社会中，社会对知识的订单大幅度增长，知识的订户数量也在不断攀升。但是知识创新、科学研究、探索未知的基本逻辑并没有因此改变。如果大学只满足于传递既有的知识，只满足于信息的传递，而不去激发学生探索未知的好奇心和热情，不去教给学生如何独立自主地去学习、去研究和探索，那我们的大学就还是"填鸭"工厂。如果我们的大学教师满足于照本宣科地给学生念书本知识、或满足于若干短平快的委托课题，或满足于按数量发表文章，那么，我们的大学就永远是二流、三流的大学。所以，我们还是应该常常看看洪堡的著述，重温洪堡的大学精神。斯人已去，世道沧桑。洪堡点燃的大学精神之火其实并未熄灭，我们今天高等教育所面临的种种问题，虽然无法都在洪堡那里找到答案。但洪堡的大学理念，如果我们愿意接受，无疑能帮助我们解决许多问题。

从长时段的视角看，洪堡大学理念是现代大学的起点，虽然在最近的200年中，这一现代的大学理念有所扩展，有所增益，但这一观念的核心思想仍然是我们当今大学基本思想的基础，比如重视科学研究、教学与科研的结合、学术自主权、教学自由、学习自由、研究生的培养、探索培养批评精神、专业的学术训练等。可以说，整个现代大学制度的话语体系和思想基础基本是由洪堡大学理念所奠定的。虽然进入了后现代时代，我们仍然无法超越洪堡大学理念。没有这一大学理念所提供的概念体系，我们基本无法讨论当今的高等教育。由此可以看到，洪堡大学理念对我们有深远的影响。

第三节　施莱尔马赫论教学

施莱尔马赫（Friedrich Schleiermacher，1768—1834）是德国19世纪著名的神学家、哲学家，同时，也是德国教育学的先驱之一，他多次开设教育学课程，其研究领域包括普通教育、专业教育、职业教育等。无论在教育理论系统的建立方面，还是在教育研究领域的扩展方面，他都有重要的贡献。

施莱尔马赫还是一位著名的知识分子，在柏林大学建立的过程中，他发挥了重要的作用。1908年，他发表了《德国式大学断想》的长文，对未来大学提出了自己的观点，成为当时大学建设的指导性文献之一。文章包括六个部分：第一部分，论学术组织与国家的关系；第二部分，论中学、大学和科学院；第三部分，关于大学的深入思考；第四部分，论诸学院；第五部分，论校园习俗及其监督；第六部分，论学位。最后还有一个附录，内容涉及新大学建立的一些细节，如选址、师资、学生等。

《德国式大学之断想》是施莱尔马赫对其大学思想比较完整的表述，其中关于大学的培养功能的论述，很值得关注。他通过比较中学、大学和科学院三种机构，提出了大学的定位。他认为，学生在中学只是学知识、打基础；大学要培养学生的科学精神和科学研究的能力，为今后从事科学研究做准备；科学院则专门进行研究。因此，他坚持认为，大学是培养科学精神的场所。

我们知道，德国近代大学以"研究型大学"而闻名于世。洪堡的名言尽人皆知，科学是大学的核心，教师不是为了学生而存在，教师和学生都是为了科学而聚集在大学，上课甚至是可有可无之事。所以，在我们的认知中，德国大学历来以科研为中心，教学不受重视。德国著名大学史专家包尔生（Friedrich Paulsen）也明确地说过，"德国大学聘教授，只看科研，不问教学"。但是如果阅读过施莱尔马赫的有关论述，就能发现，他虽然也很重视科学，但并没有把大学定位为科学的机构，反而强调大学是人才培养的机构。

施莱尔马赫在《德国式大学断想》一文的第三部分专门讨论了大学的总体特征，其中用了约一半的篇幅讨论授课问题。所谓授课，其实就是培养。具体说，施莱尔马赫讨论的是讲授课（Kathedervortrag或Vorlesung）。德国大学上课的形式通常包括讲授课和讨论课（Seminar），但讨论课在当时尚未推行，所以，讲授课其实是大学唯一的授课形式。施莱尔马赫重视授课和培养，并且把授课列为大学的核心使命。他说，"大学以授课为本（zum Wesen einer Universität gehört），课堂是大学神圣之所在（Heiligtum）"。同时，他也抱怨说："很少有人懂得讲授课的意义。"他批评照本宣科式的授课传统，批评死板的转述知识的授课方式。他认为，授课的方式与大学的目标是密切相关的。

根据施莱尔马赫的观点，大学是培养科学精神的场所，是一种培养机构，而培养的核心就是授课。用他的话来说，"每种观念——无论是科学的还是宗教的，只能在生活之中，即在众人的共同体中形成和定型。有学识者和有造诣者的所讲所述，会在年轻人心中激发和唤醒某一观念。而这种观念会在共同体的相互交流之中得以明确和加强。由于整个大学就是这样一个学术的共同集体，所以授课就是大学神圣之所在。"

施莱尔马赫还进一步说明了授课的功能，他认为，授课功用主要有二：一是普及，即向未知者讲解，使其从无知到有知；二是生成，即教师所讲的内容，不是现成的结论，而是面对听众展示知识生成的过程。教师不是讲授他知道的东西，而是展示知识和事实的生成过程。因此，学生听课不只是在存储知识，而是在观看理论生成的过程，或模拟生成的过程。老师在课堂上为学生展示问题从何而来、如何呈现、如何得出结论的整个过程。他说，"所有大师莫不是如此讲课的，好的老师总是在听众面前生动而真实地展示知识形成的过程"。他将展示知识生成的授课视为讲授课的最高境界。

同时他也知道，教师是多种多样、各有特点的，有的善于激发学生的好奇心，有的善于系统讲授知识，有的善于从小处着手但不失对整体的关照，有的则善于把握宏观的线索，等等。但无论风格如何，能够激发学生的兴趣，引导学生进入科学的思维，养成科学的精神，这是所有好的教师的共同特征。

施莱尔马赫虽然重视授课的重要性，但他觉得，培养并不仅限于授课。大学共同体的交往还应该包含授课之外的各种交流——交谈、复习、考试以及其他个人的交往，教师和学生可以通过这些交往，讨论一些具体的问题。施莱尔马赫这里所说的师生交往，大致就是后来的讨论课。讨论课形成于洪堡大学理念影响下的德国大学，在19世纪逐步成为德国大学讲授课之外的主要课程形式，也是德国大学的显著特征之一。

总体看来，在施莱尔马赫的眼中，大学的核心任务是培养学生，培养其科学的精神，教师和学生组成的共同体，首先是为学生而存在的。因此授课至关重要，是培养学生科学精神的关键所在。他强调，授课是将知识的形成过程展示给学生，而知识形成的过程在很大程度上就是科研的过程。学生通过观察和领略知识的生成过程，学到的不仅仅是知识，更重要的是科学的方法和科学的精神。只有通过这种授课方式，才能激发学生对科学的热情，并学到探索科学的方法。同时，在授课之外，教师还应当通过多重渠道与学生接触，手把手地教学生如何从事科学研究，为他们今后从事科学研究做好准备。

通常，我们对德国古典大学的认知往往以洪堡为中心，而洪堡非常强调科研，将科学研究视为大学的核心，似乎从未论及学生培养问题，所以，我们因此多多少少被误导。纵观19世纪德国大学的发展历程，会看到德国的大学一方面的确很看重科研，但另一方面，科研和教学是密切结合的，学术通常要直接参与科研活动，特别是研讨课其实就意味着把科研搬到课堂上进行。施莱尔马赫所强调的讲授课，实际上就是用科研的方式讲课，所以，他所说的培养其实是以科研为基础的。可以这么说，施莱尔马赫关于授课的主张，在德国大学中也的确变成了现实。由此我们也可以看到，施莱尔马赫对德国大学的实际影响。

洪堡和施莱尔马赫对大学的想法有所不同，这种差异应该与他们二人的个人经历有关。洪堡从来没有教学经历，一直是独立的学者，所以，在他的大学理念中，只有学术和科研，没有培养。而施莱尔马赫则不同，他当过家庭教师，长期担任牧师，后来又在哈勒大学做教授，是一名出色的教师，并且他还是德国现代教育学的创始人之一，从理论和实践两个方面参与了普鲁士的教育改革。所以，他讨论大学问题，有深厚的经验作为基础，具有很强的实践感，懂得培养和教学对于大学的意义。

总之，从以上的论述可以看出，认识洪堡大学理念，仅局限于洪堡本人的论述会存在很大的偏差。在德国古典大学观念的经典阐述者中，洪堡的论述虽然意义重大，很有号召力，但是有很强的理想主义倾向，而施莱尔马赫的观点则很有实践意识和经验基础，所以，对大学的改革和发展更具有实际的指导意义，更能够发挥实际的影响。

第四节　施莱尔马赫论国家与大学

　　在历史研究中，对一场运动或一个事件，一旦有一种定论，往往会被后来的学者所沿袭，定论也就凝固为一个事实，不再受到质疑。但是，一种定论往往也会遮蔽一些历史事实。关于德国古典大学观念的研究，我们对洪堡的大学理念似乎早有明确的概念，也已总结出了几个原则或几个概念，并被广泛引用。但是细想起来，有些问题总是令人费解，比如洪堡说大学应该完全独立于国家，享有完全的学术自由，德国政府为什么愿意支持这种"为学术而学术"的大学？德国政府真的这么"无私"，不考虑政府的实际利益吗？要回答这些问题，我们需要回到当年柏林大学建立的现场，听听不同的观点，或许从中可以得到一些启发。在这里我们通过施莱尔马赫展示德国古典大学理念的多种声音，探讨施莱尔马赫大学观对德国大学改革与发展的影响。

　　1810年，柏林大学建立。围绕这所大学的建立，在普鲁士有过一场关于大学的大讨论。而大学与国家的关系是这次讨论中的一个核心议题。当时参与建立柏林大学讨论的学者和官员有一种共识，即大学应当保持独立的地位，国家应当允许大学享有这种独立的地位，比如洪堡认为，大学无非是学者们的精神生活，与国家的组织系统毫无关系，国家的任何介入都是有害的，因此要求国家给予大学完全的自治权利①。其他的相关学者也都十分强调大学的独立性，强调学术自由和学术的独立。

在参与这场讨论的学者中，施莱尔马赫是核心的人物之一。他和洪堡的观点基本一致，认为大学是一种学者的联合协会，不应当受到国家的干预。但是，施莱尔马赫的观点并不那么极端，在强调大学独立的同时，也考虑国家对大学的实际需求。这是施莱尔马赫大学观中有价值的、但容易被忽视的地方。

施莱尔马赫是神学家、语文学家、哲学家，同时也是教育家、柏拉图著作的译者，是普鲁士著名的知识分子。他曾在哈勒大学任神学教授，在哈勒大学因为战争关闭后来到柏林。普鲁士此时由于战败而酝酿一场改革自救的运动，在柏林建立一所新型的大学正是这一改革中的一个重要措施。施莱尔马赫积极参与了柏林大学的建立，是柏林大学的建立者之一，也是柏林大学的首批教授和第一任神学院院长。他对柏林大学发展的实际影响应该超过洪堡。

针对即将建立的柏林大学，当时不少知识分子纷纷提出了各自的观点和方案。1808年，施莱尔马赫发表了题为《德国式大学断想》的小册子（以下简称《断想》），阐述了自己的观点。这本小册子一经发表，就产生了很大的影响，成为当时大学改革讨论中的重要文献。《断想》第一部分就讨论了大学与国家的关系。施莱尔马赫认为，大学是学术的组织，追求的是科学，而国家更注重实用的知识，二者的旨趣不同。但是大学需要国家的支持和保护，而国家也需要科学，实用的知识是以科学为基础的。这里的科学当然是当时人文主义者所说的科学，指的是系统的知识体系，而不是今天所说的狭义的科学。在施莱尔马赫看来，大学和国家虽有不

---

① Wilhehm Humboldt, *Über die innere und äussere Organisation der höheren wissenschaftlichen Anstalten in Berlin*, in Anrich, Ernst, *Die Idee der deutschen Universität. Die fünf Grundschriften aus der Zeit ihrer Neubegründung durch klassischen Idealismus und romantischen Realimus*, Darmstadt, 1964, p.378.

同，但二者应当相互理解和支持。就是说，大学既要独立从事科学事业，同时，也不能忽视为国家服务的功能。

那么，大学如何才能更好地为国家服务？什么样的大学才能给国家带来真正益处？他认为，对国家有用的知识应当与真正的科学的教育结合起来[①]，这既不是对科学的误用，也不是对学术机构的玷污。并明确指出，把纯粹的科学追求与为国家服务的目标结合起来，正是德国大学的本质所在。

施莱尔马赫认为："许多进入大学的学生，其实并不适合从事真正意义上的科学，而且这类学生数量很大。"[②]这些人虽然无法达到最高的科学的标准，但毕竟接受过科学精神熏陶，同时，也掌握了专门的知识，完全是国家所需要的人才。这些人从学术的角度看是"二等人才"，但却能够满足国家对专业人才的需要，这就是大学对国家的实际功用。

但施莱尔马赫同时也强调，国家不能因此将大学简单等同于为国家服务的机构。如果将为国家服务的目标看作大学的主要工作，这将是一种"有害的误解"。把大学当成培养专门人才的专业学校，其实是误读了高层次教育对国家的价值，"如果国家不把大学作为培植知识的中心，将科学探索活动分解为单一的领域，从活的知识整体中割裂开来，那么，毫无疑问，这一做法不管是有意还是无意的，都将会导致对自由的教育和一切科学的精神的压制，其必然的结果就是一切知识蜕变为工匠性的知识，所有

---

① Friedrich Schleichermacher, *Gelegentliche Gedanken über Universitäten in deutschem Sinn*. in Anrich, Ernst, *Die Idee der deutsche Universität. Die fünf Grundschriften aus der Zeit ihrer Neubegründung durch klassischen Idealismus und romantischen Realimus*, Darmstadt, 1964, p.248.

② Friedrich Schleichermacher, *Gelegentliche Gedanken über Universitäten in deutschem Sinn*, in Anrich, Ernst, *Die Idee der deutschen Universität. Die fünf Grundschriften aus der Zeit ihrer Neubegründung durch klassischen Idealismus und romantischen Realimus*, Darmstadt, 1964, p.247.

专业领域都被局限在可怜的小小范围内"①。针对那些追随法国提出拆分大学的观点,施莱尔马赫指出,"有些人没有头脑,或者受到非德意志的败坏精神所传染,提出改组大学和将大学拆分为专门学校……其结果一定是科学衰退,精神萎靡"②。

施莱尔马赫不仅从现实的角度论证了大学为国家服务的正当性和必要性,同时,还从知识的角度论述了一般性知识、纯知识与实证性知识相互的关系,从人才培养的角度说明了历史与实践结合的必要性。他指出,所有大学生应该具有统一的知识基础,这一知识基础包括哲学、语文学、道德论、数学、自然理论。每一名大学生在此基础上根据个人的兴趣进入专门的知识领域,比如学习历史、政治、人类教育、地理、生理等。关于统一的知识基础,施莱尔马赫认为,哲学可以打开认识自然和历史的眼界,语文学可以借助于语言而认识人类知识的宝藏,道德论揭示人类活动的本质。而专门的领域,是建立在这些基础知识之上的,大学生会在此基础上因人而异地确定自己的专业方向,这些专门的知识与国家有关部门的工作相对应,是实践导向的专门性知识。

总之,在施莱尔马赫看来,大学的核心是培养大学生的科学精神,而科学精神的培养需要一般性知识与具体知识的结合。一般性的纯知识是一个整体,是所有关于现实的知识的基础。整体的知识包括哲学、语言、历史、社会、教育、数学、自然。具体的现实知识则包括具有实用性质的政治与宗教、法律、医学方面的知识。也就是说,施莱尔马赫心目中的大学

---

① Friedrich Schleichermacher, *Gelegentliche Gedanken über Universitäten in deutschem Sinn*, in Anrich, Ernst, *Die Idee der deutschen Universität. Die fünf Grundschriften aus der Zeit ihrer Neubegründung durch klassischen Idealismus und romantischen Realimus*, Darmstadt, 1964, p.249.

② Friedrich Schleichermacher, *Gelegentliche Gedanken über Universitäten in deutschem Sinn*, in Anrich, Ernst, *Die Idee der deutschen Universität. Die fünf Grundschriften aus der Zeit ihrer Neubegründung durch klassischen Idealismus und romantischen Realimus*, Darmstadt, 1964.

仍然是中世纪以来的传统大学模式，哲学院提供基础性的知识，神、法、医培养面向国家实际部门的专门性人才。不同的是，施莱尔马赫虽然坚持传统大学的模式，同时，重新定义了基础性的哲学院和其他学院的关系。在施莱尔马赫看来，哲学院所提供的基础性知识，旨在培养科学的精神，而科学精神或科学本身就是大学的重心所在，所以，哲学院从过去的基础性学院一跃成为统领性学院。

值得注意的是，知识的整体性是当时所有新人文主义者的共识，而知识的整体性也是保留大学模式的主要根据所在。但所谓知识的整体性，更多是说知识的系统性和统一性。但施莱尔马赫却从理论知识与实践性知识的相互依赖性来论证知识的整体性，并从这一视角出发，论证了大学的学术追求与大学实际功用之间的关系，认为大学生仅仅学习哲学和思辨是不够的，应当借助哲学打开通往各种现实知识的眼界，以避免出现"理性与经验、思辨与现实"的对立①。

在当时的大学改革讨论中，充满着一种理想主义的革新意识，按照费希特的想法，即将建立的柏林大学应当成为整个社会乃至整个人类革新的源头。但是，知识分子的想法并不等于现实。所以，在柏林大学建立之后，不少人感到很失望。洪堡在1816年曾说："柏林大学已在沉沦……精神已荡然无存。一切都退回到可悲的日常事务。"②其实，洪堡的继任者、普鲁士教育主管人舒克曼（Friedrich von Schuckmann）说得很清楚，"时下的精神氛围迷恋于理论，乐于玩理论和理论翻新……头脑尽可以疯狂，但胃

---

① Friedrich Schleichermacher, *Gelegentliche Gedanken über Universitäten in deutschem Sinn*, in Anrich, Ernst, *Die Idee der deutschen Universität. Die fünf Grundschriften aus der Zeit ihrer Neubegründung durch klassischen Idealismus und romantischen Realimus*, Darmstadt, 1964, p.250.

② Weischedel W, Müller-Lauter W, Theunissen M, *Idee und Wirklichkeit einer Universität. Dokumente zur Geschichte der Friedrich-Wilhelm-Universtität zu Berlin*, De Gruyter, 1960, p.27.

总会坚持自己的立场……谁统治了胃，也就搞定了头脑①。"从前后两位教育主管人的言语中，可以看出，柏林大学当时的状态。这一发展方向与施莱尔马赫的设想比较近，柏林大学在很大程度上仍然是为国家培养官员的机构。虽然提倡科学研究和学术自由的大学观念产生了重大的影响，但洪堡等人的大学理念并不是简单地就能从文字变成现实。而施莱尔马赫的大学观念更具现实感，考虑到了国家对大学的实际需求。纵观19世纪德国大学的发展，大学不仅培养了一大批知识精英，同时，也为政府培养了一批又一批具有专业知识的官员、律师、医生和中学教师等专业人员。历史地看，正是在柏林大学成立之后，德国政府开启了各类职业的专业化进程，所有进入国家公务部门的大学生都必须经过国家考试。专业人员的培养成为德国大学与政府关系的一个最重要纽带，正如美国历史学家麦克柯兰（Charles E. McClelland）所指出的那样："尽管所有理想主义的言论……都是关于高尚而无私地奉献于不受束缚的精神生活，但大学仍然以越来越重要的方式发挥着训练德国公务员和教会人员的作用，至少自改革以来就是这种情况。尤其是随着公务员的专业化程度越来越高，大学与国家之间的联系越来越紧密，就人员而言，大学与国家是一个互动的连续体，而不仅仅是仇恨或怀疑的结合。"②

如上所述，施莱尔马赫的大学观既有理想的成分，也有现实的关照，与当时其他改革理论家的观点相比，有其独到之处。施莱尔马赫的朋友、柏林大学法学教授萨维尼，在《断想》出版后马上就写了一篇书评，赞赏

① Weischedel W, Müller-Lauter W, Theunissen M, *Idee und Wirklichkeit einer Universität. Dokumente zur Geschichte der Friedrich-Wilhelm-Universität zu Berlin*, De Gruyter, 1960, p.25.

② Charles E.McClelland, *The German experience of professionalization: modern learned professions and their organizations from the early nineteenth century to the Hitler era*, Cambridge University Press, 2002, p.5.

"作者提出建立一种理想的大学，但并不否认现有机构的优势"①。著名的德国教育史家费尔豪斯·鲁道夫（Vierhaus Rudolf）也说："施莱尔马赫与洪堡和费希特不同，不赞同彻底更新大学和中学，而主张改良，不废弃传统的机构和活动方式，而是为其灌注新的精神。大学应当仍然是培养官员、牧师、医生和教师的高等学校，但同时也应该成为自由的科学场所，以培养个人的独立性和责任感。"②可以说，施莱尔马赫代表了德国古典大学观念中的稳健派。由此我们可以看到，在当时的众声喧哗的讨论之中，虽然有一致性的诉求，但不同的人物观点也不尽相同。如果忽略了这种差异，我们将很难真正理解德国的古典大学观及其影响。

第五节　席勒的大学教育观

席勒从人文主义的立场出发，强调人的完整性以及教育的完整性，同时也强调，知识的完整性和知识的独立价值，反对实用主义的、专门化的和职业化的大学教育。他提出的关于利禄之徒和哲学之才的概念，是新人文主义大学理念的重要内容，堪称19世纪洪堡大学理念之先声。

席勒以文学创作、美学及史学理论而闻名，但他对大学教育的观念却

---

① Carl von Savigny, Rezension von: F.Schleiermacher, *Gelegentliche Gedanken über Universitäten in deutschem Sinn*. in *Vermischte Schriften*, Bd.4, 1850, p.256.

② Vierhaus Rudolf, Schleiermachers Stellung in der deutschen Bildungsgeschichte, in Kurt-Victor Selge, *Internationaler Schleiermacher-Kongreß Berlin* 1984, De Gruyter, 1985, p.16.

鲜为人知。其实他作为新人文主义者十分重视人的教育,其《审美教育书简》就集中体现了席勒人文主义的教育理想。在其著名演讲《什么是世界史及为何要学习世界史》中,席勒专门阐述了他对大学教育的观点。

1789年5月26日下午5点30分左右,耶拿大学的蓝霍德讲堂(das Reinholdische Auditorium)座无虚席,学生等待着大学新聘的历史学教授席勒的到来。今天虽然是席勒的就职演讲,但他早已因《强盗》和《阴谋与爱情》等戏剧而闻名,估计不少人想借此一睹席勒的风采。

席勒到了讲课的地点,可容纳100多人的大教室已经爆满,而且学生还在不断增加。席勒不得不临时换教室,换至最大的格理斯巴赫讲堂(Grießbach Auditorium)。学生们又蜂拥上街,奔向新的上课的地点。一时间满街都是奔走的学生,人声鼎沸,不知情者误以为发生了火灾或什么事故。席勒到达时,可容纳三四百人的大厅以及过道都坐满了学生。他眼前只留出的一个通道,连讲台在哪里都看不见。席勒的第一次演讲,可谓盛况空前。

席勒选择的题目是“什么是世界史及为何要学习世界史”。他在正式进入主题之前,首先讲了关于如何对待大学学习的问题,或者说是如何端正大学生的学习态度的问题。席勒以诗人的语言描绘出两种完全不同的大学生或者说学者的类型,一种是实用主义的、以职业为取向的大学生,席勒称之为利禄之徒(Brotgelehrter);另一类是以学术为取向的大学生,他称之为哲学之才(philosophischer Kopf)。这次演讲虽然只有一小时的时间,而且只是序言,但内容却非常精彩。席勒在给朋友的信中说,他讲这些不是泛泛而谈,而是有很强针对性的。席勒所针对的,就是当时盛行的实用主义的大学教育观念。

在18世纪后半叶,是德意志,也是整个欧洲大学发展的一个低谷时期,无论是大学的学术状况,还是大学生的道德表现,均为世人所诟病。因此,大学改革成为德国当时各邦一个重要的政策话题。在启蒙主义思潮的影响下,学者普遍认为,大学作为中世纪的残留之物,已无法满足社会发展的需要，可谓气数已尽。改革者认为，大学的首要功能在于其社会实际价值，大学之所以没有存在的价值，就是因为大学脱离国家的实际需要，而新的大学应当是国家的学术矿厂（akademisches Bergwerk），能够促进国家的经济发展。执掌哥廷根大学40年之久的明希豪森（Gerlach von Münchhausen）说：“我的大学准则，以声誉和实用为基础。”[1]哥廷根大学是18世纪德意志最具生机和在学术上表现最为出色的大学，其基本倾向尚且如此，其他大学的取向更可想而知。

当时，德意志两大邦国奥地利和普鲁士都在启蒙运动思想的指导下进行大学改革。奥地利统治者约瑟夫二世（Joseph Ⅱ）明确表示：“任何知识，只要对于改善国家很少用处或根本没有用处，年轻人都不必去学习，大学学习主要目标是培养国家官吏，而不是培养学者。”[2]普鲁士的教育主管人马索夫（Valentin von Massow）更是一名坚定的实用主义者，他说：“我完全赞同取消大学、代之以文科中学和医生、法官等专门学院的观点。”只是这一工程浩大，一时难以实现，所以，暂时还必须“容忍这些怪异的大学的存在”[3]。这些观点反映了当时高等教育改革的整体趋势。

在实用主义的教育政策之下，大学生也普遍看重大学教育的实际功能，将大学的学业视为今后职业发展的教育预备。当时，在流行的《大学各科学习指南》（1792年）中写道，大学学习的目的和功用首先“在于使自己成为一种实用的公务人员”（Ein Brauchbarer Geschäftsmann），其次使自己成为符合社会道德的人[4]。哲学家康德在其著名的《学院之争》（1794）一文中，虽然试图证明哲学院不同于神、法、医三个学院，应当

---

① Schelsky Helmut, *Einsamkeit und Freiheit–Idee und Gestalt der deutschen Universität und ihrer Reformen*, Beinbek bei Hamburg, 1963, p.36.

② Schelsky Helmut, *Einsamkeit und Freiheit–Idee und Gestalt der deutschen Universität und ihrer Reformen*, Beinbek bei Hamburg, 1963, p.41.

③ Schelsky Helmut, *Einsamkeit und Freiheit–Idee und Gestalt der deutschen Universität und ihrer Reformen*, Beinbek bei Hamburg, 1963, p.43.

④ Koch, Erduin Julius, *Hodegetik für das Universitaets–Studium in allen Facultäten*, Franke, 1792, p.31.

不受政府的控制，获得独立思考和从事纯学理研究的权利，但他还是把大学生一律看作是服务于政府的公务人员（Geschäftsleute），所学习的内容也无非是未来官职所需的知识①。总之，大学教育对个人来说，通常是获取今后职业所需的知识，并无追求学术和真理的志向。

作为一名新人文主义者，席勒从古希腊文化出发，对当时的社会状况持批评态度，认为在现代的文化中，人的整体性、人性的和谐性都受到破坏。他在《审美教育书简》中就指出，更加精确分化的科学和社会等级以及职业的严格划分，人类禀赋中内在整体性被撕裂开来，个人内在的和谐被分裂了。总之，在现代社会中，"人永远被束缚在整体的一个孤零零的小碎片上，人自己也只好把自己造就成一个碎片"②。

正是出于这种人文主义的人类关怀，席勒在首次面对大学生时，提出了自己对大学教育的观点。他指出，对于大学的学业，有两种截然不同的态度和观念。一种是利禄之徒的学习观，另一种是哲学之才的学习观。所谓利禄之徒，就是为了追求利禄的目的而读大学和从事学术的人，"他们完全是为了满足特定官职的任职条件，并希冀官职所带来的好处；他之所以动脑筋，只是为了改善其物质状况，并求得些许虚荣"。因此，他们不会看重知识本身的价值，不会跟随知识兴趣的指引去探索未知。用席勒的话来说，第一，他们惧怕任何知识创新，因为他辛辛苦苦记住的知识体系会因此而崩溃，更面临失去现有工作的危险。第二，他们没有知识整体的概念，满足于被割裂的知识，满足于自己官职所需要的那些知识。因此，他们必然对知识采取一种封闭和机械的态度，他们只会阻碍知识的进步，而不是促进知识的发展。而哲学之才则与之相反，其学习的目标就是知识本身，他的一切努力都是为了知识的圆满贯通；只要他的知识概念没有成为和谐的整体，只要没有深入到艺术和学术的内部核心，豁然统揽全局，其

---

① Kant Immanuel, *Der Streit der Fakultäten*, 1984, p.15.

② ［德］席勒著：《审美教育书简》，冯至、范大灿译，北京大学出版社1985年版，第30页。

高贵的求知欲望便永不停歇。

席勒旗帜鲜明地表达了对两种大学生的态度，并向学生说道，他希望他的学生都是哲学之才，而非利禄之徒。考虑到当时的整个风气，席勒的观点应该说有很强的理想主义的色彩。但他的观点无疑预示着一种新的学习观念，乃至一种新的大学观念的出现。几乎在席勒演讲的同时，在整个德意志特别是在普鲁士，酝酿着一个新的大学改革的大讨论。而这场讨论的结果，就是在席勒的朋友威廉·封·洪堡的主持下建立了柏林大学，德意志大学从此步入一个辉煌的时代。

其实，席勒所关心的绝不仅仅是耶拿大学学生的学习态度问题，他的听众应当是所有大学生乃至所有学者，而且涉及的问题也不限于学习，而是涉及两种不同的治学和学术的观念，因此，具有更广泛、更普遍的含义。

在席勒看来，利禄之徒只会"抱着永远僵化的头脑，始终看守着毫无生机、单调的教本知识"，他们所从事的学术只能是教条知识和抱残守缺的知识。而哲学之才会不断地追求创新，"对更新、更好知识的不断追求，使哲学之才走向更完善的境界"。席勒在此对当时以实用为目标的、以职业或专业为取向的学术风气提出批评，旨在提倡一种新的学术观念，即人文主义-哲学学术观。这种学术观强调知识的整体性和知识的未完成性。洪堡后来在倡导新的大学观念时，就提出大学应当"总是把学术视为尚未解答之问题，因而始终处于探索之中"[1]。同时，洪堡也像席勒一样，鄙视僵化和肤浅的记忆之学，认为一切不是"来自精神深处"，而是靠"众多资料的堆积而成"的学问毫无价值，对学术毫无增益，只会带来损失[2]。这种将学术

---

[1] Humboldt, Wilhelm von, *Über die innere und äußere Organisation der höheren wissenschaftlichen Anstalten in Berlin*, in W.v.Humboldt, *Schriften zur Anthropologie und Bildung*, Ullstein Frankfurt/Main, 1984, p.84.

[2] Humboldt, Wilhelm von, *Über die innere und äußere Organisation der höheren wissenschaftlichen Anstalten in Berlin*, in W.v.Humboldt, *Schriften zur Anthropologie und Bildung*, Ullstein Frankfurt/Main, 1984, p.84.

（科学）与探索同等看待的观念，构成德国19世纪大学观念的动力所在。

同时，席勒还批评利禄之徒"无论做什么，都需要外在的刺激和鼓励，而哲学之才则在研究对象本身和孜孜不倦当中获得激励和报偿"。这里显然包含着对学术独立价值的肯定，倡导一种为学术而学术的学术精神。这也就是洪堡所说的纯学术的精神。对洪堡来说，没有对纯学术的追求之心，就不配为学者。他也像席勒那样，认为读了大学而"沉溺于实际营生活动"，不足为训。

另外，席勒还十分强调学术的整体性，认为"圆满贯通"和"和谐的整体"是治学的根本之道，而利禄之徒则只是从实用的目的出发割裂知识，他们"向所有的邻居竖起藩篱，出于嫉妒而恨不得剥夺他人的阳光，忧心忡忡地守护着残破的护栏，有气无力地抵抗着理性前进的步伐"。这种知识的整体性观念就意味着学术的统一性（Einheit der Wissenschaft），而学术的统一性正是洪堡大学理念的核心所在。

我们从以上简单的对比中可以看出，席勒和洪堡具有相同的大学观念。或许是洪堡接受了席勒的观点，或许是他们两人相互影响，但有一点很清楚，席勒的观念对19世纪德国的大学理念显然有着不可忽视的影响。对利禄之徒的鄙视，对哲学之才的推崇，构成了19世纪初，新大学理念的核心内容。1803年，哲学家谢林在耶拿大学开设了《关于大学学习方法》的课程，他在其中沿用席勒的概念，批评利禄之徒把学术仅仅视为手段，仅为实际的目的而治学。他说："与生活直接功用有关的学科，通常被冠以利禄之学（Brotwissenschaften）的恶名，但问题并不在学术本身。谁把哲学或数学看作手段，那么对他来说，哲学和数学就是利禄之学，同样，谁学习法律或医学，但缺乏更高的追求，只是看重其实用性，那么，法律和医学就是利禄之学。所有利禄之学的目标，都是仅仅记住现成的结论，要么完全不去追根求源，要么只是为了外在的原因，比如为了应付考试，而去过问源流。"①

　　席勒通过利禄之徒和哲学之才这一对概念，阐述了自己的学术观念和大学理念，而这些观念也构成了当时新人文主义大学理念的基本内容。虽然我们对这些核心人物之间的互动关系不是很清楚，但从时间线看，席勒无疑是新人文主义大学观念较早的阐述者，对后来广为人知的洪堡大学理念有着不可忽视的影响。席勒因此完全有理由进入德国大学观念的经典论者之列。

---

① *Vorlesungen über die Methode des akademischen Studiums*, in Manfred Schröter, *Schellings Werke*, 1977, p.264.

第三章

德国工业技术文化与高等教育

在教育研究中，我们常常可以听到关于教育传统的讨论，比如美国有实用主义的教育传统，中国有"读书做官"的传统，仿佛每一个国家都会有一种稳定的、特色鲜明的教育传统。而且，这种传统无论作为一种普遍的心理沉淀，还是作为一种无意识的规范，都会发挥持久的影响，支配着人们的行为，影响着整个教育的发展形态。许多正面的或负面的现象，都可以归因于这种教育传统。

但在讨论德国的教育传统时，我们好像碰到一个难题，什么是德国的教育传统？洪堡的大学思想算是德国大学的教育传统吗？德国的职业教育也属于德国的教育传统吗？德国的应用型高等学校好像也是德国教育的一张名片吧。由此看来，在德国有一种纯知识、纯学术的教育传统，这个传统以洪堡及柏林大学为代表；同时，还存在一种注重实用和技术的教育传统，以德国的工业大学、应用科学大学或职业教育为代表。这两种传统似乎各行其道，相互独立。但二者都生机勃勃，特色鲜明，均得到其他国家的赞许甚至模仿。

第一节　两种教育传统的形成

　　18世纪末到19世纪初是德国走向现代的一个转折点。当时在一批人文学者的倡导下，柏林大学于1809年建立，这也意味着洪堡大学理念的诞生。在洪堡大学理念的影响下，在德国形成了注重科学研究、重视纯学术的大学传统。这一传统还使得德国的大学从边缘走向了世界学术的中心，成为许多国家的模仿样板。但与此同时，就在洪堡建立柏林大学之时，德国的应用型、技术型中等教育也在法国的影响下不断地发展。各地都纷纷建立了多科技术学校（Polytechnische Schulen），如在布拉格（1806）、维也纳（1815）和卡尔斯鲁厄（1825）。到19世纪30年代，德国各大邦都建立起了多科技术学校或类似的教育机构。早在1799年，普鲁士就建有一所建筑学院（Bauakademie），1821年建立了企业学校（Gewerbeschule）。这批技术型的中等教育机构经过大约半个世纪的发展，水平和质量不断提高，最终发展成为工业高等学校（Technische Hochschule）。1879年，柏林的两所技术学校合并成为著名的工业高等学校。20年后，柏林工业高等学校在举行百年校庆时，又获得了工程博士的授予权。至此，德国的技术和应用型高等教育在德国大学系统中站稳了脚跟，获得了与传统大学平起平坐的地位。

　　到20世纪，德国两类高等学校都形成了各自的特色，获得了政府和社会的认可，也受到国际社会的认可。大学在科学研究和人才培养方面均作出了举世皆知的贡献，工业高等学校为德国工业化进程和经济的发展也作出了有目共睹的贡献。

其实，无论是多科技术学校还是工业高等学校都是所谓"技术人运动"（Technikerbewegung）的组成部分。政府主管部门、行业组织（德国工程师协会，VDI）以及多科技术学校都是这一运动的推动者。随着工业化进程的加快以及技术教育的蓬勃发展，在普通教育领域的实科教育以及职业培训教育都有很大的进展。工业或技术教育逐渐在国家和社会中占据了重要地位，由此，也形成了技术教育或应用教育的传统。

总体来看，19世纪是以大学和文科中学为代表的纯学术传统形成与发展的时期，同时，也是以工业高等学校以及实科学校为代表的技术教育传统形成与发展的时期。那么，这两种截然不同，而且彼此还相互竞争的传统是如何在德国国家与社会的框架内都得到成长并获得各自的发展空间的呢？

这里有一个核心因素，就是政府的干预和支持。德国在欧洲长期是一个落后国家，从18世纪开始，以普鲁士为代表的德意志诸邦均有追赶先进邻国的强烈意识。普鲁士的大学改革虽然是由一些人文学者，如费希特、施莱尔马赫等所倡导的，但政府无疑是改革的推动者和实施者，洪堡本人就是作为政府的代表而创建了柏林大学。与此同时，政府并没有因为支持新人文主义的大学观而忽视技术和应用型教育。改革大臣施太因（Baron vom und zum Stein）曾说，我们不仅需要有学问的人，同时，也需要有技能的人。博依特（P. Ch. Beuth）本身就是政府的高层官员，同时，担任普鲁士政府企业技术咨议会主席，创立了企业学校（1826年更名为企业培训所），并亲自担任校长。他在40年中，为推动普鲁士的工业和技术教育以及技术人才的培养发挥了重要作用。所以有人说"没有国家，就没有面向工业的教育（Erziehung zur Industrie）"。

值得注意的是，学术和技术这两类教育相互之间虽然也有隔阂和竞争，但政府并没有采用单一的教育发展政策，而是分别为两种教育的发展提供其所需的支持。或者说，政府的教育政策基于一种多元的发展理念，为两种不同的教育传统提供了支持和保护。我们知道，在整个德国的现代化过程中，政府发挥了重要的作用，而两种教育传统的形成与壮大也应当看作是德国政府教育政策的一种结果。

第二节　博依特与技术教育和工业技术文化

德国的职业教育享有良好的声誉，大家普遍认为，职业教育培养了企业所需要的大量人才，满足了经济发展和技术进步的要求。中国也一直把德国的职业教育作为一个学习的样板。但是我们在借鉴的过程中，往往比较关注德国双元制职业教育的制度以及学校与企业的合作关系，而很少关注这种密切关系背后的逻辑。要理解其中的逻辑，则需要从德国的工业技术文化入手。工业技术文化是随着工业化进程而形成的一套支撑整个工业生产、技术进步、人才培养乃至经济和社会发展的价值系统①。

在对现代社会或工业社会的研究中，技术文化其实是一个核心的问题。工业社会的基础是现代技术以及建立在现代技术基础之上的工业生产体系。韦伯（Max Weber）认为，西方特有的现代资本主义与现代技术密切相关，甚至可以说，技术在很大程度上造就了现代资本主义以及现代社会②。也就是说，当我们谈及工业技术文化时，这里的技术概念已经远远超

---

① 陈洪捷：《工业技术文化视野中的德国应用科学大学》，载《中国职业技术教育》2021年第36期。

② Max Weber, *Gesammelte Aufsätze zur Religionssoziologie I*, Tübingen Verlag Von J.C.B. Mohr, 1988, p.10.

出了工程和技术的层面，延伸到经济、社会及政治等各个领域。韦伯非常关注现代技术和企业的"文化意涵"，认为现代技术和企业"使人类的精神面貌变得面目全非"①。盖伦（Claudius Galenus）在其著作《技术时代的人类心灵》（1949）中，从哲学人类学的角度探讨了技术时代的文化特征，关注"技术原则在非技术领域中的广泛应用"②，并用"机器文化""工业文化""技术精神"以及"技术思维模式"等多个概念表述技术对人类文化的影响。

本文所关心的问题，从大的方面看，是德国工业技术文化与技术类教育在工业化早期形成的过程，从局部的角度说，就是政府及官员在这一过程中所发挥的作用。具体地说，将以普鲁士高级官员博依特为案例，讨论他对德国工业技术文化与职业技术教育的形成所作的贡献。

一、德国政府与面向工业的教育

与英国和法国相比，德国的工业化起步较晚，开始于十九世纪三四十年代。在这种后发型现代化国家中，政府的作用非常重要。德国的工业化进程很大程度上是在政府的支持和推动下展开的，这也是历史学家们的共识。德国历史学家尼珀戴（Thomas Nipperdey）指出，德国政府在工业化进程中的确发挥了重要的作用，但国家的作用不在于直接办企业、参与经营，在于为工业化创造制度条件，比如陆路、水路交通、铁路建设等基础性建设以及建立统一关税。国家对工业化进程最大的贡献，如尼珀戴所说，在于对企业和工业的促进（Gewerbe-und Industrieförderung）。

所谓对企业和工业的促进，指的是培养和鼓励社会各阶层对工业生产和技术创新的积极性，倡导企业精神、竞争精神，具体措施包括派遣考

---

① Max Weber, *Gesammelte Aufsätze zur Religionssoziologie I*, Tübingen Verlag Von J.C.B. Mohr, 1988, p.60.
② ［德］阿诺德·盖伦著：《技术时代的人类心灵》，何兆武、何冰译，上海科技教育出版社2003年版，第39页。

察团、促进教育和技术知识的传播等，其实就为工业化进程创造一种适合工业化生产的文化环境。当时的改革者都把建立一种新型的、适应工业生产的教育放在重要的位置上。当时有一个口号："面向工业的教育"（Erziehung zur Industrie），认为这种教育是工业化进程中的一个核心问题。国务大臣孔特（Christian Kunth）认为，"只有接受了教育的人才能够克服自身的惰性，从劳动中得到快乐"，要追赶其他工业国家，德国只能靠教育①。普鲁士著名的经济学家李斯特（Friedrich List）也强调，"面向工业的教育"，把教育、宪法和关税视为推动工业生产不可缺少的手段②。所以，建立企业学校、多科学校、工业高等学校就成为政府促进工业和企业发展的重要措施。历史学家施耐贝（Franz Schnabel）总结说，"所有政府对工业的推动工作，可以用一个词给予最高的总结，即教育"③。

创建有关的协会也是促进企业和工业发展的一种措施。在这批官员的倡导下，德国建立了若干企业和技术教育的协会，如普鲁士劝工协会、多科技术学校协会或企业协会等，其任务是提供相关信息，传播知识，教育工人，为学徒和学生提供奖学金，为手工业者、工厂主、技术人员以及工程理论专家和实践者建立交流平台。在当时，工程师、技术人员作为真正的职业刚刚形成，这种专业的协会对于建立工程师职业的认同，提高其社会地位产生了重要影响。正如尼珀戴指出，"这种半官方的协会对于推动技术进步发挥了重要作用"④。与这些协会相关的是一些技术性期刊，成为传播技术进步的重要渠道。1856年，这一类型的期刊多达30余种。

总之，在政府改革派官员的努力下，随着这些协会的建立和刊物的创

---

① Thomas Nipperdey, *Deutsche Geschichte 1800—1866: Bürgerwelt und starker Staat*, C. H. Beck, 1983, p.183.

② Franz Schnabel, *Deutsche Geschichte im neunzehnten Jahrhundert. Band 3: Erfahrungswissenschaften und Technik*, dtv, 1987, p.394.

③ Franz Schnabel, *Deutsche Geschichte im neunzehnten Jahrhundert. Band 3: Erfahrungswissenschaften und Technik*, dtv, 1987, p.301.

④ Thomas Nipperdey, *Deutsche Geschichte 1800—1866: Bürgerwelt und starker Staat*, C. H. Beck, 1983, p.184.

办，技术人员和关心技术者队伍日益壮大，形成了一场"技术运动"。与此同时，技术人员的专业组织也相继出现，如奥地利设计师与工程师协会（1846）、德国工程师协会（1856），他们逐渐成为技术运动的主力军。这场"技术运动"对于提升技术人员的社会地位、推行技术规范与专利制度、促进技术教育都发挥了重要的作用，也推动了"技术文化"的形成①。

这批政府官员应该说是很有远见的，他们深知，工业化不仅仅涉及机器、技术或企业，更需要与机器和技术相适应的、能够支撑工业化的观念和文化。以上所列举的种种措施，如推动面向机器的教育、建立专业协会、传播技术等，其最终目的就是要形成新的工业技术文化和与工业技术文化相吻合的教育形式。德国工业化进程的历史表明，强有力的技术文化和技术教育大大推动了德国工业化进程。德国的工业化起步晚、基础差，但后发力量强劲，到19世纪末，更是赶超英国成为第二次技术革命的带头者，这与德国强有力的工业技术文化有着高度的相关性。

在这批改革派官员中，博依特是一个重要的名字。他作为政府的官员，凭借其广泛的资源动员能力，在促进企业和工业，特别是在推动"面向工业的教育"中，发挥了至关重要的作用。有人说，从1820年到1845年，是普鲁士工业促进政策的关键时期，而当时所有的工业促进均是在博依特的领导和推动下展开的②。以下将以博依特在推进德国工业发展和技术教育方面的活动为线索，呈现他在德国工业技术文化形成过程中的重要作用。

二、博依特与工业技术文化的形成

博依特（Peter Beuth，1781—1853）出生于德国和荷兰边界的小城克列夫（Cleve），父亲是医生。17岁那年他离开家乡，到哈勒大学攻读法律和

---

① Thomas Nipperdey, *Deutsche Geschichte 1800—1866: Bürgerwelt und starker Staat*, C. H. Beck, 1983, p.184.

② Lja Mieck, *Preussische Gewerbepolitik in Berlin 1806—1844: Staatshilfe und Privatinitiative zwischen Merkantilismus und Liberalismus*, De Gruyter, 1965, p.29.

政治学。哈勒大学深受启蒙运动思想的影响，是当时普鲁士最好的大学之一。大学毕业后，他经过两年的见习期，进入国务大臣施泰因负责的工商督导处，随后短暂去基层任职。在国王弗里德里希三世（Frederick William Ⅲ）登基后，博依特被任命为内阁成员，负责外交事务。1810年，哈登堡（Karl August Fürst von Hardenberg）担任国务总理之后，立刻任命他为最高立法委员会成员。哈登堡信奉自由主义，是亚当·斯密思想的追随者，他大力推进工商业改革。博依特由此成为当时改革派官员的核心成员。

博依特十分重视现代工业，利用各种机会考察和学习现代工厂和企业，还曾专门去瑞典考察采矿业技术。1817年，博依特从财政部换岗到了新建的商务部，他组建了商务、工业和建筑司，成为普鲁士工商业改革的领导者。

值得一提的是，1819年，博依特被任命为"技术咨议团"（Technische Deputation）主席。这一机构本来就是为发展工商业而设立的一个专家咨询机构，但一直是一个被退休官员所把持的养老机构。而博依特认为，这一机构的成员必须是那些可以真正为工商业的发展做事情的工业和商业方面的专家。他为这一机构制定了明确的任务，比如组织工业考察、出版专业书籍、为申请专利提供咨询，并为工厂建设、机器购买、租赁设备等提供资助。后来，随着私人企业的发展以及国家企业政策的变化，博依特认为，技术咨议团已难以继续发挥作用，便组织了一个民间机构，即普鲁士劝工协会（也可以翻译为普鲁士工业促进协会）。

普鲁士劝工协会的建立与博依特本人有着密切的关系。为了推进普鲁士的工商业发展，他维持了一个庞大的社交圈子，周末的时间都用于结交各界人士，讨论工商业发展问题。正是在这些官员、军官以及企业家的支持下，他才得以建立这个协会。1821年1月15日，协会在柏林市政厅组织召开了成立仪式。协会成员最初只有140人，但很快就增加到367人，到1845年达到870人，其中包括大量的高级官员，如洪堡兄弟、大臣拜默（Karl Friedrich von Beyme）、将军格奈森瑙（August Wihelm Anto Neithardt von Gneisenau），还包括工商部长毕罗（Victor Hans Graf von Biilow）以及国王威廉四世（William Ⅳ）。在国王和高级官员的支持和参与下，这个协会虽说是民间组织，但意义重大，其社会影响力可想而知。

博依特在建立协会的同时，就计划面向社会创办一份杂志，用以传播技术知识与技术文化。协会成立第二年，《普鲁士劝工协会文丛》（Verhandlungen des Vereins zur Beförderung des Gewerbefleißes in Preußen）就正式面世，这份工业技术类刊物受到企业主、商人和技术人员的广泛欢迎，在社会上引起巨大反响。

与此同时，博依特计划参照布拉格和维也纳技术学校的模式，在普鲁士建立一所培养企业、技术人才的学校。他认为，在恪守古典语言学习传统的人文主义文科中学中，基本不设化学和物理课程，所以缺少一个与文科中学和大学对应的、面向企业家子女的学校教育体系。1821年，企业技术学校（Technische Gewerbeschule）建立，1827年，更名为企业学院（Gewerbe-Institut），博依特亲自任校长。学校开学时只有13名学生，年龄在12—16岁之间，教师由技术咨询团的成员担任。

企业学院的培养目标，首先是高级手工业者、机械师和工厂主，同时，也是为地方的企业学校培养教师。与传统官办的技术类专业学校不同，企业学院不培养技术军官和官员，而是面向私人企业，当时主要是为纺织和钢铁企业培养人才。博依特坚持认为，工业化的发展是政府的职责，但政府不应当直接参与工业生产，而是为工业发展提供支持。因此，企业学院就应当为私人企业和企业主培养专业技术人才。

在1821—1850年间，企业学院共培养了2500名学生。大部分学生在学习期间还参加了实习，实习也都是在校友的企业里。1824年，博依特在各地建立了地方企业学校（Provinzialgewerbeschule），这些学校的优秀学生可以到企业学院继续深造。企业学院学生的入学年龄此时已经提高到18岁、19岁，学院基本达到了高等教育的层次，有的学生还被派到美国进行考察学习。

1846年，博依特又建立了"企业学院生徒协会"（Verein der Zöglinge des Gewerbeinstituts），此协会大约10年后演变成为著名的"德国工程师协会"（Verein deutscher Ingenieure）。

1829年，博依特担任柏林建筑学院（Bauakademie Berlin）院长，对建筑学院进行了彻底的改革，培养了一批测量、公路、水利、建筑专业的官员，另外，他还在什切青（Stettin，现波兰境内）建立了一所航海学校和一所造船学校。

1821年，博依特还促成技术咨议团出版了图文并茂的刊物《工厂主和手工业者示范集》（以下简称《示范集》）。他在前言中写道，"商品不仅要重视价格，同时要追求更高完美性，这才有吸引力，谁能拿出功用最好、同时最美的产品，才能享有稳定的、持续的销路"。《示范集》中收录了大量的图片，内容包括产品、设计、古典花瓶、庙宇、家具等，意在提高工业产品的品质。歌德曾赞扬《示范集》，称其反映了技术制造良好的审美品位。

总之，博依特依靠他的官员身份，动员了大量的社会资源，不遗余力地推动工业技术文化和教育的建设。实际上，他一人兼任了当时几乎所有工业技术和技术教育领域的重要职位，所以，能够左右逢源、引领风气，不断强化工业技术文化的影响。

随着年龄的增加，博依特于1845年辞退了一切职务，仅仅保留了国务枢密顾问和劝工协会主席职位，一直到1850年。博依特去世后，得到了国王威廉四世和社会的高度评价，被视为19世纪上半叶德国工商业发展和技术教育的领军人物，其地位可与歌德、洪堡、申克尔（Karl Friedrich Schinkel）等巨擘比肩。

三、博依特与技术教育的建立

说到德国的大学，我们马上就会想到洪堡的名字以及他于1810年建立的柏林大学。就在柏林大学建立的那一年，28岁的博依特进入了普鲁士政府的核心圈子，成为普鲁士改革派的核心成员。在其后的40年间，博依特利用他官员的身份，动员各种社会的资源，推动私人企业的发展和工业化进程，提升工程技术人员的社会地位，推动技术教育和技术知识的传播，形成了深远的影响。

企业学院、技术咨议团和劝工协会应该说是博依特的三大贡献。这三者密切相关，一起构成德国工业技术文化的重要推动力量。特别是企业学院，可视为德国工程教育发展史上的一个里程碑。在博依特看来，在相对落后的德国，要推行工业化，一种有利于工业化和企业发展的文化环境是必不可少的。他的最大贡献，其实就是在工业化早期营造了一种工业技术文化氛围，为工业化的进一步发展创造了良好的环境。

博依特个人的贡献固然很大，但我们也要看到，他是当时普鲁士改革派官员群体中的一员。从施泰因改革开始，改革派官员就很清楚，推动工业化的最佳途径，不是让国家参与办企业和进入市场，而是要鼓励具有企业家精神和技术才能的人们去推动工业化。政府的作用在于为其提供良好的发展环境，在于通过各种促进措施特别是促进"面向工业的教育"来提高国民的工业技术素质，建设工业技术文化。施拿伯指出，义务兵役制其实也是一种教育手段，可以培养公民的秩序、守时和敬业意识，而这些意识与面向工业的教育是一致的，也是工业精神养成的一种手段[1]。博依特所建立的劝工协会，其目的当然是促进工业，但核心不是工业生产本身，而是工业精神。协会名称中"劝工"中的"工"字在德语中是Gewerbefleiß，而此词的本义是勤于做工，可以意译为工业精神。所以，劝工协会的本意就是促进和提升工业精神。博依特有一个著名的口号："工业精神是民族力量的基础。"[2]

施泰因、博依特等改革者都认识到，进行改革和推动工业化必须从人开始，从人的思想和观念开始。他们知道，要让农民从传统的粗糙、利

---

① Franz Schnabel, *Deutsche Geschichte im neunzehnten Jahrhundert. Band 3: Erfahrungswissenschaften und Technik*, dtv, 1987, p.293.

② Wilhelm Treue, Christian Peter Wilhelm Friedrich Beuth, in *W. Treue und K. Gründer, Wissenschaft politik in Berlin: Minister, Beamte, Ratgeber*, Colloquium Verlag, 1987, p.125.

己、懒惰的心态中走出来，以适应"技术"或"机器"，必须首先有文化方面的转变，面向工业的教育的目的就是要将农民改造成为工人、技术人员、工程师和工厂主。

历史学家尼珀戴对这一观念和文化的转变过程有一段精辟的论述，他说，"时间成为技术—工业化时间，是均匀的、抽象的。这不是一种感受的，而是测量的时间。这种新的时间观要求劳动要准时、稳定和均匀，休息要限制和固定化。劳动的时间完全不同于生活的时间。时间被合理化了，在工厂中如此，在另一个现代机构——'学校'中也是一样……这种新的时间纪律，从工厂、办公室和学校走向全社会，彻底改变了人，造就了一种具有独特动力的工业人"[1]。也就是说，工业时代的技术人员、专业工人，不仅要掌握技术和知识，还要在社会、时间等各个维度成为"工业人"，或内化了工业技术文化的人。

19世纪上半叶，在博依特等官员的大力推动下，德国的工业技术文化日渐强盛。到了19世纪后半叶，工业技术文化与工业化进程相得益彰，相互推动。技术教育的社会地位也日渐提高，赢得了社会的认可。众所周知，自洪堡建立柏林大学以后，德国大学注重纯研究、纯学术，轻视职业性和技术性知识，与之相配套的文科中学也恪守一种古典人文主义的教育传统。职业技术和应用类的教育原先根本无法与之抗衡，也难以进入正规的教育体系之中。而博依特这一批官员看到了技术和职业教育的重要性，认为文字知识和事物知识具有同等的重要性，前者指人文主义者所强调的语言和学术知识，后者则是与社会实践密切相关的知识，即应用的和职业的知识[2]。他们突破了洪堡所代表的学术教育传统，建立起了面向工业和技术的教育体系，为后来德国职业教育和技术教育，甚至双元制职业教育开辟了一条道路。

---

① Thomas Nipperdey, *Deutsche Geschichte 1800—1866: Bürgerwelt und starker Staat*, C. H. Beck, 1983, p.228.

② Thomas Nipperdey, *Deutsche Geschichte 1800—1866: Bürgerwelt und starker Staat*, C. H. Beck, 1983, p.316.

博依特所建立的企业学院后来发展成为柏林技术高等学校（Technische Hochschule，通常译为工业高等教育学院，但按照原文字面意思应该译为技术工业大学）。1884年，柏林技术高等学校新楼落成时，举行了盛大的启用仪式，德国皇帝及其家人出席。此楼在当时是柏林最大的单体建筑，非常壮观。有人说，这栋建筑具有重要的象征意义，它发出这样一个信号，矗立在此的不仅仅是一个高等技术教育机构，而是体现出时代精神的高等教育机构，昭示着德意志帝国的发展方向[1]。1899年后，柏林技术高等学校举行了空前的百年校庆，而著名的柏林大学要再等11年才能庆祝百年校庆。这次校庆意义很不平凡，皇帝威廉二世出席，并亲自宣布柏林技术高等学校荣获博士授予权，而传统的大学一直在抵制给予技术高等学校以博士授予权。这次事件其实是对技术和技术科学在德国所享有荣耀地位的一次展示，是"德国技术"的一次大阅兵[2]，当然也是德国工业技术文化的一个亮点。

四、结论

以博依特为代表的一批官员为德国工业化的发展创造了一个良好的工业技术文化环境，其中包括建立相应的技术教育体系，有力地推进了德国工业化的进程。在这种工业技术文化的氛围中，技术教育与工业生产形成了一种良好的互动关系，也为德国工业与技术教育保持紧密的关系奠定了一个好的基础。在这一意义上，博依特无疑是工业化起步时期重要的工业技术文化的行动者和代表人物。

工业技术文化作为工业社会的一种主流文化，影响到社会的各个方

---

① Reinhard Rürup, *Die technische Universität Berlin 1879—1979*: *Grundzüge und Probleme ihrer Geschichte*, in *Wissenschaft und Gesellschaft*: *Beiträge zur Geschichte der Technischen Universität Berlin 1879—1979 1. Band*, Springer Verlag, 1979, p.12.

② Reinhard Rürup, *Die technische Universität Berlin 1879—1079*: *Grundzüge und Probleme ihrer Geschichte*, in *Wissenschaft und Gesellschaft*: *Beiträge zur Geschichte der Technischen Universität Berlin 1879—1979 1. Band*, Springer Verlag, 1979, p.3.

面，包括教育领域。借助于工业技术文化的视角，我们可以看到，现代工业生产与技术教育之间的内在联系。从德国工业化进程看，工业化并非一个自然而然的过程，它离不开政府的推动。博依特等官员清楚地认识到，对于德国的工业化来说，资金、技术等固然重要，但一个有利于工业生产的文化环境也是不可或缺的，所以，他们通过种种手段尝试改变社会的观念，构建新的工业技术文化，为工业化进程营造了有利的文化环境。当然推动工业技术文化的力量是多样的，包括政府、政府官员个人、企业家、行业组织以及其他社会组织与机构，但政府以及政府的官员无疑是主要的推动力量。正是由于这些工业技术文化行动者的努力，德国的工业技术文化才得以建立，同时，德国的技术教育也得以建立。在博依特看来，工业技术教育是工业技术文化的重要组成部分，甚至是工业技术文化建设的核心所在。

众所周知，德国的职业教育和应用型高等教育与企业保持着密切的联系，这一传统可以追溯到19世纪初期。在德国工业化初期建立起来的工业技术文化，让企业和职业性教育具有一种共同的文化基础。也正是在这种特殊的工业技术文化氛围之中，德国的企业不仅关注人才的培养，而且能够深度介入职业人才的培养，同时，职业性和应用性教育也能够遵循工业技术文化的逻辑培养人才。或者说，在工业技术文化的思想框架中，企业和技术教育体系建立了一种天然的联盟关系，彼此相互补充、相互促进。

第三节　德国技术高等教育与工业技术文化

工业化是现代社会化的基础和支柱，离开工业化，现代社会就无从谈起。然而，工业化并不是单纯对一些机器、技术或能源的利用，工业化同时意味着一场前所未有的社会革命，涉及生产组织、工作方式、职业结构、知识生产、教育体系等社会的各个方面。就教育和知识而言，工业化所带来的影响是全面和深远的。根植于工业与技术的工业技术文化，在现代社会中成为一种主流文化。从德国工业技术高等教育的发展过程中，可以清晰地看到，工业技术文化形成并产生影响的过程。本文关注的重点是德国的工业大学（Technische Hochschule），由于本文讨论的是工业技术文化，大学名称姑且忠实于德文原文，将其翻译为技术高等学校。

德国的大学起源于中世纪晚期，而技术或工程高等教育则是后起之秀，产生于18、19世纪。两种不同的高等教育机构也体现着两种不同的文化。关于技术或工业高等教育的研究，往往只关注这类高等教育机构或培养体制的发展，或者关注技术教育与工业化的关系，很少关注技术教育的文化含义。本文提出工业技术文化的概念，意在揭示技术教育以及职业性教育的文化基础。

工业化不仅意味着机器、技术，同时，也意味着一种新的文化。工业技术文化是伴随着工业化进程而形成的，并且在很大程度上为工业化进程和工业化制度提供了价值方向和信念基础。工业技术文化扎根于机器和工业生产，并随着工业化的进程而扩展到整个社会。可以说，工业技术文化是现代社会文化的硬核，无论是经济、政治，或是教育、军事，乃至艺术或休闲娱乐，无不受到工业技术文化的影响。在工业技术文化形成的过程中，技术教育发挥了重要的作用。工业技术生产本身就需要掌握技术知识的人才，同时，技术知识也是工业技术文化的知识基础。因此，工业技术文化与技术教育的关系值得深入研究。本文将以德国技术教育及技术大学在19世纪的形成过程为线索，讨论工业技术教育与工业技术文化之间的互动关系。

对德国来说，19世纪是一个重要的世纪。在一百年中，德国完成了工业化，从一个二流欧洲封建国家发展成为一个世界一流的工业国家、科学大国、技术大国和军事大国。在这一过程中，教育无疑发挥了重大的作用，德国也常常被视为教育强国的范例。如果进一步看德国的教育，便可以发现，19世纪的德国的教育是沿着两条路线发展的。一条是学术路线，这条路线从洪堡的大学改革和文科中学的确立开始，在这条路线上，德国走出了自己的路子，创造了现代研究型大学，为基础科学的发展与人才培养提供了一种独特的模式，洪堡的大学模式不仅为德国的崛起作出了重要的贡献，同时，也成为世界许多国家大学模仿的样板，被奉为现代大学原型。另一条路线则是技术教育，德国为了适应工业化发展的需要，在法国多科技术学校的基础上，创造了自己的技术教育体系，为工业化进程作出了突出贡献，技术高等学校因此也被视为一种独特的德国模式。

值得关注的是，这两条路线的教育是相互平行和相互独立发展的。由于这两条路线有着不同的培养目标和价值观念，所以，两者的发展还充满着冲突。这种冲突不仅是一种知识的冲突、利益的冲突、目标的冲突，同时，也是一种文化上的冲突。洪堡模式推崇纯学术，不追求科学的应用价值，代表着社会上层的学术文化；而技术教育则注重知识的实用性，力求为工业和技术发展培养实用型人才，代表了工业技术文化。历史学家尼珀戴就认为，传统大学与技术高等教育的冲突是"两种文化"的冲突[1]。本文不讨论两种文化的冲突，只探讨工业技术文化的形成过程，以及技术教育和技术高等教育在其中的作用。

一、德国早期技术教育与工业技术文化的形成

德国在19世纪初还是一个十分落后的欧洲国家，而英国早已开始了工业化进程，进入现代社会。在此背景下，德国各邦国的统治者认识到时代发展的趋势，不得不效仿英国，启动工业化进程。19世纪初，在拿破仑的

---

[1] Thomas Nipperdey, *Deutsche Geschichte 1800—1866: Bürgerwelt und starker Staat*, Verlag C.H. Beck, 1998, p.482.

推动下，德国各邦也都进行了政治、经济改革。在普鲁士，大臣施泰因和哈登堡推行了全面改革，建立民主参与政治、解放农民、准许工商自由、改革教育和军队。在这些改革中，工业推进政策占据着重要的地位。政府认识到，在社会经济落后的德国，要推进工业化进程，没有政府的支持和鼓励是不行的，所以，需要政府制定相关的工业化政策。政府在推进工业化的过程中，除了关注生产、贸易、经营之外，还尤其关注教育，更具体地说，关注面向工业的教育（Bildung zur Industire）。1818年，普鲁士国务秘书和政府工商委员会主席孔特（Kunth）提出，"西欧先进工业国家在不断压缩我们的发展空间，面对这种危险，国家所能够做出的救助，用一个词来说，就是教育"①。政府的技术咨议团主席博依特也说，"只要科学不被引入工业、没有成为生产的必要基础，工业就没有基础，社会就不会有进步"②。所以，面向实践的技术教育成为整个工业促进政策的一项核心内容。

面向工业的教育，首先是一个劳动态度和观念的问题。早在18世纪末，培养工业时代的新型人的问题就已经提出来了。在当时出版的《论面向工业的民众教育》一书中就提出了这样一个概念——"工业素质"（Industriosität），这种素质包括劳动和时间观，即"要遵守节约原则最好地使用其时间和体力"③。还有人提到工业人的概念，说工业人"应当将勤奋和规则意识与认真、听话、精准的工作态度结合起来"。历史学家史拿伯说，所谓面向工业的教育，就是"让农民和手工业者能够迅速地接纳现代技术和工业"④。凯兴史坦纳（Georg Kerschensteiner）也说，面向大众的学

① Karl-Heinz Magegold, *Geschichte der Technischen Hochschulen*, in L.Boehm, C.Schönbeck, *Technik und Bildung*, VDI Verlag, 1989, p.240.

② Karl-Heinz Magegold, *Geschichte der Technischen Hochschulen*, in L.Boehm, C.Schönbeck, *Technik und Bildung*, VDI Verlag, 1989, p.241.

③ Volk und Wissen, Zur Geschichite der Arbeitererziehung in Deutschland. Von den Anfängen bis, *Monumenta Paedagogica*, 1971, pp.10, 66.

④ Franz Schnabel, *Deutschte Geschichte im neunzehnten Jahrhundert. Band 3*: *Erfahrungswissenschaften und Technik*, dtv, 1987, p.292.

校教育，主要不是思维方面的教育，重要的是培养勤奋、认真、踏实工作的能力①。

在这一时期有一个词汇很重要，即"勤工"（Gewerbefleiß）。"勤工"一词由两个词合成，一个是Gewerbe，意思是工业、产业，一个是Fleiß，即勤奋的意思。"勤工"在当时使用频率很高，博依特所建立的工业促进协会（Verein zur Beförderung des Gewerbfleißes），其中的"工业"就是Gewerbfleiß。如果简单将其译为"工业"，就失去了其中Fleiß（勤奋）的意思。这一词汇的含义包括勤于工作、勤于工业劳动的意思，可以译为"勤工"。勤奋（Fleiß）一词也是当时社会关注的一个议题。这里的勤奋不是指个人的勤奋，而是一种工作的态度。新兴的资产阶级认为，贵族不以工作为贵，而穷人厌恶工作，崇尚工作、勤奋工作则是资产阶级的一种伦理②，这种新的工作伦理是与工业化密切相关的，工作意味着计划性、持续性和目标性，而且工作是处于外在社会的控制之中，即需要遵守社会的道德标准。勤奋工作意味着在工作中得到快乐和愉悦，如沃尔夫（Christian Wolff）说，"勤劳即是乐于工作，而懒惰则是厌恶工作"③。从这里可以看出，在德国从农业社会向工业社会转型的过程中，一种新的、适应工业化时代的新文化在逐步形成。著名的思想家默泽尔（Justus Möser）当时就提出了"工业文化"的问题，"要建立一个新的工厂，需要长期、艰难的准备工作"④。这个准备工作主要指教育年轻人的心智、身体、道德、习惯，等等，都必须符合新的工业文化的需求。

---

① Volk und Wissen, Zur Geschichte der Arbeitererziehung in Deutschland. Von den Anfängen bis, *Monumenta Paedagogica*, 1971, pp.10, 101.

②［美］彼得·盖伊著：《施尼茨勒的世纪：中产阶级文化的形成1815—1914》，梁永安译，北京大学出版社2006年版，第199页。

③ Rudolf Schenda, *Verfleissigung der Deutschen*, in Jeggle U., et al., 1986, *Volkkultur in der Moderne. Probleme und Perspektiven empirischer Kulturforschung*, Rowohlt Taschenbuch, 1986, p.89.

④ Franz Schnabel, *Deutschte Geschichte im neunzehnten Jahrhundert. Band 3: Erfahrungswissenschaften und Technik*, dtv, 1987, p.329.

　　在政府看来，促进工业和商业，不仅仅意味着促进企业和生产政策，同时，也需要促进适合工业生产的观念和文化。吕鲁普（Reinhard Rürup）指出，在当时的工业促进政策中，所谓工业（Gewerbe），"并不总是指工厂化的工业生产，同时，也指让公民成为有行动力的国家公民（Rürup，7）"①，就是说，促进工业政策本身就包含有培养工业时代所需要的公民，以及工业时代的文化。要推动这种新文化的形成，技术教育具有重要的意义。教育是培养新时代工人和技术人员的重要手段，他们通过这种教育不仅能获得工业生产所需的技能和知识，同时，也能够成为适合工商业企业、适合工业劳动新文化的载体。博依特作为普鲁士工业促进政策的总设计师，把主要的精力都投入教育上面，自有其原因。在他看来，新式的教育要能够培养认同和适应工业技术的人才，有了这些人，才会有工业技术文化的普及，而只有形成一种普遍的工业技术文化，工商业才能真正在德国扎根，获得长远的发展。

　　除了一般观念和习惯的转变，面向工业的教育更意味着劳动技能的培养和技术知识的培养，也就是技术教育问题。技术教育大致可以分为两个层次，一个是初级和中级的技术教育；另一个是高级的，乃至高等教育层次的技术教育。在基础的技术教育方面，当时建立了一批工业学校（Industrieschule），开展了一个建立工业学校的运动②，使普通家庭的子女得以接受基础的教育和劳动生产教育。同时，面向工商阶层的子女，还建立了实科学校（Realschule），学生在此可以学习技术知识和培养技术能力，以及奠定工业社会所需的一般性知识基础，这种新型的学校类型后来逐渐融入了正规的教育系统之中。工业学校和实科学校均属于基础教育，而多科技术学校从一开始就属于中等教育的层次，后来升格为高等教育。

---

　　① Reinhard Rürup, *Wissenschaft und Gesellschaft*: *Beiträge zur Geschichte der Technischen Universität Berlin 1879—1979 1. Band*, Springer Verlag, 1979, p.7.

　　② Volk und Wissen, Zur Geschichte der Arbeitererziehung in Deutschland, Von den Anfängen bis, *Monumenta Paedagogica*, 1971, pp.10, 76.

本文重点讨论高等技术教育的形成过程。

早在18世纪后半叶，在启蒙思想的影响下，法国政府已经开始建立应用性专业高等学校，以满足国家经济发展的需求。德国很快也效仿法国建立了若干专业学校，如矿业学校、柏林建筑学校等。这种实用性、专门性高等教育一时成为一种流行的发展趋势。但是柏林大学的建立（1810）则扭转了高等教育的发展趋势，使得人文主义的、纯学术的高等教育成为主流，并且产生了广泛的国际影响。但需要注意的是，在柏林大学建立的同时，另外一种新型的技术教育机构也产生了，这就是效仿法国的样板而建立的多科技术学校（Polytechnische Schule）。第一所多科技术学校于1806年在布拉格建立，1815年，在维也纳也建立了一所多科技术学校。1825年，在卡尔斯鲁厄建立的多科技术学校，后来者居上，把数学和自然科学与应用的技术学科结合起来，很快成为多科技术学校的样板。在1827到1836年间，德国诸邦参照布拉格、维也纳和卡尔斯鲁厄的模式，建立了8所培养技术人才的多科技术学校，如德累斯顿技术学校（1822）、斯图加特技术学校（1825）、慕尼黑多科技术学院（1833）、卡塞尔（1833）、汉诺威工业学校（1835）、布伦瑞克（1835）、达姆施达特工业学校（1836）等。

在普鲁士，施泰因在1804—1806年间制定了工业促进计划，在实施过程中，博依特发挥了核心作用。他在普鲁士内阁担任工商处处长，1819年，担任工业技术委员会（Königliche Technische Deputation für Handel und Gewerbe）主席，1821年，他建立劝工协会（Verein zur Beförderung des Gewerbfleißes，），自任会长，1821年，建立了专业学校（Fachschule），后来发展成为著名的工业研修所（Gewerbe-Institut），自任校长。1829年，他又担任建筑学院院长。而工业研修所和建筑学院为后来柏林技术大学的前身机构。

到了19世纪中叶，随着多科技术学校的发展，在教育界和社会上出现了关于提升多科技术学校地位的建议。多科技术学校认为自己已经达到了高等教育的层次，希望能够与大学平起平坐。在政府层面，自由主义的政治家主张多科技术学校应当成为市民阶层的大学，可以称为企业界的大学（Universitäten des Gewerbeslebens）或者市民大学（Bürgeruniversitäten）[①]。

二、德国技术高等学校的崛起与工业技术文化的兴盛

从19世纪50年代之后，随着工业技术的进步和工业生产的实际需求，多科技术学校的学术水平和培养水平也在不断提高。课程中的科学含量也有明显的增多，多科技术学校教师的学术水平也有了明显的提高，卡尔斯鲁厄多科技术学校的雷腾巴赫教授（Ferdinand Redtenbacher）提出，技术不仅仅是技术，而是具有科学基础的技术，与大学的科学具有同等的地位。在技术科学的理论建设方面，罗劳科斯（Franz Reuleaux）作了重要的贡献，他先后在苏黎世技术高等学校任教，后来担任柏林技术高等学校校长。他致力于技术的理论研究，以提高技术科学的学术性。他建立了机械运动学，提高了机械制造的理论水平，使其达到了大学的学术水准。

1864年，卡尔斯鲁厄多科技术学校的格拉斯霍夫教授（Franz Grashof）明确提出，多科技术学校应该升格为技术高等学校。1865年，卡尔斯鲁厄多科技术学校作为第一所多科技术学校获得了高等学校的地位，但"技术高等学校"作为官方的名称是在1885年才正式使用的。随着19世纪70年代工业化进程的加快，多科技术学校的地位在这十年中进一步得到提升。1870年，新建的亚琛多科技术学校从一开始就称为技术高等学校（Technische Hochschule）。到1890年，所有多科技术学校统一改为技术高等学校。至此，多科技术学校的高等教育地位基本得到认可。这种认可也体现在管理体系中。技术教育在普鲁士一直隶属商业部，而大学则隶属文

[①] Karl-Heinz Magegold, *Geschichte der Technischen Hochschulen*, in L.Boehm, C.Schönbeck, *Technik und Bildung*, VDI Verlag, 1989, p.241.

化部。在技术高等学校和工程师协会的努力下，技术高等学校也在19世纪70年代纳入文化部的管理范围，由此，获得了与大学同等的地位。

技术高等学校地位虽然在不断地提升，但传统的高等教育学术文化与新兴的工业技术文化的冲突仍然存在。从19世纪70年代帝国建立到魏玛共和国时期，关于工业高等学校和工程师培养存在一系列的争论。曾任柏林工业高等学校校长的黎德勒（Alois Riedler），一直在为技术高等学校和技术教育而努力和高声呐喊，他说，"我们必须珍视那些不断改变着整个社会结构和公共生活的革命，为此我们需要将科学和社会最密切地联系在一起，需要真正的技术教育"[1]。他认为，技术高等学校的培养目标，是运用自然科学的知识去实现经济的目标。技术教育不应被视为政治的，而是经济的因素，应当服务于实际的和经济的活动。这是面向生产的教育[2]。技术高等学校必须"为生产性创造而进行教育"，国家也应该把培养"生产劳动的领导者"作为自己的责任[3]。

黎德勒批评到，在德国存在两种不同的教育，一种是传统的人文主义教育，这是一种非生产性的教育；一种是生产性的教育。前者只是一个小的特权群体的利益所在，而后者则是一种应用性的教育，有利于创造财富，关乎现代国家的基础，但两者之间存在着鸿沟。

黎德勒强调，技术和技术教育，不仅仅要着眼于教育，而是要有着更为广阔的社会和文化视野。他认为，非生产性的、人文主义的教育不利于现代社会的发展，现代社会需要贴近生活、生产现实的教育。他特别批评

---

① Volker Hunecke, Der "Kampf ums Dasein" und die Reform der technischen Erziehung im Denken Alois Riedlers, in Reinhard Rürup, Wissenschaft und Gesellschaft: Beiträge zur Geschichte der Technischen Universität Berlin 1879—1979 1. Band, Springer Verlag, 1979, p.301.

② Alois Riedler, Unsere Hochschulen und die Anforderungen des zwanzigsten Jahrhundert, 1898, p.302.

③ Volker Hunecke, Der "Kampf ums Dasein" und die Reform der technischen Erziehung im Denken Alois Riedlers, in Reinhard Rürup, Wissenschaft und Gesellschaft: Beiträge zur Geschichte der Technischen Universität Berlin 1879—1979 1. Band, Springer Verlag, 1979, p.302.

传统的、远离生产的文化，指出"只有让民众的所有能力遵循其价值用于劳动的文化，才有未来"①。在他看来，技术是现代社会的基础，是现代社会文化的核心，技术和工程师是现代社会的文化体现，轻视技术是一种"错误的社会观和世界观"②。

历史学家尼珀戴指出，人文主义者排斥技术教育，认为它缺乏精神、偏离理想主义，是物质主义、片面的，丢弃了自由、灵魂、精神，认为技术高等学校不过是"水暖工学院"。两种文化，即人文主义文化和技术-经济文化长期处于分裂状态③。

19世纪90年代，随着工业和技术的迅猛发展，技术高等学校的重要性也日益增强。技术高等学校在知识和课程方面也有了很大的改变。在70年代，技术高等学校中的学科只有70个左右，到了80年代，增加到100多个，90年代更是增加到了200多个，而1900年之后，学科增加到了350个④。技术也日益科学化，所以，技术高等学校的任务也从人才培养转变为人才培养和科学研究。技术高等学校也开始明确提出要获得博士授予的权利。早在1880年，全德技术高等学校大会就提出了申请博士授予权的诉求。这一诉求遭到大学的坚决反对，他们认为，技术高等学校无法达到大学的学术水准。最终，在普鲁士国王的干预下，技术高等学校才获得了工程博士的授予权。1899年，适逢柏林技术高等学校100年校庆，国王威廉二世在庆典上宣布，技术高等学校与大学同样享有博士学位的授予权。只是技术高等

---

① Volker Hunecke, *Der "Kampf ums Dasein" und die Reform der technischen Erziehung im Denken Alois Riedlers*, in Reinhard Rürup, *Wissenschaft und Gesellschaft: Beiträge zur Geschichte der Technischen Universität Berlin 1879—1979 1. Band*, Springer Verlag, 1979, p.305.

② Alois Riedler, *Unsere Hochschulen und die Anforderungen des zwanzigsten Jahrhundert*, 1898, p.69.

③ Thomas Nipperdey, *Deutsche Geschichte 1800—1866: Bürgerwelt und starker Staat*, Verlag C.H. Beck, 1998, p.484.

④ Karl-Heinz Magegold, *Geschichte der Technischen Hochschulen*, in L.Boehm, C.Schönbeck, *Technik und Bildung*, VDI Verlag, 1989, p.224.

学校的博士学位证书用德语书写，而大学的博士学位证书是用拉丁文书写的，以突出大学博士学位的正宗地位。技术高等学校为了避免工程博士被当作二等博士看待，为其博士学位的获得制定了非常严格的要求。

1900年，德国共有9所技术高等学校，学生人数已经达到综合大学的一半。但这些技术高等学校显然满足不了实际的需求，1904年，在但泽又建立了一所技术高等学校，1910年，在布莱斯劳也建立了一所技术高等学校。至此，德国建立起了一个由11所技术高等学校和两所矿业学院组成的技术高等教育体系，成为德国工业化发展的有力支撑。美国和英国都认为，德国在第一次世界大战前的工业化中的突出表现与德国技术高等学校有着密切关系，并纷纷学习德国的这一技术教育体系。普鲁士政府曾说，"经济实力是政治实力的基础。而没有技术知识，经济的腾飞是不可想象的"[①]。

随着技术高等教育的发展，工程技术人员的队伍也在壮大，他们在不同行业中发挥着重要的作用。为了维护自身的社会利益和工业技术的利益，这个群体也相继形成了专业性的团体。他们也是工业技术文化的主要推动者。最早建立的专业组织是德国工程师协会（1856），其后又建立了德国炼铁人协会（1860）、柏林电气技术协会（1879）、德国电气联合会（1893）等。这些组织在推动技术知识、表达技术阶层利益以及推广工业技术文化方面也发挥了重要的作用。其中，德国工程师协会最具影响力，协会代表德国工程师的利益，致力于提高技术和社会认可度，提升了工程师职业的社会地位，同时，也为推广技术知识、营造工业技术文化作出了重要的贡献。

三、结论与讨论

总之，在德国工业化的进程中，技术教育应运而生。技术教育的目的首先是为工业生产培养工人、技术人员和工程师等。但我们也可以看到，

① Karl-Heinz Magegold, *Geschichte der Technischen Hochschulen*, in L.Boehm, C.Schönbeck, *Technik und Bildung*, VDI Verlag, 1989, p.231.

一种新型教育体系的形成，这不仅仅是一个教育学的问题，也不仅仅是制度和知识问题，而是一个文化的问题。工业化的影响是全方位的，是一种改变整个社会的力量。技术教育本身就是工业化进程的一个方面，也是整个工业技术文化的组成部分。技术教育不仅传授有关的技术知识，同时，也在传播一种新的工业技术文化意识，比如对工业、技术的理解和认同，适应工业生产的行为准则和价值观念。

技术教育的背后，其实就是一种新的教育理念和文化，而这种文化的背景就是工业化，是技术和工厂，所以，我们称之为工业技术文化。技术教育的功能不仅仅是培养掌握有关知识和能力的技术人才，更重要的是为工业技术文化的形成和传播提供支撑。技术教育之所以最终能够得到认可，这本身也是工业技术文化影响不断加强的结果。

从社会层面看，技术教育也有其独特的目标社会群体，即劳动阶层、技术人员和工厂主，这个群体是在工业化的过程中出现的，他们需要有自己的文化。所谓面向工业的教育，首先是对劳动态度和观念的培养，其次是对专门知识的学习和技能的训练。可以说，工人阶层和新兴的技术人员是早期工业技术文化主要的社会载体。

通过回顾技术教育、技术高等教育的发展历史，可以发现，技术教育其实是一种新的文化的组成部分，是在工业技术文化发展的过程中发展起来的。从历史考察可以看出，工业技术文化包含两个层次，首先是一般性和基础性的工业技术文化观念，即工业生产所需要的一般性工作态度和规范，比如勤奋、守时、合作等；其次是基于专门技术知识而形成的态度、信念等。这两个层次是相互联系、相互促进的。必须先有广泛的工业技术文化作为基础，才能有更高层次的工业技术文化。从德国技术学校、多科技术学校到技术高等学校的发展历程，很好地展示了工业技术文化逐渐产生和发展的过程。参与技术教育的官员和学者也一直为技术教育的发展赋予了文化的意义，同时，也是在新的工业技术文化的视角下推进技术教育事业的发展。可以说，在技术教育和技术高等教育的背后，隐含着一种对现代工业技术乃至现代工业社会的一种全新的理解和一种新的文化观念。

通过历史的考察也可以看出，一方面，工业技术文化是随着工业化的进程而形成的，另一方面，工业技术文化同时又是一种推动技术教育的力量。也就是说，一旦工业技术文化形成并成为一种主流的文化之后，它也会反过来促进和引导技术教育的发展。工业技术文化不仅是技术教育和工程高等教育发展的推动力量，而且扩散到社会其他领域。皇帝出席柏林技术大学的百年校庆并赋予工科大学授予工程博士学位，这就说明工业技术文化已经对政治系统产生了重要的影响。从德国的案例可以看出，在一个工业化的国家中，工业技术文化会成为主流的文化，对社会的政治、科技、教育等方面产生全面的影响。

第四节　德国教育治理中的三种文化

在讨论教育治理问题时，研究者通常关注的焦点是参与主体以及相关机制与程序，很少关注文化问题。事实上，不同的治理主体，不仅是不同利益的代表，同时，也具有不同的文化背景，服从不同的文化逻辑。在现代社会中，不同领域、行业或群体往往具有各自的文化，利益的冲突往往同时也是文化的冲突。本文将对德国教育治理的文化进行分析，尝试揭示德国教育治理中的文化逻辑。

德国是一个联邦制国家，也是一个多党议会制国家，所有决策都是在一个多元共治的体制下形成的。在教育治理中，多种利益主体在相关程序和机制中都有利益表达的机会，并参与治理过程之中。这些利益主体大致可以分为三类，第一类是政府机构，其中包括联邦政府和各州政府，以及由政府主导的种种机构；第二类是教育机构，其主体是高等学校和中小学校，以及基于学校而形成的种种机构；第三类是产业界的机构，其中包括行业组织，以及基于企业和行业所形成的各种机构。这三类机构不仅代表着不同的利益，同时，也代表着三种不同的文化。政府机构代表的是行政文化，教育机构代表的是学术文化，而产业界的机构代表的是工业技术文化。这三种不同的文化构成了整个德国教育治理的文化基础，对德国教育发展产生了深远影响。

一、基于行政文化的教育治理

行政文化通常作为一种"规范性术语"，用于区分什么是"恰切的、风格化的"行政行为，还作为"经验分析术语"，用于理解"是什么让行政机构'只以这种方式，而不是以另一种方式'运作"[1]。韦伯用官僚制行政来描述德国行政文化的特点。首先，现代官僚制秉持"官职管辖权限的原则，该权限一般由法律或行政规章决定"[2]，这意味着对法理权威以及规则程序的重视。其次，"可计算的规则"是现代官僚制的重要成分。韦伯指出，"官僚制发展越完备，它就越'非人化'"，越彻底消除"不可计算的非理性情感要素"[3]。基于行政任务及其结果的"可计算性"，德国官僚制内部产生了对其合规性进行监督和审查的机制，并形成了重视审计的文化传统。这一传统可追溯至1714年普鲁士国王威廉一世（William Ⅰ）建立的总审计署，该机构于1871年改名为德意志帝国审计院；二战后，德国于1950

① W.J.Patzelt, *Verwaltungskultur in der Ministerialbürokratie. Ein empirischer Essay*, in Holtmann E, W.J.Patzelt, *Führen Regierungen tatsächlich? Wiesbaden: VS Verlag für Sozialwissenschaften*, 2018, pp.115-129.

②［德］马克斯·韦伯著：《经济与社会》（第二卷），阎克文译，上海人民出版社2021年版，第1321页。

③［德］马克斯·韦伯著：《经济与社会》（第二卷），阎克文译，上海人民出版社2021年版，第1344页。

年建立了联邦审计院，并确立了德国现行的国家审计监督制度[①]。这一审计传统体现出德国官僚制"无恨亦无爱"的原则[②]。韦伯官僚制理论产生的历史语境是17至19世纪普鲁士的官僚化历程。二战后，德国仍持续论述官僚制行政文化，有学者将其特征概括为"强调义务、客观性和事实性"[③]，有学者描述为"遵守规范和程序的正确性"[④]。经济合作与发展组织也基于对各国公共管理模式的比较研究，指出德国历届政府都致力于精简监管机构、减少官僚机制和简化立法环境，但进展缓慢[⑤]。这些论述都证明，德国具有显著的官僚制行政文化。基于此，本研究将德国行政文化的特征概括为尊重国家法理权威，重视国家审计监督，以及关注程序的合法性、管理的平衡性与可操作性。从组织载体看，政府机构是德国行政文化的主要代表。基于这一行政文化，德国政府机构主要通过两种方式参与教育治理。

（一）以国家法理权威为根本，并高度重视国家审计监督

德国政府机构在参与教育治理的过程中，首先以国家法理权威为根本，并高度重视国家审计监督，且后者的权威性来自前者。具体而言，第一，基于"教育联邦制"和"文化主权"两大法理原则[⑥]，德国联邦政府和州政府明确区分了其在教育治理中的基本权限，确立了教育治理分工以州为主体的基本格局。州政府对教育的干预是直接且主要的，相较而言，联邦政府对教育政策的影响则非常有限。联邦教育和研究部是联邦政府的主

---

① Bundesrechnungshof. Unsere Geschichte. https://www.bundesrechnungshof.de/DE/5_ueber_uns/1_wer_wir_sind/unsere_geschichte/unsere_geschichte_artikel.html. 2022-12-10.

② [德]马克斯·韦伯著:《经济与社会》（第二卷），阎克文译，上海人民出版社2021年版，第1344页。

③ Lohmar U. Staatsbürokratie: *Das hoheitliche Gewerbe. Deutsche Aspekte eines neuen Klassenkampfes*, Goldmann, 1978, pp.69-71.

④ Prätorius R. Verwaltungskultur, in Gteiffenhagen M, Greiffenhagen S, *Handwörterbuch zur politischen Kultur der Bundesrepublik Deutschland*, Westdeutscher Verlag, 2002, pp.627-628.

⑤ OECD. *Better Regulation in Europe*: *Germany 2010*, OECD, 2010, p.13.

⑥ Hepp G F. *Bildungspolitik in Deutschland*. Eine Einführung, VS Verlag für Sozialwissenschaften, 2011, p.108.

要协调机构，代表联邦政府与各州、他国和欧盟开展合作。虽然联邦政府曾试图通过修宪改变教育领域的权限分配，但各州政府始终坚持教育联邦制的法理原则，甚至向联邦宪法法院提起诉讼。可以说，州政府在德国教育治理格局中具有主导性地位，对教育政策的影响非常显著。在制定和执行教育政策时，各州教育部长从多数派议会党团、下设的部级和学校管理机构获得支持，并依据该州《中小学校法》《高等学校法》等州一级教育立法文件，明确教育政策的目标、内容和结构，分配人、财、物等资源，从而在教育治理中发挥关键作用①。整体而言，这一以州为主体的教育治理格局，有利于各州因地制宜制定教育政策。然而，这一分工格局也造成各州教育体系和发展情况差异较大，对于跨州的教育活动限制较多。

第二，高度重视国家审计监督。政府机构在制定和实施教育政策时，同样高度重视国家审计的权威性。联邦审计院作为最高联邦机构，是独立的财务控制机构，且以《德意志联邦共和国基本法》（以下简称《基本法》）为依据，"负责审查账目、预算执行情况以及经营管理的经济性与合规性"②。基于此，政府不仅接受并高度配合审计工作，重视审计部门意见，及时整改相关问题，并据此思考教育政策发展方向。以《高等学校资助协定2020》实施情况审计为例，该协定是德国联邦政府和州政府为应对高等教育大众化发展趋势的重要举措。双方共同出资，增加高校学习名额，改善教学条件。该协定始于2007年，共分三期执行，最后一期为2016年至2020年。在联合资助过程中，政府机构定期听取联邦审计院的报告，以明确该协议在实施中预算执行不合理、报告不透明等问题，并面向公众回应这些问题，比如2020年，联邦审计院报告指出，联邦政府与州政府原本约定，各州应在预算中明确列出基于协定的举措和对应经费额度，但大

---

① Dedering K, Kneuper D, K.J.Tillmann, *Was fangen "Steuerleute"*, in Schulministerien mit Leistungsvergleichsstudien an? Eine empirische Annäherung, *Zeitschrift für Pädagogik*, 2003, 47, pp.158−159.

② Bundestag. Grundgesetz. https://www.bundestag.de/grundgeset.2022−12−19.

多数州的报告"不完整、不透明",甚至对"经费的使用给出了误导性描述"[①]。对此,德国负责预算政策的官员提议,联邦教育和研究部必须面向州政府制定明确规则,"直到各州能清楚地证明其资金使用得当"[②]。当然,这必须以尊重各州文化主权为前提,联邦政府应审慎斟酌其干预程度,而双方也处于持续协商和权力平衡之中。

(二)以正当程序为基础,建立政府间协商平衡机制

联邦政府和各州政府参与教育治理的分工格局,虽然有利于各州因地制宜,但容易导致德国教育图景四分五裂。为确保各州教育政策具有相对统一的标准,保障德国教育系统的透明性、一致性和通用性,联邦政府与州政府之间、各州政府之间,以正当程序为基础,建立了协商平衡机制,共同影响教育决策。其中,具有代表性的是德国科学联席会和德国文教部长联席会。前者的成员为联邦政府和州政府的教育科学部长和财政部长,主要推动联邦与州签署联合协定,尤其是建立联邦与州的共同资助框架,将具有跨区域性质、与德国教育和科学整体发展相关的项目纳入资助范畴,比如共同推进德国卓越大学建设。在具体协商程序上,科学联席会设置的主席团内部轮换制度和联席会决议机制,充分尊重联邦政府和州政府的意见,较好地实现了两者间的权力平衡,例如基于双方签订的协定,科学联席会从联邦政府代表和州政府代表中,各选出一名成员担任主席,任期两年;两名主席团成员每年轮流担任主席并代表彼此;在决议机制上,联邦政府代表共16票,州政府代表各1票(共16个州);在表决中,至少需

---

① Bundesrechnungshof, *Bericht an den Haushaltsausschuss des Deutschen Bundestages nach § 88 Abs. 2 BHO über die Prüfung der zweckentsprechenden Verwendung restlicher Hochschulpaktmittel und der Bedingungen des Zukunftsvertrags Studium und Lehre stärken*, Bundesrechnungshof, 2020, pp.16–17.

② Wiarda J M, Rechnungshof fordert Sperre von Hochschulpakt-Geldern. https://www.jmwiarda.de/2020/09/22/rechnungshof-fordert-sperre-von-hochschulpakt-gelder. 2022-12-12.

要获得29票才能通过决议①。这一联邦政府和州政府之间的沟通协商程序，体现出明显的权力平衡原则，也成为整合双方教育政策的重要保障。

德国文教部长联席会作为"德国教育体系的横向自我协调机制"，倡导"合作的联邦制"②。其成员包括各州负责教育、科学和文化的部长。德国文教部长联席会通常就教育政策上具有争议的话题，组织谈判会议并发布相关决议。在具体协商程序上，尤其是在促进各州教育的互通互认上，设置了各州间的权力协调和平衡机制。以学位互认程序为例，基于16个州共同签订的协定，各州分别建立一个"与谈机构"，该机构对未在本州获得的学位和资格进行认定，若申请人未能通过州"与谈机构"的认定，则由文教部长联席会秘书处设置的"中央与谈机构"提供建议，其目的在于充分考量申请人提出的认定请求③。这一引入"中央与谈机构"的做法，有利于各州在沟通协商中达成共识。由此，文教部长联席会也被视为各州政府间教育决策的"实体性整合机制"④。此外，德国文教部长联席会还基于其协商平衡机制的特征，建立了广泛的活动网络，并借此发挥影响。它与联邦一级的机构以及欧洲和国际机构密切合作，就教育发展前沿问题提出政策建议，例如德国文教部长联席会于2016年发布《数字化世界的教育》，为

---

① GWK. Verwaltungsabkommen zwischen Bund und Ländern über die Errichtung einer Gemeinsamen Wissenschaftskonferenz（GWK-Abkommen）. https://www.gwk-bonn.de/fileadmin/Redaktion/Dokumente/Papers/gwk-abkommen_16-11-2018.pdf. 2022-12-12.

② Scheller H, Zur Reform des Bildungsföderalismus in der Bundesrepublik, in Knüpling F, et al. *Reformbaustelle Bundesstaat*, Springer VS, 2020, pp.333-363.

③ KMK. Ländervereinbarung über die gemeinsame Grundstruktur des Schulwesens und die gesamtstaatliche Verantwortung der Länder in zentralen bildungspolitischen Fragen. https://www.kmk.org/fileadmin/veroeffentlichungen_beschluesse/2020/2020_10_15-Laendervereinbarung.pdf. 2022-12-12.

④ 巫锐：《德国教育法体系的整合机制及其启示》，载《湖南师范大学教育科学学报》2022年第1期。

数字化教育提供了理念和实施方案①。当然，德国文教部长联席会发布的文件，只有在各州将其转化为法规后，才具有约束力；在实践过程中，因为诸多程序限制，相关决议的落实效率并不高。然而，基于正当程序，文教部长联席会致力于组织长期谈判，并由此达成全国性共识协定，这通常使得各州议会很难不批准其通过②。

二、基于学术文化的教育治理

德国的学术文化有深厚的历史基础。自19世纪以来，德国科学事业取得了巨大成就，曾一度被视为世界科学的中心，这为德国学术文化的形成奠定了基础。其中，洪堡等人的理念影响深远，其核心要素是"学术至上、研究和教学的结合、研究和学习的自由"，且贯穿于整个19世纪德国教育的发展过程中，"奠定了整个现代大学的思想体系、话语体系和制度基础"③。在当前的国际比较研究中，德国的学术文化也通常被界定为一种独特类型④。二战后，该文化则进一步制度化为《基本法》中的第3条第5款："科学、研究与教学自由"，并成为德国的"宪法传统"⑤。"科学自由"和"教学自由"受基本法保护，要求确保研究和教学行为不受外部权威控

---

① KMK. Bildung in der digitalen Welt. https://www.kmk.org/fileadmin/Dateien/veroeffentlichungen_beschluesse/2016/2016_12_08-Bildung-in-der-digitalen-Welt.pdf. 2022-08-08.

② 巫锐：《德国教育法体系的整合机制及其启示》，载《湖南师范大学教育科学学报》2022年第1期。

③ 陈洪捷：《洪堡大学理念的影响：从观念到制度——兼论"洪堡神话"》，载《北京大学教育评论》2017年第3期。

④ Geyer M, Translationale Bürgerschaft. Betrachtungen zur deutschen und amerikanischen Wissenschaftskultur, *Potsdamer Bulletin für Zeithistorische Studien*, 2006, pp.11-20.

⑤ Özmen E, *Wissenschaftsfreiheit: Normative Grundlagen und aktuelle Herausforderungen, Zeitschrift der Bundeszentrale für politische Bildung*, 2021, 46, pp.4-8.

制，且应建立保障科学自治的工作环境①。由此，保障研究与教学的自主性、重视学术性、知识性，强调教育过程的合理性，是德国学术文化的核心特征，而教育类组织机构，尤其是高等教育机构，则是德国学术文化的主要代表。基于这一学术文化，德国教育机构主要通过两种方式参与教育治理。

（一）通过教育类联合体，发表立场鲜明的政策意见

在德国，教育机构通常以结社的方式，发表立场鲜明的政策意见，积极参与和影响教育决策，体现出强有力的自主性。在基础教育领域，代表性的机构有德国教师联合会和德国教育联合会。前者是意识形态中立、无教派和政党政治独立的教师组织，旨在维护教师利益，保障教师选择学习目标和教学方法的自由空间；后者是政党政治独立的教育工作者联合体，旨在保障教育工作者的经济、社会和专业权益。这两个联合组织都有各自鲜明的立场和优先事项，并据此发表针对教育政策的各类意见，例如德国教师联合会秉持的教育政策原则是"差异化先于均衡化、绩优导向优于宽松教育、质量优先于配额"②；德国教育联合会在教育政策上则侧重"包容与融合、教育公平是机会公平的基础、多元化是社会的未来、教育需要时间、学校应当减速以及保障教育财政投入的可持续性"③。这些立场鲜明的教育主张，不仅体现出各类教育联合体的本质特征，而且有助于增强其在参与教育治理中的政治性和影响力。

在高等教育领域，代表性的机构有高校校长联席会和德国高校联盟。

---

① Bloch R, Würmann C. Prekär, aber frei? Arbeitsbedingungen und Karrierewege in der Wissenschaftund ihre Konsequenzen für die Wissenschaftsfreiheit, *Zeitschrift der Bundeszentrale für politische Bildung*, 2021, 46, pp.48–54.

② Deutscher Lehrerverband. Bildung in Deutschland – Diagnosen und Perspektiven des Deutschen Lehrerverbandes. https://www.lehrerverband.de/bildung−in−deutschland. 2022−12−12.

③ Verband Bildung und Erziehung. Schul− und Bildungspolitik. Ziele und Positionen. https://www.vbe.de/arbeitsbereiche/schul−undbildungspolitik/ziele−und−positionen. 2022−12−12.

前者代表高校利益，其发挥作用的主要方式是发布立场文件，就高等教育政策发表意见和建议，同时，也组织学术界、联邦和州政府、雇主协会、工会和其他利益攸关方开展对话，共同制定高等教育体系的规范和标准；后者代表高校教师利益，主要通过发布意见和建议，监测教育立法和相关政策措施。这些联合组织作为高等教育领域的利益攸关方代表，对联邦和州政府教育政策的制定产生了重要影响。以德国卓越大学建设为例，2014年，联邦和州政府共同发布《关于继续开展卓越计划的决定》，对此，德国高校校长联席会于2015年5月发布《关于继续开展卓越计划的决议》，分析了卓越计划实施情况，并对未来目标、资助措施、组织程序提出建议，并于同年11月发布《关于继续开展卓越计划的基本原则》，尤其强调"应用科学大学作为合作伙伴参与"以及"青年学者参与"[1]。同时，德国高校联盟也于2016年1月发布《关于卓越计划未来的思考》，并对卓越计划的实施，提出批评性意见，指出目前的财政资助不足以让德国大学跻身世界一流大学之列，且卓越计划的竞争是"申请书的卓越"，而非"科研的卓越"，要求卓越计划尊重科学知识生产规律[2]。

（二）基于知识生产活动，影响教育政策的制定和实施

德国有诸多教育研究组织，它们基于知识生产的核心功能，以及知识生产模式的现实要求，将教育研究置于应用语境之中，紧扣教育发展的紧迫性、前瞻性问题开展政策研究，提供战略构想以及跟踪研究服务，用基于学术责任的研究成果和知识产品，影响教育政策的制定和实施。这些教育研究组织可以分为两类，第一类是高校内部的学术机构，尤其是研究跨区域和全国性教育问题的研究所，比如多特蒙德大学的学校发展研究所、

① HRK. Grundsätze zur Fortführung der Exzellenzinitiative. https://www.hrk.de/positionen/beschluss/detail/grundsaetze-zur-fortfuehrung-der-exzellenzinitiative. 2022-08-08.

② DHV. Zur Zukunft der Exzellenzinitiative Überlegungen des Deutschen Hochschulverbandes. https://www.hochschulverband.de/fileadmin/redaktion/download/pdf/resolutionen/Resolution-Exzellenzinitiative.pdf. 2022-08-08.

基尔大学的自然科学教育研究所、哈勒大学的高等教育研究所、卡塞尔大学的国际高等教育研究所、汉堡大学的教学中心、汉诺威大学的莱布尼茨科学与社会研究中心。这些专门从事教育研究的高校学术机构，在开展理论研究的同时，还通过承接委托课题、撰写政策报告、组织学术研讨、开展风险评估、从事咨询委员会工作等方式，为教育政策的制定和实施提供专家意见以及储备性研究成果。

第二类是校外科研机构。这些机构由公共财政资助，主要从事实证类教育研究，其研究成果对教育政策的影响尤其值得关注，例如位于法兰克福的德国国际教育研究所，该机构由联邦和州政府共同资助，并指导每两年一期的德国国家教育报告。该报告作为德国教育系统的监测工具，为教育决策提供了重要信息和现实依据；再比如位于柏林的马克斯·普朗克教育研究所，该研究所领衔发布了德国PISA研究报告，其中以前所长于尔根·保马尔特（Jürgen）领衔的《PISA 2000：核心研究发现》最为著名，这给德国带来了"PISA冲击"[1]，导致德国教育政策的系统性变革，甚至影响了德国2006年联邦制改革，即在《基本法》第91b条增加第2款"联邦和州可以根据协议，通过国际比较，共同确定教育事业能力并制订相关报告和建议"[2]。同样位于柏林的还有教育质量发展研究所，该机构负责普通学校教育质量发展和保障研究，其影响教育政策的主要方式是发布教育质量监控报告，定期针对德国文教部长联席会制定的标准，检查德国中小学校的完成情况。此外，还值得一提的是德国高等教育与科学研究中心，该中心前身是德国高校信息系统公司。2013年，依据《基本法》第91b条，该机构被纳入联邦和州联合资助项目，但依然以非营利性公司的方式运转。该机构的定位是科学和科学政策的合作者和服务者，通过开展实证研究，为高等教育政策制定提供重要信息。

---

① Terhart E, *Die Entwicklung der Schulforschung nach PISA*, in Hascher T, Idel T S, Helsper W, *Handbuch Schulforschung*, Springer VS, 2021, pp.1−27.

② Bundestag. Grundgesetz. https://www.bundestag.de/grundgesetz. 2022−12−10.

三、基于工业技术文化的教育治理

国内对德国教育治理的研究，常常基于对德国行政文化以及学术文化的观察，而忽视了工业技术文化对德国教育的影响。工业技术文化是指"在工业化进程中，围绕着技术与机器、企业与生产而形成的一整套行为规范，这些规范的功能在于支持企业生产和技术改进，支配着相关人员的行为"[①]。德国在19世纪工业革命浪潮中，尤其是第二次工业革命之后，跻身世界工业强国。德国工业技术文化在此过程中积累和升华，有力地支撑了行业发展和人才培养。德国工程师和企业家威廉·冯·奥歇豪瑟（Wilhelm von Oechelhäuser）在1921年《来自德国技术与文化》中强调，"我们整个国家需要非常多的技术智力"[②]，且"首先是企业家精神和商人智力"[③]。由此可见，重视人力资本和企业的作用，强调人才培养与工业生产实践相结合，且满足企业的实际需求，是德国工业技术文化的显著特征，而德国产业界则是德国工业技术文化的主要代表，对德国教育政策的制定产生了重要影响。基于德国深厚的工业技术文化传统，德国产业界主要通过两种方式参与教育治理。

（一）通过产业界联合会，深度参与教育改革实践

德国产业界基于行会传统，主要通过各类联合会，从工业生产和企业的利益出发，深度参与教育改革实践，比如德国工商业协会，作为代表德国工商业利益的联合组织，不仅参与职业教育政策的制定和实施、组织和监管职业教育的全部过程，而且以职业教育为纽带，将企业、政策与教育紧密联系起来，例如在德国《联邦职业教育法》修订期间，工商业协会于2019年针对修订草案发表意见声明，高度认可了联邦教育和研究部采用

[①] 陈洪捷等：《德国工业技术文化与职业教育（笔谈）》，载《中国职业技术教育》2021年第36期。

[②] Von Oechelhäuser W, *Aus deutscher Technik und Kultur*, R. Oldenbourg Verlag, 1921, pp.7, 98.

[③] Von Oechelhäuser W, *Aus deutscher Technik und Kultur*, R. Oldenbourg Verlag, 1921, pp.7, 98.

"职业学士""职业硕士"称谓的做法①。实际上,工商业协会的证书翻译早已使用这些称谓,该协会也长期呼吁政府机构正式认可这些称谓。这有助于提高德国职业教育的国际透明度,促进专业人员的国际流动;又比如德国手工业行会在推动技术教育政策出台、协助相关培训和制定从业资格认定规则等方面,发挥了关键作用。以斯图加特地区的手工业行会为例,该行会于2017年发布《教育政策立场文件》,并提出具体要求,包括"自七年级起,所有学校将信息科学作为必修课""中小学校向学生展示学术教育以外的职业选择""在联邦层面实施与《高等学校资助协定》等价的《职业教育资助协定》"②。

除了参与具体教育政策制定,产业界联合会还致力于构想教育发展战略图景,例如德国雇主联合会从雇主视角出发,于2017年发布《2030教育展望》,基于"经济4.0"发展理念,要求提高教育系统的质量和绩效。该构想文件描述了德国雇主眼中的现代教育图景,并从学前教育到终身学习提出了教育发展意见。该报告认为,在数字化转型和人口结构变化的压力下,无论从个人的、经济的还是社会的角度看,教育都是德国最重要的资源,并呼吁建立一个优质高效的教育体系;要求学前教育重视培养儿童对数学、信息、自然和工程技术问题的兴趣;义务教育阶段应培养学生数字化能力和媒体素养,扩大学校和产业界的合作关系;高等教育阶段应重视培养大学生就业能力和创业精神,扩建以职业为导向、以技术媒介为支撑的大学教育形式;强调双元制职业培训是德国经济实力的基石,职业教育和高等教育不应相互对立,而应在平等的基础上并肩而立;在全国范围内

---

① DIHK. DIHK–Stellungnahme zum Entwurf eines Gesetzes zur Modernisierung und Stärkung der beruflichen Bildung–Berufsbildungsmodernisierungsgesetz(BBiMoG). https://www.bmbf.de/bmbf/shareddocs/downloads/files/2019_01_08_dihk–stellungnahme.pdf?__blob=publicationFile&v=3. 2022–12–12.

② Handwerkskammer Region Stuttgart. Positionspapier Bildungspolitik. https://www.hwk–stuttgart.de/artikel/das–fordert–die–kammer–in–sachen–bildungspolitik–67,0,1607.html. 2022–12–12.

提供各种灵活的继续教育课程，促进数字技术知识和能力更新[①]。可以说，这些联合会都是基于工业技术文化，从工业生产和企业的利益出发，参与和影响教育发展与政策制定。

（二）通过企业基金会和智库，目标明确地影响教育发展

德国的企业基金会数量众多，对教育发展具有显著影响力。其中，家族企业基金会资金规模庞大，将自身视为教育发展的动力来源，比如施密特（Schmidt）家族作为德国墨卡托基金会的创建者，捐出大量家产用于基金会经费支出。该基金会发展愿景首先聚焦教育，包括"提供综合素质教育、实现机会公平；促进儿童、青少年和青年的自我发展"[②]。钢铁工业家弗里茨·蒂森（Fritz Thyssen）的继承人建立了弗里茨·蒂森基金会，旨在促进大学和科研机构发展，特别是青年学者的发展。这些基金会一般通过提供结构性资助，对教育产生影响，比如德国科学资助者协会作为工商界基金会的联合体，通过管理基金、募捐等方式，资助德国科教体系创新。西门子基金会参与国际教育网络，资助STEM教育项目，充分挖掘社会、生态和经济发展潜力，提升年轻人创造美好未来的能力[③]。

值得注意的是，德国的企业基金会并非仅强调其资助型功能，而是重视与政府部门合作，共同建立智库。以贝塔斯曼基金会为例，该基金会于1994年根据"公私伙伴关系原则"[④]，与德国高校校长联席会共同成立了德国高等教育发展研究中心。其目的是在德国高等教育领域引入竞争机制，呼吁国家放松管制、建立有效的治理结构。自1998年以来，该中心持续发布德国大学排名，为准备大学申请者提供丰富的参考信息。对政府而言，

① BDA. *Bildung 2030 im Blick*, BDA, 2017, pp.6-52.

② Stiftung Mercator, Leitbild. https://www.stiftung-mercator.de/de/wer-wir-sind/leitbild. 2022-12-12.

③ Siemens Stiftung, Wie können wir mit Bildung Zukunft gestalten?. https://www.siemens-stiftung.org/stiftung/bildung. 2022-12-12.

④ Sack D, *Public Private Partnership/Öffentlich-Private Partnerschaften*, in Veit S, Reichard C, Wewer G, *Handbuch zur Verwaltungsreform*, Springer VS, 2019, pp.275-284.

该排名也是高等教育质量评估的参考工具。此外，德国高等教育发展研究中心还对德国大学学费政策的变化产生了直接影响。2005年，该中心发布德国大学学费研究项目，主张在大学引入学费制度。在该项目的影响下，德国部分州修改了《高等学校法》，并从2007年夏季学期开始收取学费。虽然大学学费制度后续被诸多联邦州废除，但已然成为德国教育政策领域的高敏感话题。迄今为止，德国巴登-符腾堡州依然针对非欧盟国家大学生收取每学期1500欧的学费。由此可见，德国企业界对教育政策的影响机制是复杂且深刻的，其崇尚自由竞争的价值理念也是非常明确的。当然，贝塔斯曼基金会也时常面临批评，比如"将对德国教育体系的批判意见丑闻化""为了经营上可行，将教育缩减为可量化的对象"；尽管如此，其发布的调查报告在大众媒体上持续释放"改革信号"，并借助广泛的关系网和强大的舆论能力，影响着德国教育的政策走向[①]。

四、结论与讨论

现代教育制度通常强调"治理"理念，但不同国家的教育治理绝非同一模板。教育治理的主体、制度和过程都体现出鲜明的文化特性，这构成了该国教育治理的文化基础，也是理解其教育治理基本逻辑的重要方面。德国因其历史传统和发展路径，形成了特点鲜明的行政文化、学术文化以及工业技术文化。行政文化追求程序性、平衡性，重视审计监督，但往往缺乏效率。学术文化强调自主性，与社会保持距离。工业技术文化强调功用性，目的性很强。这三种文化对德国教育治理产生了深远影响。

首先，基于这三种文化，不同主体在参与教育治理的过程中形成了不同特征。其中，政府机构作为行政文化的代表，主要基于法理权威和正当程序，通过教育法律与政策以及基于此的资源分配模式，干预和控制教育

---

① Kühne A, Warnecke T, Bildung ist ihr Geschäft. https://www.tagesspiegel.de/wissen/bertelsmann-stiftung-bildung-ist-ihr-geschaeft/14700072.html. 2022-08-08.

发展，并在此过程中高度重视国家审计监督。教育机构作为学术文化的代表，主要通过教育类团体的联合发声、专业知识生产以及提供专家咨询意见，影响教育决策。产业界作为工业技术文化的代表，主要通过发布行业意见，以及开展基金会工作和相关智库项目，引导教育政策走向。在研究德国教育治理时，我们往往关注德国政府机构和教育机构，而忽视了产业界的作用。事实上，在工业技术文化的影响下，德国基于企业和产业而形成的利益群体，尤其是在制造业领域具有世界影响力的企业，一直是参与塑造德国教育治理格局的关键主体，且参与教育治理的方式是显著而多样的。

其次，这三种文化有互补的一面，也有相互冲突的一面，而在理解德国教育治理的基本逻辑时，必须看到这三类文化的相互关系，比如有观点认为，行政文化和学术文化"无法相互适应"，大学教师的"自主性"和专于"控制和规范流程"的官僚主义必然会产生冲突[1]。针对官僚化行政烦琐的决策过程、低效的资源利用等问题[2]，德国马丁·路德大学高等教育研究中心发布了《高校去官僚化工具》，从结构、程序、文化、数字化等维度，研发了去官僚化的方法[3]。相应地，政府也批评大学"与世界格格不入"[4]，认为学术研究不能仅追求自身的卓越，而应该理解行政逻辑，在

---

[1] Kühl S, Von Autonomie, Reform und Demobürokratien. Eine kleine Luhmann-Nacherzählung, *Forschung & Lehre*, 2007, pp.7, 388.

[2] Holtkamp L, *Verwaltung und Partizipation*: *Von der Hierarchie zur partizipativen Governance*?, in Czerwick E, Lorig W H, Treutner E, *Die öffentliche Verwaltung in der Demokratie der Bundesrepublik Deutschland*, VS Verlag für Sozialwissenschaften, 2009, pp.65–86.

[3] Pasternack P, Rediger P, Schneider S, *Instrumente der Entbürokratisierung an Hochschulen*, Institut für Hochschulforschung, 2021, pp.1–4.

[4] Kielmansegg P G, *Einleitung*, *Heidelberger Akademie der Wissenschaften. Politikberatung in Deutschland*, VS Verlag für Sozialwissenschaften, 2006, pp.9–16.

提供政策咨询过程中建立专业化交流程序[①]；再比如基于德国工业技术文化，德国雇主联盟批评了当代年轻人的学术化发展偏向，认为"大学生产了一连串理论家"，但"我们需要更多用双手工作的技术人员，更少的理论家"[②]。同样地，德国大学也在强烈抵抗企业出于功利性而违背学术伦理的做法，例如针对部分企业在招聘广告中"承诺提供博士学位"的行为，德国工业大学联盟基于学术文化，发布了抵抗声明，认为这不仅存在违背学术伦理的可能性（比如不公开数据来源），而且侵犯了德国大学的博士授予权[③]。由此可见，在研究德国教育治理问题时，必须看到德国这三类文化的特性及其相互关系，否则难以真正理解德国教育治理的基本逻辑。

最后，三种文化通常可以保持一定的平衡，这是治理的良好基础。但也应看到，在不同的历史条件下，三种文化有时会失去平衡，这对于教育治理格局的变化将产生重大影响，比如在20世纪60、70年代，德国学术文化式微。针对大学自治带来的问题，国家采取了诸多措施，加强对大学的管理，包括权力集中化、增加法律监管、减少大学决策和行动权限。尤其是1976年《高等教育框架法》的正式生效，被视为"讲席教授大学"的正式终结，从根本上改变了大学教授参与德国大学管理的方式和权力范围[④]。20世纪80年代以来，随着德国教育系统不断扩张，德国教育领域出现了一边倒的"去官僚化""去管制化""强调竞争"以及"弱化国家调控"理念，

① Lentsch J, *Akademien der Wissenschaften: Wissensmakler für Politik und Gesellschaft*, in Simon D, Knie A, Hornbostel S, *Handbuch Wissenschaftspolitik*, VS Verlag für Sozialwissenschaften, 2010, pp.406–426.

② Dämon K, Akademiker-schwemme "Wir haben keine Jobs für all die Akademiker". https://www.wiwo.de/erfolg/jobsuche/akademiker-schwemme-wir-haben-keine-jobs-fuer-all-die-akademiker/13399740.html. 2022–12–12.

③ TU9 Hauptstadtbüro. Promotionen in Kooperation mit der Industrie（"Kuckucksei"-Promotionen）. https://idw-online.de/de/news676394. 2022–12–12.

④ Hüther O, *Krücken G.Hochschulen: Fragestellungen, Ergebnisse und Perspektiven der sozialwissenschaftlichen Hochschulforschung*, Springer VS, 2016, p.36.

即所谓的"新调控模式"[①]。该模式具有很强的扩散性，呼吁在公共领域引入更多以市场需求为导向的控制机制，尤其强调现代公司制的领导和管理方法，以期提高教育系统的质量和绩效[②]。这一调控模式显然受到了德国工业技术文化的影响。这也表明，在德国的治理框架中，工业技术文化有着很大的市场，且在现代社会中，工业技术文化还在不断扩张，具有很强的渗透性，可以通过一定的机制和行动者，渗透到行政文化和学术文化之中，例如现代公司制的"去管制化"理念，一方面被学术文化所接受，成了教育机构改革的主流理念；但另一方面，也有研究注意到，在改革过程中，德国的行政文化并未被真正削弱，反而借助量化指标和绩效财政拨款的方式，加强了对教育的干预，甚至对德国学术文化产生冲击[③]。这体现了工业技术文化的重要影响，也表明三种文化在相互冲突、互动和交融的过程中，不仅形塑了德国教育治理多元共治的特征，而且可以从根本上改变德国教育治理的格局。

---

① Grass D. Legitimation neuer Steuerung: Eine neo-institutionalistische Erweiterung der Governance-Perspektive auf Schule und Bildungsarbeit, Schrader J, et al. *Governance von Bildung im Wandel*, Springer VS, Wiesbaden, 2015, pp.65-93.

② Schimank U, Lange S, Germany: A latecomer to new public management, in Paradeise C., et al., *University governance*, Springer, 2009, pp.51-75.

③ 巫锐、［德］皮尔·帕斯特纳克：《德国高等教育"合约管理"模式的经验与启示——基于柏林洪堡大学七版目标协定文本的比较分析》，载《清华大学教育研究》2020年第1期。

第四章

德国应用科学大学
与工业技术文化

  德国的应用科学大学基本上是由传统的工程师学校演变而来的，与工业生产和企业有着深厚的渊源关系。工程师学校虽然在20世纪70年代初统一升格为专业高等学校（FH），进入21世纪之后又统一改为应用科学大学，但这种应用型的高等学校一直与企业保持着密切联系。现有的有关研究通常都强调应用科学大学与企业的联系，强调应用科学大学的应用型特色，却很少关注这类高等学校与企业在文化上的亲缘关系。工业技术文化的概念为我们理解应用科学大学的发展及其与企业的密切关系，提供了一个全新的视角。

第一节　认识应用科学大学的新视角

所谓工业技术文化，是指在工业化进程中，围绕着技术与机器、企业与生产而形成的一整套行为规范，这些规范的功能在于支持企业生产和技术改进，支配着相关人员的行为。工业技术文化虽然源自技术与生产，但在工业化的进程中，其影响力已经扩散到整个社会。在机器生产过程中，人力资源历来是一个十分重要的因素，所以，德国企业将所需人才的培养和培训视为其分内之事，也完全按照机器生产的逻辑来组织和实施技术人才的培养。

现有的研究往往只是关注应用科学大学的定位与办学目标，没有关注到其文化渊源。而工业技术文化的概念，为我们理解应用科学大学的发展开辟了一种新的视野。

德国应用科学大学产生于20世纪70年代。在高等教育大众化的浪潮下，1968年，德国政府决定建立应用科学大学，并于1970年通过决议。这种新型高校其实大部分是由原来的中等职业类学校升格而来，或扩建而成。2022年，德国共有高等学校290所，其中普通大学120所，应用科学大学246所。普通大学的学生数量为290万，其中应用科学大学学生数量为115万。

应用科学大学数量发展势头迅猛，显示出了强大优势。优势首先表现在毕业生就业方面，从20世纪70年代建立以来，与综合型大学相比，应用科学大学的毕业生的失业率一直低于平均水平，而且收入也不低。这是这类学校富有吸引力的重要因素，越来越多的学生选择应用科学大学。其次表现在学校和企业的联系方面。企业对这类高校有强大的需求，愿意与其在科研和人才培养方面进行合作，形成一种双赢的关系。

德国应用科学大学之所以能够与企业保持良好的关系，制度方面的安排还只是一方面，更深层次上是因为这类高校与企业以共同的技术文化为联系纽带，彼此的合作更像是一种体系内部的合作。这种技术文化的核心就是如何更好地满足技术进步的需要，满足生产过程所提出的需要，企业和学校虽然有分工，但共同的文化让彼此可以很好地沟通与合作。

所谓工业技术文化，是指围绕着工业和技术而形成的一种文化，是现代工业社会的产物。技术文化其实是一种对技术（以及工业和企业）以及技术原则的认同，这种认同不仅限于企业和工厂，而且会辐射到政治、经济和教育等领域。职业类和应用型教育作为产业的一个链条，当然是以技术文化为基础。应用科学大学由于长期隶属产业系统，它们会与产业分享一些共同的价值观念，会追求一种共同的目标。从文化的角度看，这类职业性质的学校更加认同技术文化，而不是学术文化。所以，企业的生产结构、企业形态、经济结构跟人才培养是融合在一起的。在中国，教育与企业是两套体系，两种文化，最多可以加强联系。

德国的职业教育不归教育部门管，而是归企业和行会管。虽然德国建立了专门的国家级职业教育中心，但只负责制定有关的法律，具体操作主要由企业和行会负责。比体制更难以借鉴的是文化，德国的工业技术文化形成了职业类人才培养和企业需求动态合作的关系，从德国的工业技术文化、工业生产能力、工业创新能力可以看出，他们的人才培养是成功的，否则不可能支撑这么多年的高水平德国制造。德国人口仅8000多万，但在全球制造领域却能够一直持续领先，脱离这个人才的培养体系是不可能实现的，脱离工业技术文化的主导也是不可能实现的。

我们可以看到，应用科学大学之所以能够与企业和经济界保持如此好的联系，相互支持、相互促进，不能仅仅从制度安排上去解释。我们更应当看到制度安排背后的文化。两者相互信任和支持的关系是建立在共享的技术文化之上的。正是基于这种技术文化，看似两个不同的部门——企业和学校才能建立起一种良好的合作和协作关系。中国的学校与企业更多是一种建立在利益基础上的合作，缺乏共享的文化，所以，这种合作很难深入和持久，且问题较多。

最后需要强调的是，工业技术文化建设很重要。德国所有职业类和应用型的教育都是建立在工业技术文化的基础之上的，这种共享的工业技术文化毫无疑问是应用科学大学能够良好发展的基础。进一步开展工业技术文化的研究，有助于我们真正读懂德国的应用科学大学和职业教育，理解他们与企业的内在联系。

第二节　应用科学大学的文化背景

众所周知，德国应用科学大学是建立于20世纪70年代的一类新型高等学校，是德国高等教育体系的一个重要组成部分。按照德国官方的说法，应用科学大学是不同于大学的另一种类型的高等学校。类型不同，办学的逻辑也就不同。

我们都知道，应用科学大学建立于20世纪70年代，它们由此成为德国高等教育体系的一个新的组成部分。但是这一说法忽视了一个事实，即应用科学大学并非是从平地上盖起来的新高校，这类高校往往历史悠久，并具有独立的发展轨迹。当年新建的这类高校大多数都是在过去的工程师学校一类的职业学校基础之上建立的。

举例来说，位于巴伐利亚州的奥格斯堡应用科学大学的历史最早可以追溯到1710年的奥格斯堡艺术学校（Reichsstädtische Kunstakademie Augsburg）。截至1961年，这所学校6次更名，其在1833年更名为皇家多科学校（Königliche Polytechnische Schule），1870年，更名为皇家工业学校（Königliche Industrie Schule），1912年，更名为奥格斯堡市立工艺专业学校（Gewerbliche Fachschulen der Stadt Augsburg），1951年，更名为狄塞尔奥格斯堡市立建筑与工程师学校（Rudolf Diesel Bau-und Ingenieurschule），直到1971年，才改为高等专科学校（Fachhochschule Augsburg），进入高等教育的序列。

由此可以看出，奥格斯堡应用科学大学在1710—1971年间一直是一所职业教育学校，扎根于当地的产业和经济之中。虽然1971年改为专业高等学校，但该校与当地产业和企业的联系仍然相当密切，是当地产业链的一个环节。从社会大系统的视角看，这类学校与其说隶属教育系统，不如说隶属产业和经济系统。

这类职业学校由于长期隶属产业系统，他们当然会与产业分享一些共同的价值观念，会追求一种共同的目标。从文化的角度看，这类职业性质的学校更加认同技术文化，而不是学术文化。所谓技术文化，是指围绕着工业和技术而形成的一种文化，是现代工业社会的产物。技术文化其实是一种对技术（以及工业和企业）以及技术原则的认同。这种认同不仅限于企业和工厂，而且会辐射到政治、经济和教育等领域。职业类和应用型教育作为产业的一个链条，当然更是以技术文化为基础。

为了理解技术文化的人才培养理念，我们可以将应用科学大学与综合性大学进行比较。

首先，应用科学大学是教学型高等学校，教授的周课时量为18学时左右，而大学教授是12学时。按照最初的定位，应用科学大学不开展科研，后来又增加了科研职能，但聚焦于应用性科研，不做理论性研究。

其次，从教师看，应用科学大学教师的任职资格要具备博士学位和5年的工作经验，而大学教师资格除了应具备博士学位，还必须有"大学教授资格"，不要求有职业经历。就是说，对应用科学大学的教授，不要求很高的学术水准，但必须有在企业等部门的职业经历。这一点对于校企合作和沟通具有重要意义。

再次，从学生看，应用科学大学的学生不是来自完全中学（Gymnasium）。完全中学历来是为大学输送人才的学校类型。应用科学大学的学生主要来自职业类学校。就是说，进入应用科学大学和大学的门槛是不同的。应用科学大学的学生经过职业教育的培训，熟悉职业领域，实践能力强，而且应用科学大学培养的特点就是应用性、实践性强，学习期间要进行一学期或一年的企业实习。

关于应用科学大学的这些规定和定位，清楚地说明应用科学大学与综合性大学的不同，其在很大程度上延续了职业教育的传统，以职业能力培养为主，以实践为导向，以应用为目标。应用科学大学在过去的半个世纪中之所以能够成为企业的宠儿，发展势头一路向好，这得益于他们与企业的密切关系。而他们之所以能够与企业保持良好的关系，以上所说的制度方面的安排还只是表面的，从更深的层次看，就是因为这类高校与企业以共同的技术文化为联系纽带，彼此的合作更像是一种体系内部的合作。这种技术文化的核心就是如何更好地满足技术进步的需要，满足生产过程所提出的需要，企业和学校虽然有分工，但共同的文化可以促进彼此很好地沟通与合作。

最近10年，应用科学大学越来越重视科研，甚至开始培养博士研究生。因此不少人认为，应用科学大学开始向大学看齐，出现了所谓的"学术漂移"。其实，这种观点恰恰说明这些人对应用科学大学的认识不足，特别是对技术文化缺乏了解。应用科学大学从事科研，只是在他们所擅长的应用领域，在这些领域，由于科学和技术的进步，知识的转化问题日渐增多，不进行科学研究就无法实现其为企业服务的任务。应用科学大学所从事的科学研究全部是应用性研究、开放性研究，其目标不在于理论的积累或突破，而在于产品或技术的突破，在于实用性目标的实现。我们可以看到，现代新技术和产品层出不穷，同时，应用科学大学在知识方面的积累也不断深化，在此背景下，应用科学大学便沿着传统的应用型路线，不断开展应用型研究。从事实用性研究只是传统路线的升级版，并没有挑战传统的技术文化，也并不意味着应用科学大学要偏离其传统的办学路线。

有研究者指出，德国的教育呈现出一种割裂（Bildungs-Schisma）的格局，职业教育和普通教育形成两个各自为政的系统，二者在课程设置、教学方式、指导方式和经费来源等方面历来存在明显的差异。这是一种体制性的割裂，它们具有不同的"体制性秩序"（institutionelle Ordnung），而这种秩序意味着相对稳定和持久的一些原则和规范，引导其成员的工作过程、行为和相互关系。这两个系统的隔离由来已久，扎根于社会结构、经济生产方式，而且没有消除的迹象①。这一割裂其实也延伸到了应用科学大学和大学之间。这一观点主要基于制度层面的分析，其实这更是一个文化问题。职业与应用教育是围绕着生产和经济形成的，隶属工业技术文化，而学术教育则是围绕着人的培养和学术知识建立起来的，隶属学术文化。这两种文化格局都形成于19世纪工业化过程之中。工业技术文化根植于工业领域，而职业教育是工业化的副产品，当然也隶属工业技术文化。在同一种技术文化的氛围中，职业教育与企业、行业保持着一种亲缘关系。教育割裂的说法正好为工业技术文化提供了有力的支持。

应用科学大学之所以能够与企业和经济界保持如此好的联系，相互支持，相互促进，不能仅仅从制度安排上解释。我们应当看到制度安排背后的文化，两者相互信任和支持的关系是建立在共享的技术文化之上的。正是基于这种共同的技术文化，看似两个不同的部门——企业和学校，才能建立起一种良好的合作关系。而相比之下，中国的学校与企业之间更多是

---

① Baethge M, Das deutsche Bildungsschisma: Welche Probleme ein vorindustrielles Bildungs-system in einer nachindustriellen Gesellschaft hat, *SOFI-Mitteilungen*, 2006, 34, pp.13-27.

一种建立在利益基础上的合作，缺乏共享的文化，所以，这种合作很难深入和持久。

总之，从工业技术文化的视角，可以清楚地看到应用科学大学的定位与特色，也能看到应用科学大学与普通大学的根本性差异。或者说，两者处于两种不同的文化之中，应用科学大学扎根于工业技术文化之中，而普通大学扎根于具有悠久传统的学术文化之中。在现代国家中，教育版图的系统化，往往掩盖了具有不同源头和不同逻辑的教育领域，同时，也忽视了工业技术文化与应用科学大学的关系。

第三节　高校双元制与工业技术文化

说到德国的双元制，人们马上会想到职业教育，因为双元制是德国职业教育的特色所在。世界上不少国家，包括中国都在借鉴德国职业教育双元制模式来改善本国的职业教育。但许多人不知道的是，在德国的高等教育中也有双元制，而且这种高校双元制作为一种培养模式在德国已有40多年的历史，并且在近十余年中，呈现出快速发展的势头。据统计，德国高校目前开设有1700个双元制专业，双元制大学生人数超过10万人。虽然在大约300万的德国大学生中，双元制大学生的比重还很小，仅占不到5%，但增长的速度却很突出。在2009到2019年的十年中，双元制大学生数量增长了4倍，在应用科学大学中，双元制大学生的比重已经达到10%。或者说，双元制专业主要是设在应用科学大学中。

双元制专业以本科层次为主，但也有硕士层次的双元制。85%的高校双元制专业是本科专业，可以获得学士学位，双元制专业占所有学士学位专业的18%，或者说，德国五分之一的学士专业是双元制专业。在高校双元制专业中，有269个硕士专业，占所有硕士专业的14%。从专业分布看，双元制专业主要涉及6个领域，以工科为主体的占35%，其次是经济和法律（26%）、数学和自然科学（13%）、健康（5%）、社会科学（5%）以及农林专业（1%），还有一些跨学科专业，大约占20%。其中，数学和自然科学专业主要是计算机科学，社会科学主要是社会工作和心理咨询等[①]。

高校双元制的迅速发展得到政府、高校和企业、行业组织等各个方面的高度重视和大力支持，影响不断扩大，有人说，高校双元制已成为德国高等教育的一个品牌[②]。目前，国内关于德国高校双元制已有不少介绍，因此本文不去论述高教双元制模式本身，而是重点对德国高校双元制兴起的原因及其对整个德国高等教育发展的意义进行分析。

德国高等教育中的双元制无疑是借鉴职业教育的双元制而形成的一种新型的高等教育培养模式，指高等学校和企业进行联合培养，把理论知识的传授与职业实践能力的培养相结合的一种培养模式。双元制培养模式的关键是包含至少两个不同的学习场，一是高等学校，二是企业。关于结合的方式多种多样，但以两种类型为主，一种是融合职业教育型双元制，另一种是融合实训的双元制。

所谓融合职业教育型双元制，是把针对某种职业的职业教育与大学中一个完整的高校学业融合起来，这种融合是系统性的，整个培养过程在组织、时间和成绩考核等方面系统性地"齿合"（Verzahnung），不是简单地相加。这种双元制大学生毕业时即可获得工商协会或手工协会所颁发的职业教育结业证书，也可以获得高校所颁发的学士学位。

---

① Sigrun Nickel, Duales Studium: Umsetzungsmodelle und Entwicklungsbedarfe, *CHE Centrum für Hochschulentwicklung*, 2022, p.129.

② Wissenschaftsrat, *Empfehlungen zur Entwicklung des dualen Studium. Positionspapier*, 2013, p.39.

所谓融合实训型双元制，即学业中包括了较长时间的实训阶段，实训的时间远远多于其他大学生的实习时间，通常会占到50%的学分数。实训与课程学习也是系统性地相互"齿合"，实训的成绩计入整个学习成绩。在实训期间，有专门的企业导师对学生进行指导。

从数量上看，融合实训型双元制大学生占多数，大约占双元制大学生的四分之三。无论哪种类型，双元制大学生通常都有较好的就业机会。融合职业教育型双元制大学毕业生既有职业证书，也有学士学位，通常可以直接在接受职业教育的企业就业。融合实训型双元制大学毕业生虽然没有职业教育证书，但由于有较长时间的实训经历，从而能够对企业和岗位有深入的了解。

总之，双元制大学生的基本特征是"两头跑"，一边在高校上课，一边要去企业工作，或是做学徒或是进行实训。这种在两个不同的场所进行学习、把理论与实践融合起来的培养方式，是高校双元制模式的基本标志。

众所周知，德国的职业教育以其双元制而闻名，即职业学校与企业共同完成职业教育，一方面学生在企业以学徒工的身份接受职业技能的实操训练，另一方面在职业学校中学习相关的理论知识。通常学生每周的时间要分配在企业和职业学校两个学习场所。高等学校中的双元制与职业教育的双元制存在着共同性。总体看来，高等学校的双元制培养模式是对职业教育双元制的一种移植，二者的思路、结构和宗旨基本一致。

那么，德国的高等学校为什么要借鉴职业教育实施双元制模式呢？其实这不是一个简单借鉴的问题，其背后有着多种复杂的因素。以下先从高校双元制各个参与者的角度对高校双元制的发展进行分析。

一、双元制发展的推动因素

双元制的兴起与发展不是偶然的，这与所有参与各方的某种利益相关联。无论是学生还是高等学校，或是企业及政府，似乎都从高校双元制这种特殊的高等教育形式中获得了利益。

（一）双元制大学生。在高等教育大众化的时代，双元制大学生数量为什么增长很快？为什么越来越多的大学生不选择大学的普通学业或接受职业教育，而选择高校双元制？双元制为什么会有如此的吸引力？双元制大学生认为，他们无论与普通高校毕业生、还是职业教育毕业生相比，都具有一定的优势。大学毕业生虽然声誉好，地位似乎也高一点，但他们缺乏在企业的实践经验。职业教育的毕业生虽然熟悉企业，但又缺乏职业领域的理论基础。而双元制大学生可以在入职之前就了解企业的工作流程和产品，还具有与企业领导和员工打交道的经历，这些使他们能够在上岗后马上进入角色，融入企业。企业当然也欢迎这些熟悉企业和产品的新员工。而且，由于在读书期间就能够接触高校和企业这两个不同的世界，还要自己组织和协调学业，这本身也是一种能力的增值。总之，双元制为大学生带来了很好的学习体验，他们对学业的满意度非常高，有数据显示，90%以上的双元制大学生对学业和企业都非常满意[1]。

双元制大学生对自己的就业前景都比较乐观，根据德国高等教育发展中心的一次调查，四分之三的双元制大学生都是因为很好的工作前景而选择了双元制专业[2]。在德国，不少高中毕业生先选择接受职业教育，学习一门职业，然后再去读大学。但这种做法的问题是时间成本较高。相比之下，高校双元制既能兼顾读大学和学习职业的目标，而且能节省时间成本。另外，双元制大学生由于有工作收入，可以早点经济独立，不再依靠父母的支持，这也是一种优势。据调查，80%的双元制大学生每月可以拿到600—1200欧元[3]，这种收入高于国家助学金的水平。

（二）参与的企业。对企业来说，积极参与高校双元制培养，当然是为

---

① Sigrun Nickel, Duales Studium: Umsetzungsmodelle und Entwicklungsbedarfe, *CHE Centrum für Hochschulentwicklung*, 2022, pp.202-203.

② Sigrun Nickel, Duales Studium: Umsetzungsmodelle und Entwicklungsbedarfe, *CHE Centrum für Hochschulentwicklung*, 2022, p.216.

③ Sigrun Nickel, Duales Studium: Umsetzungsmodelle und Entwicklungsbedarfe, *CHE Centrum für Hochschulentwicklung*, 2022, p.218.

了培养和吸引人才。通过双元制这种方式，企业可以更好地发现和培养自己所需要的人才，并在学习期间就对学生进行有针对性的培训，为其未来的职业发展打下良好的基础。与普通的大学毕业生相比，双元制毕业生能够很快胜任工作，企业也因此节省了入岗培训和招聘的费用。同时，企业还愿意通过这种方式与高校建立持续的联系，并进而借助高校的科研力量解决企业中的技术问题，比如通过毕业设计研究或委托项目等方式。

随着现代技术的进步和新职业的不断出现，企业也需要提高其技术人才的层次，而传统的职业教育往往达不到这种要求，普通大学的毕业生又不被企业看好。所以，高校双元制模式可以看作传统双元制职业教育的一个升级版，所培养的人才既有职业方面的实际经验，又具有较高的理论水平，可以满足企业对更高职业素养技术人才的需求。另外，近年来，随着高等教育大众化的发展，职业教育的吸引力有所下降，传统职业教育本身也有一定的危机感。企业希望通过高校双元制培养模式，提高职业教育的吸引力，而且这种模式有利于及早发现人才和留住人才。根据德国高等教育发展中心2022年所做的调查，在参与高校双元制培养的企业中，有85%的企业是出于自身的需求而与高校合作举办高校双元制的[1]，企业基本是主动方。企业通常从自己的需求出发，拿出方案，然后去联系相关的高等学校，与高校共同设立双元制专业，这是大部分双元制专业建立的基本模式。而且在双元制大学生的录取过程中，基本是由企业独立完成的，这也反映出企业对双元制的重视。

其实从源头看，高校双元制模式本身就来自企业。在20世纪70年代，巴登—符腾堡州在一些企业的支持下建立了职业学院（Berufsakademie），创立了双元制的培养模式。随着职业学院被纳入高等学校系列，这种双元制的培养模式也很快被引入其他应用科学大学，乃至大学之中。可以说，企业是高校双元制的主要推动者。

---

① Sigrun Nickel, Duales Studium: Umsetzungsmodelle und Entwicklungsbedarfe, *CHE Centrum für Hochschulentwicklung*, 2022, p.307.

（三）参与的高等学校。应用科学大学本身的定位就是应用型，而且与企业保持着密切的联系。在应用科学大学看来，双元制培养模式无疑是一种与企业建立联系的直接手段，借此可以了解企业的需求，以改进和丰富其教学内容。同时，教师也可以通过这种方式与企业建立联系，从而有利于促进开发研究和技术转让。在高校双元制中，大部分合作企业都会派代表参加高校的有关培养委员会，一方面是保障培养质量的措施，另一方面也是企业和高校沟通的一个良好渠道。这对高校来说，也是一种很好的资源。

众所周知，德国的应用科学大学是应用型高等教育机构，历来重视对学生职业实践能力的培养。应用科学大学的入学资格也与普通大学不同，通常要求新生必须具有实习的经历或职业教育的经历。早在20世纪80年代，25%的大学新生就已经完成了职业教育，这一比例还在不断上升，在应用科学大学的新生中，这一比例更高①。对于应用科学大学、包括已经获得高等学校地位的职业学院来说，满足企业的需求就是办学的目标，所以，在高校双元制模式上，应用科学大学与企业从一开始就达成共识。

（四）政策的推动。德国的高等教育在20世纪60、70年代经历了一个数量大发展时期，进入80年代之后，随着新技术革命的推进，无论是劳动力市场的结构、还是工作岗位的要求都发生了变化，高等教育在大改革之后，面临一种新的经济和技术形势，也面临如何进一步发展的问题。德国高等教育发展的决策咨询机构科学审议会在20世纪90年代提出了一个高等教育"差异化"（Differenzierung）的发展战略，以便高等教育体系更好地满足社会和经济发展的不同需求，增强高等教育体系的活力。德国的科学审议会于1993年提出了《关于高等教育政策的若干方案》，明确提出高校的培养方式应该走向多样化和差异化，其中就提到，高等教育的双元制培养方式。1996年，科学审议会又提出了《关于通过双元制应用科学进一

---

① Wissenschaftsrat, *Empfehlungen zur weiteren Differenzierung des Tertiären Bereichs durch duale Fachhochschul-Studiengänge*, 1996.

步推进第三级教育多样化的建议》，提出要把高校双元制打造成为高等教育中的一个新的选项，让企业成为进行高等教育的第二场所，这样可以提高企业参与人才培养的能力，有利于理论学习和职业能力训练的融合，同时，也有助于提升应用型人才的培养水平。

众所周知，科学审议会是德国高等教育发展最重要的政策咨询组织，自成立以来，一直是德国高等教育发展的智囊和决策方案的制定者。正是在科学审议会的不断推动下，各州及联邦有关部门也一直在推动着高校双元制的发展。所以说，德国高校双元制下有企业的推动，上有政府的引领，这为高校双元制的迅速发展提供了有力的支撑。

由于高校双元制学制是一种全新的高等教育形式，推进双元制需要突破已有的有关法律框架。高校双元制涉及高校、企业等不同的部门，涉及高等教育立法以及职业教育立法等，所以，需要有专门的法律进行协调和保障。迄今各州的高等教育法和联邦的职业教育法对高校双元制出台了专门的规定，立法还涉及高校认证以及一些行业内部的规定。总之，一系列有关的法律为高校双元制发展提供了法律保障。

二、高校双元制与现代高等教育

虽然高校双元制学制在整个德国高等教育体系中所占的分量还十分有限，但有着特殊的意义。高等教育大众化在现代社会中无疑是一种必然，有其深刻的经济社会背景，但也存在不少问题。而高校双元制为我们认识高等教育大众化及其问题或许提供了一个新的视角。

从全球看，实现高等教育大众化的途径通常有两个，一是建立新的大学，二是通过将传统职业类教育机构升格为高等学校，后者往往是大众化的主渠道。德国应用科学大学的前身是工程师学校，这类学校通过升格变为专业高等学校（Fachhochschule，现在称为应用科学大学），而被纳入高等教育体系。这种升格运动当然有其特定的社会、政治和经济的原因，也得到社会各个方面的支持。但是，企业界对此有所保留。在企业看来，随着工程师学校升格为应用科学大学，人才培养的目标、课程、培养方式等也会随之发生变化，工程师学校需要按照高等教育的基本标准重构其人才培养体系。专业高等学校的培养目标虽然仍是应用型，但由于进入高等教育体系，其培养方式和教学内容难免向学术化方向靠拢。

虽然应用科学大学始终把企业所需要的人才作为自己的培养目标，但是由于其学术化的发展趋势，还是与企业的需求拉开了一定的距离，比如理论课程的增加、通用知识与技能的培养，多多少少会让培养过程与职业实践产生一定的距离。值得注意的是，在20世纪70年代初，也就是应用科学大学诞生的时候，巴登—符腾堡州的一些企业自己建立了新型的职业人才培养机构，即职业学院，并在职业学院中创立了双元制培养模式，这就是今天高校双元制的源头。我们看到，在国家和社会大力发展应用科学大学的时候，企业却另辟蹊径建立双元制职业学院。这表明，新的应用科学大学虽然以应用型为其办学目标，但并不能很好地满足企业对人才的需求。企业希望通过建立新型的人才培养机构，来培养符合自己需求的技术人才。

从工业技术文化的角度看，职业性的教育机构原本属于企业系统，或者说受到工业技术文化的支配，一旦升格为高等学校，就意味着这些机构在很大程度上要接近学术文化，会在一定程度上脱离支配企业的工业技术文化，而这一趋势并不符合企业的利益。与职业和技术型教育相比，高等教育通常享有更高的社会声誉，高等教育规模的扩大满足了更多社会成员对高等教育的追求，但是高等教育的大众化在一定程度上是以弱化职业技术教育为代价的。所以，在高等教育大众化的时代，职业和技术型人才的培养往往呈现出学术化的倾向，与工作实践、与职业实践有渐行渐远的趋势。

现代高等教育的一个重要的功能是满足现代工业、技术和经济对人才的需要，从宏观上讲，是整个生产系统的组成部分。但是高等教育大众化却使得高等教育在整体上向学术化方向迈进。在这一背景下，理论与实践的隔阂，教育与生产实践的脱离就或多或少成为高等教育发展的一种顽疾。而高校双元制则开辟了一条新路，这是一个将理论与实践、学术知识与实践能力相结合的，能实现产教融合的一种最佳模式。高校双元制或许能够成为解决理论与实践相脱离这一大众化高等教育通病的最佳选择。

德国科学审议一再强调，高校双元制的重要性，显然不是仅仅关注工程和经济专业人才培养的模式问题，而是具有更为宏观的考虑。科学审议会指出，在现代技术条件下，随着生产方式和工作组织方式的不断变化，生产能力和责任意识更多地转移到了"工作和操作层面"，这对劳动者的素质提出了更高的要求，"除了要扩展专业知识之外，还要具有更多的方法和社会性能力，独立性和责任意识"[1]。所以，在人才培养中，必须把扎实理论学习与坚实的实践训练很好地结合起来。而双元制就是一种极好的培养模式。而且，科学审议会认为，双元制可以推进校企的多重融合，理论与职业实践融合，科研与应用融合，高校与企业融合[2]。

在科学审议会看来，高校双元制模式不仅适应于工程技术和企业经济专业，同时，应当推广到更多的专业领域中，比如健康、社会工作和幼儿教育等，而且还可以扩大到更大的范围，比如自然科学、社会科学和人文学科。科学审议会提出，法律、档案、图书馆、传媒、新闻、出版、设计等领域都应该考虑引入双元制培养模式，以提高人才的培养质量。

科学审议会还认为，高校双元制不仅有利于高素质人才的培养，同时，也有助于整合资源，让高等学校发挥其特长。高等学校由于自身人员和知识的局限，在为学生提供实践能力培养方面有力所不逮之处。而双元制则可以让高等学校扬长避短，专注于理论知识的传承，依靠企业进行实

① Wissenschaftsrat, *Empfehlungen zur weiteren Differenzierung des Tertiären Bereichs durch duale Fachhochschul-Studiengänge*, 1996.

② Wissenschaftsrat, *Empfehlungen zur Entwicklung des dualen Studium. Positionspapier*, 2013, p.40.

践能力的培养。

　　而且，科学审议会还提出，双元制这种新型的高等教育培养模式应该进一步推广，在实践性强的学科和领域都应该推行双元制。虽然目前高校双元制主要开设在应用科学大学或职业学院中，但原则上可以扩展到所有高等学校，包括综合大学①。科学审议会还特别提到，大学双元制也可以引入综合大学理科和文科的硕士生培养中②。

　　科学审议会从30年前就开始关注高校双元制，并不断地试图推行这种新的学制，显然不是仅仅为了应对眼前的一些具体问题，而是有着更为长远的战略思考。30年前，高校双元制才刚刚出现，数量也十分有限，科学审议会就在高校双元制中看出了这种模式的重要意义。在科学审议会看来，双元制培养模式作为一种高等教育的人才培养模式，具有普遍意义，应该推广到整个高等教育体系。虽然科学审议会没有对此进行专门的论证或说明，但通过其一系列的建议，可以看出，科学审议会发现了高校双元制所包含的重大意义。高等教育大众化虽然扩大了高等教育的规模，增加了高等教育入学的机会，但是大众高等教育的宗旨应该是促进生产和技术发展，服务于各行各业的实际需求，而不是按照学术化的路子去发展，弱化与实际工作世界的联系。高等教育中的双元制以其特殊的运行模式，兼顾理论和实践的标准，有利于矫正或弥补大众高等教育脱离实践这一普遍性问题。从另外一个角度看，为现代社会和生产培养高质量的人才，仅仅靠高等教育体系是不够的，还应当将企业及有关的职业组织纳入人才培养的体系，将高等教育体系与生产体系有机结合起来。将企业直接纳入高等教育人才的培养体系，这是对现代高等教育体系的一种全局性的突破。

　　高校双元制还涉及学术文化与工业技术文化的关系问题。高等教育历

---

　　① Wissenschaftsrat, *Empfehlungen zur Entwicklung des dualen Studium. Positionspapier*, 2013, p.40.

　　② Wissenschaftsrat, *Empfehlungen zur Entwicklung des dualen Studium. Positionspapier*, 2013, p.42.

来认同学术文化，在高等教育大众化的进程中，学术文化得以继续保持其主导地位，即使是对实践性和应用型人才的培养也不得不在很大程度上接受学术文化。但是，随着高等教育体系的扩大，大量的高等学校和大学生所追求的并非学术，而是就业，是为了从事生产、技术、服务等实践性工作。于是，学术文化与工业技术文化的冲突也就日益突出。高等教育虽然也认识到了这个问题，在不断改进其培养模式，努力贴近工作实践，倡导理论与实践的结合。但是高等教育历来以理论知识的传承和理论人才的培养而见长，并不具备培养实践人才的基础。所以，在高等教育体系内部，是很难真正实现理论与实际的结合，很难真正实现产教融合。而高校双元制则是一种沟通两个体系、两种文化的机制。就是说，学术文化和工业技术文化可以凭借高校双元制这一方式而实现结合与融合。

三、结论与讨论

我们可以看到，高校双元制这一培养模式凝聚着一系列全新的元素。这些新的元素不仅对德国的高等教育，而且对全球范围的高等教育的发展，都具有重要的意义。其重要意义可以总结为以下四点：

首先，高校双元制对高等教育大众化所表现出来的学术化倾向构成一种修正，能够让高等学校与企业携手合作，共同培养兼顾理论与实践的人才。所谓高等教育学术化，通常是用来批评德国大众高等教育脱离实际的发展误区。著名学者尼达—罗姆林（Julian Nida-Rümelin）在2014年出版了《高等教育学术化的执念》一书，对高等教育忽视职业培养的倾向提出了批评[①]，引起了很大的反响。虽然有人意在强调学术教育和应用性教育的结合，但唯有高校双元制将这些呼声落实到了制度层面。

其次，高校双元制开辟了一条新的高等教育培养模式，有助于解决学生在高等教育培养过程中脱离职业实践这一内生性问题，这是对现代高等

---

① Julian Nida-Rümelin, *Der Akademisierungswahn, Zur Krise beruflicher und akademischer Bildung*, 2014.

教育培养体制的一种开拓。为企业和行业直接参与高等教育人才培养建立了一种新的机制，这将激发企业参与高等教育人才培养的积极性，企业的种种资源会因此而进入高等教育培养过程之中。

再者，高校双元制是对现代高等教育理念的一次突破，具有深远的意义。根据现代高等教育的观念，高等教育机构有能力独立提供完全的学术性和职业实践性的教育，有能力为学生提供双重的训练，而双元制则以高等教育体系与产业体系相结合、相补充为基础，提出了双方联合培养的模式。

最后，高校双元制还意味着学术文化与工业技术文化的对接，为两种文化的互动与融合开辟了一条制度性的道路。自工业化进程以来，围绕工业生产和技术形成了所谓的工业技术文化，这种与现代工业相联系的文化，不仅是工业技术和经济的信念系统，而且扩散到其他社会领域，现代的技术教育和职业性教育均受到工业技术文化的支配。而这种以企业为中心的工业技术文化和以高等学校为核心的学术文化长期处于相互独立状态。在现代高等教育的发展过程中，学术文化与工业技术文化常常处于紧张，甚至冲突的状态。而高校双元制则为两种文化进行沟通提供了一种体制载体，两种文化的对话与融合有助于培养兼顾学术和实践的新型人才。在呼唤产教融合、科教融合、产学研融合的时代，高教双元制作为一种嵌入生产系统的高等教育人才培养模式，对于促进产教融合，促进高等教育人才培养的理论与实际结合，具有引领性意义。

第四节　应用科学大学与博士生培养

传统上，博士授予被学术性高等学校所垄断，从20世纪60、70年代初开始，随着世界高等教育大众化改革的大潮流，以应用型为导向的高等专科学校（Fachhochschule）在德国应运而生，与学术型的综合大学共同形成了高等教育大众化下德国高等教育的基本架构。两种不同类型的高等教育体系各自定位明确，相互并行发展。德国高等教育从此似乎进入了一个长达30年的稳定发展期。

20世纪80年代以后，德国高等教育的发展比较沉闷，抱怨声不断，有人批评德国大学陷入了平庸状态，主张用竞争打破平庸，提出了精英的培养理念。进入21世纪之后，德国高等教育的大格局开始松动，发生了一系列重要的变化，这里有国际的也有国内的影响因素。国际上，由于德国长期以来在高等教育领域中的均衡政策，导致德国大学在各个排行榜中的表现并不亮眼。在德国国内，为了进一步提高德国大学的层次以及国际竞争力（特别是在科研和创新方面），学界和政界进行了广泛讨论，提出要集中国家的力量办好一批顶尖大学（Spitzenuniversitäten）[1]，并使之发挥灯塔（Leuchttürmen）的作用[2]，从而提高德国在科研创新上的竞争力。2005年

---

① FAZ. Deutschland sucht seine Spitzenuniversitäten. https://www.faz.net/aktuell/politik/bildung-deutschland-sucht-seinespitzenuniversitaeten-1147112.html.

② Johannes Moes, Was bedeutet die Exzellenzinitiative für die Nachwuchsförderung, *GEW-Handbuch Promovieren mit Perspektive*, 2006, pp.65-83.

开始实施的"精英大学计划"（后改为"卓越计划"，Exzellenzinitiative）
就是其结果。"精英大学计划"在一定程度上拉开了德国大学彼此之间在
资源获取方面的距离，凸显了不同层次高校实力上的差距。与此同时，高
等专科学校也开始发生变化。首先是"博洛尼亚进程"为高等专科学校
提供了契机，提出了"建立一个统一的欧洲高等教育区"，并构建统一的
"学士–硕士–博士"的三级学位制，这样一来，德国高等专科学校的学
位从原先的文凭学位（Diplom，FH）变成与综合性大学同等的学士学位
（Bachelor）。毕业文凭地位的提高推进了整个学校地位的提升，从外界
看，高等专科学校摇身一变成为应用科学大学。整体看来，进入21世纪之
后，德国的高等教育又一次出现了大变局式的发展势态，其变化令人应接
不暇。

在此背景下，2010年，德国科学审议会发布了一份重要的文件，即
《关于高等学校多样化发展的建议》（Empfehlungen zur Differenzierung der
Hochschulen）[①]。这份报告提出了一个"高等教育多样化的战略"，这里
的多样化其实就是功能上的差异化或分化，具体来说：一是要打破传统的
高校类型的分类，即要改变长期以来的综合性大学和应用科学大学的双轨
体制；二是让高校在新的环境下自我寻求新的定位，即各高校应当重新在
人才培养和科学研究方面找准新的定位；三是鼓励各高校相互之间进行合
作，改变两类高校彼此相对隔绝的状况；四是为各高校创造一种新的竞争
环境。报告强调，高等教育体系的多样化是为了使高等学校在更高的水平
上完成人才培养和科学研究的使命。

一、德国应用科学大学的发展动态

在上述"功能多样化"的战略背景下，应用科学大学的发展最引人瞩
目。近10年来，应用科学大学一直在利用政策所给予的空间，不断尝试突

---

① WR. Empfehlungen zur Differenzierung der Hochschulen, *Lübeck*: *Wissenschaftsrat*,
Drs.10387-10, 2010-11-12.

破原有的制度框架，主要表现在以下五个方面。

（一）规模大幅增长

2000—2019年，应用科学大学从155所增加到了213所。这里的增量主要是私立应用科学大学，公立应用科学大学的数量基本保持在105、106所。学生数量从同期的45万余人增加到2019年的107万余人。

（二）集体更名

进入20世纪，在各州政府的支持下，绝大多数原来的高等教育专科学校（Fachhochschule）相继改名为高等学校（Hochschule），英文名则一律由官方确定为应用科学大学（University of Applied Sciences）[①]。由此可以看出，这些学校已经不满足于原来的院校名称以及这一名称所包含的定位导向。一位应用科学大学的校长直言："时代不同了，今天我们的应用科学大学再也不是当时的前身'工程师学校'（Ingenieurschule）了，就像今天那些综合性大学也不是当初的教会学校（Klosterschule）了一样；唯有Hochschule或者Hochschule für Angewandte Wissenschaften（HAW）这个称谓才能体现出应用科学大学面临的新形势和新挑战[②]。"

（三）引进双元制培养

把职业教育的双元制移植到高等学校，加强了应用科学大学人才培养的实践环节。经过数十年的努力和发展，截至2019年，在德国各类高校中共开设双元制专业1600余个，其中，应用科学大学约有1100多个，占比超过70%，参与的企业有51000多家，学生数量达到10万余人[③]。双元制培养模式进一步加强了应用科学大学和中小企业的联系，仅以2018年为

[①] 王兆义：《德国应用科学大学更名研究》，载《比较教育研究》2019年第3期。

[②] Henning Hochrinner. Alles Unis oder was? Neue Namen für Fachhochschulen. Süddeutsche Zeitung. http://www.sueddeutsche.de/karriere/neue-namen-fuer-fachhochschulen-alles-unis-oder-was-1.383219.

[③] Hofmann, Silvia; Hemkes, Barbara; Leo-Joyce, Stephan; König, Maik; Kutzner, Petra. Ausbilungsplus, *Duales Studium in Zahlen 2019: Trends und Analysen* Bundesinstitut für Berufsbildung, 2020, pp.12-24.

例，在德国250多万家的中小企业中，有81.7%的企业提供了双元制或学徒实习岗位[①]。

（四）不断增强科研实力

凭借紧密联系企业、服务区域等特殊优势，应用科学大学在不少领域特别是应用型研究、成果转化等方面的科研水平已经达到甚至超过了综合性大学，如奥斯纳布吕克应用科学大学（Hochschule Osnabrück）在2019年获得的科研资金（Drittmittel）达到2500万欧元，教授人均收入约8万欧元，与同地区的奥斯纳布吕克大学（Uni Osnabrück）在同期的科研资金情况基本持平，后者科研资金总计为2100万欧元，教授人均收入约9.9万欧元[②]。近年来，还有不少应用科学大学被纳入原本只有综合性大学才可加入的"欧洲大学协会"（European University Association），该协会被视为"高校科研俱乐部"，通常只有具备强大科研实力的高校才有资格进入[③]。

（五）开始进行博士生培养

主要的途径有两种：一是与综合性大学合作，共同开办博士生院（Promotionskolleg），以联合培养（Kooperative Promotion）的形式开展，这是目前绝大多数应用科学大学所采取的方式；二是应用科学大学单独争取博士授予权（Promotionsrecht），独立培养博士生。根据德国各州于2018年、2019年间的最新要求，原本无需进行学籍注册的博士生，都要开始在

---

① J. Rudnicka. Kleine und mittlere Unternehmen（KMU）in Deutschland. in Statista. https://de.statista.com/themen/4137/kleine-undmittlere-unternehmen-kmu-in-deutschland.

② Hochschule Osnabrück, *Forschungsbericht 2019—2020 "WIR forschen"*, Hochschule Osnabrück, 2020, p.42; *Der Präsident der Universität Osnabrück. Zahlen, Daten, Fakten 2016—2018*, Uni Osnabrück, 2019, p.74.

③ Amory Burchard. Ausgezeichnete Fachhochschulen-Europäische Weihen für Berlins FHs. https://www.tagesspiegel.de/wissen/ausgezeichnete-fachhochschulen-europaeische-weihen-fuer-berlins-fhs/11757390.html.

相应的高校进行注册（Immatrikulationspflicht）[1]，这一政策对上述第一种途径在操作层面产生了影响。

二、应用科学大学参与博士生培养

在上述背景下，高层次应用型人才的培养问题应运而生，博士生培养自然逐渐进入应用科学大学的视野。早在20世纪90年代，应用科学大学的毕业生中就有学生开始攻读博士学位。这意味着，应用科学大学的毕业生在某些领域已经具备了读博的知识和能力基础，而且这些毕业生的质量也得到了综合性大学及其教授的认可。而根据最初的规定，应用科学大学的毕业生是不具备到综合性大学攻读博士学位的资质的，那些在应用科学大学毕业生中最初的读博者，其实是在上述联合培养的框架下进行的。因为应用科学大学不能培养博士，不具备博士授予权，所以，这些学校即使具有实际培养博士的能力和条件，也只能与大学合作培养，其实往往就是挂综合性大学之名，真正的培养过程和项目一般都在应用科学大学中实行，由那里的教授进行实质性指导，几乎涵盖博士培养的全过程。由德国大学校长联席会议发起的一项调查显示，在2015—2017年间，在全部551名联合培养的应用科学大学博士生中，应用科学大学教授担任导师的比例为50.1%（276/551），担任论文评委的比例为82.1%（452/551），担任博士选拔考官的比例为47.4%（261/551）[2]。德国联邦教研部将这种合作模式称为应用

① 图宾根州于2018年4月30日修改其《高等教育法》，在第五章第38条作出最新规定："博士生，在其被相应专业录取后，应当予以学籍注册。图宾根大学规定有如下两种情况者可免于注册：一是2018年4月30日前被录取的；二是在图宾根大学有正式职位且已签订合同的，博士生需提供"免于注册声明"及工作合同复印件。见Uni Tübingen. Promotionsstudium an der Universität Tübingen, Schritte zur Einschreibung. https://uni-tuebingen.de/studium/bewerbung-und-immatrikulation/promotion. 2021-02-06.

② HRK, *Promotionen von Absolventinnen und Absolventen von Fachhochschulen und Hochschulen für Angewandte Wissenschaften und Promotionen in kooperativen Promotionsverfahren, HRK-Umfrage zu den Prüfungsjahren 2015, 2016 und 2017*, Hochschulrektorenkonferenz, 2019, p.21.

科学大学及其毕业生的"捷径"（Königsweg），是解决应用科学大学毕业生读博问题的最佳方案[1]。

与综合性大学相比，一方面，在应用科学大学毕业生中攻读博士学位的人数是有限的，但近年来的增长幅度很大，在2009—2011年间，有953名应用科学大学毕业生获得了博士学位，比2006—2008年间增长了近一倍，而2015—2017年间已达到1575人，呈连续上升态势（如图4-4-1所示）。

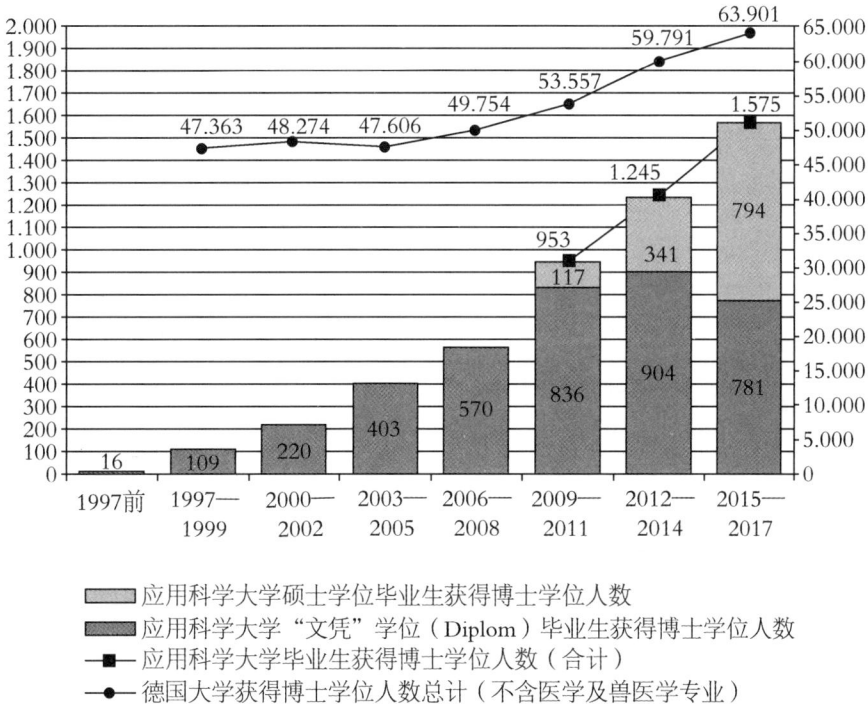

图 4-4-1　应用科学大学毕业生获得博士学位人数的增长趋势

图例：
- 应用科学大学硕士学位毕业生获得博士学位人数
- 应用科学大学"文凭"学位（Diplom）毕业生获得博士学位人数
- 应用科学大学毕业生获得博士学位人数（合计）
- 德国大学获得博士学位人数总计（不含医学及兽医学专业）

另一方面，无论在传统的制造业领域还是在新型的服务业领域，应用科学大学不仅具有独特的专业优势，而且随着这些领域技术进步和岗位要求的提高，其人才培养的质量和层次也在不断提高。这成为应用科学大学要求进行自主博士生培养并获得博士授予权的基础，也是应用科学大学转型的必然结果。所以，一些地方率先进行议题讨论和法律修订，给予应用

---

[1] Julia Becker. Promovieren mit Fachhochschulabschluss?. https://www.academics.de/ratgeber/promovieren-fh-fachhochschule.

科学大学博士学位授予权。2007年，德国开始讨论着手废除《高等教育总纲法》（Hochschulrahmengesetz），并在2019年进行了重大调整，删除了其中的几十项规定性条款[①]，这意味着高等教育管理与改革的主导权已逐渐由联邦政府落到各州政府，各州推进的情况进展不一。表4-4-1整理了截至目前，德国部分州在该议题上的修法或立法推进情况，可以发现，黑森州和北威州的进展较快，其中黑森州已经有应用科学大学正式获得了博士授予权，其他州基本仍是按照与综合性大学联合培养的方式进行博士培养的。而有的州，如石荷州，虽然较早地提出了相关的意向，但由于内部出现了一些阻力，迟迟未能真正实施，仍然停留在纸面上[②]。纵然如此，从总体趋势上判断，其他州应该也会在不久的将来对其《高等教育法》进行相应的修改。

表4-4-1　部分州对应用科学大学"博士授予权"的推进情况

联邦州（直辖市）	修/立法推进情况	主要实施形式	已经获得博士授权的FH
巴符州	2014年修订《高等教育法》第76条，增加"试行条款"。（Experimentierklausel）：在评估和质量保障的前提下，在限定专业领域给应用科学大学有期限的博士授予权。	联合博士生院	无
布兰登堡州	2015年修订《高等教育法》，在第31条规定：博士生可以在应用科学大学注册。	联合博士生院	无
汉堡市	2015年修订《高等教育法》，在第70条规定：博士生须在相应高校（Hochschule）注册，并未排除应用科学大学。	联合博士生院	无

① Tobias Hoymann, *Der Streit um die Hochschulrahmengesetzgebung des Bundes. Politische Aushandlungsprozesse in der ersten großen und der sozialliberalen Koalition*, VS-Verlag für Sozialwissenschaften, 2010, pp.24-25.
② Frank Jung. Doktortitel für FH-Absolventen: Uni Kiel bremst Promotionsrecht aus. https://www.shz.de/nachrichten/meldungen/doktortitel-fuer-fh-absolventen-uni-kiel-bremst-promotionsrecht-aus-id30008337.html.

续表

联邦州 （直辖市）	修/立法推进情况	主要实施形式	已经获得博士 授权的FH
黑森州	2015年修订《高等教育法》，在第4条第3则规定：应用科学大学可获得限定条件、限定专业中的有期限的博士授予权。同年又发布释法补充条款，明确上述限定条件：如相应专业应有12名科研实力较强的教授，年均10万欧元科研经费，年均2分的发表分，须满6年（经济、社会学等偏文科专业减半）等。	单独授权博士的权利及联合博士生院	4所，分别为：富尔达应用科学大学、法兰克福应用科学大学、莱茵美茵应用科学大学和达姆斯塔特应用科学大学
北威州	2019年修订《高等教育法》，在第67条b项规定，在特定条件下向应用科学大学下放博士授予权。	应用科学大学应用研究博士生院（Promotionskolleg für angewandte Forschung der Fachhochschulen）	尚无，预计2021年会有2-3所应用科学大学获批

资料来源：根据相关各州高等教育法有关条文整理，各州高教法汇编可见德国文教部长联席会议（Kultusminister Konferenz，KMK）网站专栏：KMK.Grundlegende rechtliche Regelungen zu Hochschulen und anderen Einrichtungen des Tertiären Bereichs in der BundesrepublikDeutschland［EB/OL］. https://www.kmk.org/dokumentation−statistik/rechtsvorschriftenlehrplaene/uebersicht−hochschulgesetze.html.

三、来自综合大学的质疑

在德国，博士授予权历来是综合性大学的一项基本权利，一直被综合性大学所垄断，成为其享有的某种特权[1]，也可以说是应用科学大学博士授予权的母体，如马普所（Max Planck Institut）等大量科研机构虽然也早就在从事博士生培养工作，但如果没有综合性大学的支持和配合，他们是无法授予博士学位的。目前看来，对应用科学大学能否获得博士授予权的质

---

[1] Katja Irle.Promotion als Privileg. Frankfurter Rundschau. https://www.fr.de/wissen/promotion−privileg−11305180.html.

疑声大多来自综合性大学。按照他们的观点，博士生培养是以研究为基础的，而应用科学大学不具备研究的基础，当然不能培养博士；而研究要以相应的研究设备为基础，应用科学大学也不具备足够的科研设备条件。不仅如此，在科研经费和教授的任职资格等方面，应用科学大学也与综合性大学有很大的差距①。总之，许多综合性大学认为，应用科学大学的设备、经费和教师水平情况都不具备培养博士生的基本要求。有人甚至将应用科学大学争取博士授予权称为应用科学大学的"歧路"，认为此举会造成其内部的撕裂，不利于其可持续发展②。

德国应用科学大学的发展逐步打破了传统的定位和任务范围，他们与综合性大学的关系变得微妙起来。特别是争取博士授予权的行动引起了综合性大学的不满，他们认为，应用科学大学争取博士授予权更多是基于某种形象的构建，既不能保证博士培养的水平，更有可能给德国高等教育整体结构带来负面影响③，破坏综合性大学的"最后堡垒"④；当然，更重要的是，应用科学大学会借此变本加厉地与综合性大学进行资源竞争，还有可能给综合性大学带来生源和师资的双重流失⑤。关于博士授予权的争论，似乎成为德国高等教育体系重新洗牌过程中的各种张力的突出表现。

① 周海霞：《德国应用科技大学（FH）获博士学位授予权之争议》，载《外国教育研究》2014年第10期。

② Arne Pautsch. Warum das FH-Promotionsrecht ein Irrweg ist. Forschung & Lehre. https: //www.forschung-und-lehre.de/politik/warumdas-fh-promotionsrecht-ein-irrweg-ist-3027.

③ Im Gespräch: Präsidenten von TU und Hochschule Darmstadt: "Der Doktortitel darf nicht verwässert werden". Frankfurter Allgemeine. https: //www.faz.net/aktuell/rhein-main/streitgespraech-promotionsrecht-an-fachhochschulen-12959889.html.

④ H. Arnold, Soziale Arbeit-eine Wissenschaft, in H. Spitzer, H. Höllmüller&B. Hönig, *Sozialandschaften, Perspektiven Sozialer Arbeit als Profession und Disziplin*, VS Verlag, 2011, p.29.

⑤ Marion Schmidt. Bitte nicht noch mehr Doktoranden! Warum Fachhochschulen kein Promotionsrecht haben sollten. Zeitonline. https: //www.zeit.de/2014/10/fachhochschulen-promotionsrecht-doktoranden.

四、应用科学大学争取博士授予权的动因

应用科学大学为何要执着地争取培养博士和博士授予权呢？争取博士授予权是否是应用科学大学寻求升格为综合性大学的路径？或者是其想获得与综合性大学平起平坐地位的体现？讨论这些问题需要我们将视角转向德国应用科学大学内部。应用科学大学普遍认为，他们在不少专业领域已经具备很强的实力，无论从科研经费还是科研设备，或是研究水平以及人才培养，都不亚于综合性大学，他们在这些专业领域已经达到了自主培养博士生、授予博士学位的基本学术条件。其实，只要认真思考应用科学大学的发展状况，就不难发现，应用科学大学在不少方面的确形成了自己的知识与人才培养特色，在这些方面他们已经超越了传统的大学。但确实如有人所说，应用科学大学的成就和水平长期以来被低估了，如果不能以发展的眼光看待应用科学大学，将是一种"不公平"[①]。接下来将对应用科学大学争取博士授予权的原因进行分析。讨论这一问题，不仅能够深入理解这一争论的意义，同时，也有助于理解应用科学大学地位变化的原因。

（一）科技革新背景下应用科学大学对企业需求的回应

在企业国际化、垂直整合的缩减以及外包对流工序增加的大背景下，随着数字经济和互联网技术的发展，传统工程技术的工作场景已发生深刻变化，技术主导解决的问题很可能不再是具体、孤立的问题，而是互联节点中的一个子问题或分问题。工程实践的主体已逐渐由作为工程师的人转变为生产系统（Production system）和机器，工程师不再是生产者，而是生产指令和生产数据的中枢节点[②]。工程师职业由传统的机械制造业、电气自

---

① S. Duong, C.-D. Hachmeister, *Roessler I. Gleichzeitigkeit des Ungleichzeitigen? Lage und Zukunft von Fachhochschulen im Hochschulsystem aus Sicht von Fachhochschulleitungen*, Centrum für Hochschulentwicklungg GmbH, Arbeitspapier, 2014, pp.1–32.

② Holger Kinzel, Industry 4.0–Where does this leave the Human Factor?, *Journal of Urban Culture Research*, 2017, pp.15, 70–83.

动化业等向更多行业延伸，仅具有各类工程师正式头衔的职业就有46种之多[①]。工程师工作领域也产生了相应的变化，销售和服务的工作量增加了，但研发等方面的工作量始终占据绝大比例。在某些场景中，工程师一方面需要用大量非技术的知识来充实技术知识[②]，另一方面则需要掌握多维性知识和较为精深的应用研究能力。

应用科学大学最初的定位十分清楚，是与大学不同的一种高等教育类型，即应用型、教学型。根据1976年的《高等教育总纲法》，这类高校只是在教学的范围内进行学科研究，有限的科研完全为教学服务。同时，这类高校还可以面向企业和行业从事有关技术开发、技术转让的应用型研究。也就是说，应用科学大学与综合性大学有着明确的分工，相互形成互补而不是竞争的关系。值得注意的是，应用科学大学在整体上以服务企业产业为宗旨，培养企业所需的应用型人才，从事企业所需的技术转化方面的应用研究。因此，应用科学大学与企业特别是中小型企业建立起了良好的互动关系。

应用科学大学与企业的种种密切的互动关系，是理解应用科学大学发展的关键，同时，也是理解应用科学大学不断重视科研、参与博士生培养的关键。既然应用科学大学的目标是服务于经济、企业和产业，那么就必须跟着产业和企业共同成长。近二三十年来，随着科学技术的进步，特别是现代计算机和电子技术的发展，无论是产品还是生产的过程都进入一个新的历史阶段。在这个所谓的第四次科技革命的时代，特别是在"工业4.0"战略的推进下，科学技术不断革新，管理理念和模式不断创新，必然要求培养更高素质、更高层次的劳动者，德国应用科学大学正沿着"工业4.0"引发"工作世界4.0"的变革，进而向"教育4.0"的方向（Industrie

---

① Wikipedia. Kategorie: Ingenieurberuf. https://de.wikipedia.org/wiki/Kategorie: Ingenieurberuf.

② ［德］瓦尔特·凯泽，［德］沃尔夫冈·科尼希主编：《工程师史：一种延续六千年的职业》，顾士渊等译，高等教育出版社2008年版，第247页。

4.0-Arbeitswelt 4.0-Bildung4.0）进行深层次的变革和发展[①]，如果德国应用科学大学不进行人才培养结构上的调整，就无法继续履行其为企业服务的职能。简而言之，技术的进步、企业的进步在不断推动着应用科学大学的进步。因此，重视科研尤其是应用型研究成为应用科学大学无法绕开的选择。

在技术和生产不断升级的过程中，也出现了不少新的产业和产品。由于应用科学大学与经济保持着密切的联系，自然会很快对其做出反应。这些新兴的领域往往也成为应用科学大学学科和科研发展的增长点。应用科学大学为不少新兴领域培养了大量的应用型人才，比如社会工作、人口研究、老龄化研究以及护理工作管理等领域。与传统的大学相比，应用科学大学在这些领域具有明显的学科和人才培养优势。

（二）"博洛尼亚进程"扫清制度障碍

在"博洛尼亚进程"之前的相当长的一段时间内，德国高等教育的学位体制主要是文凭（Diplom）、博士（Doktor）的两级制，学制要求前者是5年，后者是4—5年。"博洛尼亚进程"最重大的改革之一就是逐步取消了原来的文凭、博士等学位形式，改为统一的学士（Bachelor），增加硕士（Master）这一过渡学位。对于德国的应用科学大学来说，"博洛尼亚进程"带来的最核心的变化就是欧洲学分转换认可制（European Credit Transfer and Accumulation System，ECTS）的引入和学士-硕士-博士的三级学位制制度取代原来的文凭学位制度。随着统一学位制度的实施，人们对应用科学大学和综合性大学之间认知差异的学位制度载体消失了，不论是前者还是后者，它们都属于高等教育范畴，都是大学。"博洛尼亚进程"为应用科学大学获得博士授予权扫清了制度上的障碍，也进一步催化了那些有条件、有需要的应用科学大学在博士培养方面挣脱对综合性

[①] Jeretin-Kopf M, Haas R, Steinmann R, et al. Wie Industrie 4.0 Bildung, Arbeit und Technik beeinflusst. https://www.researchgate.net/publication/308890733_Wie_Industrie_40_Bildung_Arbeit_und_Technik_beeinflusst.

大学的依赖，积极争取自己的博士授予权。

（三）学生结构多元化产生新的学习生涯需求

从生源情况看，在德国高校总体生源结构中，从1980年到2020年的40年间，应用科学大学入学人数呈现逐年快速增长的趋势，相对地，综合性大学新入学人数的比重逐渐被前者削弱；尤其是从2000年到2020年的20年间，应用科学大学快速发展，不但贡献了德国高校新生整体人数的增量，还逐渐挤占了综合性大学的增长空间，从2015年开始，综合性大学的本土新入学人数出现了标志性的逐年下降趋势。这表明，在德国高中毕业人数整体规模基本稳定的前提下，越来越多的学生倾向于选择去应用科学大学就读。

基于上述情况，德国应用科学大学的学生群体也在发生深刻改变，其生源不再是单一化的"专门高校入学资格"（Fachabitur）的持有者，而是呈现更为多元的生源结构，越来越多文理高中毕业、持有"普通高校入学资格"（Abitur）的学生，从综合性大学转向应用科学大学，例如在多特蒙德应用科学大学（Fachhochschule Dortmund）建筑专业，持有"普通高校入学资格"的新生比例从2015—2016年冬季学期的37.3%（"专门高校入学资格"比例为54.9%）上升为2016—2017年冬季学期的67%（"专门高校入学资格"比例仅为27.5%）[1]。应用科学大学成了很多原本想要读综合性大学的学生（这里面包括了许多外国留学生以及具有移民背景的学生）的第二选择，他们在申请大学时因成绩或学习能力不理想才"被迫"选择到应用科学大学就读。这部分学生并不如传统的应用科学大学学生那样青睐实践、职业导向的培养方式，而是仍然抱有读书深造、取得博士学位的愿望。

（四）科研实力提高强化了现实需求

如前所述，应用科学大学毕业生之所以能够被综合性大学接收为博士

---

[1] Markus Uloth, *Ergebnisse der Studieneingangsbefragung Fachbereich Architektur Bachelor WS 2016—2017*, Fachhochschule Dortmund, 2016, p.36.

生，显然是对应用科学大学培养质量的一种肯定和认可，也说明应用科学大学在相关的学科领域中已经达到了传统大学的水平，其科研实力也在不断增强。从应用科学大学科研经费的发展看，在2006年至2011年间，德国政府为应用科学大学的教学与研究划拨3.16亿欧元，增长了190%。

而综合性大学的科研经费增长率仅为82%[2]。以德国联邦教研部出资的"应用科学大学科研"（Forschung an Fachhochschulen）为例，应用科学大学获得的资助从2005年的1050万欧元增加到了2019年的5600万欧元，在15年间增长了5.6倍[3]。2020年，德国应用科学大学的第三方资金总收入更是达到了7亿欧元，自有统计以来一直连续增长[4]。值得注意的是，科研经费中包含着博士生的培养经费，因此，科研经费的增长也显示了资助单位对应用科学大学博士生培养能力的肯定。

表4-4-2　综合性大学与应用科学大学人员对比

高校类型	学术人员总数[1]	其中教授数量	学生人数	教授/学生比
综合性大学	286213	24854	1777758	1∶71.5
应用科学大学	101013	20234	1023146	1∶50.5

应用科学大学科研实力的增强也反映在教师结构的变化上。近年来，应用科学大学师资水平逐步提升，教授的群体不断壮大，截至2019年，

---

① 学术人员（Wissenschaftliches und künstlerisches Personal）指在德国高校从事科研、教学等专业技术工作的人员，包含全职教授、兼职教授（Gast-/Professoren, Emeriti）、讲师及其他教学人员（Dozenten&Lehrbeauftragte）、助研人员（Wissenschaftliche und künstlerische Mitarbeiter und Wissenschaftliche Hilfskräfte）等。

② Johann Osel. Streit um Promotionsrecht: Fachhochschulen begehren gegen Unis auf. https://www.sueddeutsche.de/bildung/streit-umpromotionsrecht-fachhochschulen-begehren-gegen-unis-auf-1.1453804.

③ BMBF. *Forschung an Fachhochschulen-Wie aus praxisorientierter Forschung Produkte und Dienstleistungen werden*, W.Bertelsmann Verlag, 2016, p.9.

④ HRK. Hochschulen in Zahlen-2020. https://www.hrk.de/fileadmin/redaktion/hrk/02-Dokumente/02-06-Hochschulsystem/Statistik/2020-10-01_HRK-Statistikfaltblatt_Hochschulen_in_Zahlen_2020_Deutsch.pdf.

应用科学大学教授数量达到了20234人（综合性大学教授总人数为24854人），教授与学生人数之间的师生比达到了1∶50.5，这一比例也远远超过了综合性大学（1∶71.5）（如表4-4-2所示）。教授群体在应用科学大学治理中的影响力也随之提高。某种程度上，这些在综合性大学完成学术训练的教授也将综合性大学的学术传统植入了应用科学大学的治理中，在争取诸如薪酬、课时量等方面与综合性大学教授的同等待遇的过程中，应用科学大学的教授更需要回归学术传统，拾拣起独立研究、学术自治等固有范式，从而获得更为牢固的身份认同。

第五章

德国高等教育的
当代改革

　　德国高等教育进入20世纪，特别是在二战之后，由于种种原因失去了曾经的全球的绝对领先地位，不得不在新的条件下寻求新的定位与发展。20世纪，由于德国变幻不定的发展进程以及两次世界大战带来的影响，对高等教育的发展产生了极大的干扰，甚至是致命打击。以下首先对20世纪德国高等教育的转型过程进行勾勒，展示其宏观的发展趋势，并进而对20世纪末以来的发展进行考察，重点讨论国际化发展趋势和研究生教育的发展，以及精英倡议计划等重大改革措施。

第一节 德国高等教育从传统到现代的转型

1900年，一位德国教授说道："在宗教以及许多艺术领域，其他民族或许胜过我们。而德国精神在本世纪的科学领域却凯歌高奏，胜过其他任何国家。科学是我们的荣耀，而科学的场所便是德国的大学[①]。"不加掩饰的自豪地反映了20世纪初德国人对自己的科学事业以及大学的通常态度。而在一个世纪之后的今天，昔日的荣耀早已变为陈迹，大学已沦为德国人批评和抱怨的对象。德国前总理施米特（Helmut Schmidt）惋惜地指出："在第一次世界大战前，甚至在魏玛共和国时期，我们的大学名列世界前茅，而今天的德国大学，没有一所能达到德国大学当年所享有的地位[②]。"一位知名的德国学者在几年前就尖锐地指出，德国大学已"从根上烂掉了"[③]。德国高等教育在20—21世纪中的变化之大，从这两种完全不同的评价可略见一斑。

要了解德国高等教育一个世纪以来的变化，首先要从德国高等教育所处的社会环境入手。因此，本文将先从政治、经济的角度考察德国高等教育的发展历程，勾画其在不同历史时期的主要特征。同时，高等教育有其自身的发展轨迹和逻辑，特别从较长的历史时段看，高等教育所具有的稳

[①] Theodor Birt, Deutsche Wissenschaft im 19. Jahrhundert, in Thomas Ellwein, *Die deutsche Universität: Vom Mittelalter bis zur Gegenwart*, Frankfurt /M, 1992.

[②] Helmut Schmidt, *Die Globalisierung*, Frankfurt /M, 1998.

[③] Peter Glotz, *Im Kern verrottet?Fünf vor zwölf an Deutschlands Universitäten*, Stuttgart, 1996.

定性特征更加明显。本文下半部分将试图挖掘德国高等教育，特别是德国大学的相对稳定的特征及其对大学发展的影响，并由此展示德国大学在过去100年中宏观发展的脉络。

一、德国高等教育百年：变化不定的轨迹

过去的100年对德国来说是一个动荡不定的世纪。特别是在前半个世纪，德国经历了君主制的威廉帝国、魏玛共和国、法西斯的纳粹统治和联邦共和国等历史时期，其间充满了社会政治的动荡，如两次世界大战、德国经历了分裂和统一等。这些政治和社会的变故均对德国高等教育产生了深刻的影响。下面根据德国社会政治的发展阶段将其高等教育百年发展历程划分为四个阶段，并概述高等教育在每一阶段的总体特征。

（一）帝国时期（1871—1918年）

近代一直处于分裂状态的德意志民族，在19世纪后半叶才走上民族统一的道路。1871年，德意志诸国以普鲁士为中心建立了联邦制的德意志帝国。统一后的德国在经济、军事和科学技术等方面迅速崛起，跻身于西方强国之列。20世纪初，德意志帝国在皇帝威廉二世的统治下处于鼎盛之时，经济生产已超过英国，仅次于美国，居世界第二。德国大学自19世纪初洪堡改革后，经历了一个世纪的发展正值巅峰时期。以研究著称的德国大学在众多的学科中都有卓越的贡献，处于世界科学的领先地位，被看作是世界科学的中心[①]。德国的高等教育模式也受到普遍的推崇，被誉为世界上最好的高等教育机构，并对世界范围高等教育的现代化产生了深远影响。

德国当时的高等教育尚为十足的精英机构，仅有少数人有机会进入。大学生在18—25岁年龄组中所占比例为0.85%，每1万居民中平均有11名大学生。根据1900年的统计，德国共有49所高等学校，其主体为大学（22所）和工业高等学校（11所），其余16所为农学、林学、矿业和兽医等专

---

① ［以色列］约瑟夫·本–戴维著：《科学家在社会中的角色》，赵佳苓译，四川人民出版社1988年版。

科性高等学校。柏林大学规模最大，拥有5千余名学生，一般大学学生数量不超过一两千人，小型大学的学生数量不过五六百人。全国大学生共计5万余人，其中75%以上在大学学习，15%在工业高等学校学习[①]。

（二）魏玛时期（1919—1933年）

第一次世界大战导致了威廉帝国的崩溃，随之产生了魏玛共和国。新的共和政体是在战败的条件下建立的，常常被看作是强加的结果，因而在当时得不到足够的拥护，而且战后的动荡更增强了人民对昔日帝国盛世的怀念。大学作为帝国时代的宠儿，对新政府更是持怀疑和敌对的态度。由于战败所导致的经济衰退，大学的经济状况十分恶劣。尽管如此，德国大学在社会中仍享有崇高的地位，其组织和学术传统得以继续，在学术上的成就仍为世界一流。在1939年以前，德国科学家在诺贝尔奖获得者中占绝对优势，共计36人，占全部获奖者的1/4，英国仅次于德国的，但获奖者只有22人[②]。德国大学的学术实力可见一斑。

第一次世界大战后，许多青年人重返校园，大学生数量有较大的增加。另外，民主共和制度的建立也多少扩大了高等教育的开放性。德国大学生数在20世纪20年代基本保持在12万左右，占适龄人口的比重提高到1%以上，每一万居民中平均有大学生20人左右[③]。

（三）纳粹时期（1934—1945年）

纳粹政权建立后，德国大学进入了一个灾难时期。纳粹的高等教育政策在根本上是反科学的，首先其目的在于清除大学中的政治异己和犹太人。1932—1939年间，约40%的大学教师由于政治或种族原因离开大学，流

---

① Hans-Werner Prahl, *Sozialgeschichte des Hochschulwesens*. München, 1978, in Caecilie Quetsch, *Die zahlenmässige Entwicklung des Hochschulbeuches in den letzten fünfzig Jahren*, 1960.

②［美］朱克曼著：《科学界的精英 美国的诺贝尔奖奖金获得者》，周叶谦、冯世则译，商务印书馆1979年版。

③ Hans-Werner Prahl, *Sozialgeschichte des Hochschulwesens*. München, 1978, in Caecilie Quetsch, *Die zahlenmässige Entwicklung des Hochschulbeuches in den letzten fünfzig Jahren*, 1960.

亡国外①。德国大学因此元气大伤，其负面影响至今犹存。同时，纳粹政权在大学中推行统一化政策，在大学的管理和教学中贯彻纳粹的意识形态，将大学看作维护政权的工具。传统的学术自治被政府的直接控制所替代。人文学科和社会科学在很大程度上受到纳粹思想的支配，自然科学和工科则主要服从于军备武装的目的。大学的部分教师对纳粹政权或多或少持支持态度，对纳粹的反科学政策和措施基本上没有表示反抗。这一点成为德国大学史上的一个污点。

在纳粹的统治下，大学生数量锐减，1938年减少到5.8万名，比纳粹上台前的1932年减少了一半。每一万居民中平均有大学生8人左右②。

（四）联邦德国时期

1949年，自联邦德国建立以来，德国高等教育经历了前所未有的发展与变化，并且在不同时段呈现出明显不同的变化趋势和特点。下面将这一时期再细分为三个小的历史时期加以概述。

1. 重建时期（1945—1965年）

第二次世界大战结束后，德国被美、英、法、苏四国所占领。1949年，在美、英、法占区产生了联邦德国，苏占区则成为民主德国，德国由此一分为二（以下论述仅涉及联邦德国的高等教育）。在联邦德国建立之前，美、英驻军当局就曾试图对传统的德国大学进行改革，提出了一系列有价值的建议，但没有产生结果。在联邦德国建立后的约10年中，重建因纳粹和战争而被破坏的高等教育和恢复魏玛时期的高等教育传统，成为高等学校和政府高等教育政策的主要目标。这一时期因此也被称为高等教育的"复辟时期"。基于纳粹时代大学政治化的经历，大学对政治和政府存有戒备心理，努力与之保持一定的距离；大学由于过于注重自己的独立地

---

① Dietrich Goldschmidt, Hochschulpolitik, in Wolfgang Benz, *Die Geschichte der Bundesrepublik Deutschland, Bd.1, Politik*, 1989.

② Hans-Werner Prahl, Sozialgeschichte des Hochschulwesens. München, 1978, in Caecilie Quetsch, *Die zahlenmässige Entwicklung des Hochschulbeuches in den letzten fünfzig Jahren*, 1960.

位，而较少关心社会发展及其对高等教育提出的要求。后来的批评者将这一时期的大学斥为"象牙之塔"。

2. 改革时期（1966—1980年）

从20世纪60年代初开始，由于东西方对峙与竞争、人力资本理论的流行、政治民主化和大学生运动等国内外因素，在德国出现了空前的高等教育改革运动。其目标主要是高等教育的民主化和机会均等。民主化旨在打破传统的教授治校的格局，让学生及员工参与学校的管理。机会均等则意味着向更为广大的社会阶层敞开高等教育的大门，让尽可能多的适龄者接受高等教育。与此同时，教学内容也应当从根本上进行改革。在改革热浪中提出的许多激进的改革目标显然没有一一落实，但高等教育在经过对结构、规模、管理体制等各方面的改革后，还是发生了许多重大的变化。德国高等教育由此进入了大众化时代。通过改革，联邦政府获得了参与制定高等教育宏观政策和立法的权利，并于1976年颁布了第一部全国性的高等教育法——《高等学校总纲法》。

在改革过程中，传统的高等教育体系的结构和规模发生了很大的变化。到20世纪70年代中期，新建大学24所，同时，建立了新型的高等学校，即综合高等学校（Gesamthochschule）9所（1980年），高等专科学校19所（1980年）。大学生的数量增加了3倍以上，从30多万增至100多万。1960年只有8%的适龄人口接受高等教育，而1980年此数字上升到20%。

3. 新探索时期（20世纪80年代之后）

20世纪60、70年代的高等教育改革奠定了今天德国高等教育的基本格局，但改革本身在20世纪80年代初便遭到种种批评。激进者认为改革半途而废，远未达到当初所制定的目标，而保守者则认为改革使德国高等教育的质量受到严重影响。特别是在新技术革命的背景下，高等学校的教育质量问题成为德国社会的众矢之的。

同时，由于保守的基督教民主联盟（CDU）和基督教社会联盟（CSU）上台执政，提高高等教育质量、培养高质量人才和提高科研水平等成为高等教育的核心目标。另外，20世纪70年代政府采取了一系列措施以促进高等学校的自主性和竞争能力，并试图将市场机制应用于高等教育领域。进入20世纪90年代后，随着经济全球化和高等教育国际化进程的加快，高等学校又面临新的挑战。

在规模上，20世纪70年代以后，德国高等教育的大建设时期已告结束，高等学校的数量进入稳定阶段，而大学生的数量却仍在继续增长，自20世纪80年代以来又增长了一倍，超过180万人。但同时，政府提供的经费已无法满足高等学校学生不断增加的需求，高等学校所能支配的经费在不断减少。因此，提高质量也只能更多地停留在政策上，难以真正落实。总之，德国高等学校在20世纪80年代面临更为变化不定的环境，必须在入学压力不减和经费紧缩的条件下，寻求提高教学和科研质量的新途径。

综上所述，在20世纪变化多端的政治和社会背景下，德国高等教育经历了曲折的发展过程。总体来看，在前半个世纪中，高等教育的数量发展相当有限，高等教育的结构基本没有变化。而在后半个世纪，高等教育的规模开始迅速扩大，人们接受高等教育的机会大大增加。与此同时，高等教育机构类型也有较大的变化，建立于20世纪70年代的高等专科学校已成为德国高等教育的重要组成部分。

二、德国大学百年：传统与革新

在20世纪引人注目的外在变化的背后，德国高等教育似乎还有相对稳定、相对独立的层面，即文化或观念的层面。这一层面往往更能表现出一个国家高等教育的特色。下面将尝试对德国高等教育的观念进行若干探讨，以利于把握德国高等教育的总体特征。需要说明的是，这里不准备对德国高等教育的文化或观念进行全面讨论，而只讨论支配德国高等教育组织的根本观念，或者说德国大学的组织理念及其在20世纪对高等教育发展的影响。另外，以下的讨论主要涉及大学，并不涉及后起的其他类型的高等学校。这样虽然有失全面，却有助于凸显德国高等教育传统与革新关系的脉络。同时，大学历来是德国高等教育的主体，无论是在学校数量还是在学生数量上，都具有相当的代表性。

19世纪和20世纪之交，可以说是德国高等教育史上的黄金时期。自19世纪初的洪堡大学改革以后，德国的大学很快摆脱了长期的危机，在欧洲的高等教育中脱颖而出，到19世纪70年代之后，更是声誉日隆，高居欧洲乃至世界高等教育的盟主地位。然而，在新的社会经济环境之中，德国大学在盛誉之下又面临新的危机。从19世纪90年代起，在德国的文化界出现了一种普遍的危机感，文化没落、价值失落、精神衰落等成为讨论的热门话题。大学历来作为文化和精神的载体，当然更首当其冲。导致这种危机心态的原因比较复杂，大致有三个方面。其一，随着科学技术的进步及其对经济社会发展作用的增强，技术成为社会中一支主宰力量，大学教授多数认同人文主义传统，认为传统的文化和精神正在为技术所吞噬，科学特别是自然科学的发展在冲击着传统的价值。其二，工业化带来了劳动的专业化和教育的专业化，人成为片面的职业人和专业人；科学的日益专业化使人失去了对世界的整体性认识，影响了对人的全面培养和人自身的发展，只有利于培养掌握一技之长的专家，高等教育日益堕落为职业性的专门教育。其三，随着经济社会发展的需要，高等教育开始向更广泛的社会阶层开放，历来奉行精英教育的大学对此忧虑重重，认为高贵神圣的科学开始走向庸俗。关于这种思潮的文化和社会背景，这里不作讨论。以下仅试图从这种危机现象入手，对德国大学的组织理念及其在20世纪所面临的问题做阐述。

德国社会学家韦伯在20世纪初便敏锐地看到德国大学危机的深层原因。在韦伯看来，现代社会是理性化的社会，资本主义企业是典型的理性化组织形式，其运行的根本原则是所谓的科层制（Bürokratie）。科层制组织的特点在于其目标合理的组织原则，具有可靠精确、分工明确、高效率等技术优势。韦伯将德国的大学与美国的大学相比较，认为美国的大学为科层制的组织，德国的大学正在由传统型的组织向理性化的科层制组织发

展。他说，"德国旧式大学无论在内在的精神还是外在的面貌上，均已徒有
其表"①，并预言，德国的大学将不断朝理性化的方向发展，不断"美国
化"。显然，在这种变化过程中，大学面临着新的组织理念的挑战，人们对
所熟悉的大学运作方式有所改变而感到不适，从而产生了危机感。

　　韦伯的论述实际上涉及了德国大学的组织理念问题。19世纪，德国大
学的崛起是与现代科学形成同步进行的。德国大学的成功之处不仅在于将
现代科学引入大学，更在于将大学的组织与活动几乎完全建立在科学研究
之上。在新型德国大学中，一切活动都是围绕科学研究来组织的，大学的
首要任务是创造知识，传授知识只是研究的继续或另一种形式。教授也主
要以科学研究者来定义其角色。同时，19世纪的科学尚处在专业科学的初
级阶段，或者说处于手工作坊阶段。科学活动虽然被纳入大学组织，具备
了制度上的保障，成为一种职业活动，但由于科学的专门化程度还很有
限，科学研究活动主要是一种个人性的、小规模的活动，典型的教授犹如
手工作坊中的师傅，常常在家中从事学术和教学活动，基本无须学术分工
与协作。因此，大学的学术研究活动实际上是一种无组织的个人活动。由
洪堡等人所倡导的大学观念在很大程度上恰好与这一阶段的科学活动方式
相匹配。根据洪堡的设想，大学与任何国家的组织结构都格格不入，无非
是学者各自从事其研究活动和交流的场所，其赖以生存的基本条件是"自
由和寂寞"②。在这种在"科学作坊"条件下产生的传统德国大学理念，强
调科学的统一性，认为过分的专业化有损于科学的发展，因此，抵制任何
学术上和组织上的专门化倾向；视大学为单一的纯科学机构，任何其他目
标，特别是实用性和功利性追求都应当严格排除；遵循单一和精英化的培
养目标，认为接受大学教育的人应当是具有全面修养的学者和科学家；自
由和寂寞是理想的学术活动方式，排斥任何形式的对学术活动本身及其过
程的组织性约束。

---

① Max Weber, *Wissenschaft als Beruf*, 1984.

② W.v.Humboldt, *Schriften zur Anthropologie und Bildung*, 1984.

不可否认，德国大学的传统理念对于提升科学研究在大学中的地位，对于推动科学研究的进步和学术人才的培养，产生了巨大的作用。但到了19世纪末20世纪初，科学的发展达到了一个新的水平，正如韦伯所说的，科学进入了"专门化的阶段""只有在严格的专业化条件下，一个人才能有信心在科学中真正有所建树"①。一名学者，无论其如何杰出，都难以把握整个学科；同时，科学工作的手段也日益复杂，费用日益昂贵，因此，科学工作需要更多的组织、协调和合作。1890年，著名历史学家蒙森（Theodor Mommsen）便提出了"大科学"的概念，以区别于传统的作坊式的科学活动。20世纪初，德国重要的科学家哈纳克（Adolf Harnack）认为，科学进入了"科学大企业"的阶段。他强调："科学归根到底总是由单个的个人进行，科学无论如何发展，这一点都不会改变。但在科学中，有些课题的完成超出了个人的生命界限。还有的任务，其准备工作是如此之繁复，研究者最终也难以接近课题本身。还有的课题是如此复杂，非分工无法进行②。"显然，科学工作需要有分工、有组织地进行，无论是科学界内部的分工协作，还是国家对科学的组织协调，都已势在必行。科学已开始由作坊式的小科学向企业化的大科学过渡。

大科学的出现对传统的科学活动的方式及组织形式提出了新的要求，建立在作坊科学基础之上的德国大学由此面临一种新的挑战，传统大学的体制已难以承载企业化的大科学。但德国的大学在整个19世纪是如此之成功，其学术传统和信念是如此之根深蒂固，以至任何新的组织理念都难以被接受，任何体制性变动都难以成功。正如美国社会学家希尔斯（Eduard Shils）所指出的，传统会因为提供许多方便而被维护，特别是当一种传统已经显示其效力时，人们就会更加坚定遵循和维护这种传统③。19世纪与20

---

① W.v.Humboldt, *Schriften zur Anthropologie und Bildung*, 1984.

② Vom Grossbetrieb der Wissenschaft, in Adolf Harnack, *Aus Wissenschaft und Leben*, *Giessen*, 1911.

③［美］爱德华·希尔斯著：《论传统》，傅铿、吕乐译，上海人民出版社1991年版。

世纪之交，德国大学的危机在很大程度上便源于这种体制性变化与大学对传统的依恋之间的冲突。有学者在分析20世纪初的德国大学时指出："尽管有上述（大学中出现的）变化，大学还是固守支配德国大学的新人文主义大学原则。……批评者指责大学顽固，对种种变化置之不理，而支持者则以科学发展的要求为根据或口实，用德国高等教育不容争辩的成就来为传统的大学辩护。大学一方面确实发生了变化，但大学又顽固地坚持迄今行之有效的原则……"①。

韦伯从其现代社会趋于理性化的基本命题出发，认为德国的大学毫无疑问地会"美国化"。但事实是，德国大学迈出的步伐却相当缓慢和迟疑不决。尽管当时德国大学中人人都在谈危机，但对自己的大学显然仍有相当的信心。按照美国历史学家林格（FritzRinger）的分析，在当时的大学危机面前，德国大学教授大致分为正统派和革新派两大阵营，正统派主张通过振兴传统和复兴理想主义的价值来解决大学面临的危机；革新派则认为，大学只有在制度和组织上进行改革，以适应社会发展的需要，只有这样才能摆脱危机。但由于正统派在大学中占有绝对优势，因此，任何实质性改革在大学中都难以付诸实施②。20世纪20年代的大学改革者、普鲁士教育部长贝克（C. H. Becker）有句名言："德国大学在本质上是健康的"，这句话可以看作是当时甚至到60年代以前，德国人对其大学一般的看法。在19世纪到20世纪60年代的这一个半世纪中，德国大学除了短暂的纳粹时期，在基本理念和体制上几乎没有变化。这本身就说明德国大学对其传统的理念和组织传统有着强烈的认同。

传统的大学理念长期支配德国大学，致使德国大学在体制上难以进行变革，不能适应科学和高等教育发展的需要。德国大学的许多问题都可以从这里找到根源。

---

① Reinhard Riese, *Die Hochschule auf dem Wege zum Wissenschaftlichen Großbetrieb.*

② Fritz K. Ringer, *Die Gelehrten. Der Niedergang der deutschen Mandarine 1890—1933*, Stuttgart, 1983.

第一，在科学研究方面，传统的作坊式体制常常影响学科的发展，影响科学与社会的沟通。按照传统的大学体制，学术权力几乎完全集中在研究所这一层次，教授通常以研究所为组织基础，对本学科的发展享有绝对的自主权。由于缺乏适当的协调和合作，学科的发展在很大程度上取决于教授的个人意志。社会的需要与大学中的科学研究缺乏体制上有效的联系渠道。另外，此种体制往往造成学科之间的隔阂，影响了相关学科的合作和沟通，特别不利于大型的科研合作，不利于跨学科合作，也不利于大型科学研究项目的进行。

第二，传统的大学体制是以科学研究为基础的，教学和人才培养活动的地位较低。长期以来，尽管大学在为专门职业，如教师、法官或医生等培养人才，但却无视这种职业的需要，而一味地注重科学研究，将科学研究看作是大学的根本任务。在德国大学中，选拔和聘任教授的依据几乎完全是科研水平，而教学能力和水平不被考虑。在德国大学中有种看法，认为好的研究者自然是好的教师。在大学主要用以培养少数知识精英和学者的时代，这种观念似不成问题。但大学功能的扩展、接受大学教育者人数的增长等因素，对大学的教育和培养功能提出了新的要求，而德国大学却难以突破其培养理念，以解决在人才培养方面面临的问题。同时，大学在原则上把每一位大学生都视为未来的学者，教学实践完全从这种培养目标出发。这点实际上在19世纪已经脱离社会现实，在20世纪更是难以成立。

第三，根据德国的大学理念，科学研究应当在自由中进行，这点同样适用于参与研究的学生。根据著名的学习自由原则，学生应当也必须自己组织安排其个人的学业，选择其学习的重点。大学对此不应进行任何干预和规范。一切对学业的形式性规定都被认为不符合大学的主旨和目标，任何关于学业过程程序化和规范化的建议，比如关于学业形式和课程安排的合理化建议都难以被接受，被斥为"中学化"（Verschulung）。因此，德国的学业长期缺乏合理的学制结构，如没有适用于不同学生需要的、分层次的培养制度，使得相当数量的学生因缺乏目标性和学业制度的引导而一再拖延学业，或干脆中途放弃学业。从20世纪50年代起，修业时间过长（如1992年大学生平均修业时间长达七八年）和大学的高淘汰率（目前大致为20%—30%）成为德国大学难以解决的问题。造成修业时间过长的因素当然是多方面的，但学业制度与学生的学习目标脱节无疑是一个重要原因。

第四，大学教授的选拔过程缺乏理性化的程序，这是德国大学作为非科层制组织的一个重要特征。自德国大学在19世纪初实行教授资格制度后，未来的教授原则上都要在博士之后再完成一部研究专著，即教授资格（Habilitation）论文。具备此资格者被称为编外讲师（Privatdozent）。之所以被称为编外讲师，是因为此时他仅以私人身份授课，不被列入教师队伍，当然也没有薪水。遇有教授职位空缺时，编外讲师可以应聘。这种制度在19世纪被欧洲其他国家所羡慕，认为是德国大学学术进步的重要源泉，因为在没有报酬的情况下还能坚持从事学术者，一定是具有真正学术志向之辈，而且他们除了学术上的成就，别无凭借。但随着科学向大科学的发展，学术人才的培养必须有程序上的支持，不能任其自生自灭。韦伯称，德国大学的教授选拔制度为一种"赌博"，编外讲师在得到教授职位之前，没有任何制度上的晋升程序和保证。也就是说，在德国的大学中缺乏程序化的晋升教授渠道，不少具有学术潜力的年轻学者只能靠阶段性的工作来从事研究。最终若得不到教授职位，就必须另谋出路。这至今仍是德国大学面临的一个现实问题。

从以上列举的德国大学传统组织理念所面临的问题可以看出，建立在作坊科学观念之上的德国大学在20世纪已受到科学本身和高等教育发展两方面的挑战。大学应调整其大学理念，向理性化、科层制的方向发展。所谓理性化或科层制，无非是根据现实的多种需要，建立一种功能分化的大学体制。早在19世纪20年代，德国社会学家舍勒（Max Scheler）就批评德国大学具有"简单的一体性和任务的非分化性"特点，而将大学组织和功能的分化视为改革的根本之路①。而且，在20世纪的历次大学改革讨论中，组织和机构的分化都是重要的议题，但成果总是有限。

美国高等教育专家克拉克（Burton R. Clark）在分析当代德国高等教育时也指出："在大众化的大学中，研究活动有赖于制度的分化（differentiation）。在这点上，当代德国（高等教育）的问题根深蒂固。一方面，就大学生数量而言，高等教育体系已由精英阶段变为大众高等教育阶段，操作方面也变得更加复杂；另一方面，高等教育的结构无论是在大学之间，还是在大学内部，都较少分化②。"

纵观20世纪的德国大学，其根本观念在很大程度上还建立在19世纪的科学观念之上，正如社会学家达伦多夫（Ralf Dahrendorf）在19世纪60年代所指出的，德国大学还保留着"前现代的特征"③。传统的大学体制和组织是与当时的科学运作形式相匹配的，因而大大地促进了科学的发展。然而在进入20世纪之后，随着科学本身的发展以及高等教育功能的变化，建立在传统大学理念之上的大学体制面临种种危机。但在几乎一个世纪的时间里，德国大学虽然也接受了一些变通的做法，但却囿于以往成功的经验而未能完成观念和体制上的转型，因此，始终处于一种传统与现代化的张力之中。

直到最近，在高等教育国际化的背景之下，德国高等教育，特别是大学面临的问题更加突出。在激烈的批评声中，政府与大学等方面已在考虑根本性的改革措施，比如教授资格制度已实行近两个世纪，是传统大学的重要制度之一，而近半个世纪不断受到批评，在20世纪70年代一度有被取消的势头，但之后又被严格执行。近来的改革趋势表明，这一制度不久将会被新的职称制度取而代之。相应地，教授作为官吏的终身制也将改变，

---

① Max Scheler, *Die Wissensform und die Gesellschaft*, 1960.

② Burton R. Clark, *Places of Inquiry. Research and Advanced Education in Modern Universities*, 1995.

③ Ralf Dahrendorf, *Bildung ist Bürgerrecht: Plädoyer für eine akative Bildungspolitik*, 1965.

将出现更多的非终身教授职位。另外，大学中传统学业的学术性取向将会有所改变，不分层次的大学学业将会逐步过渡到本科和研究生教育两个阶段。这些改革反映了传统的大学观念正在发生重大的变化，德国大学及整个高等教育显然也会随之发生一些重大的变化。这些变化也正符合韦伯当年关于德国大学趋于理性化或"美国化"的预言。

第二节　德国高等教育的国际化趋势

德国的高等教育一直具有很强的国际性，但是从20世纪80年代开始，随着经济全球化趋势的日益增强，高等教育国际化也日益成为一个备受关注的主题。从20世纪80年代开始，在德国高等教育政策中，高等学校的国际交流与合作，或者说高等教育国际化问题日益被列入议事日程。在1988年，联邦教育和科学部委托德国关于高等教育发展的权威智囊机构——科学审议会，对德国高等教育及科学国际化问题进行研究，并提出促进的对策。经过三年多在国内、国际范围的调查研究，科学审议会于1992年提出了"关于科学交往国际化的建议"。该报告指出，德国的科学研究和高等教育虽然已在很高的程度上进入国际交往之网，但在新的国际政治、经济、科学发展的条件下，德国的高等教育及科学研究还应当进一步国际化。此报告的提出标志着对高等教育及科学国际化的认识及重视程度在德国已达到一个新的水平。

一、国际化的内涵

高等教育国际化这一概念在德语中没有完全对应的词汇，但有一些在意义上相对应的词语，如"大学的国际性"（Internationalität der Universität），或科学审议会的说法——"科学交往的国际化"（Internationalisierung der Wissenschaftsbeziehungen），其中的科学一词包括了"高等学校"，还有"高等学校国际化"（Internationalisierung der Hochschulen）的说法。概括起来，这些说法所涵盖的问题包括：出国留学问题、接受留学生问题、学历学位承认与等值问题、课程面向国际问题（主要指增设新课和新内容、加强外语训练等）、校际合作问题、学术人员交流问题（一方面要促进德国学者走出去，特别是去东欧、发展中国家及美国；另一方面要创造条件接受外国学者）、科研合作问题、高等学校与对外文化政策问题（如高校在其中的作用、责任问题）。这些方面大致反映了德国高等教育国际化所涉及的问题，主要包括教学与课程、人员交流和科研合作三个方面。

二、国际化的发展趋势

对于联邦德国的高等学校来说，国际交流与合作可以说早已有之，大学长期以来就设有外事处，负责对外交流。政府与民间也早就建立有一些从事学术交流活动的机构，其中著名的有德国学术交流中心（DAAD）和洪堡基金会（AvH）。但是，高等教育中的国际交流与合作从来没有像今天这样频繁、涉及面如此之广、受到如此的重视。20世纪70年代末以前，联邦德国高等学校及学术的国际参与程度一直不高。1950—1951年，在德外留学生仅占大学生总数的1.7%。联邦德国最主要的科研促进组织——德国研究会直到1967年才与英国皇家学会签订了其第一个国际合作协议。曾长期是唯一的全国性教育协调组织的文化部长会议（KMK），从1961年起才建立专门负责国际事务的部门。直到1970年左右，联邦德国高等教育及科学领域的国际交往才开始起步。所以，在很长一段时间里，高等教育的国际交流与合作在西德从来不是一个重要的议题，往往受到忽视。对此有来自不同方面的许多批评。总之，在80年以前，高等教育中的国际合作常常得不到重视，有限的一些国际交往也以零碎、个别的活动为主；决策部门对此问题更缺乏宏观的认识。

从20世纪80年代以后，高等教育国际化中的一些问题开始引起人们的注意，逐步受到有关方面的重视。1982年，西德大学校长联合会的年会是一个标志，该机构是代表高校利益的重要组织，其每年的年会都选择一个他们认为最为迫切的主题进行讨论。1982年，年会的主题为"大学的国际性"，所讨论的问题包括：大学的国际性与大学的观念；大学与文化沟通及国际性合作（包括与第三世界的合作）；大学与人类面临的共同问题，如人口、环境等；学术人员、大学生的交流；大学与对外文化政策。大会最后向政府、经济界及各高校发出呼吁，要求各方面关心、重视、支持大学的国际交流与合作。此后，特别是80年代中期以后，高等教育国际化问题成为高等教育政策中的一个重要议题。一些有代表性的官方文献和研究报告相继发表，从不同方面反映了高等教育国际化在20世纪80年代末、90年代初的发展势头，如1986年，联邦议院发表文件提出，"关于加强与发展中国家科学合作政策的必要性"；1988年，联邦教育和科学部发表的研究报告指出，"国际联合培养计划的比较、经验、问题、成果"；1988年，联邦教育和科学部发表的研究报告指出，"赴外留学对大学生及毕业生的益处"；1989年，西德大学校长联合会提出了"对国际学术联系的意见"；1990年，联邦经济合作部专家咨询组报告指出，"关于加强与发展中国家科学合作政策的必要性"；1991年，联邦教育和科学部发表研究报告指出，"欧洲统一市场对联邦德国教育系统的挑战"；等等。

这些文献说明，高等教育国际化问题在德国已引起相当的重视，其中一个重点是与发展中国家，另一个重点是与欧洲国家的交流与合作。关于后者，德国高等教育专家泰希勒教授指出："高等学校的国际化、大学生和择业的国际流动问题在20世纪80年代不断突出，对欧洲大学共同问题的讨论目前已成为中心议题之一[①]。"在这种背景之下，科学审议会于1992年提出了"关于科学交往国际化的建议"，它比较全面地分析了高等教育及科学国际化在德国的现状，并提出了促进的建议。

与此同时，德国高等教育从20世纪80年代以后已出现国际化的趋势，这主要表现在接受留学生与出国留学、校际合作、培养与课程、科研合作几个方面。

在20世纪70年代中期以前，与其他国家相比，联邦德国出国留学生的数量偏少，大学生"厌外"一度成为大问题。20世纪80年代以来情况开始发生变化。每千名德国大学生中，1980年，平均有26人出国留学，1985年有29人，1990年，这一数字上升到34人[②]。1987年，德国出国留学生人数约达2.5万，在西方发达国家中仅次于日本，居第二位[③]。在德外国留学生的数量在20世纪80年代也有较大的增长，1980年大约为5.8万，1990年约达10万，10年间增长了71%。外国留学生在全部大学生中的比例由1980年的5.5%提高到1990年的6.3%[④]。从国际上看，德国也是西方国家中仅次于美、法的大学生"进口"大国。

20世纪80年代以来，德国高校与国外高校，特别是欧洲高校的双边或多边合作有重大的发展。国际性合作协议目前已达1500多个，每所高校平均签订20多个。这种合作大大促进了大学生间及大学生与教师间的交流，同时，也促进了科研的合作。特别值得注意的是，多边的高校国际合作，为高等教育国际化增添了新的内容。

---

① 泰希勒:《欧洲诸国高教制度：多模式的稳定性》，1990年版。
② 联邦德国科学审议会《关于科学交流国际化的建议》，载《德国大学通报》1993年12月，第5页。
③ 联邦德国教育和科学部基本统计手册（1991—1992），第71页；［德］派泽特、弗拉姆汉著:《联邦德国的高等教育——结构与发展》，陈洪捷、马清华译，北京大学出版社1993年版，第121页。
④ 联邦德国科学审议会:《关于科学交流国际化的建议》，载《德国大学通报》1993年12月，第33页。

1984年，德国、法国和卢森堡诸国交界地区的7所高校建立了"萨、罗、卢、特、西法耳茨高校同盟"（Hochschul—Charta—Saar—Lor—Alux—Trier—Westpfalz）；目前该同盟已包括12所高校，其中德国5所，法国5所，卢森堡和比利时各一所。7所同盟发起校还联合设立了一项研究生培养计划，其毕业文凭为"环境科学欧洲文凭"。

类似的还有建于1989年的"莱茵河上游地区大学欧洲联盟"（Die Europäische Konföderation der Oberrheinischen Universitäten），成员包括两所德国大学（弗赖堡大学和卡尔斯鲁厄工业大学），一所瑞士大学和4所法国大学。在这一联盟中，各高校相互交流学生、教师及技术和管理人员，相互承认课程，设置共同的培养计划，建立共同的研究机构，共享科研成果和信息。

德法技术与经济学院（Das Deutsch-Französische Hochschulinstitut für Technik und Wirtschaft）是一个联合办学的例子，该学院由德国的萨尔技术与经济学院和法国梅斯大学合办，在德法两国招生，并授予两国的文凭。该学院设置的专业有建筑工程、企业经济、电子学、信息学和机器制造，注重外语学习和培养进行跨文化交流的能力。

在双边或多边的校际合作中，培养与课程往往是一项重要内容。从20世纪80年代开始，德国高校与国外，特别是英、法、美高校共同建立了大量的"联合培养计划"（Das integrierte Auslandstudium，IAS）。在这种培养计划中，两所或多所高校共同开课或相互承认课程，承认文凭或授予两国文凭，例如亚琛高等专科学校与7所英、法、希腊、西班牙和意大利诸国的高等学校共同设立了一个联合培养计划。在这一"欧洲经济培养计划"中，学生可以根据自己的选择在其中3所高校就学，在最初的两年，学生均在本国家高校学习基础课程，同时，开始学习相应的外语。在第三年，学生在自选的一所外国高校学习，其后再去自选的另一所外国高校学习一年，同时，必须通过所在高校的考试。毕业论文可在3所就读的任何一所高校中进行，但指导教师必须是本国高校的教师。结业时可获得企业经济专家文凭（高专）以及另外两所国外高校的文凭。

再比如，在上面提及的莱茵河上游地区大学欧洲联盟中，弗赖堡大学与瑞士巴塞尔大学和法国斯特拉斯堡大学于1992—1993年共同建立了"临床研究"的提高课程计划，其毕业生可获得由莱茵河上游地区大学欧洲联盟授予的医学博士和临床研究欧洲硕士两个学位。另外，还有曼海姆大学与加拿大安大略大学共同建立的"跨地区国际商业培养计划"等。

这种联合培养的方式大大促进了教学与学生的交流，为出国留学提供了方便，提高了出国留学的效率和质量。据1989年的统计，仅受德国学术交流中心资助的参加联合培养计划的学生就有1323人。在早些时候（1986年），各种联合培养计划已多达1200至1500个。这种国际化的培养方式在欧洲共同体中被视为一种样板。

除了这种合作建立的培养计划，从20世纪80年代末以来，德国高校还设立了许多面向国际，特别是面向欧洲、涉及跨文化的课程计划或研究机构，在教学和科研中，国际化的色彩日趋强烈，如1989年，明斯特大学建立"荷兰研究中心"；1991年，杜依斯堡综合大学建立以日本为重点的"东亚研究"学位专业；1993年，明斯特大学建立"跨学科波罗的海地区研究所"；1993年，柏林工业大学建立"中国科学技术的历史与哲学研究室"；1993年，萨尔大学建立"跨文化交流——德国与法国"提高课程计划等。这些专业或研究机构通常都包含资料、人员的交流，研究机构也开设课程，如"跨学科波罗的海地区研究所"除了资料交流，每年从该地区聘请客座教授；"中国科学技术的历史与哲学研究室"刚一建立就同时开出7门课程。

随着校际交流以及对地区性、国际性问题兴趣的增加，科研合作与学术人员的交流在20世纪80年代也进入迅速发展期，它们也是校际合作的重要内容之一。政府及有关机构也都十分强调这种合作交流，如德国研究会在近年加强了对国际科研合作，特别是促进与东欧的合作力度。其他如德国学术中心、洪堡基金会及其他大基金会和专门资助德美学术交流的富布莱特委员会也都提供了越来越多的交流机会。联邦教育和科学部于1986年制定了德法高校计划以促进两国高校的合作，其内容包括联合培养计划，大学生及大学教师的交流等。

三、背景分析

德国高等教育国际化趋势的出现并非偶然，它是由国际，特别是欧洲的政治、经济以及科学发展等因素决定的。

国际政治形势、德国的对外政策等政治因素是推动德国高等教育国际化的重要动力。德国联邦教育和科学部资深官员伯宁（E. Boning）曾说道："（国际间）高等教育机构的关系常常与政治关系捆绑在一起，并受其左右；80年代末至90年代初，苏联、东欧政治格局变化，大大促进了德国与东欧国家政治、经济、文化上的联系；西欧国家一体化发展不断加速，特别是统一大市场的进程，使欧共体国家之间的联系更加密切，也促进了欧洲地区高校之间的联系。其中西欧一体化的趋势在科研合作、大学生交流、课程等方面为该地区高等教育国际化提出了更高的要求，当然也提供了极好的前提条件。所以，在一定意义上可以说，德国高等教育国际化是西欧一体化和冷战结束的产物。同时，这一趋势本身也是西欧一体化、东西欧接近进程中的一个组成部分。此外，由于传统和地缘政治关系，德国政府在扩大自己的影响过程中，也十分重视高等教育的对外联络作用，或者说，扩大高等学校的国际联系是广义的外交政策的一部分。科学审议会指出："在欧洲一体化、也就是东西欧相互开放的进程中，统一的德国在科学和研究方面也承担着特殊的政治责任"[①]。

国际经济市场及国际化劳动力市场的出现，对于德国这样一个资源比较贫乏、以工业品出口为其生存基础的国家有着重大的影响。要保持其经济实力、其产品在国际市场上的竞争力，就必须培养出了解国际市场，能

---

① 联邦德国科学审议会：《关于科学交流国际化的建议》，载《德国大学通报》1993年12月，第5页。

够参与国际竞争的人才。因此，加强高等教育和科学领域的国际合作，通过资源的共享，改进自己的培养制度也就势在必行。欧洲统一市场对德国高等教育的冲击就是最好的例子。科学审议会在其"关于90年代高等教育前景的建议"中强调，随着欧洲统一市场及开放的劳动力市场的出现，掌握外语、了解其他欧洲邻国的情况将越来越重要，高等学校的培养工作应当对此作出反应。

欧共体重视成员国之间高等教育、科学研究领域的交流和合作，也是德国高等教育国际化、欧洲化过程的一个重要推动因素。80年代以来，欧共体实施了一系列促进大学生、高校教师在欧洲，特别是欧洲共同体内部流动，促进科研合作的计划，比如埃拉斯莫斯计划（ERASMUS，Euopean Action Scheme for the Mobility of University Students），旨在促进欧洲大学生的交流。该计划在1990—1991年，资助了25100名学生，其中有4800名德国学生。

与发展中国家在科学、教育领域的交流与合作是反映德国高等教育国际化的一个重要方面。由于政治、经济、文化及道义等原因，德国从70年代初就开始对发展中国家进行援助，从80年代初起，德国的援助政策开始注重援助与合作相结合，特别注重人才培养、科研、技术上的合作。其中，接受发展中国家的留学生被看作一项重要措施。为了在经济、技术、生态等方面进行长久的合作，德国认为，对留学生的培养不仅要注意专业知识，更要培养他们了解多元文化、具备进行跨文化交流的能力；文化上的了解和沟通是技术、经济合作的基础和保证。

高等教育国际化也是科学发展本身的要求，科学本身就是国际性的，不受国界的限制。现代科学由于其体系庞大、开支巨大，分工与合作是不可少的；自然科学和社会科学领域中的许多综合性的、需要大型设备或跨地区的课题，都必须通过国际间的合作进行研究。特别是在现代的条件下，学术的信息交流与合作也日趋便利。在西欧，由于社会发展水平、科学水平比较接近，还有地理之便。所以，德国与西欧诸国的科学合作关系日益紧密。

除了以上种种因素，促进、推动本国高等教育国际化的关键还在于本国的政府及有关方面的支持。派译特（Hansgert Peisert）教授发现："联邦德国各党派对于高等教育的对外交流有着基本一致的看法，这在其他政策领域中是比较少见的，高等教育国际化是世界各国高等教育发展的一种趋势，德国高等教育的发展便提供了一个例证。"各国高等教育之所以会不约而同地趋于国际化，这是由当今国际社会的发展程度及现状所决定的，它实际上是世界各国政治、经济、文化联系日益密切、相互影响过程的一个组成部分。在国际化的大环境之中，各国的高等教育自觉或不自觉地或迟或早地都必须加入国际化的行列。

现代国际社会一体化的进程，现代国际社会的发展水平以及现代科学和技术的发展水平，导致并加强了高等教育的国际化。高等教育国际化趋势是现代条件下所特有的现象，它可以看作是当代高等教育的特征之一。

第三节　德国大学卓越计划的特点

德国大学卓越计划启动于2005年，旨在通过重点资助的方式，增强德国大学的实力和国际竞争力，打造德国的世界一流大学。此计划对德国大学的发展产生了深远的影响。此计划出台时，国内不少人都认为，德国这一计划是受到中国的"985工程"的启发，而且，国内不少研究者比较注重中德两国一流大学计划的共同性。但是，稍加比较便可看出，德国大学卓越计划有着自己的特点，与中国的"985工程"等有着明显的区别，以下从四方面加以说明。

一、大学卓越计划是基于学术自治原则的政府行为

该计划虽然由联邦政府提出，所需经费也由联邦政府和各州政府提供，但具体的实施与操作过程，则由德国科学基金会（DFG）和科学审议会（Wissenschaftsrat）具体负责。德国科学基金会是大学和科研机构自己的机构，从法律上看是一个私人法人团体（privatrechtlicher Verein）。科学审议会是德国联邦政府、各州政府及学术界在高等教育和科学领域的合作机构和决策咨询机构，它由54名成员组成，分为学术组（32名成员）和行政组（22名成员）两个组。学术组的成员由德国总统任命，其中24名科学家由若干大型科研及学术机构（如德国科学基金会、马克斯·普朗克研究协会和高等学校校长联合会等）提名，8名社会人士由联邦政府和各州政府共同提名。

联邦和各州政府虽然提供经费，但谁进入精英大学名单，并不由联邦教育部决定，而是由德国科学基金会组织评审委员会决定。按照协议规定，整个计划的实施由德国研究联合会和德国科学审议会共同承担。德国研究基金会负责执行第一条和第二条资助路线的实施，即博士生培养小组和科研集群项目，而未来构想项目则由科学审议会负责审核。所有大学均可提出申请，申请书由各州主管科学的行政机构提交给德国科学基金会。每所大学可以申请一个或者多个博士生培养小组项目，一个或者多个卓越集群项目，以及第三条资助线。

德国科学基金会和科学审议会联合组建共同委员会，成立审批委员会。共同委员会由专家委员会和战略委员会构成，专家委员会由德国科学基金会评议会任命，有14名成员；战略委员会由科学审议会的科学理事会任命，有12名成员。两个委员会的成员半数以上是在科学研究、高校管理或者是经济界具有长年海外经验的专家。审批委员会则由共同委员会和联邦与州负责科学的部长组成。

在专家科学评估的基础上，共同委员会将对所有申请做出最终推荐意见，审批委员会将根据推荐意见做出决定。共同委员会的成员每人拥有1.5票，各州部长分别拥有1票，联邦教育与科研部部长拥有16票。最终的资助决定将由联邦和各州负责科学的部长联合公布。

总之，联邦政府和各州政府在最后的决策中虽然占据主导地位，但项目运行的过程并不受政府控制。

二、大学卓越计划是基于评选和竞争的资助计划

众所周知，德国的大学精英计划仅资助了10所左右的精英大学，但是，由于此计划的执行是一个评选和竞争的过程，参与竞争的远远不止这10余所大学，比如在2006年，第一轮的评选过程中，有74所大学提交了319份项目申请，经过专家评审，90份申请进入第二轮评审，其中包括39个博士生培养小组项目、41个科研集群项目和10个未来构想项目，经过第二轮的评审，来自22所大学的38个项目获得资助，其中包括18个博士生培养小组项目、17个科研集群项目和3个未来构想项目。

第二期资助（2010—2017年），有64所大学提出了227个申请项目，其中包括98个博士生培养小组项目、107个科研集群项目和22个未来构想项目。德国科学基金会组织了20个国际专家小组对205个博士生培养小组和科研集群项目进行了评审，科学审议会对22个未来构想项目进行评审。在专家评审的基础上，由德国科学基金会和科学审议会组成的共同委员会，通过投票评选出来自32所大学的59份申请，进入最终一轮的评选（25个博士生培养小组项目、27个科研集群项目和7个未来构想项目）。在最终一轮的评审中，以上候选项目与第一期获得资助的项目一起接受了专家的评审。最终评选出来自44所大学的99个项目，其中45个博士生培养小组项目（33个是原有的，12个是新增的）、43个科研集群项目（其中31个是原有的、12个是新增的）和11个未来构想项目（6个是原有的，5个是新增的）。

也就是说，提交申请的大学，不管最终是否被批准，在申请的过程中

其实都已经或多或少地朝着大学卓越计划所引导的方向迈进了一步。

作为一个公开评选和竞争的过程，大学卓越计划不仅体现了公正和透明的原则，更主要的是带动了更多的大学参与了提升人才培养和科研质量的行列中来。目前，德国共有100余所大学，而参与申请的大学通常达到70余所，最终进入卓越计划的大学有几十所。

由于大学卓越计划是建立在竞争的基础上的，所以，入选的卓越大学不存在终身制问题。该计划不搞论资排辈，实行能进能出的原则，比如2006年，第一批包括慕尼黑工业大学、慕尼黑大学和卡尔斯鲁厄工业大学3所大学；2007年，第二批大学包括亚琛工业大学、海德堡大学、弗莱堡大学、哥廷根大学、柏林自由大学和康斯坦茨大学。其中，康斯坦茨大学创建于20世纪60年代，属于新建大学。

2012年，第三批卓越大学评选结果显示，在第一批和第二批中的卡尔斯鲁厄工业大学、弗莱堡大学和哥廷根大学遭到淘汰。同时，新增了5所大学，即柏林洪堡大学、德累斯顿工大、不来梅大学、科隆大学和图宾根大学。

三、大学卓越计划是基于项目的资助计划

德国的大学卓越计划不是笼统针对大学的，而是以具体的项目为中心的。项目分为三类，这就是大学卓越计划所谓的三条资助线路。第一条线路是博士生培养小组项目，其实就是博士研究生的培养项目，或者说是以课题为基础的博士生培养项目。第二条线路是卓越集群，就是指跨学科、跨单位的研究项目。第三条线路是未来构想，即大学未来有特色、有国际竞争力的科研和学科方向。大学卓越计划所资助的就是这三条线路中的具体项目，大学需要分别在这三条线路中去申请项目。有的大学可能只是申请到第一或第二条线路中的一个或两个项目，比如博士研究生培养项目或科研集群项目。而只有当一所大学在三条线路中同时得到了资助时，才可以被称为卓越大学。显然，除了卓越大学，还有一批大学的不同项目也获

得了资助。

我们通常所说的十余所卓越大学,其实是指在三条资助线路中均得到了资助的大学。或者说,所谓精英大学,其实是得到资助项目最多的大学。

换言之,能否进入大学卓越计划,取决于一所大学所申请到的资助项目的多寡。按此逻辑,一所大学无论如何优秀,也不可能所有的学科和专业都同时达到一流的水平,有若干出色的项目(学科),就足以跻身于卓越大学的行列。同时,对一所卓越大学而言,也不意味着要追求将所有学科都建成世界一流。

四、大学卓越计划既重视科研,也重视人才培养

现代研究型大学起源于德国,同时,现代研究生教育也起源于德国。教学与科研的统一一直是德国大学的精髓所在。大学卓越计划秉承这一传统,把科研和人才培养列为卓越大学计划的核心内容。如前所述,精英计划具体包括三个组成部分:博士生培养小组(Graduiertenschulen),建设、卓越集群(Exzellenzcluster)建设以及突出大学发展特色的未来构想(Zukunftskonzepte)。

博士生培养小组旨在资助一些优秀的博士生培养项目,培养年轻的科研后备人员,为博士研究生进行国际化、跨学科的研究提供良好的科研环境,从而提高德国博士生培养的总体水平。在三轮的资助中,分别有18、21和45个博士生培养小组得到了资助。从总体看,虽然大学卓越计划有三条资助路线,但其实每条路线中都包含有博士生培养的内容。从经费上看,在三条资助路线的总经费中,有50%以上的费用是用在了博士生身上。所谓博士生培养小组,其实就是博士生培养的一种新模式。这种比较新的模式,目的在于加强导师以及导师组与博士生的联系,基于特定的项目,让博士生获得更多的参与科研的机会,让导师的指导更加规范化。总之,大学卓越计划的一个核心目标是提高博士生培养的水平。

第四节　集群：德国卓越大学计划的着眼点

大学与学科息息相关，随着我国"双一流"战略的实施，打造一流学科才能打造一流大学。按照当下的思维逻辑，世界一流大学的建成取决于世界一流学科的建成，一流大学建设要以一流学科为基础，以一流学科为引领，应当把资源集中投入一流学科的建设中，打造更多"学科高峰"。因此，入选"双一流"战略的大学精心打造自己的一流学科，而具有"双一流"候选资格的大学也集中发展自己未来的"双一流"学科，一流学科成为大学的重中之重。但是，同样是建设世界一流大学，德国却采用了不同的战略。德国的"卓越战略"并不看重学科，而是提出了"集群"的概念。"集群"和"学科"有何差异与利弊？本文将从德国"卓越集群"建设的政策与理论依据入手，梳理集群的发展历程，并考察集群内部的学科布局与组织运行机制来探讨这些问题，为我国的一流大学建设政策提供参考。

一、卓越大学与"卓越集群"

众所周知，德国从2005年启动了创建卓越大学的"卓越计划"。迄今为止，德国卓越大学建设经历了两个主要阶段：第一阶段为"卓越计划"（Exzellenz Initiative），分为两个资助周期（2006—2012年和2012—2017年）和三条资助路径（大学博士生培养小组、卓越集群和未来计划），大学可同时在三条路径中提交申请。第二阶段为"卓越战略"（Exzellenz

Strategie），该战略从2019年1月开始实施，将原有的三条资助路径转变为两条，取消了博士生培养小组和未来计划，但保留了"卓越集群"（Exzellenz Cluster），同时新增"卓越大学"（Exzellenz Universitäten）项目。与第一阶段不同，第二阶段只允许各大学在"卓越集群"这一资助路径中提交申请，并根据入选大学迄今为止在"卓越集群"上的总体表现，遴选出若干所大学，通过第二条路径（即"卓越大学"项目）予以重点资助。这一变化反映出德国卓越大学建设对"卓越集群"的重视，可以说，德国卓越大学的建设很大程度上取决于"卓越集群"的建设。

在联邦政府与各州政府最初达成的《卓越协定》中，"卓越集群"被描述为"以项目为导向"，用于"促进顶尖科研"；《卓越协定》第4条规定，相关程序由德国科学基金会与德国科学委员会组成的"共同委员会"执行[1]。该委员会在2008年的报告中将"卓越集群"定义为"在德国大学所在区位建立具有国际显示度和竞争力的科研教育机构，同时，让科学相互联通与合作成为可能"[2]，是"高校战略规划的重要组成部分，以显著提高高校形象，促进其确立发展重点"[3]。从该定义可以看出，"科研教育机构"是"卓越集群"的基本形式，而高校在战略规划上"重点布局"则成为建设"卓越集群"的核心手段。迄今为止，德国"卓越集群"已具备一定规模，内部结构逐渐稳定，而"卓越集群"的分布情况也能基本反映德国"准卓越大学"的布局情况。下文将从德国"卓越集群"的政策与理论

① Bund−Länder−Vereinbarung gemäβ Artikel 91b des Grundgesetzes（Forschungsförderung）über die Exzellenzinitiative des Bundes und der Länder zur Förderung von Wissenschaft und Forschung an deutschen Hochschulen. https://www.gwk−bonn.de/fileadmin/Redaktion/Dokumente/Papers/exzellenzvereinbarung.pdf. 2019−12−01.

② Deutsche Forschungsgemeinschaft/Wissenschaftsrat.Bericht der Gemeinsamen Kommission zur Exzellenzinitiative an die Gemeinsame Wissenschaftskonferenz. https://www.bmbf.de/files/1_Bericht_an_die_GWK_2015.pdf. 2019−11−30.

③ Deutsche Forschungsgemeinschaft/Wissenschaftsrat.Bericht der Gemeinsamen Kommission zur Exzellenzinitiative an die Gemeinsame Wissenschaftskonferenz. https://www.bmbf.de/files/1_Bericht_an_die_GWK_2015.pdf. 2019−11−30.

依据出发，探讨其建设的合理性以及在现实发展中所发挥的重要作用。

（一）"卓越集群"的提出

"卓越集群"最早出现于"卓越计划"的讨论过程之中。当时的教育部长布尔曼（E. Bulmahn）在2004年提出了关于建设精英大学的动议（其目标定位为"加强高校与校外科研机构以及经济领域的联通"，让"科研回归校园"），这引起了各州的不满，因为联邦政府计划用2亿5千万竞争性经费建设顶尖大学，而同时却要削减拨付给各州的3亿4千万高校建设经费[①]。对此，部分联邦州（比如巴伐利亚州）提出以"卓越网络"（Netzwerk der Exzellenz）的方式来资助大学里的"专业领域"[②]，以避免出现以州立大学为单位的资助方式，因为这会导致部分州在资源分配中成为输家。德国文化部长联席会也认为，"竞争不应该发生在大学之间，而应该在院系和科学领域的层面"，并强调应让"科学集群（Wissenschaftlicher Cluster）在卓越网络中汇聚"[③]。由此可见，在集群动议阶段，已出现聚焦学科领域的集群设想，各州可通过学科领域的合作来建立集群，这有助于打破以州为单位的资源分配方式。

同时，在"卓越集群"概念的背后，还有一种改变大学与校外研究机构之间经费差距较大的考量。德国科学组织联盟（由德国科学基金会、德国高校校长联席会、德国科学委员会、马克斯·普朗克学会、莱布尼茨学会、弗劳恩霍夫协会、赫尔姆霍兹协会七个组织共同建立）在2004年的决议中，从"高校作为教学科研的基础和中心"和"科学体系中最重要的会合点"出发，认为"高校需要特别的资助"，但前提是"高校与校外科研机

---

① Neumann A, *Die Exzellenzinitiative. Deutungsmacht und Wandel im Wissenschaftssystem*, Springer VS, 2015, p.258.

② Neumann A, *Die Exzellenzinitiative. Deutungsmacht und Wandel im Wissenschaftssystem*, Springer VS, 2015, p.258.

③ Kultusministerkonferenz. Netzwerk der Exzellenz（Beschluss der Kultusministerkonferenz vom 4.3.2004）. https://www.kmk.org/fileadmin/veroeffentlichungen_beschluesse/2004/2004_03_04-Netzwerk-der-Exzellenz.pdf. 2019-11-30.

构的合作，以及各组织专业强项的耦合"①。基于此，该联盟从促进创新的角度出发，提出了"建立作为卓越中心的科学和创新集群"②。其理由是，"创新发生在教育、科学和经济活动的网络化过程中"③，认为"实现科学卓越的竞争只能发生在科学领域的具体工作组合中，而且必须包括大学与院系之外的所有科研组织""通过建立基于主题的科学集群，把区域作为重点单元来发展，既是一条路径，也是一个目标"④。由此可见，以大学为"会合点"建设集群，有利于形成推动大学发展的资源分配方式，同时，也是激发德国科研领域创新潜力的重要举措。

"卓越集群"不仅是一种政策方案，同时，也具有理论的依据。"卓越计划"共同委员会曾引用德国科学研究信息与科研质量保障研究所（IFQ）对"集群"概念的论证。该论证采用美国管理学家迈克尔·波特（Michael Porter）关于"集群"（Cluster）的定义，认为从理论上看，在全球化时代，"区位"（Location）本应不再作为竞争优势的来源，因为开放的全球市场、便捷的交通运输以及高速的沟通网络，允许任何一家公司在任

① Allianz der Wissenschaftsorganisationen.Wachstum braucht Wissenschaft: Bildung und Forschung bilden Basis und Motor wirtschaftlicher und sozialer Innovation. https://www.hrk. de/positionen/beschluss/detail/wachstum-braucht-wissenschaft-bildung-und-forschung-bilden-basis-und-motor-wirtschaftlicher-und-soz. 2019-12-08.

② Allianz der Wissenschaftsorganisationen.Wachstum braucht Wissenschaft: Bildung und Forschung bilden Basis und Motor wirtschaftlicher und sozialer Innovation. https://www.hrk. de/positionen/beschluss/detail/wachstum-braucht-wissenschaft-bildung-und-forschung-bilden-basis-und-motor-wirtschaftlicher-und-soz. 2019-12-08.

③ Allianz der Wissenschaftsorganisationen.Wachstum braucht Wissenschaft: Bildung und Forschung bilden Basis und Motor wirtschaftlicher und sozialer Innovation. https://www.hrk. de/positionen/beschluss/detail/wachstum-braucht-wissenschaft-bildung-und-forschung-bilden-basis-und-motor-wirtschaftlicher-und-soz. 2019-12-08.

④ Allianz der Wissenschaftsorganisationen.Wachstum braucht Wissenschaft: Bildung und Forschung bilden Basis und Motor wirtschaftlicher und sozialer Innovation. https://www.hrk. de/positionen/beschluss/detail/wachstum-braucht-wissenschaft-bildung-und-forschung-bilden-basis-und-motor-wirtschaftlicher-und-soz. 2019-12-08.

何时间、地点获得任何资源，但在实践中，区位依然很重要①。他认为，地方区域中的"集群"，即"特定领域内相互关联的公司和机构的地理集中"②，代表了"一种思考区位的新方式"③，而基于集群理念的"本地参与（engaging locally）"④，则有助于提高公司竞争力，因为"地域上、文化上和制度上的相似性"能为公司提供"特殊渠道、更亲密的关系、更好的信息、强大的动力和其他远距离情况下难以获得的优势"⑤，而"竞争优势也越来越依赖于地方性知识、关系和动机"⑥。

由此，地方区域中的产业集群越来越受到关注，而高校作为知识生产与布局的重要机构，也是地方产业集群的重要组成部分，比如斯坦福大学在硅谷的产业集群、麻省理工学院在麻省产业集群中的重要作用。同样，"集群"也作为一种"提高竞争力的模式"⑦，引起了高校的关注。德国"卓越计划"将集群建设引入科学研究和人才培养中，"有意识地"在大学发展框架中要求和促进"地方性科研能力的整合"⑧，在高校内部、高校之间、高校与校外科研机构之间建立"集群"。这可以理解为德国科研体系以

① M. E. Porter, Clusters and the new economics of competition, *Harvard Business Review*, 1998, pp.76−78.

② M. E. Porter, Clusters and the new economics of competition, *Harvard Business Review*, 1998, pp.76, 78,

③ M. E. Porter, Clusters and the new economics of competition, *Harvard Business Review*, 1998, pp.76, 78.

④ M. E. Porter, Clusters and the new economics of competition, *Harvard Business Review*, 1998, pp.76, 88.

⑤ M. E. Porter, Clusters and the new economics of competition, *Harvard Business Review*, 1998, pp.76, 90.

⑥ M. E. Porter, Clusters and the new economics of competition, *Harvard Business Review*, 1998, pp.76, 78.

⑦ Sondermann Michael, Simon Dagmar, Scholz Anne−Marie, Hornbostel Stefan, *Die Exzellenzinitiative*: *Beobachtungen aus der Implementierungsphase*, Institut für Forschungsinformation und Qualitätssicherung, 2008, p.42.

⑧ Sondermann Michael, Simon Dagmar, Scholz Anne−Marie, Hornbostel Stefan, *Die Exzellenzinitiative*: *Beobachtungen aus der Implementierungsphase*, Institut für Forschungsinformation und Qualitätssicherung, 2008, p.42.

高校为载体的内部结构整合，以提高高校国际竞争力。从现实发展来看，2016年，德国"卓越计划"国际专家委员会（IEKE）在评估报告中指出，"尽管受到'卓越集群'资助的高校在原则上可以和国内、国际的任何伙伴合作，但实际上主要出现的是地方性合作联盟"[①]。这不仅反映了高校对于地方性"集群"的偏好，而且印证了一种可能性，即地方区域内竞争对手可以合作建立"集群"，亦即波特所言，"在越来越以知识为基础的全球经济中，空间上的邻近、地方性知识的聚集、竞争对手的合作文化，在价值链上特别有意义"[②]。

（二）"集群建设"的地位

从2005年的"卓越计划"到2019年的"卓越战略"，"卓越集群"的资助路径得以保留且历经了三次变更和调整。总体来看（见图5-4-1）：第一，卓越集群覆盖的高校总数增长不多，但集群总数却大幅增长（约54%），录取率也增长了1.7倍，且原大学新增集群数也在增长。第二，原大学被撤销的集群数保持稳定，淘汰率略有下降（从前两期的16.2%降低至后两期的13.9%）；被撤销集群的大学多为单一集群大学，且大部分只接受过一期资助。第三，共建集群数量在第三期大幅增加，且多数共建集群的大学在前两期表现稳定且已有自建集群。以上发展趋势不仅表明德国政府对"卓越集群"的经费投入大幅增加，而且集群的增长（包括共建集群）也逐渐集中在较为固定的若干所大学上，即出现"集群向大学集中"的趋势。

根据"卓越集群"的发展特点，可将其分为四类：第一类是"常胜将军型"，即三期均受资助；第二类是"后来居上型"，入选第二期且继续受第三期资助；第三类是"东山再起型"（卡尔斯鲁厄理工学院和汉诺威大学），即第一期受资助，第二期落选，但第三期重新受资助；第四类是

---

① Internationale Expertenkommission zur Evaluation der Exzellenzinitiative（IEKE），*Endbericht*, IEKE, 2016, p.40.

② Sondermann Michael, Simon Dagmar, Scholz Anne-Marie, Hornbostel Stefan, *Die Exzellenzinitiative*: *Beobachtungen aus der Implementierungsphase*, Institut für Forschungsinformation und Qualitätssicherung, 2008, p.37.

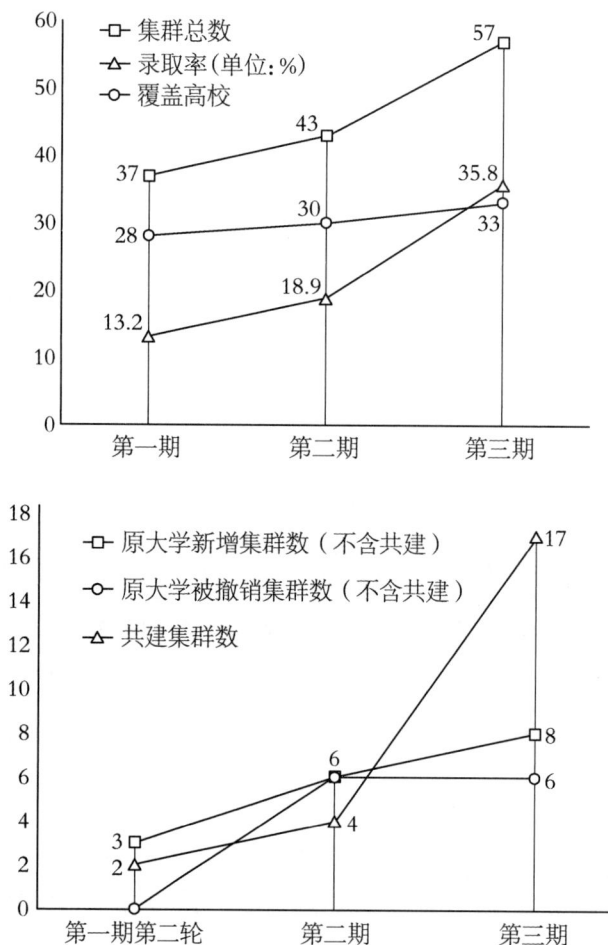

图 5-4-1　德国大学"卓越集群"的发展历程①

"中途掉队型",即入选第一期后,第二期掉队,第三期未能回归。总体来看,"中途掉队"的集群较少,而在入选"集群"中有相当数量的"常胜将军",且第一期资助的"集群"中有两个重新上榜,亦即第一期中共有40.5%的"集群"入选第三期。这一定程度上说明,在德国"卓越计划"早期资助的"集群"中,产生了一批成绩稳定且具有可持续发展潜力的成员。2019年,这些成员中的13所大学(或作为大学联盟),成功入选德国

———————————

① 数据来源:根据德国科学基金会发布的三期《卓越集群入选名单》整理。

第三期"卓越战略"中的第二条资助路线，即"卓越大学"。它们入选的理由是，迄今为止已至少拥有两个"卓越集群"（作为大学联盟已至少拥有三个"集群"）。这些大学成为德国建设世界一流大学过程中产生的首批"第一梯队成员"，包括亚琛工业大学、柏林高校联盟（柏林自由大学、柏林洪堡大学和柏林工大）、波恩大学、德累斯顿工大、汉堡大学、海德堡大学、卡尔斯鲁厄理工学院、康斯坦茨大学、慕尼黑大学、慕尼黑工业大学和图宾根大学。结合QS（Quacquare Symonds）世界大学2019年排名来看，在入选德国第三期"卓越大学"的13所大学中，有9所进入前200名。从THE（泰晤士高等教育世界大学排名）世界大学2019年排名来看，有6所大学进入前100名。这一定程度说明了德国以"卓越集群"建设为基础的卓越大学建设取得了显著成效。

以上发展历程表明，德国卓越大学建设"始于集群"又"成于集群"。历时15年的"集群建设"实现了两个重要效果。首先，"集群"成为推动德国高校科研特色及其版图分布形成的关键动力，比如汉堡大学的"气候变迁研究"集群、不来梅大学的"地球系统中的海洋研究"集群、柏林自由大学与柏林洪堡大学共同建立的"NeuroCure"集群，并致力于神经系统的疾病研究，这些集群始于2005年，并持续入选第二、第三期资助计划，成为该大学研究领域的发展特色。其次，当德国政府在全德180所大学中遴选若干所"卓越大学"并予以重点资助时，"集群"也成为具有说服力的明确指标。这一"指标"的建设持续了数十年且经历了两个资助周期，已经成为德国当下衡量"卓越大学"资质的一把可靠标尺。

二、"卓越集群"与学科布局及机制

"卓越集群"不仅是大学内部学科整合的状态，同时，也是资源和知识整合的一种机制。

"卓越集群"推动了德国大学内部学科的整合。从大的学科领域看，"卓越集群"依次主要集中在生命科学、自然科学与工程科学以及人文社会科学。但"卓越集群"多数具有跨学科性质，甚至跨两个或三个学科领域。集群的学科分布及变化情况说明，德国卓越大学建设没有出现明显的学科领域偏废情况，人文社会科学虽然相对较少，但仍呈现增长趋势。值得注意的是，经过十五年的集群建设，某一学科领域申请"卓越集群"的获批数量明显增加，这在一定程度上证明了"卓越集群"建设对学科领域的发展有积极作用，即大的学科领域通过"集群建设"能保持和增强自身实力与竞争力，比如明斯特大学在人文社会科学领域建立了致力于研究宗教与政治关系的集群，该集群已连续获得三期资助，目前不仅汇集了来自人文社会科学领域内20个专业的140名研究者，而且获得了全球范围内10个国家的加盟。研究者将在前两期研究成果的基础上，以"宗教和政治：传统与创新的动力"为主题，开展第三期研究。这一集群不仅在德国成了宗教研究的标杆，而且对于增强所在学科领域的整体实力及其在国际视野中的学科声誉具有重要贡献。

从不同学科领域内的专业互动看，2019年，德国科学基金会的研究报告指出，"卓越集群"在一定程度上带动了不同学科领域内各专业的合作，即实现了"跨越不同专业边界的交流"[1]，比如海德堡大学和卡尔斯鲁厄理工学院共同建立的卓越集群"3D设计材料"，拥有84名正式成员，其中教授25人、博士后16人、博士生43人，分别来自自然科学、工程科学和社会科学。研究分为分子材料、技术、应用三个研究方向。值得注意的是，工程科学和自然科学领域内的专业互动非常密集，合作程度很高，相较之下，虽然生命科学与自然科学及工程科学有一定合作，但更多的是在学科领域内各专业之间的合作。同样，人文社会科学也是在领域内各专业之间的合作，比如柏林自由大学独立建立了一个人文学科领域卓越集群，其研

---

① Deutsche Forschungsgemeinschaft.Exzellenzstrategie des Bundes und der Länder Statistische übersichten zu den Förderentscheidungen zu Exzellenzclustern. https://www.dfg.de/download/pdf/dfg_im_profil/geschaeftsstelle/publikationen/studien/bericht_exstra_foerderentscheidungen_de.pdf. 2019−12−01.

究主题是"聚散的社区：全球视角中的文学实践"，团队成员达100余人，分为五个研究方向：竞争中的社区、旅行、未来完美、文字流通、构建数字化社区。集群的研究人员来自文学、艺术、社会学、历史学、政治学、外国语言文化等多个学科。这说明，专业层面的互动与合作受到所在学科领域的影响。对此，卓越计划共同委员会在2015年的报告中指出，"工程科学与自然科学和生命科学在方法上相近，其学科领域的过渡边界具有灵活性"[①]，这在一定程度上解释了"卓越集群"内各专业基于所在学科领域的互动现状。

同时，"卓越集群"作为卓越计划的组成部分，本身就是一种资源和知识的整合机制。这一机制主要表现在选拔标准、实际建设与内部组织构架三个方面。

第一，从选拔标准看，在"卓越计划"启动时，网络化、校内机构合作以及资源整合成为制定选拔标准的重要思路。对此，联邦政府和各州政府于2005年通过《卓越协定》达成一致意见，并将"选拔标准"分为两大类：一是按照国际标准评价前期科研成绩；二是有可持续性的发展前景，其中对发展前景的评价主要集中在三个方面，即"至少在一个更广泛的科学领域实现科研及人才培养的卓越发展""实现学科网络化和科研国际网络化的总体构想"和"通过具体且有约束力的合作协定实现高校间、高校与校外科研机构的合作"[②]。对比三期"卓越集群"的具体选拔标准（见表5-4-1），可以发现，总体趋势是鼓励合作发展和多元参与，比如第一期强调"整合当地资源"，第二期增加了"通过与其他机构合作而增值"，

① Deutsche Forschungsgemeinschaft/Wissenschaftsrat.Bericht der Gemeinsamen Kommission zur Exzellenzinitiative an die Gemeinsame Wissenschaftskonferenz. https: //www. bmbf.de/files/1_Bericht_an_die_GWK_2015.pdf. 2019-11-30.

② Bund-Länder-Vereinbarung gemäβ Artikel 91b des Grundgesetzes（Forschungsförderung）über die Exzellenzinitiative des Bundes und der Länder zur Förderung von Wissenschaft und Forschung an deutschen Hochschulen. https: //www.gwk-bonn.de/fileadmin/ Redaktion/Dokumente/Papers/exzellenzvereinbarung.pdf. 2019-12-01.

第三期在"集群内合作"的基础上专门增加了"集群所在环境"的指标，强调集群与外部环境互动的重要性，比如"融入大学发展规划""知识转化"等。

表5-4-1　三期卓越集群选拔标准对比

资助期数	选拔标准	描述
第一期 2006、2007—2012年	科研	科研质量；总体科研项目和各研究领域的原创性与连贯性；跨学科；对研究领域的预期影响；与应用相关和合作伙伴（如适用）
	科研参与者	研究参与者质量；科研后备人才学术训练与发展促进方案；科研中男女平等方案
	结构	整合当地资源；组织与管理；对高校结构发展的影响
第二期 2012—2017年	科研	国际比较下的科研项目质量；原创性与风险准备；通过跨学科增值；与应用相关、知识转化和国内外合作伙伴
	科研参与者	研究参与者质量；科研后备人才学术训练与发展促进方案；科研中男女平等方案
	结构	对高校结构发展的影响；通过与其他机构合作而增值；组织、管理与基础设施；卓越集群的实施和可持续性
第三期 2019—2025年	科研	国际比较下科研项目的质量、原创性和风险承担；科研项目的连贯性与通过合作的科学产出；当前对研究领域的贡献质量；对研究领域未来发展或开辟新的研究领域的积极影响
	科研人员	研究参与者的科学成就；国际竞争力；群体构成的多样性
	卓越集群中的支持结构与战略	对科研后备力量及其独立性的促进；促进机会平等；管理、质量保障与科学交流
	卓越集群所在环境	融入大学发展规划（对于联合申请者：大学联盟的合作结构和各个大学的贡献）；人员、财务和基础设施框架；与其他机构的合作、研究型教学、知识转化（如申请中提及）

第二，从实际建设层面看，集群内实现了不同机构的合作，整合了多样化的资源体系。大学与大学之间的"共建集群"是德国"卓越集群"建设过程中的显著特点。三期对比看，共建集群的数量大幅增长，从第一期仅柏林洪堡大学与柏林自由大学1个联盟，到第二期发展至4个，再到第三期的17个，且联盟内大学的数量增加至3所。从联盟的内部构成看，部分大学此前是单建集群，但在后期却通过大学联盟的方式"共建该集群"，比如波鸿大学的"鲁尔探索溶剂"集群，在第一、二期是单建集群，而在第三期则发展为与多特蒙德大学的共建集群。也有的大学集群在第二期落选，但在第三期通过共建集群的方式重新入选，比如汉诺威大学的"量子工程与时空研究中心"未能入选第二期，但通过与布伦瑞克工业大学合作，在原有研究领域的基础上推出了"量子极限下的光与物质：计量学基础与应用（量子前沿）"集群，并成功入选第三期资助计划；再比如慕尼黑工业大学在第一期的"宇宙的起源和结构——基础物理学的卓越集群"未能入选第二期资助，但通过与慕尼黑大学合作，共同推出"起源：从宇宙起源到生命的第一块基石"集群，成功入选第三期资助计划。

集群通常不仅是一个城市里大学之间的合作，而且吸收了当地的研究机构，比如汉诺威医科大学、汉诺威大学和奥尔登堡大学联合建立的卓越集群"人人听力"（Hearing4all），从诊断、医疗和助听设备三个方面入手研究听力健康问题。该集群整合了大学、医院和工业方面的研究力量，40名研究人员（不含博士生）来自三所大学及其他相关的单位。研究分为生命周期中的听力机能缺陷、计算机辅助的听力诊断与恢复、听力精微医学——基于研究的新型干预方法、未来的助听系统四个方面。

由此可见，通过科学组织相互联通与合作的方式共建集群，不仅是出于对选拔指标的要求，现实发展也证明共建集群在一定程度上有助于增强原有集群的实力与竞争力。正如卓越计划共同委员会在2015年的报告中指出，"从评审小组的评价看，合作的努力是非常成功的，比如这对联盟的科学特征、跨学科性以及国际可见度产生了积极的影响"①。值得注意的是，集群内的合作伙伴多来自邻近区域，充分利用了地理优势共建集群，比如位于莱茵河畔的波恩大学与科隆大学，海德堡大学与卡尔斯鲁厄理工学院，都印证了波特所阐述的"竞争优势也越来越依赖于地方性的知识、关系和动机"②。

第三，集群所取得的积极影响离不开运作良好的内部组织构架。从机构性质上看，集群本质上是由若干学科的研究者集合起来的一个研究团队，而团队是根据一定的研究主题组建的。但"卓越集群"在大学中的位置较为特殊，卓越计划共同委员会在2008年的报告中指出，"大学的现有结构（比如院系）与集群之间存在张力，这为集群建立新的组织结构带来了改革动力"③。因此，集群内部组织构架建设的核心思路在一开始就被设定为"鼓励非传统思想"④。共同委员会在2008年的报告中介绍了三种组织形式，即"大学的核心科学机构（有部分自主领导结构）""由教授和其他科学人员组成的工作组，其中有高校和校外机构的参与"和"直接隶属高校校长会的科学家联合体，是成为高校核心机构的前身"⑤。从实际发展看，大部分"卓越集群"采用了第一种组织形式，但在法律关系上直接隶属大

① Deutsche Forschungsgemeinschaft/Wissenschaftsrat.Bericht der Gemeinsamen Kommission zur Exzellenzinitiative an die Gemeinsame Wissenschaftskonferenz. https: //www. bmbf.de/files/1_Bericht_an_die_GWK_2015.pdf. 2019−11−30.

② Porter M, Cluster and the New Economics of Competition, *Harvard Business Review*, 1998, pp.76, 78.

③ Deutsche Forschungsgemeinschaft/Wissenschaftsrat.Bericht der Gemeinsamen Kommission zur Exzellenzinitiative an die Gemeinsame Wissenschaftskonferenz. https: //www. bmbf.de/files/1_Bericht_an_die_GWK_2015.pdf. 2019−11−30.

④ Sondermann Michael, Simon Dagmar, Scholz Anne−Marie, Hornbostel Stefan, *Die Exzellenzinitiative*: *Beobachtungen aus der Implementierungsphase*, Institut für Forschungsinformation und Qualitätssicherung, 2008, p.43.

⑤ Deutsche Forschungsgemeinschaft/Wissenschaftsrat.Bericht der Gemeinsamen Kommission zur Exzellenzinitiative an die Gemeinsame Wissenschaftskonferenz. https: //www. bmbf.de/files/1_Bericht_an_die_GWK_2015.pdf. 2019−11−30.

学校长，与各学院并列。

从机构组成上看，由于大学中的"卓越集群"与学院在资源分配上产生冲突，因而特别需要大学领导层的支持。对此，除了主席团、成员大会、办公室主任、协调人员大会以及咨询委员会外，卓越集群中还专门设立了"集群发言人"。共同委员会在2015年的报告中强调了该角色的重要性，"发言人是大学领导层主席，对经费使用负责"，是"卓越集群对内和对外的代表，既要有科学的领导力，又要有战略领导力"[1]。该报告还特别指出，发言人所扮演的"主持人角色"，即"加强联盟内各成员合作，平衡合作伙伴利益"，更为关键的是"在院系、大学和其他机构面前代表卓越集群的发展要求"[2]。这一角色安排不仅有助于集群获得学校行政领导层的支持，其协调作用又使得集群在运行中呈现"非等级式领导结构"[3]，这有利于鼓励合作。

从科研管理看，"卓越集群"不以学科为导向，在实践中采用了"研究领域"的运作方式，在每个"研究领域"之下，又分为不同的"项目领域"，还包括用于改善科研基础设施和工作环境的"技术平台"，用于邀请访客的"交流平台"。各"研究领域"负责从内容上进一步发展集群的"总主题"，并有部分财政权。在经费使用上，"申请者可以自主申请其领域内被认为是重要的资助"，因而集群的内部经费结构各不相同，比如有的集群需要首先购买设备和投资基建，有的集群需要经费来雇佣人员，还有的需

---

① Deutsche Forschungsgemeinschaft/Wissenschaftsrat.Bericht der Gemeinsamen Kommission zur Exzellenzinitiative an die Gemeinsame Wissenschaftskonferenz. https://www.bmbf.de/files/1_Bericht_an_die_GWK_2015.pdf. 2019-11-30.

② Deutsche Forschungsgemeinschaft/Wissenschaftsrat.Bericht der Gemeinsamen Kommission zur Exzellenzinitiative an die Gemeinsame Wissenschaftskonferenz. https://www.bmbf.de/files/1_Bericht_an_die_GWK_2015.pdf. 2019-11-30.

③ Deutsche Forschungsgemeinschaft/Wissenschaftsrat.Bericht der Gemeinsamen Kommission zur Exzellenzinitiative an die Gemeinsame Wissenschaftskonferenz. https://www.bmbf.de/files/1_Bericht_an_die_GWK_2015.pdf. 2019-11-30.

要经费来帮助科研人员更多地从事科研工作（比如资助学术休假）①。由此可见，经费资助的开放性有利于更好地适应不同学科文化，为开展科研合作创造良好条件。此外，该报告还建议，在集群评估时，"应该以科研成果的质量而非集群所开展的活动为标准"②，这再次明确了"卓越集群"服务于"资助顶尖科研"的战略目标。

三、结论与讨论

德国大学以水平整齐而著称，历来反对大学等级化，但随着"卓越计划"的实施，德国大学等级分化趋势逐步形成。尽管在德国国内对此有不少批评，但"卓越计划"的确促进了若干有特色、有显示度大学的出现。德国"卓越计划"国际专家委员会（IEKE）在2016年的报告中指出，"卓越计划的核心是通过垂直分化来形成具有科研特色的大学"③，"卓越集群"则是"加剧这一分化"的关键举措④。由此可见，卓越大学与"集群"有着密切的关系。"卓越集群"不仅是推动德国科研特色及其版图分布形成的关键动力，而且也成了德国当下衡量卓越大学的的核心标尺。

与我国"双一流"战略以学科为基础的思路不同，德国的"卓越集群"并不是以学科为导向，而是旨在超越学科。通过分析德国"卓越集群"的特点，可以看出两者的差异和利弊。

第一，德国的"集群建设"打破了传统的学科界限，集群内学科的

---

① Jürgen, Gerhards, Clusterförderung im Rahmen der Exzellenzinitiative. Erfolge, Dysfunktionen und mögliche Lösungswege, in Leibfried, Stefan, *Die Exzellenzinitiative*: *Zwischenbilanzund Perspektiven*, Campus Verlag GmbH, 2010, pp.115-137.

② Jürgen, Gerhards, Clusterförderung im Rahmen der Exzellenzinitiative. Erfolge, Dysfunktionen und mögliche Lösungswege, in Leibfried, Stefan, *Die Exzellenzinitiative*: *Zwischenbilanzund Perspektiven*, Campus Verlag GmbH, 2010, pp.115-137.

③ Internationale Expertenkommission zur Evaluation der Exzellenzinitiative（IEKE）, *Endbericht*, IEKE, 2016, p.18.

④ Internationale Expertenkommission zur Evaluation der Exzellenzinitiative（IEKE）, *Endbericht*, IEKE, 2016, p.42.

跨度超越了我国高等教育话语体系中常用的一级学科甚至学科门类。一个"卓越集群"的建立，不是某个院系、某个学科的内部事情，而需要若干院系的合作。对于这一点，德国"卓越计划"在动议时就指出，"卓越体现在具体的工作联系上"[①]。也就是说，一个卓越集群就是高校学术的一个亮点与特色，是一个具有国际竞争力的"学术高峰"，而非某一"学科高峰"。对比来看，我国"双一流"建设强调学科的界限，不管是一级学科还是二级学科，是学科就有边界，因为边界是学科存在的基本前提。在实践中，以学科为中心的国家政策强化了学科之间的界限，强化了学科自身的利益意识，从而使彼此划清界限。在以学科为导向的评估中，还会出现学科的"三六九等"。在实践中，不少大学都在计划甩掉"下等"学科，只保留"上等"学科，这有可能对高校的学科生态体系造成严重破坏。

第二，德国的"卓越集群"是以某一重大问题为导向组建研究团队的，而不是按照传统学科逻辑集合成一个团队。以问题为导向的大型研究，不仅有利于整合学科知识，还可以在一定程度上反哺学科，增强学科本身的实力与竞争力。对比来看，由于学科是知识领域和知识系统的划分，我国的"双一流"建设往往以学科的知识框架为基础，而不是以问题为导向。所谓一流大学，应当是有能力提出一流研究问题，并能够解决一流问题的大学。过于强调学科，显然不利于提出重大的问题，特别是跨越不同学科领域的问题。

第三，与在学科基础上建立起来的院系结构不同，"卓越集群"不是一个各自为政的体系，其发展的基本思路是鼓励多元参与，整合大学内外的多样性资源，推动不同院系教师的交流、合作和补充。对比来看，学科往往还是以院系结构为支撑，而以学科为中心的做法又会进一步促进院系

---

① Kultusministerkonferenz.Netzwerk der Exzellenz（Beschluss der Kultusministerkonferenz vom 4.3.2004）. https://www.kmk.org/fileadmin/veroeffentlichungen_beschluesse/2004/2004_03_04-Netzwerk-der-Exzellenz.pdf. 2019-11-30.

各自为政。同时，学科的界限也容易成为教师的边界。在以学科为中心的建设思路中，每一位教师都必须明确自己的学科身份和学科领地，以学科的利益为归宿。即使有教师愿意进行跨学科研究，常常也会面临许多组织和制度上的障碍，而且学科身份的强化和固化显然不利于跨学科研究的开展。当然，需要强调的是，德国"卓越集群"的建设并非是"为了跨学科而跨学科"，这一点可以通过对比三期"卓越集群"的选拔标准发现，第三期指标中避免了前两期中对"跨学科"的特别强调，而是采用"通过合作的科学产出""群体构成的多样性""科学交流"等淡化"学科"色彩的叙述方式，着重强调了新建集群应该"对研究领域未来发展或开辟新的研究领域"有积极影响。

现代的知识生产对传统的学科制度及学科思维模式提出了严重的挑战，学科边界日益模糊，跨学科或交叉学科的研究渐渐成为常态，新的知识生产模式已呼之欲出，而以学科为核心的一流大学建设路径，似乎有悖于现代知识生产的发展趋势。与此同时，跨学科的知识生产对传统大学的学科组织形态也产生了冲击，而以学科为中心的建设思路却在强化和固化学科的边界。特别是在"学科中心主义"的实践中，学科之间的等级差序加强了学科之间的利益冲突，学科整合和互补的空间日趋减缩。这不仅不符合一流大学的发展趋势，还会给大学发展带来严重的后果。鉴于此，结合德国"卓越集群"的建设经验，我国的"双一流"战略，在注重学科基础建设的同时，应当考虑如何减少学科之间的距离，模糊学科的界限，为大学内部学科之间的合作与整合，为跨学科的研究团队的涌现创造一些制度性的条件。

第六章

德国博士生教育
的传统与变革

　　德国是现代博士教育的发源地，德国的博士培养历来具有良好的国际声誉。然而，在高等教育大众化的进程中，德国高等教育的培养结构发生了很大的变化，博士生教育的模式也面临挑战。从20世纪80年代开始，博士生教育就成为德国高等教育改革中的一个核心议题。以下首先对德国20世纪初的博士生教育的特点进行总结，然后对博士生教育的转型与发展路径进行分析与讨论。

第一节　德国博士之"博"

从19世纪到20世纪初，德国大学世界排名领先，不仅以丰硕的研究成果著称，也以其高质量的博士生培养体制闻名于世。德国的哲学博士可谓有口皆碑，成为不少国家模仿的样板，美国的博士生培养正是在借鉴德国模式的基础上建立起来的。美国学者威廉·克拉克（William Clark）说，"哲学博士在中世纪压根儿不存在，最终却伴随着'研究者'这一学术界的德国征服者、知识界的英雄而降临现代。哲学博士的传播以及其生长的土壤——研究型大学穿越七大洋六大陆，成为欧洲殖民主义德国称霸时代的最后一幕"[1]。

德国的博士生培养模式通常被称为"师徒制"模式，即博士生在读期间，没有修课的要求，只是跟随其导师，在"博士之父"（德语中博士生导师的直译）一对一的指导下，完成其博士论文。这就是我们通常对德国博士生培养模式的理解。在我国，自从20世纪80年代建立博士生培养制度以来，一直也基本采用这种所谓"师徒制"的方式。

但是近年来，这种博士生培养模式受到不少批评，不少人认为，由于中国的博士生没有系统的课程训练，知识基础薄弱，缺乏较宽广的知识基础，应该学习美国的模式，即采用导师指导小组的方式，为博士生开设更多的课程，以拓宽博士生的知识基础和学术视野。通常认为，以德国为代

---

① William Clark, On the ironic specimen of the doctor of philosophy, *Science in context*, 1992, pp.5, 97–137.

表的"师徒制"已经过时，而推崇美国的博士生培养模式。

在此我们不禁会问，德国传统的"师徒制"培养模式既缺乏专门的课程训练，又只是单一的导师指导，博士生的质量是如何得到保证的呢？德国的哲学博士的声誉究竟是如何建立起来的？美国的大学当年为何如此赞赏德国的博士生培养制度？

通过对德国大学哲学院的《博士培养条例》进行分析，我们可以看到，我们对德国"师徒制"的认识是很不全面的，甚至多有误解之处。以下将重点考察《博士培养条例》在博士生培养质量方面有哪些保障性措施，特别是在拓宽博士生知识基础和知识视野方面，有哪些制度性保障。

一、德国大学的《博士培养条例》

根据西方大学的传统，大学通常享有一系列自治的权力，同样，大学内部各个学院也有其自治的权力，授予学位就是各个学院的传统权力之一。因此，德国大学各个学院都制定有各自的《博士培养条例》（Promotionsordnung），如神学院、法学院和医学院都有自己的培养条例，同样，哲学院也有自己的博士培养条例。从各个方面看，哲学院的博士培养条例最值得我们关注。首先，哲学院包含众多的专业，现代的人文学科、社会科学乃至自然科学都汇集于此。其次，哲学院可以说是现代大学的缩影，现代大学的诸多特征集中体现在哲学院中。哲学院的博士也就当然体现了现代博士的特征，美国的博士培养制度就是参照德国哲学院的博士培养制度建立起来的，所以，美国的学术性博士均冠以哲学博士（Ph. D.）的名称。

关于哲学博士授予的标准，在德国大学中长期没有相对统一的规定，因此差异较大。直到1901年，在普鲁士政府的倡导下，德意志诸邦达成协议，提出了共同的关于哲学博士学位的统一的最低标准。德国大学各哲学院在此后的一年内都根据这项协议对其《博士培养条例》进行了修订。因此，各大学哲学院的《博士培养条例》的表述在许多方面基本一致。具体说，《博士培养条例》（以下简称"条例"）通常对以下事项进行规定。

（一）关于博士生的资格

"条例"通常规定，博士生必须具有九年制综合中学的毕业证书。综合中学（Gymnasium）从19世纪初开始就一直是大学预备性学校，其毕业证书也一直是大学的入学证书。"条例"也规定，其他类型的中学，如实科综合中学或高级实科中学的毕业生也可参加特定学科的博士学位考试。另外，"条例"通常规定，博士学位申请人必须在本校注册修业最少满三年。

（二）关于博士论文

"条例"一般都对博士论文进行一般性规定，如博士论文应当具有学术价值，而且能反映出作者独立进行科学研究的能力，必须达到出版的水平。"条例"一般也对博士论文的格式以及提交给大学的印刷版博士论文的数量进行了规定。另外，"条例"均要求作者出具经过公证的声明，以说明所提交的博士论文系申请人独立完成。

（三）关于博士论文的评审过程

"条例"对博士论文的评审过程有极为详细的规定，包括评阅人的选择、打分的等级说明、参与评阅投票的教师范围、论文修改及再次提交的相关规定等。

（四）关于口试

"条例"通常都有对博士口试的科目、考试的程序、考试的打分等级的规定，不少大学对科目及科目的组合都进行详细列举。

（五）关于博士考试的费用

"条例"对博士考试的费用、缴费的步骤以及博士证书的费用等都有明确的规定。

在《博士培养条例》的规定中，关于博士论文的评阅和考试过程的规定，基本反映出对博士生培养质量的制度性基本要求与保障。

二、博士学位的定位

关于博士论文的学术要求，各个大学的表述通常都是两句话，一句是应该"具有学术价值"（wissenschaftlich beachtenswert），另一句是能反映出作者"独立从事学术研究的能力"。对于这两句话，各大学的《博士培养条例》都没有进一步的说明，唯有哥廷根大学做了比较详细的说明，其《博士培养条例》指出："博士论文不包括翻译作品或主要以雄辩和文字优美见长的文章，也不包括仅关于宗教、政治、教育、美学等问题的个人意见，而是就某一对象进行历史-批判的或演示性的学术分析[1]。"同时，《博士培养条例》一般对博士论文都有一项明确的规定，博士考试通过之后，论文必须正式出版，并且向大学提交一定册数的博士论文（通常为200册左右），大学才正式授予博士学位。

如果说关于博士论文学术价值以及科研能力的要求是软性的，需要由导师和教授判定的话，那么关于博士论文必须正式出版的要求，则是一项硬性要求。也就是说，在德国的大学看来，博士论文不是用于学术训练的习作，而应该是一部成熟的学术作品，应该对该学科的知识发展有所贡献，是具有学术价值和出版价值的。正如20世纪初，德国著名高等教育专家包尔生所说，博士论文作为"学术研究的第一件样品"，之所以必须正式出版，意在将其"交付学术界评判"[2]。

三、全院教授集体把关

《博士培养条例》关于博士论文评审的过程，通常有详细的规定。博士论文提交到学院后，由院长委托一名教授或多名教授进行审阅，柏林大学规定由两名教授进行评阅。受委托的教授需要提交评阅意见，并给出通

---

① O. Schröder, *Die philosophische Doktorwürde an den Universitäten Deutschlands*, Verlag der Buchhandlung des Waisenhauses, 1908, p.35.

② F. Paulsen, *Die deutsche Universitten und das Univer-sittsstudium*, Verlag von A.Asher&Co.Berlin, 1902, p.429.

过或不通过的建议。如果是通过，还要给出具体的成绩，通常分为合格、良好、优秀和优异四档。然后院长将博士论文和评阅意见交给院内所有教授，他们每个人也必须给出通过或不通过的意见，并具体打分。在经过所有教授表决通过后，候选人才能进入下一个程序，即参加口试。

由此看来，一篇博士论文是否能够通过，首先取决于两名评审教授的意见，其中一名是导师。同时，全院的教授都必须对论文打分和投票，而不是由人数有限的答辩委员会来决定。当时，柏林大学哲学院的教授达到50余人，小一点的大学也有20—30名教授，这么多名教授参与投票，这对博士论文的质量提出了很高的要求。全院教授集体把关的制度，显然是对博士论文质量的有力保障。

四、对宽广知识基础的要求

博士考试分为两个部分，第一部分是论文，论文通过之后，才能进入第二部分，即口试。论文和口试必须都通过，才能被授予学位。关于口试的目的，莱比锡大学的《博士培养条例》有明确的表述，"口试的目的主要在于考查博士候选人在论文中所呈现的专业知识之外，是否在其专业以及相关专业中掌握综合全面的知识"[①]。换句话说，论文考查专门的知识以及对一个具体问题的研究能力，而口试则考查全面的知识基础。

根据各大学的规定，口试通常在三个专业中进行，包括一个主修专业（Hauptfach）和两个辅修专业（Nebenfächer）。主修专业是重点，所以，口试的时间一般为1个小时，而各辅修专业口试时间为半个小时。院长指定3—4名教授参与评审口试，同时，邀请全院教授参加并打分，比如柏林大学规定，考官由4名教授担任，全院教授出席并参与打分。

关于主修专业和辅修专业的选定，原则上是博士生本人的自由，但各大学对于主修和辅修专业的搭配通常会做一些限定或规定，而这种限制则

---

① O. Schröder, *Die philosophische Doktorwürde an den Universitäten Deutschlands*, Verlag der Buchhandlung des Waisenhauses, 1908, p.35.

体现出博士培养的基本理念，比如柏林大学的《博士培养条例》规定："主修为哲学专业时，两门辅修必须选择非哲学专业。"主修不是哲学专业，则两个辅修专业之一必须为哲学专业[①]。由此可以看出，柏林大学对哲学知识的重视，对系统和全面的知识基础的重视。

关于主修和辅修专业的名称，有的大学不在《博士培养条例》中罗列出来，有的大学则明确列出，比如哥廷根大学对哲学院考试的专业进行了列举，专业分两组，第一组为历史-语文学的考试专业，具体包括哲学、东方语言、圣经学、梵文、希腊语、拉丁语、中美洲语文学、古代艺术考古学、上古史、印度日耳曼语或闪语比较语言学、埃及学、地理学、德国语文学、罗曼语文学、英语语文学、中古与近代史、历史学辅助学、图书馆辅助学、近代艺术史、政治学、统计学（可选其中之一）。

第二组为数学-自然科学专业，具体包括哲学、心理学、数学分析、几何学、应用数学、天文学、物理学、应用物理、物理化学、地球物理学、化学、动物学、比较解剖学、植物学、矿物学、地质学及古生物学、地理学、国家学、统计学、农学、农业细菌学、农业化学。

同时，哥廷根大学对主修和辅修专业的组合也有一定的硬性规定，比如当希腊语为主修专业时，必须选择拉丁语为辅修专业之一。如果主修专业为古典艺术考古学，古希腊语或拉丁语则必须为辅修专业之一。如果主修历史学辅助学，那么辅修专业之一必须为中古史或近代史。哲学和心理学不能同时被选为辅修专业。选应用数学为主修时，必须选数学分析或几何学为辅修专业。

有的大学或专业对辅修的要求不是那么严格，只给出一个选择的范围，比如耶拿大学规定，如果博士候选人主修国民经济，辅修的专业可以

---

① O. Schröder, *Die philosophische Doktorwürde an den Universitäten Deutschlands*, Verlag der Buchhandlung des Waisenhauses, 1908, p.16.

是行政法、国际法、商法或者一般国家理论（政治）①。

图宾根大学则明确规定了主修专业和辅修专业不能组合的情况，比如哲学和美学不能作为主修和辅修组合，古希腊语和拉丁语不能组合，德语和英语不能组合，印度学和普通宗教学不能组合，古代史和中世纪及近代史不能组合，古代艺术史和中世纪及近代艺术史不能组合，中世纪及近代艺术史与美学不能组合②。显然，这些规定是为了防止博士生取巧把两个相近的专业作为主修和辅修专业，并要求博士生一定要具备较宽广的专业基础。

显然，这种对于主修和辅修专业搭配的规定，既给博士生一定的选择自由，使其具有比较宽广的知识基础，甚至跨学科的知识基础，同时，又出于对不同专业知识的相关性或互补性的考虑，给予一定的限制。

五、启示与讨论

从德国大学哲学院的《博士培养条例》看，德国博士生培养的模式并不是我们所认为的那种"师徒制"模式，而且从相关的制度规定看，德国模式正好避免了我们所说的"师徒制"所具有的各种弊端，比如博士生的学术视野会受导师的限制，或者说博士生在攻读博士学位期间只专注自己的博士论文研究，会出现专而不博的倾向。

首先，在德国的"师徒制"博士生培养过程中，导师固然很重要，但如果全学院的教授都必须评阅论文，并为论文打分，这就意味着，导师个人的意见会受到很大的制约。导师对博士论文的评判标准不能与其他教授相去太远，他必须站在全体教授的立场上评审自己博士生的论文。每一篇通过的博士论文，显然是得到了哲学院内10余个乃至20余个专业教授的认

---

① O. Schröde, *Die philosophische Doktorwürde an den Universitäten Deutschlands*, Verlag der Buchhandlung des Waisenhauses, 1908, p.53.

② O. Schröde, *Die philosophische Doktorwürde an den Universitäten Deutschlands*, Verlag der Buchhandlung des Waisenhauses, 1908, p.80.

可。在这种全院教授集体把关的制度下，导师显然不可能完全按照个人的判断评审博士论文。

其次，德国博士考试的口试在主修专业和两个辅修专业中进行，这对博士生的培养提出了很高的要求。如果说博士论文考查的是博士生的专业知识和研究能力的话，那么博士口试则能够保障博士生在本学科（主修专业）和相关学科（两个辅修专业）具有一定的知识基础。正如包尔生所说，博士口试也在于考查博士生的"基本的学术素养"（allgemeinwissenschaftliche Bildung）[1]。柏林大学等大学把哲学规定为非哲学专业博士生的辅修专业之一，哥廷根大学对相关专业主修与辅修之间关系的规定，无疑为博士生的宽广的知识基础以及跨学科的知识视野提供了保障。

总之，在德国的"师徒制"博士生培养模式中，教授集体把关的做法避免了导师个人评判可能会出现的偏差；同时，关于主修和辅修考试专业的规定，避免了博士生只专不博的可能性。而这两点也正是美国大学在引进德国博士生培养制度过程中极为看重的环节。美国博士培养模式的特点，如指导小组制和通过相关专业课程训练而形成宽广的知识基础，完全来自德国，只是把德国的以结果把关的做法，变成了用过程把关的制度。

与德国19世纪以及美国当今的博士生培养制度相比，中国的博士生培养存在一个很大的问题，即对博士生"坚实宽广的基础理论"的要求，没有相应的制度保障。按照《中华人民共和国学位条例》，我们的博士应该具备以下条件：

1. 在本门学科上掌握坚实宽广的基础理论和系统深入的专门知识；

2. 具有独立从事科学研究工作的能力；

3. 在科学或专门技术上做出创造性的成果。

但实际上，在评价博士论文时，教师往往主要看重第二条和第三条，

---

[1] F. Paulsen, *Die deutsche Universitten und das Univer-sittsstudium*, Verlag von A.Asher& Co.Berlin, 1902, p.429.

特别是第三条，学术创新成为博士论文最核心的要求。相比之下，第一条，即"坚实宽广的基础理论和系统深入的专门知识"却得不到重视。或者说，由于对"坚实宽广的基础理论和系统深入的专门知识"的要求难以界定和说明，或者由于伸缩性较大，实际上难以给予明确的评价，所以，这一条重要的规定往往只能停留在纸面上，难以真正落实。按理说，我们的综合考试具有考查博士生学科知识基础的功能，但综合考试在实际操作中，有很大的随意性，难以起到考查博士生专业知识基础宽广与否的作用，更无法用于考查博士生跨学科知识的状况。

众所周知，宽广的知识基础往往是学术创新的前提，如果缺乏宽广的知识基础，那么博士生的创新能力或论文的创新性也就难以实现。根据现有的调查与研究，我们虽然十分重视博士生的学术创新能力的培养，但由于基础知识不够宽广和扎实，博士生的创新能力，或在论文创新方面都显得不足。这显然与我们缺乏相应的为博士生打下宽广的理论基础以及跨学科知识基础的制度保障有关。因此，要解决"博士不博"、博士生创新能力欠缺、论文缺乏原创性等问题，首先应当从制度上把对博士生的"掌握坚实宽广的基础理论"这一基本要求落到实处。在此，现在看来，100年前德国大学的经验仍然有可资借鉴之处。

第二节　德国博士生教育的改革

现代的博士生教育起源于德国。从19世纪初开始，随着科学研究地位的提高，特别是伴随着研究所（Seminar/Institut）制度的产生与发展，德国的大学培养出了近代西方第一批现代型的博士。在研究所中，少数经过挑选的学生跟随教授进行学习和研究，最终以博士论文的形式结束学业。根据当时的规定，博士论文必须是有价值的科研成果，且能显示作者进行学术工作的能力。德国的这种博士生培养制度，对后来国际范围的博士生或研究生教育的发展产生了决定性的影响。美国人在借鉴德国经验的基础上，成功地建立了自己的博士生培养制度，并以其出色的研究生教育享有广泛的国际影响。在我国，留学德国的蔡元培先生在1912年作为民国第一任教育总长，以德国大学的研究所为样板在《大学令》中规定大学应设"大学院"；并从1916年起，作为北京大学校长，在北京大学创建研究所。因此，我国现代研究生教育可以说是在德国的直接影响下产生的。这两个例子说明了德国博士生教育在历史上的地位与影响。

一、博士生培养的过程及其特点

在德国大学中，博士学位从19世纪起曾长期是唯一的学位，与国家考试并列。从20世纪60年代以后，由于联邦德国高校全面采用文凭学位和硕士学位，博士学位才逐步成为本科阶段之上的高一级学位。

德国所有的学术性高等学校，即大学、工业大学等，除了高等专科学校之外的其他高校，均有授予博士学位的权利。这些高校的每一名教授以至讲师都可作为博士生的指导教师。

博士生阶段不设入学考试，没有组织化的录取程序，唯一有关的规定是各系的《博士考试条例》。该"条例"一般对博士学位考试申请者的资格做出一些规定，通常要求申请者已取得第一个学位（文凭学位、硕士学位或通过国家考试），并且结业成绩优良。符合有关要求并愿意攻读博士的学生一般先找到一位教授作为导师（教授对其得意的学生也往往提出读博士的建议），与之商讨博士论文工作；论文题目可由导师指定或自定，也可双方商定。如果教授同意指导其论文，则意味着该学生就此进入博士生阶段。

按照德国的传统，博士生阶段不是一种严格意义上的教育过程，博士生的中心任务是科研、撰写博士论文，所以，一般没有为博士生开设的课程。虽然有的大学也为博士生开设几门课程，但属于研讨性质，可自愿参加，目的主要在于为博士生与导师提供交流、讨论的机会。

德国的博士生通常都是"在职"攻读，即在本系、本研究所担任各种各样的教学和科研工作，受雇于学校或参加科研项目，边工作边写论文。在理工科中，参加大型科研项目的机会较多，论文往往结合项目进行。在这种情况下，项目成员定期或不定期地进行交流、讨论，导师可以借此了解、指导博士生的论文工作。有一小部分博士生（主要在文科中）得不到职位，只能靠政府或私人基金会的奖学金，或父母、配偶的资助进行论文工作，有的在校外谋到一份工作，在工作之余进行论文工作。

博士论文完成之后，博士生才开始正式提出参加博士学位考试的申请，系里组织考试委员会对论文进行评阅，在论文通过后，便可进行口试；口试的范围包括一个主修科和两个辅修科。口试不及格者不得通过博士考试。在全部考试通过之后，还须按规定交印刷成册或复制的论文若干份，才可正式得到博士学位证书。

从以上的叙述可以看出，德国博士生培养方式的最大特点是个别指导，即教授对其博士生进行个别的指导和培养；高校中没有专门负责博士生教育的机构和系统的博士生课程。指导教授与博士生的关系更像是一种私人关系。这种培养博士的方式是德国传统大学的优势之一，虽经二十世纪六七十年代的高校改革仍沿用至今，而且保持其不可替代的优势。由于这种一对一的师生关系，教师对学生有明确的责任感；师生之间的个人关系有利于学术人才的成长，学生通过教师的言传身教，在具体的知识、方法之外，还能学到许多东西，如对学术的态度、信念、做学问的道德等；这种指导关系还有利于学生参加导师的科研工作，这不仅对学生是一种极好的科研训练，教师也可从中受益，学生可辅佐科研并带来新的想法和启示。

二、博士生教育的问题与科学审议会的建议

传统的博士生培养方式虽然有许多优点，但随着大众高等教育的出现，高等教育的许多方面都发生了变化。在新的条件之下，特别是到80年代之后，个别指导式的博士生培养制度暴露出了一些问题。

1. 高等学校日益拥挤的状况，大大增加了教师在教学和实施考试方面的工作负担，使得许多教授不可能像过去那样，把时间用在自己的博士生身上。据80年代的一次调查显示，50%的博士生每三个月，甚至更长的时间才能见一次指导教师。另一个调查表明，14%的被调查的博士生一年中最多与导师进行一次交谈。在这种情况下，博士生的水平就难以得到保证，出现了论文撰写时间偏长、论文质量下降等问题。

2. 博士论文出现选题零碎、狭窄、过分专门化的倾向；论文内容与科学研究中的重大课题缺乏联系；基本理论、跨学科研究（特别是在人文学科、社会科学中）受到忽视。

3. 青年学术人才缺乏流动。博士生担任学术助理工作，本来只是一种短期过渡，旨在促进他们完成论文。但由于指导放松及教学、科研辅助工作量太大，致使他们长期滞留在助理职位中。

4. 现代的科学研究，特别是新学科和应用研究，需要与有不同专业背景的研究者进行合作、共同研究；而个别指导的方式则使得博士生较少有参加集体研究、与他人合作研究的机会。

针对博士生培养中的这些问题，同时，也为提高德国科学研究的水平、改进高校的培养工作以及解决90年代将出现的高校教师断层问题，科学审议会（德国关于高等教育发展的权威性咨询机构）于1986年提出了《关于高校学业结构的建议》，其中对博士生的培养提出了一种新的方案。

科学审议会认为，在保持和加强传统的博士生培养方式的同时，应当在德国的大学中设立博士生研究小组（Graduiertenkolleg），以改进博士生

教育工作。科学审议会强调,设置研究生院是改善博士生教育乃至整个高校培养制度、增强高校科研实力、促进跨学科研究的一项战略措施。

但这种所谓的博士生培养小组完全不同于美国或我国的研究生院。根据科学审议会的定义,博士生培养小组是高等学校培养学术后备力量(即博士,包括博士后)的机构,是具有一定研究方向的科研集体,及侧重研究的培养机构。总之,是具有特定研究方向、将培养与科研集于一身的机构。一方面博士生在此接受系统的课程训练,一方面准备、撰写博士论文,并通过论文而参与更大范围的科研活动。博士生培养小组的科研工作以跨学科、边缘学科研究为主。

三、博士生培养小组的组织与特点

博士生培养小组根据高校教师的申请而建立,审批权在各州的高校主管部门手中。目前博士生培养小组处于被扶植阶段,联邦政府与各州政府拨出专款给予资助。具体的审核、提供资助工作由德国研究会(DFG)负责执行。博士生培养小组目前建立的程序大致如下。

若干专业相近的教授——来自同一高校的或同一地方的不同高校,也可包括同一地方其他科研机构的研究人员,先一起拟定一项研究和博士生培养方案,并向州主管部门提出建立博士生培养小组的申请,州主管部门批准后直接把申请报告报至德国研究会。德国研究会对报来的申请分类进行比较性专家评估,然后决定是否提供资助。批准与否的主要依据是所报来的研究和培养方案的质量如何,是否符合德国研究会制定的关于建立博士生培养小组的要求,以及申请人及单位本身在所报方向是否具有一定的基础和优势,不考虑专业、高校、地区平衡问题。

博士生培养小组不是永久性机构,申办者在申请中要说明预定的期限,比如9年。按照要求,一个博士生培养小组的人数在20—30人之间,其中5—15名教授,称为导师(Tutor);10—20名博士生和博士后研究人员,这也是德国研究会提供研究生资助的最高限额。除了拿德国研究会奖学金的学生，其他博士生或博士后研究人员也可进入博士生培养小组，但一个博士生培养小组的学生总数不得超过30人。

在科研方面，一个博士生培养小组的研究方向比一个研究小组或一个讲座宽广一些，但又不会太宽，通常是一个专业中的一个方向，或与多个专业相结合的边缘学科。每个博士生培养小组都有表示其研究方向的名称，比如波恩大学的"代数、分析和几何、方法及其在现代数学中的相互影响"博士生培养小组、布伦瑞克工业大学的"物理和技术的计量学"博士生培养小组、特利尔大学的"历史上的西欧"博士生培养小组、汉堡大学的"希腊和拜占庭文献的流传——科学史、人文主义与新拉丁语"博士生培养小组等。这些方向通常都需要来自不同学科的教师共同研究，比如埃森大学的"纯数学的理论和实验方法"研究学院，其教授分别来自代数、几何、数论等数学领域以及信息科学和电子学等学科。

在培养方向上，博士生培养小组有博士生培养计划，开设有关的必修课程，课程内容不限于论文的范围；同时，为博士生提供论文课题，并使之通过其论文工作参与集体的科研项目。为了督促博士生的工作，同时，也是为了促进学术交流，博士生培养小组每年举行一次为期一周的讨论会，由博士生及博士后各自报告其工作进展情况。

关于招生，每个博士生培养小组必须通过报纸登出招生启事，面向全国公开招生。录取工作完全由博士生培养小组的导师独立决定。录取标准通常包括三个方面：一是大学学习成绩。一般要求结业考试达到优秀，而且能在规定的期限内毕业（此条要求的用意是鼓励学生缩短修业的时间）；二是计划中的博士论文应有一定的学术价值；三是申请者必须愿意参加集体研究项目。另外，申请读博士者不得超过28岁，申请做博士后者不超过35岁。

关于博士生培养小组的内部组织，除了要求选出一位主任外，目前没有任何一般性规定，一切由各博士生培养小组自行安排。主任负责日常事务，对外代表其博士生培养小组。学生的选拔、录取，经费的使用，人事的安排，完全由博士生培养小组负责，在科研、教学方面，博士生培养小组也同样享有较大的自主权。

（一）经费与奖学金

博士生培养小组的经费由联邦和所在州共同提供。每个博士生培养小组的经费分为两大项：第一项是基本经费，由本州政府承担，用于人员、经常性支出及基本设施（办公、科研用房等）；第二项是补充经费，是由联邦政府（65%）和各州政府（35%）通过德国研究会提供，用以促进博士生培养小组的发展。

补充经费包括：博士生和博士后的奖学金。博士生的助学金每月为1400马克（1993年以前为1200马克），外加200马克作为工作补贴。博士后的奖学金随年龄不同每月为2300—2500马克，及200马克的工作补贴。已结婚的博士生和博士后分别还有数额不等的家庭补贴。一揽子科研费，主要用于聘请短期访问学者、请学者作报告、购买小型设备及消费品、旅差、举办小型学术会议、搜集资料等，其总额一个研究生每年不得超过12.5万马克。

在这其中，博士生的奖学金意义重大。一方面资助博士生进行研究、写论文，另一方面发挥一种吸引作用，把优秀的青年人吸引到集体的科研活动中来，以促进科学研究，尤其是跨学科的研究。所以，科学审议会提出，博士生培养小组的助学金应当高于一般的奖学金，博士生每月应拿到1800马克，博士后为2500马克，否则不足以吸引人才。从1993年起，博士生培养小组奖学金有所增加，但未达到科学审议会要求的水平。

德国研究会提供的奖学金以两年为期，至多可延长一年；对博士生培养小组的资助以6年为期，可以延长；开办3年后，应接受评估，对于达不到要求者提前终止资助。

（二）特点

毫无疑问，建立博士生培养小组的构想是在美国研究生教育模式的启发下产生的，但是，德国的博士生培养小组有其明显的特点。

1. 它是长期的，但不是永久性机构，在某种意义上说各博士生培养小组必须时刻为其生存权利而努力，因此具有较强的竞争性。

2. 规模较小，一个博士生培养小组最多包括15名教师、30名博士生和博士后研究人员。

3. 其研究范围仅限于某一特定的且大都是跨学科性的研究方向，而不是一个大的专业领域。

总之，德国的博士生培养小组是一个大型科研项目研究小组或是重点科研点，只是同时具备了培养博士生的功能。正如科学审议会所说，博士生培养小组是一个"科研集体"，是通过科研培养博士的培养机构。这种组织形式多多少少地使人想到19世纪德国大学的"研究所"（Seminar或Institut）。在当时的研究所中，科研与教学统一的原则得到了最大限度的体现，培养出了一批批得到最佳科研训练的学者。在德国也有人认为，博士生培养小组的建立，使得教学与科研统一的传统原则在新的条件下、在一定的范围内得到了恢复。博士生培养小组的教师和学生一般对其工作条件都感到满意，并有一定的优越感。

四、博士生培养小组的发展与展望

第一个博士生培养小组是科隆大学的"分子生物学"博士生培养小组，建于1984年，是由蒂森基金会（Fritz Thyssen Stiftung）资助创办的，它基本具备了后来博士生培养小组的所有特征。可以说，它是博士生培养小组这种组织的先驱和样板。四年之后，即1988年2月，科学审议会在其"关于高校学业结构的建议"中提议，在高校中建立博士生培养小组。

这一建议提出之后，立即引起了较大的反响。在政府层次，联邦和各州同年便决定建立7个博士生培养小组（其中6个属自然科学和生物科学领域）作为试点。在私人基金会方面，大众汽车基金会（Stiftung Volkswagenwerk）积极响应，到1987年11月，共资助建立了8个博士生培养小组（均属人文学科、社会科学方面）。与此同时，博世基金会（Robert Bosch Stiftung）资助建立了一个工科方面的博士生培养小组。

高校及教授方面也作出了积极的反应，纷纷提出建立博士生培养小组的申请。而联邦和各州的博士生培养小组试点计划却限于经费无法接纳更多的申请者。大众汽车基金会出资建立博士生培养小组的启事刊出之后，虽只有8个名额，交来的申请却达57份之多。

鉴于这一情况，科学审议会于1988年1月又提出了"关于促进博士生培养小组的建议"，建议联邦政府和各州政府共同提供经费，促进博士生培养小组的发展，并建议委托德国研究会对建立博士生培养小组的申请进行鉴定，负责审批和执行资助。建议对博士生培养小组的经费和基本原则等提出一些更具体的意见。科学审议会的这一建议，标志着博士生培养小组从试验阶段进入初步发展阶段。

1989年底，联邦政府和各州政府在科学审议会新建议的基础上达成协议，提供3亿马克特别经费，促进博士生培养小组的发展。第一批拟资助75个博士生培养小组，计划到1993年，共建立230个博士生培养小组。

截至1993年6月初，由德国研究会资助建立的博士生培养小组已达199个（其中有15个在东部德国），它们分布在60所高校中。这些博士生培养小组的学科分布如下：人文学科和社会科学方面有63个，生物-医学方面有44个，自然科学方面有70个，工科方面有22个。

根据德国研究会1993年6月的统计，由其资助的博士生培养小组共接纳博士生约4200人，约占博士生总数的10%。也就是说，目前博士生培养小组的博士生只占全体博士生中很小一部分。这说明，个别指导目前仍是德国博士生培养的最主要形式。

但是从博士生培养小组的发展势头及政府和高校的态度看，这种博士生培养的新形式还会有较大的发展。目前，大部分州对来自高校建立博士生培养小组的申请都给予鼓励。德国研究会收到的申请之多，远远超出了经费许可的范围。截至1993年6月，德国研究会共收到申请514份，批准的却只有199份。

1993年6月，德国研究会对博士生培养小组的发展进行了总结，认为其效果很好，应进一步发展，并估计在今后5年中，每年将新建博士生培养小组20—25个，到1998年，由其资助的博士生培养小组可达到300个左右；其博士生总数有望达到6400人，占全国博士生人数的20%。

从更大的范围看，博士生培养小组的出现与发展是与近十年来整个德国高等教育的发展相联系的，有其必然性。自80年代以来，从德国高等教育政策中可以清楚地看出，注重质量、讲求效益，在高校中引入竞争机制等措施日益成为发展的主旋律。这种发展观在高校的科研方面，要求加强科研实力（科研队伍、投资）和高新科技领域的科学研究，在培养方面强调差异化，即高等学校的培养规模应当是多层次、多类型的，以满足学生及社会的不同要求；而鉴于国内国外的形势，尤其应当加强高层次科研力量的培养。在这种新趋势面前，高校中的一些问题也日益突出，比如大学生修业时间过长，博士论文撰写时间过长，论文选题过于狭窄；过多的行政规定限制了教师的手脚，使教师以及高校无从突出自己的优势，提高竞争能力；高校教学负担过重，科研受到影响，财政状况恶化，使得年轻学术力量不断外流，等等。而科学审议会提出的博士生培养小组不但具有针对性，而且似乎集中体现了新发展趋势的种种要求，它本身就建立在竞争原则之上，它可以吸引年轻学术人才留在高校，加强高校的科研力量，促进新兴学科、边缘学科的发展；它给予教授及高校建立其优势的机会，它给予教授独立选拔学生和支配经费的权利，增强了高校在科研方面的活力；它将满足社会，包括高校本身对高层次学术人才的需要，并能从一个方面促进本科阶段培养状况的变化。因此，博士生培养小组这一培养形式一出现，便受到了各方面的欢迎。

另外，建立博士生培养小组符合当前的国际趋势，欧洲若干国家，如荷兰、比利时、法国等，目前都在改革和加强博士生教育工作，尝试建立研究生院一类的机构。

第三节　博士生培养小组

　　德国是现代博士生教育的发源地，也是博士教育大国。近年来，每年培养的博士毕业生有2.6—2.9万人。博士生教育在德国被视为"科学后备人才"（Wissenschaftliche Nachwuchs）发展的起始阶段，服务于科研这一大学核心任务。传统上，博士生培养模式与大学以教席为基本单元的组织结构紧密相关，博士生大多以科研助理身份受聘于高校，在教席教授的管理和指导下，一边从事教学科研工作，一边撰写博士论文。博士生培养没有统一的入学考试、注册、课程学习和中期考核等制度安排，高度依赖于博士生自由研究以及导师对博士生一对一的指导，这种模式也被称为"师徒制"或"个体读博"模式。

　　自20世纪80年代以来，伴随博士生培养规模的扩大和科研方式的变迁，德国传统的博士教育模式显现出很多问题，受到广泛批评。主要问题包括博士学业缺少清晰的结构框架，导师指导不足，博士生研究选题过于狭窄，缺少学术交流，面临过度专业化风险，攻读年限过长，没有有效的质量保障机制，对于国际学生吸引力不足，等等。在这样的背景下，自20世纪80年代末开始，德国以"结构化"为主线，对博士生教育进行了一系列改革，建立的"博士生培养小组"（Graduiertenkollegs）是其中最主要的举措。

　　根据德国科学审议会议（WR）于1986年发布的《关于高校学业结构的建议》可以看出，"研究训练小组"是"在有确定研究主题的研究团队中对于博士研究生进行支持的一种组织设置",可以由大学、院系或者具体的研究团队设立。设置研究训练小组的目的是要在传统的"师徒制"模式之外,扩大博士生读博机构和地点的选择范围,在与其科研兴趣及能力相符的研究团队中参与系统性科研并得到更密集的指导,增进青年研究者与高级研究者之间的交流,保障研究条件,提供丰富的学术活动,支持博士生获得更好的学术发展。研究训练小组规模不大,通常包括10名左右的教授、青年教师、博士后研究人员,以及15名左右的博士生。每个小组聚焦于一个特定的研究主题,并且特别注重跨学科研究,博士生论文选题都围绕该主题进行设计。博士生要参加一定量的课程学习,包括研讨课、博士生报告会等,研究训练小组还对培养年限做出规定,通常以三年为一个资助周期。

研究训练小组主要依靠竞争性外部资助建立,德国科研基金会(DFG)是最主要的资助主体。从1990年开始,科研基金会持续资助研究训练小组项目,目前还在资助周期内的有233个,涵盖了自然科学、工程科学以及人文社会科学的各个领域。在科研基金会项目的带动下,德国学术交流中心(DAAD)、部分州政府、研究机构、私人基金会等也纷纷资助建立类似研究训练小组的"博士研究中心""博士生院""研究生院"等结构化培养项目。2005年,德国启动了旨在打造德国精英大学、强化大学科研实力和国际竞争力的"卓越倡议"计划,其中也设置了研究生院作为专门的资助类别,这也是对结构化博士培养模式的进一步拓展。

可以看到,德国结构化博士培养项目的形式多样化,但其中一个关键的组织要素就是团队指导,博士生在一个有多位教授和青年教师参与的团队中,与其他博士生一起,围绕一个清晰的知识范畴、问题领域或研究取向,接受密集的学术指导。与普遍实行"指导委员会"制度的美国、加拿大,以及广泛采用双导师、联合导师制的英国、澳大利亚等国家相比,德国结构化博士培养项目中的这种团队指导,并不是一种严格意义上制度化的"多导师"模式,而更像是基于相近的研究问题、探究领域,在一个密切合作的"科研共同体"中，在日常的科研合作中，由不同背景的资深科研人员为博士生提供指导。

这样一种模式与德国博士生培养的特色相关。在德国，博士研究生被视为独立工作的初级科研人员而非学生，他们是知识生产的直接参与者。无论是传统的个体读博模式，还是新的结构化读博模式，大部分博士生都与高校或科研机构签订工作合同，少部分博士生持有奖学金。在传统培养模式下，以及在人文社会科学的一些学科领域，博士生可能因为过于依附于教席教授，或者长期独立研究，而缺少学术交流，面临过度专业化和攻读年限过长的问题。但结构化的培养项目就创造了一种密集交流的研究环境，博士生可以持工作合作读博，承担一定量的科研任务，但这样的研究不是围绕一个狭隘的选题，或接受一个教授的指导和管理，而是在一个团队研究的环境中展开，可以获得来自不同背景，甚至不同学科的研究者的指导，这是遵循科研规律、根据科研需求设置的一种指导模式。

还有非常重要的一点，这样的团队指导跟研究选题的设置也紧密相关。德国多数结构化培养项目都是跨学科选题，例如波鸿-鲁尔大学和奥斯纳布吕克大学联合建立的"情境认知——核心心理现象研究的新概念"研究训练小组，就集中了心灵哲学、认知哲学、认知科学、脑科学、生物心理学等不同学科的科研人员；再如，亚琛工业大学"能量、熵和耗散动力学"研究训练小组，研究问题设置基于共同的数学分析、建模和计算工具，同时，也涉及物理、材料科学、几何学以及机器学习多个领域的知识。这种跨学科的问题设置和研究取向也使得团队指导成为一种最优选择。这是在德国大学基于学科和教席的传统组织架构之外，迎合新的知识生产模式而设置的科研训练组织形式。

这样的团队指导模式在德国结构化博士培养项目中越来越普遍。根据一项针对博士生开展的抽样调查（DZHW-WiNbus）显示，76%的受访博士生表示有超过一名指导教师；从培养模式看，85%的结构化项目博士生有多位指导教师，其中近一半人有三位以上的指导教师，但为单一教席工作的博士生中，只有65%的博士生表示有多位指导教师。值得注意的是，这项调查并没有用"博士生导师"的概念设计问题，而是用了指导人（Betreuer）的概念，调查的是博士生认为的对他们而言扮演了科研指导者角色的教师的数量。

越来越多的德国高校正在更广泛的范围推广导师团队制度。慕尼黑大学研究生院就在博士指导相关规程中明确指出，博士生由一个指导团队来进行指导是更理想化的模式。团队在有第一导师之外，还应有一个或多个其他教师。第一导师负责主要的指导责任，其他指导教师在学术研究以及博士生职业发展等各方面为博士生提供咨询和指导，导师团队和博士生还要建立一个定期会面制度。

总之，德国博士培养中的团队指导模式，针对的是其对传统博士培养中，博士生孤立研究和过度专业化等问题，同时，也遵循了科研规律，迎合了知识生产的新模式，特别是跨学科研究的需求。这样的团队指导在形式上是"以项目带培养"，基于一个具体的、跨学科的问题领域，把来自不同学科和不同背景的教授、博士后研究人员集中在一起，创造了一种密集交往的跨学科知识生产情境，由科研共同体为博士生集体护航。

第四节　评价博士论文的视角

关于如何写博士论文的专著和文章，可谓汗牛充栋。但好像没人关注过如何写博士论文评审意见。大家似乎认为，教授天生就应该会写博士论文评审意见，不用人教。那么，德国教授是如何写博士论文评审意见呢？

德国教授和中国教授所写的评审意见书一样吗？

说起现代博士生培养，德国大学是发源地，研究一下德国的博士论文评审意见，还是很有意义的。博士的培养过程，其实历来都遵循一套约定俗成的传统。虽然没有明确的规定，但一代又一代的教授都在遵守这些老规矩，比如博士论文评议书，似乎从来没有一个写作的规范或模板，各位评审人应该都是根据经验从上一代学人或同行那里学来的。

虽然没有统一的规定，但还是有规范的。从什么角度去评审？如何评审？评审意见的基本格式是什么？如何判断博士论文的水平？关于这些问题，显然都有一定之规。在现代博士培养制度诞生之始，博士论文的研究就被视为一种学术研究和学术的作品，属于知识生产的范畴。所以在德国，对博士论文的评审，基本是按照学术界通行的标准来进行的。评审博士论文与评审中学生的作文或本科生，甚至硕士研究生的论文应该是不一样的，不是一种简单考核性评价。

关于博士生教育的研究文献很多，但是由于博士论文评审意见不对外公开，甚至博士生本人通常也无缘一见，所以，一般人无法一睹评审意见的"芳容"，更谈不上去研究。我通过个人关系搜集了若干德国文科的博士论文评审意见，从而对德国的博士论文评审意见的基本样式初具了解。我所关心的，主要是德国博士论文评审意见书的总体特征，以及这种特点背后的观念和逻辑。

通常，德国人文社会科学博士论文评审意见的篇幅为三五页（A4纸）之多，有的甚至多达十页。从评审意见的结构看，首先，通常会用很大的篇幅陈述博士论文的内容，但陈述不是简单重复，而是从评审人的角度对论文的总体结构、核心内容、核心观点进行梳理；这一部分通常会占到评审意见的三分之一到二分之一的篇幅。其次，会用更多的篇幅对论文的问题进行细致的评论和批评。

以下通过一个案例来具体展示德国博士论文评审意见的全貌。这是一篇关于高校跨文化能力培养的博士论文评议书。需要说明的是，我隐去了相关的人名和高校名称以及有关的个人信息。该博士论文是在一所德国大学答辩的，时间大约在七八年前。评审意见作者是一位德国教授，原文为德文，我进行了节译。以下所引的内容不是十分完整，在某些地方进行了删节，但保留了评审意见的完整结构。

这篇评审意见的篇幅大约有3页打印纸，应该属于篇幅较少的一类。评议书由十个自然段组成。前四个自然段是对论文内容的总结和叙述，后六个自然段是对论文中问题的讨论和成绩的判定。

在第一至四自然段中，评审对论文内容进行了总体叙述，说明论文的基本研究内容和基本线索。以下是这四段的内容。

第一自然段：该论文研究的是跨文化能力培养问题，这一问题在高等教育国际化的背景下越来越重要。该论文由两大部分组成，第一部分是内容广泛的理论部分（第2章），作者对其核心概念"跨文化能力培养、跨文化能力、跨文化学习"等进行了论述，并尝试从教育学学科的角度去论证这一题目的学科归属。第二部分是实证研究部分，作者对几项研究的设计和调查结果进行了论述。

第二自然段：在第一项探索性研究中（第5章，访谈研究），作者对德国某大学一个国际行为能力培养项目的18名参与者进行了访谈，此研究的目的在于挖掘相关的变量，比如输入变量、过程变量、输出变量，并以此为基础构建一个"跨文化培养的能力框架"。跨文化能力框架是该论文的核心概念，作者对跨文化能力类型进行了描述（第220页等），先是区分出四种能力（220页等，260页等），后来又根据问卷分析增加为五种能力。

第三自然段：在第二项研究（第6章，问卷研究）中，作者对129名调查对象分别在项目开始和结束时进行了若干次问卷调查。其目的是对在访谈研究中所提出的假设，在更大的范围中进行验证。作者认为抽样是"具有代表性"的，但应该说是在案例高校具有代表性。

第四自然段：论文除了提出四种或五种能力，还提出了输入变量、过程变量和输出变量，这些对于跨文化能力培养都具有意义。第七章根据此前研究的结果总结为一个"跨文化能力模型",并提出了一个说服力有限的"高校学业中的跨文化能力模型"。

在以上四个自然段中,评审人对博士论文的基本内容、基本结构进行了梳理。显然,这段的介绍基本上是叙述性的,没有评价,只有在个别地方有所评价。在第一段中,评议书首先提到了选题意义,这与我们国内的评审意见相似。但不是套话,没有说具有理论或实践意义,只是就事论事地说在高等教育国际化发展背景下,学生的跨文化能力培养的意义在日益凸显,因此,该论文的选题很有意义。然后,评审人对该论文的整体构成进行了总体性勾勒,说第一部分是理论部分,核心内容是对论文核心概念进行论述;第二部分是实证研究部分。

在对论文进行了总体性梳理之后,评审意见开始对论文存在的主要问题进行逐一论述和说明。这部分包括五个自然段,其篇幅大约占整个评审意见的三分之二。

第五自然段:论文研究的题目虽然与高等教育研究相关,但是论文讨论的问题基本上不在高等教育的范围之内(只有第二章的内容例外)。论文在前言中虽然零散地提到德国高校的国际化发展战略,却没有讨论德国高校丰富多样的关于跨文化培养的种种措施。目前,在大学生和大学毕业生的研究中,有大量的文献涉及大学生国际交流中的动机、体验、困难、学习收获等,该论文都没有涉及。

第六自然段:论文研究的重心是建构和验证一个心理学意义上的跨文化能力模型。如果我们期待论文能够提出一个基于实证的、用于跨文化能力培养的大学培养模型,并对高等学校有参考价值的话,那一定会失望。论文没有提供具有实际意义的结论和关于跨文化能力培养的建议,在最后的第七章中也没有对此进行讨论。作者虽然将论文研究定位在高等教育研究的范畴,但在论文中基本看不到高等教育教学法或课程论方面的支撑,在实证研究部分也没有涉及此方面的内容。

第七自然段:论文在脱离心理学方面内容的部分,这里主要指第二章，涉及诸如培养、非正式学习、高校培养任务、就业能力或关键能力等概念，这些论述显得非常肤浅。整体看来，第三章、第四章与实证研究部分的理论框架相比，完全不在一个层次，就像教科书中的概念介绍。作者在讨论能力概念中也完全没有提到目前教育学中关于能力概念最有影响的一些研究，有些让人吃惊。

在其后的两段（第八自然段和第九自然段）中，评审人对论文中所使用的"文化"概念进行了评论，指出关于文化概念的讨论显得抽象，未能与论文所研究的高校人才培养过程结合起来。限于篇幅，这里不呈现其具体内容。评审意见的最后一段（第十自然段），通常用于简短总结和给出成绩。

第十自然段：尽管该论文在概念和设计上有一些欠缺，但考虑到论文的实证研究部分工作量很大，而且也很严谨，并建立了能力模型，可以给予"优"（Magna cum laude）的评价。

在德国，博士论文的评审结论不是通过或不通过，而是必须给出具体成绩，而且这个成绩会出现在博士学位证书上。成绩分为五等，第一等为优异（Summa cum laude），第二等为优（Magna cum laude），第三等为良（Cum laude），第四等为合格（Rite），第五等为不合格（Non suffict）。通常只有极少数博士论文能够拿到优异成绩，获得第二等和第三等的较多。该论文虽然有不少瑕疵和不足，但还是获得了"优"等成绩，可见评审人对这篇博士论文还是基本认可的，特别是肯定了实证研究部分的研究。通常评审意见还会指出论文的亮点和精彩之处，但这篇论文估计乏善可陈，所以并没有这类评论。

通过以上案例，我们可以看到，德国博士论文评审意见书的大致样态。其特点可以总结如下：第一，博士论文评审意见没有严格的格式，不是按照选题意义、文献综述、理论与方法、创新性、存在的问题等框架来撰写的，评审人可以按照自己的习惯来写。第二，评审意见如果说有格式，那就是必须对论文的内容进行比较详尽的陈述，而且是一种提炼性、总结性的陈述，并通过这种陈述对论文的整体结构进行呈现。第三，德国博士论文评审意见中没有诸如文字通顺、结构合理、资料翔实、方法得当等这类没有具体针对性的套话。虽然有时也有总体性的评价，比如"扎实的实证研究基础"或"可靠的方法论思考"（选自另一篇评审意见），但总体来说，评价都是针对具体的内容和问题而做出的。第四，从评审意见的写作态度来看，评审意见书更像是对一项学术成果的评判，似乎是同行之间的学术讨论与评判，所以，每一个判断都必须有理有据（甚至有注释、引用），而不是居高临下地下结论。

德国博士论文评审意见书当然是整个德国博士培养制度的组成部分。评审人通常需要几周乃至几个月的时间进行审读和评审论文，这使得评审人有足够的时间来细读博士论文，并给出细致的评价。这种制度设计透露出这样一种信息，博士论文是一项学术的成果，评价博士论文似乎更主要是从学术的标准出发，关注的是论文的概念、理论、方法、结论、严密性、可靠性等，而不关注文字是否通顺、文献综述是否合乎标准这类课业性的问题。由此可以看出，评价博士论文是对学术作品的评价，而不是（或不主要是）对博士生科研能力的考核。

第七章

中德之间

　　晚清时期，自德国开始进入中国人的视野之后，中德两国之间就产生了种种的联系，从军事到政治，从经济到文化，从思想到学术。本章聚焦中德两国在教育和学术方面的联系。一方面，德国的教育观念和制度对中国的教育发展产生了重要的影响；另一方面，不少中国人去德国学习专业知识，获得了新的文化观念。基于这种双向的影响，中德的学术交流就成为中国近代教育和文化发展的一个重要侧面。本章首先对晚清时期德国专业教育观念的引入进行了分析，然后对在一个多世纪中，中国接受德国理论和实践的状况进行了梳理，最后从中德学术交流的角度对蔡元培和季羡林进行了个案研究。

第一节　清末德国对中国教育观念的影响

1862年，京师同文馆设立，是中国近代教育的开端。在其后的约半个世纪中，随着洋务学堂的不断增加，以及中国人对西方教育了解的深入，西方的教育观念逐渐进入中国，中国固有的教育观念由于这些外来新因素的侵染而发生了很大的变化，对西方专业教育观念的接受便是这种变化之一。同时，德国教育是促成这种变化的一个重要因素。因此，本文将首先勾画晚清中国对德国教育的认识和评价，其次分析专业教育观念被接受的过程，并比较中德在专业教育观念上的差异。

一、德国教育在晚清中国的影响

中国对西方近代教育制度的了解，应当始于《职方外纪》和《西学凡》二书，二书均由意大利传教士艾儒骆（Julius Aleni）所编著，刊行于明末的1623年。虽然《职方外纪》主要介绍世界地理，但在欧洲一卷中却对欧洲的教育的制度作了较详细的描述。《西学凡》则介绍了欧洲的"建学育才之法"[1]，详述西方教育机构，特别是大学的教育内容及安排。但在相当长的时间里，中国人似乎并未认真看待这种不同于自己的教育制度。《西学凡》在清代未收入《四库全书》，被打入另册，只在《四库全书总目纲要》中列入《杂学类·存目》栏中，因此少有影响。

---

① 纪昀：《阅微草堂笔记》，岳麓书社1993年版，第309页。

在19世纪60年代以后的洋务运动中，虽然也建立了西式的学校，如京师同文馆、福建船政学堂等，但洋务派人士所关注的要是西方的实学，特别是与轮船火器相关的技术知识及相应技术人才，对西方的教育制度尚缺乏整体的认识，对教育之于国家富强的作用也未能有足够的认识。著名的洋务理论家冯桂芬在其《校邠庐抗议》（1861年）中，虽倡言采西学、改科举，但基本没有言及西方的教育制度。以鼓吹西方教育而闻名的郑观应在刊行于1873年的《救时揭要》中，完全没涉及教育改革或西方教育问题。

（一）《德国学校论略》及其影响

在前述背景之下，德国传教士花之安（Ernst Faber），用汉语编著的《德国学校论略》一书于1873年问世。1864年，花之安来华，悉心钻研中国文化，为当时有名的汉学家。他有感于教育被人忽视，特撰此书。他在此书的序言写道："华士徒艳泰西之器艺，而弃其学问，掇其糟粕，遗其精华，甚为惜之。不揣梼昧，尝辑《德国学校》一书：略言书院之规模，为学之次第。使海内人士知泰西非仅以器艺见长，器艺不过蹄涔之一勺耳①。"

此书对德国的实学院（实科中学）、仕学院（文科中学）、太学院（大学）、技艺院（工业学院）等所有教育机构，新闻出版情况逐一进行了介绍，包括乡塾（小学）、通商院（商业学院）、农政院（农业学院）、丹青院（艺术学院）、师道院（师范学校）、女子院（女子学校）、训聋院（聋哑学校）、训孤院（孤儿院）、训罪童院（教养院）、夜学院（夜校）等23种教育机构。在太学院一节中，对大学的经学（神学）、法学、智学（哲学）和医学四个学院的课程内容作了颇为详细的介绍。

中国对西方的了解，最初仅限于英、美、法等国，德国未被重视。京师同文馆在设立后最初的10年中，只教授英、法、俄三国语言文字，只是

---

① 花之安：《德国学校论略》，鄂中质社1897年版，第4页。

在普法战争后，德国才被视为强国，遂增了布文，即布鲁斯（普鲁士）文字，后又改为德文[1]。《德国学校论略》一书显然大大增加了当时国人对德国的了解，它第一次系统地介绍了德国的教育制度，使国人认识到，德国是一个拥有完善的教育制度的国家。而且在其后的30余年中，它显然也是国人了解德国教育的一个重要来源。

中国近代科学先驱李善兰在读了《德国学校略论》后称："始知德国之必出于学校者，不读兵也。盖其国之制，无地无学，无事非学，无人不学。"认为："国之盛衰系乎人，德国学校之胜，如此将见，人才辈出，其国必一日胜一日。"[2]

花之安的书对著名的洋务派人物郑观应影响极大。他在1875年出版的《易言》中，就根据花之安的书对德国的教育作了专门介绍。约20年之后，郑观应在其影响巨大的《盛世危言》一书设专节介绍德国的教育制度，并盛赞不已："今泰西各国……学校规制大略相同，而德国尤为明备。""欧洲各国锐意讲求教育之道，而其法莫良于德。""欧洲书院以德国为最盛，人才之出于书院者，亦以德国最为多。盖其国之志，无地无学，无事非学，无人不学。""德国书院，如此其多，教化如此其备，宜乎人才辈出，方兴未艾，而高执欧洲之牛耳也夫！"[3]

《盛世危言》在19世纪90年代极富影响力，它对德国教育的介绍显然也收到了很大的效果。王之春在其《蠡测危言》中对西方学校制度的介绍几乎全部引自《盛世危言》[4]。德国的教育制度因而普遍受到推崇。如刘坤

---

① 齐如山：《齐如山回忆录》，中国戏剧出版社1989年版，第28页。

② 李善兰：《〈德国学校论略〉序》，见朱有瓛主编：《中国近代学制史料》（第二辑 上册），华东师范大学出版社1987年版，第2页。

③ 郑观应著，夏东元编：《郑观应集》（上册），上海人民出版社1982年版，第246、253-342页。

④ 朱有瓛主编：《中国近代学制史料》（第二辑 上册），华东师范大学出版社1987年版，第4页。

一、张之洞认为："学校之制，惟德最详①。"康有为也说："各国之学，莫精于德②。"蔡元培在赴德之前就认为："世界学术德最尊③。"

在清末，除了《德国学校论略》，还出版有数种介绍西方教育的书，如艾约瑟（Joseph Edkins）的《泰西诸国校塾》、丁韪良（W. A. P. Martin）的《西学考略》、狄考文（C. W. Mateer）的《振兴学校论》、李提摩太（Timothy Richard）的《七国新学备要》，后两者也产生了相当的影响。但它们均出版于20世纪80年代以后，比花之安的著作晚了十余年。因此，《德国学校论略》一书有着特别的意义。首先，它是晚清第一部，而且在很长时间里是唯一系统描述欧洲教育制度的著作。其次，此书在中国人尚未普遍认识到教育的重要性之时，向中国人系统介绍了德国的教育制度，这一方面引起了中国人对教育的注意和重视，另一方面在中国奠定了德国教育的优良形象。另外，《德国学校论略》一书之所以能有较大的影响，也是由于书中所描述的学校制度在很大程度上被看作是整个西方的学校制度。其实花之安本人也是如此认为的，他在书中常常把德国与泰西相互等同；援引者当然常常更是如此。最明显的例子是，《德国学校论略》仍常常被冠以《泰西学校》或《西国学校》的名称出版或被引用。

（二）德国：教育立国的榜样

除了花之安、郑观应等人的鼓吹，一些在欧洲进行过考察或对西方教育了解较多的人士也很推崇德国的教育，特别是把德国的强大、军事上的成就都与其教育联系起来，德国被奉为教育立国、教育强国的典范，如薛福成通过对德国的考察，得出了与李善兰同样的结论："德国之兵出于学

---

① 舒新城编：《中国近代教育史资料》（上册），人民教育出版社1979年版，第49页。

② 舒新城编：《中国近代教育史资料》（上册），人民教育出版社1979年版，第153页。

③ 蔡建国编：《蔡元培先生纪念集》，中华书局1984年版，第55页。

校，所以战无不胜。推之于士农工贾，何独不然①？"康有为说："及近百年间，文学大兴，普之先王大非特力……创国民学，……自是各国以普之国民学为师，皆效法焉。""普胜法后，俾士（斯）麦指学生语之曰：'我之胜法，在学生而不在兵'"②。梁启超也说："至19世纪以后，巨眼之政治家始确认教育之本旨在养成国民。普之皮里达埒法夏哥士等，首倡小学最急之议；自兹以往，各国从风。德将毛奇于师丹（今泽色当）战胜归国之际，指学校生徒而语曰：非吾侪之功，实彼等之力。盖至言也③。"

德国靠教育而战胜法国，在当时成为被广泛接受的说法。张謇说过，"闻之普之胜法也，群臣相贺，其相俾士（斯）麦执小学校夏楚以示人曰：'与达伐者此也。大哉斯言'④！"范源濂也说过："普之战法也，归功于小学教师⑤。"光绪皇帝也曾提及"普之胜法，……识者皆归其功于小学教师"⑥。至民国初年，主张重视教育者还常常以德国为借鉴，如教育部在其"整理教育方案草案"中提及"昔德师丹之役，大将毛奇归功于小学教育"⑦。

总之，自花之安的《德国学校论略》刊行后，德国的教育制度即给倡导西学的士人留下了较深的印象；无疑他们也从书中得到启发，认为教育

---

① 朱有瓛主编：《中国近代学制史料》（第二辑 上册），华东师范大学出版社1987年版，第5页。

② 舒新城编：《中国近代教育史资料》（上册），人民教育出版社1979年版，第152页。

③ 舒新城编：《中国近代教育史资料》（下册），人民教育出版社1979年版，第948页。

④ 朱有瓛主编：《中国近代学制史料》（第二辑 上册），华东师范大学出版社1987年版，第10页。

⑤ 舒新城编：《中国近代教育史资料》（下册），人民教育出版社1979年版，第1065页。

⑥ 舒新城编：《中国近代教育史资料》（上册），人民教育出版社1979年版，第63页。

⑦ 舒新城编：《中国近代教育史资料》（上册），人民教育出版社1979年版，第240页。

是关系到人才，关系到国家富强的重要事业。进入19世纪90年代以后，废科举、兴学校已成为改良变法的中心议题。刚刚崛起的德国又恰好为国人提供了一个活生生的教育兴国的例子，许多主张建立西方式学校的人士显然相信，有了新式的、良好的教育制度，中国就会像德国一样跻身于强国之列。似乎可以这样说，在西学东渐的过程中，德国的教育制度对于促进国人认识西方近代教育及其社会经济功能、促进国人接受西方教育观念及实践起到了不可忽视的作用。

二、德国教育及专业教育观的传入

花之安的《德国学校论略》不仅使国人第一次较全面地了解到德国乃至西方的教育制度，同时，也为有着悠久教育传统的中国带来了新的教育观念。作为《德国学校论略》一书的第一位读者，至少是最初的读者之一，李善兰在书中发现了一种全新的教育体制；他把这种制度概括为"无地无学，无事非学，无人不学"[1]。

所谓"无地无学"和"无人不学"指的是教育的普及程度及义务教育的实施，"无事非学"指的是专业教育，即凡有一事，必有一专学以教之[2]。这三点既是制度特征，也是观念特征。对于只知道以科举为中心的教育制度的清朝官员来说，这些无疑是很新的观念。李善兰的观点被视为德国及整个西方教育制度的基本特征。

郑观应在《盛世危言》中说："欧洲书院以德国为最盛……，盖其国之制，无地无学，无事非学，无人不学。"并解释道："无地无学"，即"其国境内无论在邑、在野，无不为之立学""无事非学"，即"凡有一事，必有一专学以教之""无人不学"，即"其国之功令，八岁以上不入学者，罪其

---

① 朱有瓛主编：《中国近代学制史料》（第二辑 上册），华东师范大学出版社1987年版，第2页。

② 朱有瓛主编：《中国近代学制史料》（第二辑 上册），华东师范大学出版社1987年版，第2页。

父母"①。这基本是照搬李善兰的论述，而郑观应的论述后被普遍用于西方教育制度，广被援引。如袁世凯、张之洞在"奏请递减科举"的折中说，在西方及日本，"自通都大位以逮穷乡僻壤，几于无地无学。自文事武备以逮薄技偏长，几于无事无学。凡国民自七八岁以十二三岁，谓之学龄，有不学者罚其父母，几于无人而不入诸学"②。光绪皇帝在"立停科举以广学校"的谕令中也引用了"无地无学，无人不学"的说法，认为"以此致富奚不富？以此图强奚不强"③？

李善兰为德国教育所总结的"三无"在当时广为人知，广被引用。然而，其中"无地无学"和"无人不学"两条似乎并非全新的概念，至少有许多人士是这样认为的。他们自然而然地把上古三代的学制与西方的教育制度相类比，认为西方不过是保持了中国优良的古风，在此方面学习西方，也不过是"礼失求诸野"④，恢复传统而已。康有为的说法很具代表性："吾国周时，国有大学、国学、小学之等，乡有党庠、州序、里之分，……万国立学，莫我之先，且备矣⑤。"梁启超也同意这一看法："学校之制，惟吾三代最备，家有塾，党有痒，国有学，……国之内，无一人不受教，无一人不知学⑥。"

不管所谓三代的学制在历史上是否真正存在过，也不管在当时的学校中教授什么内容，对于许多中国人来说，普及教育的观念似乎本为中国所

① 郑观应著，夏东元编：《郑观应集》（上册），上海人民出版社1982年版，第254页。
② 北京大学校史研究室编：《北京大学史料》（第一卷），北京大学出版社1993年版，第34页。
③ 舒新城编：《中国近代教育史资料》（上册），人民教育出版社1979年版，第63页。
④ 郑观应著，夏东元编：《郑观应集》（上册），上海人民出版社1982年版，第246页。
⑤ 舒新城编：《中国近代教育史资料》（上册），人民教育出版社1979年版，第151页。
⑥ 舒新城编：《中国近代教育史资料》（下册），人民教育出版社1979年版，第937页。

固有。所以，"无地无学"和"无人不学"虽是新观念，但也是老传统，"近乎泰西"，也就是"远法三代"。

（一）无事非学——陌生的西方观念

在李善兰的"三无"中，唯独"无事非学"似乎是全新的概念，几乎在中国找不出类似的概念，至少很少有人把它也看作是自古就有的传统。

花之安的《德国学校论略》，分别介绍了德国的23种层次、性质不同的学校和教育机构，第一次为中国人提供了一个"无事非学"的范例。李善兰在为此书写的序言中盛赞德国"无事非学"，文则有仕学院，武则有武学院，农则有农政院，工则有技艺院，商则有通商院，四民之业，无不有学已。其他欲为师，则有师道院，欲传教，则有定道院。又如实学院，格物院，船政院，丹青院，律乐院，凡有一事，必有一专学以教之，虽欲不精，不可得矣①。

花之安在1875年出版的《教化议》中还专门强调："学问一道，宜分门别类，……士有士之学，农有农之学，工有工之学，贾有贾之学，皆有至理存焉，非积学之七，不能窥其堂奥。各学皆有其用，不容偏废②。"并批评中国的教育不符合专业教育的原则，"夫病国病民，莫八股为甚。以幼之所学，为壮之所行，攻八股则所学非所行，所用非所学。……百官犹之百工，为木工者，必不能工于铁，为铁工者，必不能工于石。百工艺也，非专心致志，尚不能精，况宰天下而不学可乎"？"必变科目，从事实学，……凡一材一艺，罔不有师指授，分门别类，视人所能，而专其所学"③。

花之安的有关论述可能第一次使中国人认识到西方以职业为目标的专业教育观念，认识到分门别类讲求学问、进行教育是西方教育的优势

① 朱有瓛主编：《中国近代学制史料》（第二辑 上册），华东师范大学出版社1987年版，第2页。
② ［德］花之安著，［清］王炳堃订：《德国学校论略》，求志楼1897年版，第4页。
③ ［德］花之安著，［清］王炳堃订：《德国学校论略》，求志楼1897年版，第20页。

所在。

当时国人普遍认识到，中国教育有一大病症，正如花之安所说的，在于"所学非所行，所用非所学"。李善兰在《德国学校论略序》中就对中国教育的问题提出了含蓄的批评："无事无学，则今日之所讲，即异日之所行，而所习非所用，所用非所习之弊，可无虑矣①。"郑观应则说得很直接："而中国文士尚制艺，即本国之风土、人情、兵刑、钱谷等事亦非素习。……一旦业成而仕则又尽弃其所学。呜呼！所学非所用，所用非所学，天下之无谓，至斯极矣②！"梁启超也批评道："夫近代官人，皆由科举，公卿百执，皆自出，……然内政外交，治兵理财，无一能举者，则以科举之试以诗文楷法取士，学非所用，用非所学故也③。"

而无事非学、专门之学观念恰似医治学非所用、用非所学之弊的一剂良药。自《德国学校论略》刊行之后，在清末三十余年中，只要鼓吹采西学、兴学校，几乎无不言及专门之学。

洋务派中较早越过船炮注意到西方政教的郭嵩焘在1875年就指出："西洋之法，通国士民，一出学；律法、军政、船政，下及工艺，皆由学升进而专习之④。"郑观应更是多次强调，西方的培养方法是让学生在一定的基础上"各专一艺""各精一艺""各专一业"；建议建立西学书院，"其学……，已通中外文理者，就其性之所近，专习一艺。""各分各科，人得以就其质之所近专习一业"⑤。李端棻批评同文馆等学校"学业不分院，生

---

① 朱有瓛主编：《中国近代学制史料》（第二辑 上册），华东师范大学出版社1987年版，第2页。

② 郑观应著，夏东元编：《郑观应集》（上册），上海人民出版社1982年版，第291页。

③ 舒新城编：《中国近代教育史资料》（上册），人民教育出版社1979年版，第40页。

④ 钟叔河：《走向世界——近代中国知识分子考察西方的历史》，中华书局1985年版，第211页。

⑤ 郑观应著，夏东元编：《郑观应集》（上册），上海人民出版社1982年版，第291、300页。

徒不重专门",强调学生应"益加专精,各执一门,不迁其业"①。康有为曾向皇帝进言,认为在一般的教育之后,学生应入专门学校,并解释道:"专门者,凡农商矿林机器工程驾驶,凡人间一事一艺者,皆有学,皆为专门也②。"谭嗣同提出变科举,使学子们"人自占一门,争自奋于实学"③。梁启超批评中国无"专门之学",缺乏"专门之学者"④。孙家鼐在讨论建立京师大学堂时特别提出"学问宜分科"⑤。刘坤、张之洞提出:"惟(唯)今日育才要指,自宜多设学堂,分门讲求实学⑥。"张謇说:"必无学不专,而后有可用之学⑦。"张之洞在《劝学篇》中写道:"外洋各国学校之制,有专门之学,有公共之学。""西艺必专门""大抵西法诸事,皆以先学艺后举事为要义"⑧。他还曾批评中国"晚近来惟(唯)士有学,若农若工若商无专门之学,遂无专门之材"⑨。学部于1908年提出开办分科大学,以"造就专门人才"⑩。康有为在《大同书》中把专门之学带入了他的大同世界,他说:"世愈文明,分业愈众,研求愈细。""大同之时,无一业不设专门,无

---

① 舒新城编:《中国近代教育史资料》(上册),人民教育出版社1979年版,第144、145页。

② 舒新城编:《中国近代教育史资料》(上册),人民教育出版社1979年版,第152页。

③ 舒新城编:《中国近代教育史资料》(下册),人民教育出版社1979年版,第925页。

④ 舒新城编:《中国近代教育史资料》(上册),人民教育出版社1979年版,第40、41页。

⑤ 北京大学校史研究室编:《北京大学史料》(第一卷),北京大学出版社1993年版,第24页。

⑥ 北京大学校史研究室编:《北京大学史料》(第一卷),北京大学出版社1993年版,第32页。

⑦ 朱有瓛主编:《中国近代学制史料》(第二辑 上册),华东师范大学出版社1987年版,第9页。

⑧ 陈山榜:《张之洞劝学篇评注》,大连出版社1990年版,第105、108页。

⑨ 冯天瑜、何晓明著:《张之洞评传》,南京大学出版社1991年版,第374页。

⑩ 朱有瓛主编:《中国近代学制史料》(第二辑 上册),华东师范大学出版社1987年版,第852页。

一人不有专学"①。

王国维更有一段精辟的论述："今之世界，分业之世界也，一切学问、一切职事，无往不需特别之技能，特别之教育。一司其事，终身以之，治一学者，之不能使治他学；任一职者，之不能使任他职，犹金工之不能使为木，矢人之不能使为函人也②。"此段话可看作是清朝末年国人对专业教育及其背景认识的总结。值得注意的是，王国维说在分业的世界中，任何职业都有特别的教育，不能随意更换，"犹金工之不能使为木工"。这不禁使人想起花之安的说法："百官犹之百工，为木工进，必不能工于铁。"王国维有一段时间十分关心教育问题，想必一定读过花之安的书，在对专业教育的认识上，恐怕也得益于花之安的论述。

当然，清末对专业教育观的了解与接受，并非仅仅由于德国范例和花之安的论述。从各种渠道传来有关西方教育的信息都促使专业教育观的传播。其他在华的传教士也曾论及此问题，如狄考文指出："西国最重专门之学③。"但花之安在推广这一观念上，显然影响最广泛，效果最突出。在20世纪80年代初，他在《自西徂东》一书中，又针对中国的弊病反复强调专业教育的意义。卷四第五十五章"辩（辨）明技艺工作"对专业教育、专门之业进行了理论性说明。所谓"辩明技艺工作"，就是说要分清"技艺"与"工作"的区别。他说，技艺与工作不同，技艺都是专门的技艺，是以学问为基础、通过专门培养和训练而得到的实际技能；而工作只是做事情，处理无需特别技能的事情。"盖工作只凭手段，人人皆可为之，技艺必学问，人人不能尽为之。今华人不分：混技艺工作为一，已失技艺之真。不知技艺犹言材能也，岂同工作人，但求气力充盈，勤于雕琢已

---

① 舒新城编：《中国近代教育史资料》（下册），人民教育出版社1979年版，第915页。

② 王国维：《王国维遗书》（第五册：《静庵文集》续编），上海书店1983年版，第54页。

③ 北京大学校史研究室编：《北京大学史料》（第一卷），北京大学出版社1993年版，第16页。

乎。""泰西之所谓技艺者，……非学问之深，不能致其精，且有技艺院以教习之……"，学生在技艺院中"必执一艺之末精，以为异日谋生之计，非泛泛而学之也"。根据花之安的说法，中国缺乏专业教育、专门之业，即"技艺"的观念，让未受专门训练的人去从事专门之业；而且轻视技艺，"中国专重作文，竟忘技艺之适用，即混视为下等之工，而制器利用之材能，全不于此究心"①。

《自西徂东》在十九世纪八九十年代曾风靡一时，影响甚大。1893年，广学会重印此书2000部，赠送国政府高级官员每人一部。光绪皇帝1898年订阅129种西书，《自西徂东》居其首位②。花之安关于"辩明技艺工作""学精通"的论述一定给国人留下了很深的印象。

（二）专业教育及其历史文化背景

花之安之所以一再强调专门之学，国人之所以对专门之学表示出极大的兴趣，这是因为专业教育是西方近代教育思想中一个重要的基本观念，而中国似乎缺少这种观念。由此可以看出，中国与西方在教育、教育观念上的一个重要区别。

从历史发展的角度看，中国与西方在专业分工、专业教育观念上的差别反映了社会发展程度的差距。当西学东渐之际，中国尚处在前工业化时期，属于传统农业社会；教育仅限于提供经典知识及与此相应的思维方式，甚至只是空疏的帖括之学，总之，不是专业资格教育③。士人学成后任职，又用非所学，而且任职领域多变，今日治吏曹，明日移刑曹，未及熟其职事，则又转而之他④。而西方诸国已处于工业化的顶峰时期；按照托夫勒（Alvin Toffler）的说法，"专业化"正是工业化的一大特征，"它加速了劳

---

① 花之安：《自西徂东》，上海广学会1902年版，第59-61页。

② 熊月之：《西学东渐与晚清社会》，上海人民出版社1994年版，第409页。

③ Max Weber, *Cesammelte Aufsaetzc zur Religionssoziologic* 1, Mohr, 1988, pp.409-410.

④ 王韬：《去学校积弊以兴人材论》，见郑观应著，夏东元编：《郑观应集》（上册），上海人民出版社1982年版，第251页。

动的分工，以只攻一门埋头业务的专家和工人，替代了安逸自在的多而手的农民"①。

马克斯·韦伯在分析近代西方资本主义时，指出专业教育以及以此为基础的专业人员是西方资本主义的一种独特现象。他说："各种类型的高等学校以及类似于我们大学或科学院的机构，也曾出现在其他地方（中国、伊斯兰），很合理、系统的科学专业活动，也就是经过训练的专业人员及其今天在整个文化中所拥有的支配性地位，却只存在于西方。特别要提及的是专业官员（Fachbeamte），它是西方现代国家和现代经济的支柱。……当然，'官员'乃至分工专任的官员在不同的文化中早已有之，但是从未有任何国家，任何时代像现代西方这样，将我们的整个存在，我们的基本生活方面如政治、技术和经济等，完全彻底地交付于一种受过专业训练的官员组织系统。接受过技术、商业，特别是法律训练的国家官员承担着日常社会生活中一切至为重要的职能②。"

同时，韦伯也看到，中西方在专业教育上的差别是与其各自社会发展阶段相联系的。他说，在德国，政府及军队领导职位的任职者一直接受的也只是人文教育，直到新近才补充及部分代之以专业教育，由此，才产生了中西教育上的这一重要差别③。

中西方在专业教育上的差别也是教育观念上的差别。虽然，如韦伯所说，发达的专业教育是近代资本主义的产物，但在此之前，至少在中世纪，专业教育观念在欧洲就为人们所肯定，专业性教育已占举足轻重的地位。意大利最早的法律、医学学校及进行神、法、医专业教育的欧洲大学即是最好的证明。而在中国，教育历来以修身养性求道为目标，不涉及实际、专门的知识，受教育者应成为有良好修养的君子，而不是掌握一艺的

---

① ［美］阿尔温·托夫勒著：《第三次浪潮》，朱志焱、潘琪等译，生活·读书·新知三联书店1983年版，第95页。

② Max Weber, *Cesammelte Aufsaetzc zur Religionssoziologic* 1, Mohr, 1988, p.143.

③ Max Weber, *Cesammelte Aufsaetzc zur Religionssoziologic* 1, Mohr, 1988, p.3.

专家，所谓"君子不器"（《论语·为政》），"虽不道，必有可观者焉；致远恐泥，是以君子不为也"（《论语·子张》）。正如费孝通指出的，"技术知识"与"规范知识"两相脱离[1]，同时，"规范知识"远比"技术知识"来得高贵，所谓"德成而上，艺成而下"，而且根据中国的传统，"学而优则仕"（《论语·子张》），士人当然地被认为具备治理各种专门事务的能力。孔子说，"良农能而不能为穑，良工能巧而不能为顺。君子能修其道，纲而纪之，统而理之"（《史记·孔子世家》）。因此，专业教育与中国的传统教育观念格格不入。

当然，也有论者指出，中国上古也有专业教育的传统。王韬认为："古者人专学一事，学成而化，终身不易其任[2]。"梁启超也曾说在上古时，"农学工学商学，皆有学堂也"。而且在汉代也曾设有鸿都门学，这被认为是最早的专门学校[3]。但整体看来，无论是在观念上还是在实践上，专门教育都很难被看作是中国教育的一种传统。

由于中西方社会发展进程及教育观念的差异，专业教育在进入中国时，对中国传统的教育形成了强烈的冲击，因此，也受到极大的重视。

三、小结

所谓专业教育或专门之学，是指以某一职业为目标的专门教育，以培养特定的专门技能为目标。按照当时人们理解，西方"公共之学"之后的都属于专门之学，它大致涵盖今天的职业教育和高等教育。

迄今有关西方对中国教育思想影响的论述，似乎没有涉及专业教育观，似乎也没有把它看作一种西方的基本教育观念。但在清末中西文化交

---

① 吴晗、费孝通：《皇权与绅权》，天津人民出版社1988年版，第18页。

② 王韬：《去学校积弊以兴人材论》，见郑观应著，夏东元编：《郑观应集》（上册），上海人民出版社1982年版，第251页。

③ 舒新城编：《中国近代教育史资料》（下册），人民教育出版社1979年版，第937页。

汇的过程中，专业教育的观念与实践的教育形成了鲜明的对比。浏览一下当时有关教育改革的文献，便会发现，论者几乎无不论及、无不赞同推行专业教育，把它视为中国教育改革的一个重要目标。根据以上论述，专业教育观念最初是通过德国教育制度传入中国的。后来由于花之安、郑观应等人的鼓吹，中国对西方了解的增加及洋务活动的深入，知识阶层普遍明确认识到，中西教育在专业教育这一点上的差别，并接受了这一西方的教育观念。

同时应当看到，中国人接受专业教育观念是一个历时数十年的过程。早在十九世纪四五十年代国门初开时，就有人注意到，中国人不讲专门教育的弊端。主张学习西方的先驱人物魏源，曾批评中国的"养人用人"之法，"其造之试之也，专以无益之画饼，无用之雕虫，不识兵农礼乐工虞士师为何事；及一旦用之也，则又一人而遍责以六官之职，或一岁而遍历四方民夷之风俗"，并针对此种状况提出"所用必所学，所学必所用"的主张[1]。魏源属于近代最早了解西方的士人，他的这一批评显然是在参照或对比西方的情况而提出的。但在其后约20年中，魏源的这一观点似乎没有引起人们的注意。即使到了60年代，清政府已按照西方的学校模式建立了一些西式专门学校，但国人还是普遍对西方的专业教育观念缺乏自觉的认识。直到花之安的《德国学校论略》（1873）、《教化论》（1875）等书出版后，专业教育观念才逐渐引起人们的注意；进入90年代后，这一观念才被普遍接受，并被有意识地运用于教育实践。

同时，在19世纪末，随着西方影响的加深，中国社会结构也在逐步发生变化，现代的专业分工已动摇了旧有的社会结构[2]，新的专门职业及相应的社会角色已开始出现，实行专业教育已成为一种现实的需要，这也促进了国人对专业教育观念的接受。

---

① 程舜英：《两汉教育制度史资料》，北京师范大学出版社1983年版，第127—130页。

② 陈学恂主编：《中国近代教育文选》，人民教育出版社1983年版，第8页。

限于当时的历史条件，清朝的官宦士人对西方专业教育的理解，有着明显的功利主义倾向，过于看重专门教育的实用功能，认为中等、高等教育的任务就是培养实用性专门人才。清末民初的教育，特别是高等教育的功利倾向与此大有关系。中国在西学东渐过程中对德国教育，特别是西方的专业教育观的接受属于文化移植（Cultural transfer）的范畴，本文从一个侧面分析了外来教育观念对中国的影响及其过程，以及中国现代教育观念中的外来因素。但愿本文对研究西方文化向中国的移植有所裨益。

第二节　中国对德国教育的接受与研究

在近代以教育闻名的德国，无疑对中国有种特殊的吸引力。清末中国一度将教育看成救国的重要手段，所以，格外注重德国教育。进入民国以后，特别是在20世纪30年代以后，随着德国教育在世界范围影响的式微，虽然德国教育对中国还保留一定的吸引力，但影响远不及晚清时期。但德国作为一个在科学和教育方面具有声誉的大国，一直是中国关注的对象。对德国教育的关注和介绍往往与中国教育的发展有密切的关系，德国教育通常被视为西方发达国家中一个重要的参照国家。

一、晚清：德国是教育强国的榜样

1870年，普鲁士在普法战争中战胜法国，随后德意志帝国建立，普鲁士以及德国作为一个新兴的欧洲列强开始出现在中国人的视野中。普鲁士的崛起首先体现在其军事实力上，但伴随着德国强大的另一个因素是教育。普遍认为普鲁士的教育胜过法国因教育而强国，因此打败了法国。

就在普法战争结束后的第3年，即1873年，德国传教士花之安（Ernst Faber）用汉语在中国出版了《德国学校论略》。他批评当时的洋务运动"徒羡泰西之器艺，而弃其学问，掇其糟粕，遗其精华"，特向国人介绍德国"书院之规模，为学之次第"[①]。此书是晚清第一本比较系统地介绍西方教育的书籍，出版后引起国人对教育的极大重视。当然也使得德国在当时定格为教育强国的样板。李善兰在该书的前言中说："国之盛衰系乎人，德国学校之盛如此，将见人才辈出，其国必日盛一日[②]。"郑观应在20世纪90年代发表的《盛世危言》中提到，以花之安《德国学校论略》为基础，盛赞德国的教育，借以强调教育对中国富国强兵的重要意义。他说："德国书院，如此其多，教化如此其备，方兴未艾，而高执欧洲之牛耳也夫[③]。"郑观应的《盛世危言》在当时流行一时，德国教育的声誉也随着《盛世危言》的流行而广为人知。康有为所说的"今各国之学，莫精于德"，代表了当时人们普遍的看法。

在此背景下，国人开始研究德国的教育。但对德国教育的兴趣不尽相同，有从学术角度出发的，有从现实出发的。

对德国教育的学术兴趣最初集中在德国的教育家以及思想方面。创刊于1901年的《教育世界》，是第一份专业性的教育杂志，其中刊登有数量可观的关于德国教育思想家的文章，如"叔本华之教育及其哲学学说""尼采氏之教育观""教育家之希尔列尔"等。歌德、席勒、康德、叔本华、尼采以及赫尔德、巴塞多、福禄贝尔等德国哲学家和教育家的思想第一次被介绍给中国读者。另外，在《教育杂志》上也刊登了有关德国教育的文章和译文，比如译文《德意志大学之特色》（作者包尔生）等。与此同时，

[①] 花之安：《德国学校论略》，鄂中质社1897年版，第4页。

[②] 朱有瓛主编：《中国近代学制史料》（第二辑 上册），华东师范大学出版社1987年版，第2页。

[③] 郑观应著，夏东元编：《郑观应集》（上册），上海人民出版社1982年版，第254页。

赫尔巴特的教育思想借道日本开始在中国产生影响。1906年，教育世界社出版了《兰因氏之教育学》，兰因为赫尔巴特的弟子，是当时赫尔巴特教育学集大成者。此书以及相关介绍赫尔巴特的教育学书籍扩大了中国对赫尔巴特教育思想的接受程度。《教育世界》中还刊登有不少关于赫尔巴特的教育学的翻译文章，如"司脱伊"（Stoy）、"秩耳列尔"（Ziller）、"莱因（Rein）氏之教育学""费尔巴尔图（即赫尔巴特）派之教育""海尔巴脱派之行为论、品行陶冶论""德国教育学大家海尔巴脱传""德国海尔巴德派教育学会纪事"等。这些关于赫尔巴特教育思想的介绍推动了中国教育学科的形成与发展。可以说，中国早期的教育学，是完全建立在赫尔巴特及其学派基础之上。[①]

从政府的角度，德国的教育体制与管理显然也是颇受关注的问题。1906年，中国派遣了庞大的欧洲考察团，重点对德国的教育制度进行了考察。田吴沼随团专门考察德国的教育制度。回来后他写了关于"德意志教育"的考察报告，1907年，在《学部官报》上连载刊出。全文包括9个部分：地方之划分；学部之组织；监督学务之官职及权限；地方管理学务员绅之组织及其责任；教育法令及其宗旨；学制系统及年限；学堂之统计；教育经费及强迫规则；待遇教员之规则。这应当是第一份中国人在专门考察的基础上，撰写的关于德国教育制度的研究报告。

教育世界出版社在1901—1907年出版了《教育丛书》，共7集，每一集都刊登有关外国教育的研究论文。从研究各国文章的数量看，德国最受关注，论述德国教育的文章有42篇，第二是法国，有26篇文章，第三是美国，有15篇文章[②]。由此也可以看到，德国教育在当时中国受关注的程度。

---

① 郑金洲、瞿葆奎著：《中国教育学百年》，教育科学出版社2002年版，第10页。
② 王承绪主编：《比较教育学史》，人民教育出版社1999年版，第295页。

二、民国时期：比较教育视角中的德国教育

进入民国之后，德国的教育仍然享有很好的声誉。特别是随着蔡元培在北京大学的改革，德国大学的理念对中国当时的大学有着明显的影响，比如纯学术和学术自由的观念等。但随着美国影响的加深以及德国国内政治社会的变迁，中国对德国教育的兴趣有所下降。根据对当时的主要教育期刊《教育杂志》（创刊于1909年，中间两度中断，1948年停刊）的统计，论述日本教育的文章数量最大，共计81篇，其次是美国，有74篇，第三是德国，有49篇[①]。由此可以看出，在对外国教育研究方面，德国教育的重要性虽然不如清末，但仍是一个研究的重点。

在20年代之前，对德国教育的关注主要还是表现在情况介绍，没有专门的研究。较早的关于德国教育的书籍有陆规亮编写的《德国教育之实况》（1916）和王仁霪、顾树森翻译编写的《德国教育新调查》（1917），由日文翻译出版的《德国教育之精神》（吉田熊次，1916）在当时也颇具影响。

从20年代末到30年代，中国对西方教育的了解更加深入，在此基础上，比较教育学开始形成，其重要的标志是庄泽宣的专著《各国教育比较论》（1929）和常导之的专著《比较教育》（1930）。同时，比较教育课程在师范院校被普遍列为必修课程。在比较教育的视野中，对德国教育的研究更加系统化和专门化，出现了以德国教育研究对象的专著，比如常导之教授的《德国教育制度》（1933）和钟鲁斋的《德国教育》（1937）。

与此同时，一些重要的教育理论著作也开始被翻译成汉语，如福禄贝尔的《儿童心理的研究》（1934）、赫尔巴特的《普通教育学》（1936）、斯普兰格（E. Spranger）的《人生之型式》（1938）。同时，也翻译了若干介绍性的著述，如可索克（Paul Kosok）的《德国公民教育》（1937）、普天编译的《现代德国教育思想概观》（1939）等。

---

① 王承绪主编：《比较教育学史》，人民教育出版社1999年版，第296页。

在实践方面，民国初年，蔡元培在北京大学进行改革，是借鉴德国大学理念在中国建立现代大学的一个范例。蔡元培曾留学德国，并推崇德国的大学组织与理念。在1917—1923年之间，他作为校长对北京大学进行了彻底的改造，强调大学为"纯知识"的场所，推行"兼容并包"原则，主张学术自由。蔡元培的改革不仅是对德国大学理念的一次成功借鉴，同时，也是结合中国与德国学术传统的一次成功尝试。

三、1949—1979年：作为信息情报的德国教育研究

1949年之后，中国政府按照苏联的社会主义模式对教育进行了彻底的改造。西方的教育思想和模式被定性为资产阶级而被完全排斥。在当时，了解和研究西方的教育不仅没有必要，而且还会有政治上的嫌疑，所以，在此后的十余年中，对外国教育的研究基本处于停顿状态。关于德国教育，只能看到个别关于东德社会主义教育的介绍文章。

到60年代初，随着中苏交恶，中国开始希望了解西方的政治和社会发展动向，"外国问题研究"开始受到一定程度的重视。教育部于1964年决定在北京大学设立外国高等教育情报资料室，在清华大学设立外国技术教育情报资料室，以搜集和整理有关西方国家教育发展动态的材料。同年，政府决定在18所高等学校建立研究外国问题的机构，其中包括研究外国教育的研究机构。北京师范大学建立了重点研究苏联教育的研究机构，华东师范大学建立了重点研究包括德国在内的欧美国家教育的研究机构，东北师范大学建立重点研究日本教育的研究机构[1]。当时除了北京师范大学的《外国教育动态》这一内部刊物外，基本没有研究成果发表。还有一些单位也出版过不定期的内部刊物，如同济大学的德国科教情报研究室的《德国科教通讯》。

---

[1] 毛礼锐、沈灌群主编：《中国教育通史 第六卷》，山东教育出版社1989年版，第178页。

四、1980年以后：比较教育视野中的德国研究

20世纪70年代末，随着中国改革开放的日益深入，对外国，特别是西方教育兴趣日趋提升。比较教育作为一门学科也受到空前的重视。中国比较教育学会成立（CCEC）于1979年；1980年，原来作为内部刊物的《外国教育动态》公开发行，并于1990年更名为《比较教育评论》。

在20世纪80年代，随着中国教育体制改革的启动，对西方教育制度的兴趣日益浓厚。因此，比较教育成为一门备受关注的学科。而在比较教育研究中，德国通常是一个重要的研究对象，比如在教育体制和教育思想等方面的国际比较研究中，德国占有重要的地位，比如有关比较教育方面的著述都将德国单列为一章，如外国教育丛书编辑组编写的《六国教育概况》（1979）和《六国著名大学——美、英、法、日本、西德》（1979），以及陈学飞等著的《美国日本德国法国高等教育管理体制改革研究》（1995）、陈学飞等著的《美国德国法国日本当代高等教育思想研究》（1998）、黄福涛著的《欧洲高等教育近代化——法、英、德近代高等教育制度的形成》（1998）、许庆豫、葛学敏主编的《国别高等教育制度研究》（2004）。

对德国教育的介绍和研究主要集中在高等教育、职业教育和教育理论三个方面。

德国高等教育似乎历来是中国关注的一个重点，因此，关于德国研究的文献明显集中在高等教育领域。这方面的专著除了上面提到的陈学飞和黄福涛等著作外，还有贺国庆的《德国和美国大学发达史》（1998）、陈洪捷的《德国古典大学观及其对中国的影响》（2002）、朱绍中主编的《德国高校体制改革动态及入学指导》（1999）、张可创和李其龙著的《德国高校体制》（2005）。一些对德国教育的研究其实也以高等教育为重点，比如李其龙的《西德教育与经济发展》（1982）、李其龙和孙祖复的《战后德国教育研究》（1995）、戴继强和方在庆的《德国科技与教育

发展》（2004）。在高等教育方面，还出版有若干翻译著作，如鲍尔生的《德国教育史》（1986）和派泽特（H. Peisert）、弗拉姆汉（G. Framhein）的《联邦德国的高等教育——结构与发展》（1993）以及杭州大学中德翻译中心编纂的《德国巴伐利亚州高校概论》（2002）。

对德国教育的介绍和研究的另一个重点是职业教育。鉴于德国职业教育的世界性声誉，中国从20世纪80年代就开始在德国有关机构的支持下，介绍德国的职业教育模式，并进而开始进行合作，在中国开展德国式的双元制职业教育。后由于政府的介入，这种合作不断扩大。中德职业教育的合作开始于20世纪80年代，在两国政府的推动下，中国尝试引进德国的双元制职业教育体制，进行了数量可观的试点项目。1994年，两国政府签署了《关于中华人民共和国与德意志联邦共和国在职业教育领域加强合作的联合声明》，并共同建立了3个专门的职业教育研究机构，即职业技术教育中心研究所（北京）、上海职业技术教育研究所（上海）和辽宁职业技术教育研究所（沈阳）。这些机构的建立和研究队伍的形成，促进了对德国职业教育的介绍和研究。职业教育方面的研究专著有国家教委职业教育中心研究所的《历史与现状——德国双元制职业教育》（1998）、借鉴德国双元制经验促进我国职业技术教育改革的研究与实验课题组的《面向未来的探索——双元制职业教育在中国的实践》（1998）、胡健雄等的《经济奇迹"秘密武器"联邦德国的职业教育》（1993）、孙祖复和金锵主编的《德国职业教育史》（2000）等。翻译文献有杭州大学中德翻译中心编的《德国巴伐利亚州职业教育法规选编》（1993）等。

关于德国教育研究的第三个重点是理论，这里主要涉及一些历史–理论性的介绍和研究。对于此方面研究的著作不多，邹进的《现代德国文化教育学》（1992）和范捷平的《德国教育思想概论》（2003）。更多是对一些经典著作的翻译，比如第斯多惠（F.A.W. Diesterweg）的《德国教师培养指南》（1990）、雅斯贝尔斯（Karl Theodor Jaspers）的《什么是教育》（1991）、凯兴斯泰纳（G. Kerschensteiner）的《凯兴斯泰纳教育论著选》（1993）、博尔诺夫（O. F. Bollnow）的《教育人类学》（1999）、布列钦卡（W. Brezinka）的《教育科学的基本概念——分析、批判和建议》（2001）、赫尔巴特的《赫尔巴特全集》（2002）、康德的《论教育学》（2005）。

另外，还出版有一些关于德国教育资料的翻译和概况类的著述，比如李其龙和孙祖复选编的《联邦德国教育改革》（1991）、杭州大学中德翻译中心编的《德国巴伐利亚州教育制度》（1998）、吕达和周满生主编的《当代外国教育改革著名文献——德国、法国卷》（2004）。关于概况类的著述和翻译主要有克诺尔（J. H. Knoll）的《西德的教育》（1980）、陶翠屏的《联邦德国教育概论》（1993）、李昌芳和梁翠英著的《当今德国教育概览》（1994）、福尔（Ch. Fuhr）的《1945年以来的德国教育》（2002）。

除此之外，还有若干关于不同教育方面的著作和译著，如佩茨（H. Peez）和普罗科普（E. Prokop）著的《联邦德国及巴伐利亚州教育手册》（1992）、黄梅著的《德国美术教育》（2000）、浙江大学德国文化研究所编的《德中教养、教育与社会化比较》（2002）、庞学铨和迈泽尔（K. Meisel）著的《中德成人教育比较研究》（2004）、张可创和李其龙著的《德国基础教育》（2005）等。

五、问题与趋势

从近年来的专业文献看，除了有关留学德国的相关信息外，对德国教育的关注程度呈现下降的趋势，关于德国教育的论文和专著在数量上也都十分有限。总之，与20世纪80、90年代相比，眼下对德国教育的研究很难令人满意。其原因大致来自四个方面。

第一，比较教育作为一门学科在20世纪80年代备受青睐，但随着国际交流的增加和获取信息手段的便捷化，比较教育传统的一项主要任务，即提供他国教育发展状况的信息，或跟踪他国教育发展状况，不再受到重视。而且，在学科内部，比较教育学在研究方法和发展方向等方面的困惑长期无法澄清，也增加了比较教育学的危机感。这样，比较教育学科作为整体面临着生存危机，这当然会影响到关于德国教育的研究。

第二，自20世纪60年代政府开始规划外国教育研究，不同的研究机构逐步形成了相对明确的任务分工，在20世纪80年代比较教育兴旺的时期，这种分工仍比较明确，因此，研究队伍也相对稳定。但自20世纪90年代以后，由于比较教育学科面临危机，研究德国教育的队伍呈现不稳定的状态，如研究队伍的流失或研究兴趣的转换，比如作为比较教育重镇的北京师范大学和中央教育科学研究所都曾把德国教育列为重点之一，但随着研究队伍的流失，则无法继续其关于德国教育的研究。

第三，随着教育国际化和全球化的发展趋势，比较教育的关注对象似乎不再限于一个单一的国家，更多强调国际教育的概念。特别是随着欧洲一体化进程的加快以及欧盟各项教育政策的推进，对各国教育特性的关注也随之减弱。而有关欧盟教育政策以及结果的研究，主要依赖英文材料。因此，没有专门的德国教育专家，也同样可以进行有关德国教育的研究。由此看来，专门进行德国教育研究的重要性和必要性随之下降。

第四，与此同时，在教育全球化的背景下，美国教育在世界上似乎具有一种引领潮流的作用，而受到美国影响的欧洲教育，包括德国教育的参考价值似乎大打折扣。就是说，按照中国的一般理解，比较教育的最大功能在于介绍和分析其他国家，特别是教育发达国家的成功经验，为本国教育改革提供参照的依据。而当一个国家的教育本身问题重重时，其教育模式似乎就失去了参考和借鉴的价值。

第三节　从仰视到平视：中国德国教育研究的视角变化

有人说，比较教育首先要明确三个问题：比较什么？如何比较？为何比较？其实还有一个更重要的问题，就是与谁比较。关于比较对象的选择，往往是不言而明的，几乎无需论证。或者说，我们在进行比较之前，其实有一些预设已经先入为主了，为我们的研究铺好了道路。关于这种预设，我们不妨称之为感知。对对象国的感知，往往是进行比较分析的底色，虽然不一定出现在分析的文章中，却无处不在，时刻在影响着比较教育的研究工作。

我们对德国教育的感知，目前就正在发生一些变化。如果说我们以前对德国教育是一种"仰视"视角的话，现在正在形成一种"平视"的视角。文本尝试对这一视角变化的过程进行简要的勾勒。

德国教育在中国历来享有良好的声誉。早在晚清教育改革之时，德国的教育就进入了国人的眼界，19世纪70年代，普鲁士战胜法国，德国的将军说，这次胜利要归功于我们的老师，这一说法在晚清颇为流行。晚清不少改革者希望效仿德国教育强国的做法，通过建立新式的教育而实现富国强兵的目标。到民国时代，德国的教育仍然备受推崇，德国是重要的留学目的地，德国的文凭往往是高质量的代名词。总之，中国人一直对德国教育具有一种仰慕的心态。

20世纪70年代末，随着改革开放政策的实施，中国在与西方隔离多年之后，开始热切地学习西方的先进经验，德国的教育再次进入中国人的视野。

在改革开放之初，中国的教育百废待兴。面对教育事业、教育学科的恢复和发展的艰巨任务，教育管理者和学者都急需了解世界教育发展和教育学科发展的状况。在此背景下，比较教育学科迎来了一个极好的发展机遇，被赋予了重要的使命。发达国家有哪些先进经验值得我们借鉴，中国如何跟上世界发展的形势，这些都是比较教育急需回答的问题。当时关于国外教育发展动态的信息和理论的最新发展，都是借助比较教育的平台而进入国内的，从而为教育改革和教育研究提供了参照。

当时所说的世界教育，其实主要是指发达工业国家的教育，这些国家包括美国、英国、德国、法国、日本和苏联，当时比较教育的研究对象主要就集中在这六个国家。需要指出的是，当时德国还分为两个德国，西德和东德，我们当时所专注的是西德，只有西德的教育被列为先进的教育体系之列，东德的教育很少被关注。在改革开放之后的20余年中，德国与其他五个先进国家一起，构成了比较教育的主要研究对象，同时，也是主要的学习和效仿对象，是大众心目中世界先进教育体制的代表之一。

大约从2000年开始，中国对待德国教育的观察视角发生了一些变化。在中国人的眼里，德国逐步失去了那种传统的绝对的样板地位，中国与德国教育之间遥不可及的距离开始逐渐缩小，由历来对德国教育的仰慕视角开始向平视视角转变。我们可以通过三个例子来勾画这种视角的转变及其过程。

首先，在欧洲推行博洛尼亚进程的过程中，德国的高等教育经历了一次重大的改革，德国放弃了原有的文凭学位（Diplom）和硕士学位（Magister）的老学制，代之以三年制的学士和两年制的硕士学位培养制度。从中国的角度看，这一改革其实是在制度上把德国的大学教育与中国的大学教育拉平了。原来的文凭学位和硕士学位具有德国特色，而且从制度设计上要高于中国的本科教育。按照当年的规定，中国的本科毕业生只能算是达到了德国大学中的基础阶段（Vordiplom）的水平。而德国实施新的学制之后，德国和中国的大学教育则失去了这一落差，位于同一层次。而且中国的本科教育是四年，德国的本科教育只有三年。从修业时间和课程量方面看，中国的本科教育更具有一定的优势。因此，中国对德国教育的认知角度发生了一定的变化，认为德国和中国的大学教育层次水平基本一致了。在此基础上，有人觉得德国大学对中国申请者的要求也需要改变了，按照此前的规定，中国学生如果去德国申请入学，必须在中国大学完成1—2年的学业，方有进入德国大学学习的资格。这种要求也体现了德国大学教育水平要高于中国大学教育的这一认知。有不少学者提出，中国学生只要通过高考，就应当具有去德国读大学的资格，应当取消必须在中国大学学习1—2年的规定，并形成了专门的研究报告。中国有关部门也依据这些研究与德国有关方面进行了商议。由此看出，实际上博洛尼亚进程使德国大学与中国大学站在了同一层次之上，德国在高校学制方面的多样性或样板性由此消失。

其次，经济合作与发展组织（OECD）在2000年进行了首次国际学生评估测试（PISA），德国学生在阅读、数学和科学三项测试中的成绩均低于其他参加评估测试的国家的平均水平。这一结果在德国引起了极大的反响，一向以教育质量而自豪的德国居然排名如此之靠后，社会舆论哗然。施罗德（Gerhard Schröder）总理提出了一个问题——为什么在经济和政治上具有重要地位且具有文化传统的德国无法在国际教育领域位列先进国家，这也给中国带来一个重要的信息，让我们看到，我们一直膜拜的德国教育居然水平一般，并不先进，德国作为发达教育体系的地位因此大打折扣。2008年，上海中学生也参加了PISA测试，而且成绩骄人，远超德国，比如根据2018年的PISA测试，中国成绩第一，而德国位居第20名。虽然上海中学生的成绩未必能够代表全中国的教育水平，虽然德国此后大力改革教育，并在后来的PISA测试中成绩快速提升，但PISA"震荡"还是让德国教育在中国的声誉受到相当的影响，因此，德国教育在中国的地位和声誉不得不进行重新定位。

最后，国际大学排名也大大改变了中国人对德国大学的看法。如前所述，德国大学在中国历来享有很高的声誉，但自从QS、THE、US News和上海交通大学排名出台之后，德国大学的优越地位也随之降低。一方面，在这些排名榜中，美国的大学占有绝对的优势，另一方面，中国的精英大学在短短几年中，名次在不断地上升。在2006—2012年间，在四大排行榜中，中国有3所大学的平均排名进入了前100名，而德国有4所大学进入前100名，其中中国最好的两所大学的平均排名要高于德国的最好的大学。中国建设世界一流大学的政策开始于1998年，时任国家主席江泽民在北京大学100周年校庆上宣布"要有若干所具有世界先进水平的一流大学"，1999年，该政策正式启动。德国的精英计划开始于2005年，许多中国人认为，德国的精英计划是参照或模仿中国的"985工程"而启动的。就是说，在建设世界一流大学方面，中国和德国可以说是处于同一起跑线上，德国对中国来说已无优势可言。因此，德国大学整体的先进性在中国人的眼中也有所降格。

上述三个事件虽然是相互独立的，但均与教育的国际化或全球化有关。首先，全球化给中国教育的发展带来的机遇，在短短的20多年中，中国教育取得了巨大的进步，质量有了大幅度的提高，在一些方面已经跃居世界领先地位。其次，全球化对教育的多样化也是一种冲击，各国不得不紧跟国际潮流，采纳国际流行的标准和模式，德国教育的改革无不是对教育全球化的一种反应，无论是博洛尼亚进程还是大学排名，莫不如此。而这些改革把中德两国的教育拉到了同一条起跑线上，走上了同一条道路。再次，所谓全球化，其实为美国标准和模式的扩散创造了条件，由于美国享有全球教育，特别是高等教育的霸主地位，因而其模式和理念能够随着全球化的进程不断全球化。德国与中国之前的"师生关系"逐步转变为"同学关系"。总之，在全球化的进程中，中国眼中过去所谓发达国家和发展中国家教育的两分法，逐步让位于美国单一领先、群雄追逐的格局。而中国决心以最快的步伐接近美国，甚至超过美国，这就是从跟跑到并跑、最后到领跑的中国战略。

当然，虽然中国看德国教育的眼光从"仰视"逐渐转向"平视"，但德国教育在中国的学界、特别是社会中依然享有很好的声誉，依然是许多人心目中理想的教育体制。德国的教育往往还是用于批评中国教育的一面镜子。就是说，尽管中国对德国教育的眼界从"仰视"转向"平视"，但德国教育依然具有榜样的意味，中国仍然会向德国的教育制度学习，但这是在一种平等基础上的学习和借鉴。

从总体的趋势看，德国教育在中国人眼中逐渐失去其先前所享有的优越地位，中国看德国的眼光也逐渐从"仰视"转向"平视"。随着这种视角的转变，中国认识和研究德国教育的前提发生了根本性的改变，中国和德国的教育发展从"领先与跟随"发展模式变为同步发展模式。在同步发展中，虽然德国也有先进之处和值得学习之处，但并非超前于我们，我们在某些方面已超前于德国。虽然这种视角的变化刚刚开始显现，但其意义重大。随着对德国教育认知的变化，对德国教育研究的出发点、研究的目标乃至研究的方法也都会随之发生明显的变化。

第四节　中国看德国：认知范式的转变

德国在19世纪中叶作为西方列强之一首次进入中国的视野。在晚清的种种改革中，德国作为一个军事强国或教育强国一直是中国重要的样板和参照。在中国的眼中，德国是一个发达、值得效仿的国家，这构成中国对德国认知的基本范式。

所谓认知范式，是指我们在认知客体时一种先在的预设，这种预设会决定我们对客体认知的角度、认知的立场、对具体对象选择的标准以及解释的模式等。这种认知范式通常是以被默认、不经反思的方式进入我们的思维的，并参与我们对认知对象的具体认知活动过程之中。

中国的德国认知范式，大致包含如下内容：一、德国比我们强；二、我们比德国弱；三、我们应当向德国学习；四、德国的一切都值得我们学习；五、我们的每一项改革都可以从德国获得有益的经验。

正是在这种认知范式之下，我们在不断地了解和关注德国的历史、德国的政治制度、德国的经济制度、德国的法律制度、德国的教育制度，研究德国的历史学、社会学、经济学、法学、哲学、教育学、艺术学等。由于我们先在地认为德国是先进的，那么德国人对德国的研究也必然是先进的，所以，在了解和认识德国这些制度和知识时，我们也通常以德国人自己的陈述和研究为基础，并自然而然地采用德国人研究自己历史、社会和经济的路径去认识和研究德国的历史、社会和经济，比如我们研究德国的教育学，会根据德国的教育研究者的研究思路去开展研究，我们的观察视角、研究的主题、所使用的理论、所使用的方法、所依据的材料，从总体上都是建立在德国人自己研究的基础之上的。同时，也唯有如此，我们的研究者才能与德国的同行进行沟通和交流，我们的研究才能得到德国学界的认可。只有在涉及中德比较问题时，我们才有可能有一些独立的思路。

无论是基于效仿的基本立场，还是基于德国人自己的德国研究，这些都是我们真正认知德国的限制所在。同时我们注意到，这种效仿式、依附式的德国认知范式目前正在面临一些挑战。

近年来，随着中国经济社会的发展以及在科技与制造等方面的成就，中国的国际地位发生了重大变化，中国与包括德国在内的西方大国的关系也发生了某种变化，中国看待世界的方式也有了明显的变化。我们在国内常常听到一些说法，比如积极参与全球治理、讲好中国故事、为世界提供中国方案等，这些说法其实就蕴含着一种新的我们对世界的认知范式。

在此背景下，中国对德国的认知也在悄悄发生变化，无论在日常生活层面，还是在制度层面，都可以看到一些变化的端倪。在交通、通讯、饮食、娱乐等方面，20世纪80年代中国留学生对德国的惊艳，在青年一代留学生中已经很少听到，代之而起的是经常性的抱怨甚至嘲讽。中国企业虽然仍然在膜拜德国的工业设备与技术，但在某些领域也觉得可以与德国同行平起平坐了，甚至有超越德国的感觉。在世界政治格局中，随着中国国际地位的上升，德国的地位与分量在中国眼中似乎也有所下降。在经济学、政治学、管理学、社会学、心理学、教育学、当代哲学等学科领域，德国的作者和著作在中国受到的关注的程度也呈下降趋势。总之，无论在现实世界中，还是在学术界，中国人对德国的认知正在发生变化，德国从居高临下的样板正在走向一个平等的伙伴角色。

同时，这种认知变化带来了一个更为深刻的问题，在老的认知范式与新的现实之间逐渐出现了一道裂痕，以崇拜为基调的认知范式已经开始不太适用于当下平等的伙伴关系。德国总理在首次访华时说："当中国发生了变化，我们与中国打交道的方式也必须有所变化"（Wenn sich China verändert，muss sich auch unser Umgang mit China verändern）。这句话也可以这样来解读："当中国发生了变化，中国与德国打交道的方式也必须有所变化。"打交道的方式变化了，就意味着认知范式也要有所变化。这其中的道理其实也很简单，常言说，屁股决定脑袋。用哲学的术语说，就是存在决定意识。

按照库恩（Thomas Kuhn）的说法，当旧范式遇到危机时，新范式已在跃跃欲试。旧范式终究会被新范式所替代。一种新的认知范式意味着一种全新的德国观，一种新的认知框架，一种新的认知方式和一种新的认知旨趣。这种认知方式不以"样板"为出发点，也不以"样板"为归宿，更不是按照"样板"的思维而思维。新的认知范式应该是一种以"我"为主的、自主的认知范式。

目前国内有一些流行的说法，比如为世界贡献中国智慧，构建中国话语体系，建设具有中国特色、中国风格和中国气派的人文社会科学，这些表述的核心其实就是一种自主地认识自身、认识世界的新认知范式。建立中国对德国的认知的新范式，就意味着我们要摆脱一直所依赖的德国话语体系和德国的人文社会科学体系，构建自己对德国的认知方式和知识体系。具体说，在新的认知范式中，关于对德国的认知和知识构成，具体包括议题的设置、问题的提出、概念的使用、解释的体系，等等，都要从"我"而来，因"我"而来，为"我"而来，而不是像从前那样从德国搬用和借鉴而来。

当然，认知方式的转变不可能一蹴而就，需要一个相当长的时期。但我们可以想象，一旦新的认知范式被普遍接受，中国对德国的认知图景就会发生根本性的变化。正如库恩所说，当新旧范式转变之后，"专业的视野、方法和目标都将改变""处理与以前一样的同一堆资料，但通过给它们一个不同的框架，使它们处于一个新的相互关系系统中了"。他还更加形象地说，"（范式）革命之前科学家世界中的鸭子到了革命之后就成了兔子"。这话听起来有些夸张，但很形象地说出了范式转换的重要意义。

随着中国对德国认知范式的变化，中国学者，特别是研究德国的中国学者面临一个艰巨的任务，即在新范式指导下，重新构建我们对于德国的认知路径，重新提出我们对德国的研究问题，重新思考我们关于德国的知识构成，重新思考我们研究德国的立场。或者说，就德国研究而言，我们应当从中国的视角出发，建立我们自己关于德国的话语体系、概念体系、解释体系。这种新的关于德国的知识体系一定不同于德国自己的知识体系，也不同于我们此前关于德国的知识体系，而将是一种基于中国的关于德国的全新知识图景和解释框架。

第八章

蔡元培与德国

蔡元培一生三次赴德国留学、从事研究，前后共计五年多。蔡元培第一次去德国是1907年，进入莱比锡大学学习，1911年底，因辛亥革命而中断学习回国，并出任民国临时政府的教育总长。1912年7月，他因不愿与袁世凯合作而辞职，并于同年11月再次进入莱比锡大学，但半年后又被孙中山召回国内。1924年，身为北京大学校长的蔡元培又远赴德国汉堡大学，计划从事民族学研究，但终因干扰频繁，不得不放弃。

在三次赴德中，第一次的四年留学生活，不但时间最长，而且对蔡元培的学术与思想影响也最大。1907年夏天，蔡元培到达德国的首都柏林，对于这位已过不惑之年的清朝翰林来说，游学德国是多年的凤愿。他曾放弃了公费游学日本的机会，执意到德国学习。他认为"救中国必以学"，而"世界学术德最尊"，所以，"游学非西洋不可，且非德国不可"①。按照他

---

① 黄炎培：《吾师蔡子民先生悼词》，见中国蔡元培研究会编：《蔡元培纪念集》，浙江教育出版社1998年版，第93页。

的计划，他准备至少用五年时间，在德国"专修文科之学，并研究教育原理，及彼国现行教育之状况"①。

　　蔡元培负笈西来，系自费留学，尚有柴米之忧。他一边学德语，一边做中文家庭教师，还要为上海商务印书馆编书、译书，自称"半工半读"或"半佣半丐"。第二年，蔡元培欲申请柏林大学，但因无法提供中学毕业证书而无法注册。经过汉学家孔好古（August Conrady）的帮助，蔡元培于1908年10月在莱比锡大学成功注册。孔好古是莱比锡大学的汉学教授，1903年曾在京师大学堂的译学馆教授德语，想必与蔡元培在北京就相识。没有进入德国最有名的柏林大学当然遗憾，但莱比锡大学也属当时的尖子大学，建于1409年，是德国最古老的大学之一，拥有哲学家和实验心理学创始人冯特和历史学家兰普来西（Karl Lamprecht）等一批一流的学者。当蔡元培来到莱比锡大学时，正值大学500年校庆的前夕，也是莱比锡大学最为辉煌的时期，学生人数达到12000人。

　　蔡元培在莱比锡大学留学之时，也正是德国大学如日中天的鼎盛时期。蔡元培在上课读书之余，显然也非常关注德国的大学。他翻译了一篇题为《德意志大学之特色》的文章，发表于1910年第11期的《教育杂志》上。后来蔡元培担任北京大学校长，并在北京大学进行具有历史意义的改革，其改革的思路和基本理念，显然也是来自他在莱比锡大学的观察与思考。

---

① 蔡元培：《为自费游学德国请学部给予咨文呈》，见中国蔡元培研究会编：《蔡元培全集》（第一卷 1883—1910），浙江教育出版社1997年版，第452页。

第一节　蔡元培的教育和学术观与德国

提及蔡元培，人们会不禁想起在五四运动前后北大进行的改革。事实上，蔡元培的政治地位和声望甚高，对中国近代在政治和教育上的影响均不可小觑，而他在教育领域的影响尤其深远。他一生担任过许多公职，其中有三个重要职务：一是民国教育总长，二是北大校长，三是中央研究院院长。在这三个时期，蔡元培为中国现代教育和科学事业的发展开了风气，作出了奠基性的贡献。

蔡元培，1868年1月11日出生在浙江绍兴府山阴县（今绍兴市）一个商人家庭，父亲早逝，家境并不富裕。蔡元培从小学习勤奋，自强独立。15岁（1883年）中秀才，21岁中举人，24岁中进士，授翰林院庶吉士，两年后补翰林院编修，可谓仕途不可限量。而此时的蔡元培开始留心西学，广泛涉猎西方科学与文化，寻求维新变法的道路，从一名传统的文人转变为改良派的知识分子。戊戌变法失败后，蔡元培回乡投身教育事业，先后执掌绍郡中西学堂，执教南洋公学，以实现其教育救国的理想。

1912年1月，中华民国成立，蔡元培被任命为第一任教育总长，他高瞻远瞩地提出了"五育并举"的教育方针，第一次将美育确立为国家的教育方针，为现代中国教育制度的形成奠定了基础。19世纪后半叶是西学东渐的时期，是西方的知识以及知识传授和生产体制逐步进入中国、中国固有的知识和教育体系逐渐退却的时期。随着新学制的确立，以大学为中心的现代高等教育制度框架基本定型。1916年底，他被任命为北京大学校长，在北京大学进行了一场影响深远的改革，这场改革可以说从观念和学术制度层面真正造就了中国的现代大学。蔡元培认为："教育文化是立国之根本，而科学研究尤为一切事业的基础。"1928年，在他的大力推动和支持下，国民政府建立了中央研究院，这标志着国家学术研究体制的形成。

一、现代大学的奠基者

蔡元培曾经有五年的德国留学经历，这显然对他的思想和学术观念产生了深刻的影响。出于对德国学术和教育的向往，蔡元培立志去德国留学，如他所说，"救中国必以学。世界学术德最尊，吾将求学于德"[①]。1907年7月，已经40岁的蔡元培到达德国首都柏林，开始其自费留学生活。

在德国的第一年，蔡元培主要学习德语，第二年进入莱比锡大学，在文明史与世界史研究所（Institut für Kultur-und Universalgeschichte）修课读书。蔡元培到达莱比锡的这一年，正值兰普来西的文明史与世界史研究所正式建立的时候。汉学家孔好古在此任教授，所以介绍蔡元培进入了兰普来西研究所。蔡元培到莱比锡后埋头读书，潜心学问。莱比锡大学档案馆的材料显示，蔡元培三年中共选修了大约40门课程，平均每学期选6门，内容主要涉及哲学及哲学史、心理学、德国文化史、文学、艺术等，每学期都选修了冯特和兰普来西的课程。他还帮助孔好古整理了在甘肃楼兰发现的古代文献。关于他在德国的学习，蔡元培自己说："我向来是研究哲学的，后来到德国留学，觉得哲学的范围太广，想把研究的范围缩小一点，乃专攻实验心理学。我看那些德国人所著的美学书，也非常喜欢。因此，我就研究美学。但美学的理论，人各一说，尚无定论，欲于美学得一彻底的了解，还须从美术史的研究下手，要研究美术史，须从未开化的民族的美术考察起……"在莱比锡的课余时间，蔡元培的活动也大都与艺术与美术相关，比如他喜欢去美术馆，或听音乐，自己还去学习钢琴和小提琴。

---

① 黄炎培：《吾师蔡孑民先生悼词》，见中国蔡元培研究会编：《蔡元培纪念集》，浙江教育出版社1998年版，第93页。

蔡元培后来主张"以美育代宗教"的观念，显然形成于莱比锡时期。

从他所修课程可以看出，蔡元培并不追求一种专业的训练，并不在意获取学位，而旨在扩大学术眼界，深入了解德国乃至西方的精神世界，为中国的繁荣富强寻求答案。

蔡元培在德国接触到了一流的学者，比如历史学家兰普来西、哲学家和心理学家冯特等教授，在哲学、历史与艺术等学科领域打下了广泛的知识基础，开阔了学术眼界。同时，他对德国的大学理念和制度有了深入的了解，对当时世界一流大学的日常教学与科研活动有亲身的体验。这些为蔡元培日后执掌北京大学，改革北京大学，无疑奠定了最好的基础。蔡元培虽然在赴德国之前在中国也有办学的经验，也深谙中国的教育和学术传统，并具有一定的国际视野，已经具备了成为一名优秀的教育家的基础，但是，如果没有在德国沉浸学术、深入考察德国大学、广泛接触学术前沿的经历，他在北京大学所提出的大学和学术理念与改革方案是不可想象的。

蔡元培在莱比锡的游学因1911年辛亥革命爆发而终止。回国后他被任命为民国第一任教育总长。不久辞职去了德国和法国。1916年12月，蔡元培就任北京大学校长之职。

北京大学原为京师大学堂，建立于1898 年，在最初的约20年中，这所新式的最高学府一直缺乏一个稳定的社会环境，同时，在学术和声誉方面也颇遭诟病。蔡元培之所以毅然接手"声名狼藉"的北京大学，显然有他自己的想法和抱负。蔡元培担任校长之后，北京大学很快发生了惊人的变化。他仅仅用了三五年时间，新的大学理念、新的学术理念、新的学术管理模式、新的知识分子道德形象便成为北京大学的标志，影响波及全国。可以说，蔡元培的北京大学为当时的中国大学树立了一个标杆，此后几十年，中国的大学与学术发展无不受惠于蔡元培对北京大学的改造。因此，蔡元培堪称中国现代大学的奠基者。

蔡元培作为中国现代大学的奠基人，其贡献主要可以归结为以下两个方面：第一，建立了中国现代大学的理念体系；第二，初步确立了中国现代大学的学术制度。这两个方面相互支持、相互补充、互为表里，构成了中国现代大学的两大支柱。

（一）提出现代大学理念

中国现代高等教育最初是从模仿西方开始的，产生于现实的实际需要，比如对外语人才或工程技术人才的需求。在19世纪后半期的几十年中，这种模仿主要侧重可见的制度组织和课程设置方面，甚至到京师大学堂的建立，搭建高等教育的制度构架仍是主要任务。在知识层面，中学和西学相互冲突，彼此隔阂尚十分显著。大学制度的基本价值和理念问题尚未提出。直到蔡元培执掌北京大学，才明确提出了大学的理念问题。蔡元培的改革为新式的大学注入了一套基本的理念，使中国近代大学的发展出现了一个重要的转折。新的大学理念体系可以概括为学术至上、学术自由和学术救国等核心原则。

强调学术的至上地位是蔡元培大学改革的基本出发点。他在就职演说中开宗明义地说道："大学者，研究高深学问者也[1]。"因此，教师应该是"纯粹之学问家"，学生则应该"于研究学问以外，别无何等之目的"[2]。蔡元培不遗余力地强调，大学应当远离官场和商场，教授和学生应当摆脱世俗的名利追求，不把学问当成获取职业资格的手段。他的目标是，把北京大学从"官僚养成所"变为一个研究高深学问的场所。在蔡元培看来，纯知识应该是不涉及功利的，不以实用为目的，换句话说，大学生应该为知识而知识。蔡元培之所以如此重视知识和学术，其目的首先在于要确立大学和学术的独立价值，这不仅是针对晚清的功利主义知识观，同时，也是针对几千年来"学而优则仕"的实用主义知识观而提出的，其意义重

---

① 蔡元培：《就任北京大学校长之演说》，见中国蔡元培研究会编：《蔡元培全集》（第三卷 1917—1919），浙江教育出版社1997年版，第5页。

② 蔡元培：《复吴敬恒函》《读周春岳〈大学改制之商榷〉》，见《中国蔡元培研究会编：《蔡元培全集》（第三卷 1917—1919），浙江教育出版社1997年版。

大。在他看来，学术本身的价值与学术的社会地位，是大学改革与发展的根本前提，也是大学安身立命的基础。

学术自由在蔡元培看来是学术活动的基本条件。他明确提出"循思想自由原则，取兼容并包主义"的原则，并论证道："无论为何种学派，苟其言之成理，持之有故，尚不达自然淘汰之命运者，虽彼此相反，而悉听其自由发展①。"就是说，学术有其自主性和本身的规则，即"言之成理，持之有故"，不承认知识之外的权威，这与中国"数千年学术专制之积习"显然是针锋相对的②。在兼容并包的方针之下，北京大学一时聚集了一批出色的学者，他们虽彼此争论，但都有进行各自研究和教学的自由，形成了很好的学术发展氛围。可以说，蔡元培打破了一家独尊的学术传统，为各种不同学术观点的存在、碰撞与交锋提供了可能，为开阔学术界乃至文化界的视野提供了条件，为学术研究和知识的传授提供了一个开放和自由的空间。这种在北京大学校内的思想与学术自由，当然也扩散到校外，为新文化运动的兴起、为"五四精神"的传播创造了条件。

在蔡元培看来，学术不仅是知识，更是一个国家和民族强大的根本所在。他初任校长时，就透露说，"苟切实从教育着手，未尝不可以使吾国转危为安"③，还援引当年普鲁士的例子，说"改良大学教育，卒有以救普之亡"④。他显然希望通过北京大学的改革，达到国富民强的远大目标。正如他的老朋友吴敬恒所说，蔡元培"毕生最致力的是办大学。他为什么主张办大学？仿佛是一个国家，只要有了大学问家出来，民族就可以之而贵，

---

① 蔡元培：《致〈公言报〉函并答林琴南函》，见中国蔡元培研究会编：《蔡元培全集》（第三卷 1917—1919），浙江教育出版社1997年版，第271页。

② 蔡元培：《〈北京大学月刊〉发刊词》，见中国蔡元培研究会编：《蔡元培全集》（第三卷 1917—1919），浙江教育出版社1997年版，第211页。

③ 蔡元培：《致汪兆铭函》，见中国蔡元培研究会编：《蔡元培全集》（第三卷 1917—1919），浙江教育出版社1997年版，第26页。

④ 蔡元培：《致汪兆铭函》，见中国蔡元培研究会编：《蔡元培全集》（第三卷 1917—1919），浙江教育出版社1997年版，第26页。

一般人即可以之而尊"①。蔡元培后来在一次演讲中,清楚地表露了他的这种学术救国的思想。他说:"一个民族或国家要在世界上立得住脚,而且要光荣的立住,是要以学术为基础的。尤其是,在这竞争激烈的20世纪,更要依靠学术。所以学术昌明的国家没有不强盛的;反之,学术幼稚和知识蒙昧的民族,没有不贫弱的②。"

如果说,学术至上和学术自由强调的是大学本身的信念和价值,学术救国则是大学更基本,或者说更宏大的使命。正是这种忧国忧民的大学使命感,使蔡元培能从一个更高的高度看待大学的改革,赋予大学改革以更丰富的内涵、更宏大的目标。

(二)建立现代大学的学术制度

蔡元培在北京大学的改革,除了观念层面的革命,也带来了学术制度层面的革新。学术活动作为一种社会活动,必须有相应的制度支持,否则,再新的观念和思想也难以落实。因此,蔡元培在倡导观念革新的同时,也在北京大学致力于相关制度的建设。

蔡元培深知,要把北京大学变成学术的场所,让大学教师和大学生变成研究者,必须有相关的制度保障,而研究所就是这种制度保障之一。以前的北京大学没有研究所,大学教师的任务无非是教学,工作场所就是教室,大学并不为教师和学生提供进行研究的场所。而蔡元培上任的第一年就着手建立研究所,1917年底,文科研究所、理科研究所和法科研究所相继建立。1920年,又公布了《研究所章程》,对原有的研究所进行改组。但限于条件,最终于1922年建立了国学门。根据《研究所国学门研究规则》,凡北大毕业生有专门研究之志愿及能力者,乃至未毕业之学生及校外学者曾做特别研究,且已有成绩者,皆可随时到国学门研究;已毕业的

---

① 吴敬恒:《蔡先生的志愿》,见陈平原、郑勇编:《追忆蔡元培》,中国广播电视出版社1997年版,第26页。

② 蔡元培:《怎样才配做一个现代学生》,见中国蔡元培研究会编:《蔡元培全集》(第五卷 1923—1926),浙江教育出版社1997年版,第479页。

学生及校外学者亦可报名做通信研究。北京大学的教师也可以自由入所研究，并主动提出问题，召集研究生入所指导其研究，或教师和学生共同研究。国学门的建立有力地推动了文科的研究，研究所这种形式也广为后来不少中国大学所效仿，如东南大学（1924）、清华大学（1925）、厦门大学（1926）及燕京大学（1928）等都建立了类似的国学研究机构。

学术刊物及其审稿制度是现代学术制度的一个重要组成部分，蔡元培深知学术刊物对于学术研究的意义。在蔡元培执掌北京大学之前，中国鲜有学术刊物。在改革北大的同时，蔡元培认为，大学作为学术的场所，不仅应当有研究活动，而且需要制度化的学术研究成果的呈现和交流形式。在他的提议下，《北京大学月刊》（以下简称《月刊》）于1919年1月正式创刊。蔡元培亲自起草了《月刊》的发刊词、征稿启事，以及聘请编辑通知和出版合同，明确《月刊》是以刊登学术论文为主的学术刊物。值得注意的是，《月刊》规定，"稿之内容，属某学科，请先送本学科研究所主任处。由主任汇集，以送于编辑者"[1]。这种制度化的评审过程对于明确学术标准、提高学术研究水准，无疑具有重要的意义。1922 年，随着研究所的改组，《月刊》被更为专业的四种学术刊物所替代，即《国学季刊》《自然科学季刊》《社会科学季刊》和《文学季刊》。其中《国学季刊》影响甚大，成为全国性的国学研究刊物。在蔡元培的直接指导下，北京大学的教师和学生们还创办了若干学术性刊物，其中学生的刊物《新潮》（1919）和《国故》（1919）影响最大。这些学术刊物以一种制度性的方式，为学术共同体的学术交流提供了支持，而且提高了学术研究的地位。正如吕思勉所说："北京大学的几种杂志一出，若干的书籍一经印行，而全国的风气为之幡然一变。从此以后，研究学术的人，才渐有开口的余地，

---

① 宋月红、真漫亚：《蔡元培与〈北京大学月刊〉——兼论蔡元培对北京大学的学术创新》，载《北京大学学报（哲学社会科学版）》1997年第6期。

专门的高深研究，才不为众人所讥评，而反为其所称道①。"

蔡元培不仅重视对研究机构和学术刊物的建设，同时，也很强调学术团体的重要性，将其看作是学术研究和学术交流的另一种组织形式。蔡元培亲自找学生，手把手地教学生组建自己的学术团体和组织。他自己参与若干团体的筹建工作，参加了新闻学会、经济学会、史学会、新闻研究会等会的成立大会，为学术演讲会、画法研究会、音乐研究会等团体撰写章程。在蔡元培的示范和鼓励下，北京大学出现了一大批学术性的组织，除了以上提到的，还有马克思主义研究会、社会主义研究会、化学会、考古学会等。这些团体的成员并不限于北京大学的教师和学生，更面向校外的专家学者，因此，在一定程度上已具备了专业同仁学术交流的功能。作为学术制度的组成部分，学术团体这种形式在北京大学逐步走向成熟，对于形成专业的学术探讨空间，推动专业知识的进步，都起到了不可忽视的作用。

二、国家学术研究机构的创建者

蔡元培一向注重学术研究。民国初年任教育总长时，他草拟了《大学令》，将通儒院改为大学院，在大学中设立研究机构。但直到他掌北大校长之职时，中国的大学才始有真正的研究所。蔡元培也曾为作为中国古代学术研究机构的书院的消亡深感惋惜，他写道："我们从前本来有一种专研国学的机关，就是书院。……清季，输入欧洲新教育制度，竞设学校，全国的书院，几乎没有不改为学校的，于是教授的机关增加而研究的机关就没有了②。"

蔡元培并不是第一个提议设立国家级独立的学术研究机构的。1913年，马相伯在担任袁世凯政府顾问时，就曾提议仿效法兰西学院（Academe

---

① 吕思勉：《论蔡孑民》，见中国蔡元培研究会编：《蔡元培纪念集》，浙江教育出版社1998年版，第543页。

② 蔡元培：《北京大学国学研究所一览序》，载《北京大学日刊》1925年6月27日。

Fransaise），设"函夏考文苑"，但未能实现。其原因除了与民国初期的政治环境有关外，还与当时中国学术研究水平较低、学术研究基础薄弱有关①。1924年冬，孙中山曾拟设立中央学术院为全国最高学术研究机构，以立革命建设之基础。他命汪兆铭、杨铨、黄昌谷起草计划，但因其病逝而"流产"②。

1927年4月，南京政府成立，蔡元培被任命为教育行政委员会委员。这是继民国初年任教育总长后，他再次执掌中央教育行政大权。为了促进科学的发展，尽快赶上世界先进国家，蔡元培认为，国家有必要建立学术研究机构。5月9日，在中央政治会议上通过设立中央研究院（以下简称中研院）的提议，并与李石曾、张人杰等被推举为中研院筹备处筹备委员。11月20日，蔡元培聘请学术界人士30人，召开中研院筹备会。1928年6月9日，院长、总干事及各单位负责人在上海东亚酒楼举行第一次院务会议，宣告中研院正式成立。中研院的成立标志着国家级的科学研究体制的形成，其宗旨是成为"全国学术之中坚"③。这意味着国家学术研究重心开始由大学转向官办机构。

蔡元培意图将中研院建成一个独立的学术研究机构。1922年，蔡元培等人联合发表了《教育独立议》的文章，指出："教育事业当完全交于教育家，保有独立的资格，毫不受各派政党或各派教会的影响④。"中研院最初隶属大学院。1927年6月13日，国民政府通过了设立大学院的提案，蔡元培被任命为大学院院长。大学院下设中研院，院长由大学院院长蔡元

---

① 左玉河：《从考文苑到研究所：民初专业研究机构之创设》，载《社会科学研究》2007年第2期。

② 陶英惠：《蔡元培与"中央研究院"》，载《"中央研究院"近代史研究所集刊》1978年第7期。

③ 蔡元培：《〈大学院公报〉发刊词》，见中国蔡元培研究会编：《蔡元培全集》（第六卷1927—1930），浙江教育出版社1997年版，第159、160页。

④ 蔡元培：《教育独立议》，见中国蔡元培研究会编：《蔡元培全集》（第四卷1920—1922），浙江教育出版社1997年，第586页。

培兼任。1928年10月，蔡元培辞去了大学院院长之职，国民政府旋即改大学院为教育部。中研院从此成为独立的学术研究机构，并直接隶属国民政府。

中研院具有较高的独立性，这也归功于蔡元培的努力。《中央研究院组织法》规定，中研院设院长一人，特任。综理全院行政事宜。其余人员均由院长聘用①。中研院设立评议会作为全国最高的学术评议机关，其职责有五方面：一、决定中研院研究学术之方针；二、促进国内外学术研究之合作与互助；三、中研院院长辞职或出缺时，推举院长候补人三人，呈请国民政府遴选；四、选举名誉会员；五、接受国民政府委托的学术研究等②。上述规定从制度上保障了中研院的独立性。

中研院的核心职责有二：一是实行科学研究。中研院初创时正值最艰难的战争时期，因此，在研究取向的选择上也注重研究"立见功效"和"直接应用"。蔡元培在《中央研究院进行工作大纲》中指出："凡科学发达之国家，皆可于应战时召集其国内作纯粹科学研究者，临时变作为国家军事技术服务之人，本院同人（仁）准备于如此机会之下，用其技术的能力，尽其国民的责任。在准备过程中，本院之个人及集体，自当随时应政府之需求，供（贡）献其技术的能力③。"二是肩负指导、联络、奖励学术研究的职责。具体而言，"对于向我们咨询专门问题的人，我们当然有指导的责任，对于在学术界有重要发明或贡献的本国学者，我们有时亦认为有奖励的义务，对于和我们志同道合的研究机关，我们更觉得有联络的必要"④。

---

① 蔡元培：《中央研究院组织法》，见中国蔡元培研究会编：《蔡元培全集》（第十八卷 续编），浙江教育出版社1998年版，第556页。

② 张剑：《中国学术评议空间的开创——以中央研究院评议会为中心》，载《史林》2005年第6期。

③ 蔡元培：《中央研究院进行工作大纲》，见中国蔡元培研究会编：《蔡元培全集》（第八卷 1935—1940），浙江教育出版社1997年版，第313页。

④ 陶英惠：《蔡元培与"中央研究院"》，载《"中央研究院"近代史研究所集刊》1978年第7期。

注重科学方法是中研院开展研究工作的基本原则。蔡元培在《〈大学院公报〉发刊词》中写道："近虽专研科学者与日俱增，而科学的方法，尚未为多数人所采用，科学研究机关，更绝无仅有。盖科学方法，非仅仅应用于所研究之学科而已，乃至一切事物，苟非凭借科学，明辨慎思，实地研究，详考博证，即有所得，亦为偶中；其失者无论矣[①]。"蔡元培为他人著作写序时，曾多次引述吕洞宾"点石成金"的故事说明此意。他认为：科学的结论，是点成的金，量终有限；科学方法，是点石的指，可以产生无穷的金。因此，科学方法的重要性是毋庸置疑的。

蔡元培一贯尊重科学研究的自由精神。他在中研院的内部治理中坚持"学院自由"，在《中央研究院进行工作大纲》中指出："在院内实行与已设研究所有关各科学之研究，一面权衡各项科学问题之轻重，以定进行之程序，一面充分顾及所谓'学院的自由'。"所谓"学院的自由"，即"凭研究者自己之兴趣与见解决定动向，不受他人之制限之原则，仍应于合理范围内充分尊重之。盖学院自由正是学术进步之基础也"[②]。在指导、奖励学术研究时，蔡元培认为，中研院不应利用自己的地位来统治一切研究。在《中央研究院与中国科学研究概况》一文中，他写道："我们虽是最高的研究机关，但决不愿设法统制一切的科学研究……中央研究院能利用他的地位，时时刻刻与国内各种机关联络交换，不可以阻止旁人的发展，或是用机械的方法来支配一切研究的题目，这是本院成立以来一贯的方针[③]。"

在蔡元培主持时期，中研院共成立了物理、化学、工程、地质、天文、气象、历史语言、社会科学、心理和动植物十个研究所。从当选的评议员的背景看，国内当时主要的研究机关，如国立北平研究院、北平事业

---

① 蔡元培：《〈大学院公报〉发刊词》，见中国蔡元培研究会编：《蔡元培全集》（第六卷 1927—1930），浙江教育出版社1997年版，第159、160页。

② 蔡元培：《中央研究院进行工作大纲》，见中国蔡元培研究会编：《蔡元培全集》（第八卷 1935—1940），浙江教育出版社1997年版，第315页。

③ 蔡元培：《中央研究院与中国科学研究概况》，见中国蔡元培研究会编：《蔡元培全集》（第八卷 1935—1940），浙江教育出版社1997年版，第173页。

部地质调查所、经济部中央农业实验所、全国经济委员会、中国科学社、静生生物调查所，以及北大、清华、燕大、协和、中央、中山、浙大、南开和武大等高等学府均有代表。因此，中研院可谓集中了当时学术界的精英，教育部部长王世杰及交通部部长朱家骅也在其列。

蔡元培从初创到辞世一直担任中研院院长，任职长达十三年。虽然中研院经费并不充裕，但是在他的大力扶持和学者的辛勤努力下，中研院在短时间内获得了突破性的研究成果。中研院注重科学研究本土化，积极向世界介绍自己的研究成果，使欧美国家的学术界对中国的科学研究有所了解。1932年3月，法兰西学院向中研院赠送白里安奖金；1934年7月，波斯的亚细亚学院聘请中研院为名誉会员。由此可见，中研院的研究工作备受世界瞩目。

三、中国美育的开拓者

辛亥革命的胜利后，蔡元培被孙中山任命为中华民国首任教育总长。为了顺应民主共和政体的建立，他剔除了前清教育宗旨中"忠君、尊孔"的核心价值，提出了军国民教育、实利主义教育、公民道德教育、世界观教育及美感教育"五育并举"的教育方针。1912年10月，美育被纳入教育部颁布的《教育宗旨令》，第一次在法律上获得了合法地位。从此，美育的价值日益受到社会关注，并得以与体育、智育、德育并列，被纳入中华民国新教育的价值体系之中。

蔡元培的美育思想源自于康德美学，这与他德国留学的经历密不可分。他在晚年曾回忆说："我于讲堂上既听美学、美术史、文学史的讲演，于环境上又常受音乐、美术的熏习，不知不觉地渐集中心力于美学方面。尤因冯特讲哲学史时，提出康德关于美学的见解，最注重于美的超越性与普遍性，就康德原书，详细研读，益见美学关系的重要①。"20世纪初的中

---

① 蔡元培：《自写年谱》，见中国蔡元培研究会编：《蔡元培全集》（第十七卷 日记1937—1940），浙江教育出版社1997年版，第457页。

国正处于外临强敌、内部动荡的困境，传统儒家价值体系也岌岌可危，维系中国数千年的伦理道德濒临崩溃。蔡元培认为，美育是重塑社会价值体系的手段，他指出："吾国之患，固在政府之腐败与政客军人之捣乱，而其根本，则在于大多数之人皆汲汲于急功近利，而毫无高尚之思想，惟提倡美育足以药之①。"

蔡元培从康德哲学出发，将教育分为两类："曰隶属于政治者，曰超轶于政治者。专制时代，教育家循政府之方针以标准教育，常为纯粹之隶属于政治者。共和时代，教育家得立于人民之地位以定标准，乃得有超轶政治之教育②。"军国民教育、实利主义教育和公民道德教育属于前者，美育和世界观教育属于后者。它们的目的也截然不同，"世界有二方面，如一纸之有表里：一为现象，一为实体。现象世界之事为政治，以造成现世幸福为鹄的；实体世界之事为宗教，故以摆脱现世幸福为作用"③。军国民教育、实利主义和公民道德教育是以"现世幸福"为鹄的的，而美育与世界观教育则超脱了"现世幸福"之局限。因此，蔡元培指出，在"五育并举"的教育方针中，"惟世界观及美育，鄙人尤所注重"④。

美育是蔡元培教育思想的核心，他不仅仅是美育的积极倡导者，更是践行者。在北大校长和大学院院长任职期间，他一方面演讲、撰文并讲授美育课程，为美育确立理论基础；另一方面发起、组织、支持美育实践。在他的积极努力下，中国第一所艺术高等教育机构成立。

蔡元培到处演讲宣传美育的重要性，他有关美育的演讲不胜枚举。1921年秋，蔡元培在北大开设了美学课程，并写了相关的课程讲稿。这是

---

① 蔡元培：《在天津车站的谈话》，见中国蔡元培研究会编：《蔡元培全集》（第三卷 1917—1919），浙江教育出版社1997年版，第630页。

② 蔡元培：《对于新教育之意见》，见中国蔡元培研究会编：《蔡元培全集》（第二卷 1911—1916），浙江教育出版社1997年版，第9页。

③ 蔡元培：《对于新教育之意见》，见中国蔡元培研究会编：《蔡元培全集》（第二卷 1911—1916），浙江教育出版社1997年版，第12页。

④ 蔡元培：《对于新教育之意见》，见中国蔡元培研究会编：《蔡元培全集》（第二卷 1911—1916），浙江教育出版社1997年版，第16页。

中国高等学校美学课程的开端。

在出任北京大学校长期间，蔡元培组织设立了音乐研究会、画法研究会、书法研究会、戏剧研究会等。他亲自为各研究会所创办的《绘学杂志》《音乐杂志》等杂志题写刊名，撰写发刊词。1922年，北京大学附设音乐传习所成立，设本科、师范科、选科三种，被认为是"我国最早的专业音乐教育机构"。

1927年11月，中国高等教育领域第一所音乐教育学校——国立音乐院（今上海音乐学院）在上海成立，由蔡元培亲自担任院长。一个月后，在他的倡议下，国立艺术院（今中国美术学院）在杭州建立。

总之，作为中国现代教育和科学研究事业的开拓者，蔡元培无论是在北大进行改革，还是创建中研院，或是倡导美育，都离不开他的学术眼光和理论素养，而德国的留学经历和对德国学术的研究无疑是其学术观念的重要资源。

第二节　蔡元培与德国大学观

中国现代高等教育是在西学东渐这一大规模文化迁移的过程中诞生的，它从一开始就受到来自西方及日本的影响。高等教育的创建者往往是这种外来观念的中介人。蔡元培无疑是这批创建者中的佼佼者，他在1917—1922年间作为校长在北京大学所进行的改革，对当时的高等教育及学术界产生了深刻的影响。在此以前，蔡元培在德国留学数年，深受19世纪德国大学观及其实践的影响。本文将探讨蔡元培的办学思想与德国

传统大学观的渊源关系，并由此而说明德国大学观对中国早期现代大学
发展的影响。

一、蔡元培在德国的留学生活

清朝末年，德国的教育在中国很受推崇。康有为就说过，"今各国之
学，莫精于德"①。蔡元培也作如是说："世界学术德最尊。②""游学……
非德国不可"③。所以，他抱志数年，一心赴德游学。1907年夏，身为翰
林、已过不惑之年的蔡元培终于如愿以偿，来到了德国。他计划在德至少
用5年时间，"专修文科之学，并研究教育原则"以及德国的"现行教育之状
况"④。

在德国的第一年，蔡元培在柏林主要学习德语、编译书籍。他曾准备
入柏林大学，但因没有中学毕业证；后经汉学家孔好古教授的介绍，于
1908年10月，在莱比锡大学注册入学。

此时的德国正值威廉二世治下的盛世，德国的大学更是处于发展的巅
峰时期，享誉世界。莱比锡大学亦是名牌大学，以研究进取精神闻名，有
"实干大学"的美称，拥有一批当时第一流的学者，如历史学家兰普来
西，哲学家、心理学家冯特等。

蔡元培来到莱比锡后，埋头学习，潜心学术。从莱比锡大学的档案中
我们得知，蔡元培在3年的时间里，共修了约40门课，平均每学期6门。他
主要师从兰普来西、冯特教授，所选课程涉及哲学及哲学史、心理学、欧
洲特别是德国文化史、德国文学及美学与艺术等方面；后期尤其醉心于艺

---

① 康有为：《请开学校折》，见舒新城编：《中国近代教育史资料》（上册），人民
教育出版社1979年版，第153页。
② 黄炎培：《吾师蔡孑民先生哀悼辞》，见蔡建国编：《蔡元培先生纪念集》，中华
书局1984年版，第55页。
③ 高平叔编：《蔡元培全集》（第三卷），中华书局1984年版，第323页。
④ 高平叔编：《蔡元培全集》（第一卷），中华书局1984年版，第394页。

术和美学①。他还参与了孔好古教授的汉学研究工作。蔡元培广收博取，融会贯通，学术眼界为之大开。这无疑为其日后担任北京大学校长奠定了良好的基础。与此同时，蔡元培显然通过莱比锡大学对德国的高等教育进行了认真的考察，并为其大学观念所深深折服。蔡元培五六年后在北京大学的改革主张清楚地说明了这一点。

二、蔡元培的办学思想与德国的大学观

所谓德国的大学观，是指19世纪，德国所特有的一整套大学办学思想。在19世纪初的大学改革过程中，洪堡、费希特等人围绕即将建立的柏林大学提出了一系列论述，这些论述在随后的实践过程中，逐渐成为德国大学的指导思想。笔者认为，德国的大学观包含两大项内容，一是关于大学的社会—政治功能观，二是大学的理念及若干办学原则。以下从这两方面说明德国的大学观与蔡元培大学思想的关系。

（一）关于大学的社会—政治功能观

在德国，现代大学产生于国难当头、民族危亡的历史时刻，所以，大学改革从一开始就与民族的命运联系在一起。柏林大学在诞生之际就被赋予了振兴民族、挽回普鲁士军事、政治失败的历史重任。当时的普鲁士国王有句名言："国家在物质上所失去的，要用精神力量来补偿。"所谓精神力量，即指大学。从此，大学在德国一再被看作是民族力量的体现，国家强盛的支柱。德国历史学家蒙森（Theodor Mommsen）把大学（包括科学）、军队和关税联盟等量齐观，认为它们是德国民族振兴至为重要的因素②。另一位历史学家在论及19世纪德国大学时也指出："在德国，大学对市民社会的生活观和价值观影响甚大，文学与新闻、自由知识分子或艺术

---

① 陶英惠著：《蔡元培年谱》（上），台湾"中央研究院"近代史研究所1976年版，第191–208页；费路：《蔡元培在德国莱比锡大学》，见蔡建国编：《蔡元培先生纪念集》，中华书局1984年版，第461–463页。

② Theodor Mommsen, *Reden und Aufsätze*, 1905, p.6.

家、政治舆论甚至教会都莫能与之相比。""大学……是民族精神生活的中枢机关"①。

蔡元培回国后特别重视高等教育，如他所说"我的兴趣，偏于高等教育"②，他坚信大学、学术是一个民族安身立命，赖以强大的根本。他的朋友吴敬恒曾说，蔡元培"毕生最致力的是办大学。他为什么主张办大学？仿佛是一个国家，只要有大学问家出来，民族就可以之而贵，一班人就可以之可尊"③。蔡元培如此看重大学，这显然与德国人对大学的态度有关，他有两次援引德国的例子强调高等教育的意义：

> 普鲁士受拿破仑蹂躏时，大学教授菲希脱（今译费希特）为数次爱国之演说，改良大学教育，卒有以救普之亡。而德意志统一之盛业（普之胜法，群归功于小学教员，然所以有此等小学教员，高等教育之力也）亦发端于此④。

> 一个民族或国家要在世界上立得住脚——而且要光荣的立住——是要以学术为基础的。……德意志便是一个好例证：德人在欧战时力抗群强，能力固已可惊；大败以后，曾不到十年而又重列于第一等国之林，这岂不是由于他们的科学程度特别优越而建设力强所致么？⑤

蔡元培很早就主张教育救国，德国的大学对其民族的贡献及在社会中的地位又给蔡元培留下了极深的印象，这使他坚信，中国若能像德国那样办好大学、繁荣学术，就会富强起来，光荣地立于世界民族之林。

德国19世纪大学观是以一种特有的科学观为基础的，这种科学观是德国古典唯心主义哲学和新人文主义思想的产物，它认为，科学是一种永远

① Thomas Nipperdey, *Deutsche Geschichte 1800—1866*, 1983, p.481.
② 高平叔编：《蔡元培全集》（第七卷），中华书局1989年版，第197页。
③ 吴敬恒：《蔡先生的志愿》，见孙常炜编：《蔡元培先生全集》，台湾商务印书馆1978年版，第1369页。
④ 高平叔编：《蔡元培全集》（第三卷），中华书局1984年版，第26页。
⑤ 高平叔编：《蔡元培全集》（第五卷），中华书局1988年版，第479页。

处于未完成状态，"有待于发现，而永远无法穷尽的事物"①，科学的本质是对真理和知识的探求和发现，也就是研究；科学是一个整体，以哲学和人文学科为其基础，只学习专业知识而没有对世界和生命的思考和探索，只不过是匠人，而不是学者；科学首先是自为目的的，其实际用途、实用性只是第二位的，科学研究是不计功利的，科学与大学不可分离，研究与教学不可分离，从事研究是人格陶冶和学术训练是蔡元培的办学思想与德国的大学观的最佳训练②。

（二）德国大学理念及若干办学原则

德国大学观正是以这种科学观为其核心的，其具体的原则就是这种科学观的衍生。众所周知的德国大学原则包括教学和学习自由、研究与教学统一，以及重学术轻技术等。以下从三个方面看蔡元培对德国大学观的接受和借鉴。

1. 教学和学习自由

根据德国的科学观，科学就意味着探索，而这种探索不承认科学以外的任何限定和限制，就是说，科学研究是自由的，即使是学习也必须以自由为条件，因为大学教学就是引导学生参与科学研究的过程。因此，教学和学习自由成为德国大学最重要的制度特征之一。

对于德国大学中的教学和学习自由，蔡元培有着数年的亲身体会，并从中受益匪浅。他对此非常赞赏并说："意志帝政时代，是世界著名开明专制的国家，他的大学何等自由。"他在北京大学重要改革目标之一，便是创造一种像德国大学那样自由的学术环境，按他的说法就是"循思想自由原则，取兼容并包主义"。他主张，"凡物之评断力，均随其思想为定，无所谓绝对的。一己之学说，不得束缚他人；而他人之学说，亦不束缚一

---

① Wilhelm vou Humboldt: Ueber die innere und aeussere Organisation der hoehren wissenschaftlichenAnstalten in Berlin, in Menze C, *Wilhelm von Humboldt-Bildung und Sprache*, 1979, p.120.

② Thomas Nipperdey, *Deutsche Geschichte 1800—1866*, 1983, p.59.

已"①。"无论为何种学派，苟其言之成理，持之有故，尚不达自然淘汰之命运者，虽彼此相反，而悉听其自由发展"②。蔡元培所强调的不仅是教师教学和研究的自由，而且也包括学生学习的自由，使学生在学习中"有自由选择的余地"③。为此，蔡元培在教学制度方面进行了改革，如实行选科制，增开选修课程，扩充图书馆，允许学生自由听课，为学生自由地学习和研究创造条件。

在蔡元培的努力下，北京大学很快出现了自由的学术气氛。蒋梦麟回忆道，当时在北京大学"保守派、维新派和激进派都同样有机会争一日之长短。背后拖着长辫，心里眷恋帝制的老先生与思想激进的新人物并坐讨论，同席笑谑"④，当然也相互交锋。北京大学由此具有了学术自由的传统。

2. 研究与教学统一

把科学研究引入大学是德国现代大学的突出特征。正如德国教育史家保尔森（Friedrich Paulsen）指出的："教师既是学者或科学研究者，也是科学的传授者。"这两者的结合"是德国大学的独特之处"⑤。研究与教学的统一实质上是把教学纳入科学研究的范畴，加强大学的科学研究功能，把教学变为引导学生参与研究的过程，使大学成为科学研究的机构。在德国的大学中，"根据研究与教学统一的原则，只有一名好的研究者，才是一名好的教师，也就是说，研究至上"⑥。

蔡元培无疑十分推崇研究与教学统一的原则，并在北京大学不遗余力地推行这一思想。在刚刚决定出任北京大学校长时，蔡元培就定下了其改

① 高平叔编：《蔡元培全集》（第三卷），中华书局1984年版，第51页。
② 高平叔编：《蔡元培全集》（第三卷），中华书局1984年版，第271页。
③ 高平叔编：《蔡元培全集》（第六卷），中华书局1988年版，第35页。
④ 蒋梦麟：《西潮》，辽宁教育出版社1997年版，第108页。
⑤ Friedrich Paulsen, *Die deutschen Universitäten und das Universitätsstudium*, 1902, p.203.
⑥ Thomas Nipperdey, *Deutsche Geschichte 1800—1866*, 1983, p.472.

革的首要目标："延聘纯粹之学问家，一面教授，一面与学生共同研究，以改造大学为纯粹研究学问之机关①。"这是典型的德国式大学理想。蔡元培出任校长后，不厌其烦地强调："大学者，研究高深学问者也。""大学为纯粹研究学问之机关"②，而且是教师和学生"共同研究学术之机关"③。所谓教师和学生共同研究，也体现了研究与教学的统一。亦如洪堡所说的，教师和学生共同研究，"为科学而共处"④。

为了把研究引入教学过程，蔡元培一直强调，应按照德国大学的制度在北京大学建立研究所。早在1912年，蔡元培作为教育总长在《大学令》中就规定，大学应设大学院（即研究所）；他自己解释道："仿德国制。""在大学中，分设各种研究所"⑤。到北京大学后，蔡元培马上着手建立研究所。最初计划在各科中设立研究所，但因经费问题决定建立4所综合性研究所，即国学研究所、外国文学研究所、社会科学研究所和自然科学研究所（自然科学研究所后未能建立）。研究所的设立，大大促进了北京大学的科学研究，而且开辟中国现代研究生教育的先河。

3. 重学术轻技术

根据德国的大学观，大学学习是一种心智的训练，人格的养成，旨在达到"人的自我完成"⑥；而这种教育只有通过对纯粹的知识和学理的思考和探求才能实现，即"通过科学进行教育"，它超越一切实用的目标。因此，德国的大学（除了工业及专门性高等学校）从本质上"排除一切实际

---

① 高平叔编：《蔡元培全集》（第三卷），中华书局1984年版，第11页。

② 高平叔编：《蔡元培全集》（第三卷），中华书局1984年版，第5、191页。

③ 高平叔编：《蔡元培全集》（第三卷），中华书局1984年版，第210页。

④ Wilhelm vou Humboldt: Ueber die innere und aeussere Organisation der hoehren wissenschaftlichenAnstalten in Berlin, in Menze C, *Wilhelm von Humboldt—Bildung und Sprache*, 1979, p.120.

⑤ 高平叔编：《蔡元培全集》（第七卷），中华书局1989年版，第198页。

⑥ A. Anrich, *Die Idee der deutschen Universität und die Reform der deutchen Universitäten*, 1960, p.11.

的和实用性考虑"①。一位德国著名的教育官员在21世纪20年代说："对于德国人来讲，大学与实用性考虑、专门和职业性教育，在本质上是毫不相干的②。"

这种重学术轻技术同样也是蔡元培大学观念的一个重要方面。他在改革北京大学时提出"学术分校"，即"治学者可谓之大学，治术者可谓之高等专门学校"③。就是说，"大学止须文理科，以其专研学理也。而其他医、工、农、法诸科，皆为应用起见，皆偏于术，可仿德国理、工、商高等学校之制，而谓之高等学校"④。按照这一思想，蔡元培对北京大学的学科进行了改革，扩充文理科，停办工、商两科，并准备把法科分出去，使之成为独立的专科大学（后未能实现）⑤。在这里，蔡元培实际上把德国大学中的哲学院看作是德国大学的精华所在和效仿的榜样。他认为，德国大学的早期"重实用而轻学理"，18世纪以后，哲学院一跃为"大学中最重要之部分"⑥。所以，虽然德国大学通常包括神、法、医、哲四个学院，而他只愿为北京大学保留包含文理两科的哲学院，这反映了他在借鉴外来事物中取其精华，择善而从的态度。他的这种看法也有其根据，因为"德国大学的特色及其在精神和科学中的地位，首先归功于哲学院"⑦，"哲学院……最纯粹地体现了（德国）大学的目标"⑧。

同时，蔡元培也认为，大学是纯粹研究学问、探讨学理的场所，不应

---

① H-G.Gadamer, Die Idee der Universität-gestern: heute und morgen, in Eigen, M.u.a. *Die Idee der Universität*, 1988, 3.

② C.H.Becker, *Vom Wesen der deutschen Universität*, 1925, 8.

③ 高平叔编：《蔡元培全集》（第三卷），中华书局1984年版，第150页。

④ 高平叔编：《蔡元培全集》（第三卷），中华书局1984年版，第331页。

⑤ 高平叔编：《蔡元培全集》（第三卷），中华书局1984年版，第130、133页；萧超然等编著：《北京大学校史1898—1949》，北京大学出版社1988年版，第61页。

⑥ 高平叔编：《蔡元培全集》（第三卷），中华书局1984年版，第114页。

⑦ Friedrich Paulsen, *Die deutschen Universitäten und das Universitätsstudium*, 1902, p.528.

⑧ Wilhelm Lexis, *Die Universitäten im Deutschen Reich*, 1904, p.32.

涉及应用性和职业性知识。他一再强调:"今人肆业专门学校,学成任事,此固势所必然。而在大学则不然,大学者,研究高深学问者也。如果欲达其做官发财之目的,则北京不少专门学校,入法科者尽可肄业法律学堂,入商科者亦可投考商业学校,又何必来此大学①?"

在蔡元培的倡导下,纯学术研究开始受到重视,"为学问而学问的精神蓬勃一时。教室里,座谈会上,社交场合里,到处讨论着知识、文化、家庭、社会关系和政治制度等问题"②。

三、小结

蔡元培所受德国大学观念及实践的影响远不止以上列举的方面,他的其他有关主张,如教授治校、沟通文理、促进学生社团活动等,无不带有德国大学观念的印记。但以上的比较已足以说明,蔡元培深受德国大学观的影响,尽管他似乎从未阅读过洪堡等人关于大学理想的论述。显然他对德国大学的了解主要来自其在德期间的认真考察。他通过调查认识到:"欧洲各国高等教育之编制,以德意志为最善③。"他在北京大学的改革措施及主张表明,德国的大学模式是他主要的参照和借鉴对象,而且他似乎直接以德国的柏林大学、莱比锡大学为目标,希望北京大学能与之平起平坐,"相颉颃耳"④。

但是,蔡元培并不是在北京大学完全照搬德国的办学模式。对于借鉴外来文明,蔡元培主张要"吸收而消化之""尽吸收其优点,且发达我特性也"⑤。他在北京大学所进行的改革正体现了这种原则。蔡元培的许多改革主张无疑来自德国的大学观,但并非盲目照抄他人,而是根据当时北京大

---

① 高平叔编:《蔡元培全集》(第三卷),中华书局1984年版,第5页。
② 高平叔编:《蔡元培全集》(第七卷),中华书局1989年版,第150页。
③ 高平叔编:《蔡元培全集》(第三卷),中华书局1984年版,第130页。
④ 高平叔编:《蔡元培全集》(第三卷),中华书局1984年版,第115页。
⑤ 高平叔编:《蔡元培全集》(第三卷),中华书局1984年版,第28页。

学的实际状况而提出的，比如北京大学在蔡元培任校长之前"像个衙门，没有多少学术的气氛"①，不少教员不学无术，讲课陈陈相因，学生则混资历，找靠山，无心于学术。鉴于此，蔡元培强调，大学是研究高深学问的机构，并积极致力于创办研究所，以使北京大学成为真正的学术机构；又比如当时科举时代的遗风犹存，"社会心理大都趋重于官吏之一途，为教员者仅以此为进身之阶梯"②，学生也多有做官发财的思想。针对这一状况，蔡元培不遗余力地提倡纯粹的学术研究，指出大学为纯粹研究学问的机构，学生"当以研究学术为天职"③，"于学问以外，别无何等之目的"④。蔡元培还针对封建的学术专制遗风和学术中的门户观念及专己守残陋习，极力提倡思想自由，兼容并包的原则，鼓励学生主动、自由地学习。

一方面蔡元培熟谙当时较为先进的德国大学观念，另一方面深知当时中国大学及学术的弊端，因而能够高屋建瓴，提出切中时弊而又开风气之先的改革措施，在短短的几年中，使腐败、陈旧的北京大学变为一所思想活跃的现代学术机构。尊尚学术和学术自由成为北京大学的突出标志。

清末民初，重术轻学的实用之风盛行，纯学术毫无地位⑤，当时的北京大学就是典型的例子。而蔡元培却在北京大学创造出了学术的气氛，提高了学术的地位，纯学术研究受到普遍的尊重。同时，中国传统的封建学术专制积习也逐步被兼容并包、学术自由的观念所替代，经学的传统权威已不复存在。自由的学术气氛为各种学说提供了发展的机会，使北京大学出现了各种思想相互争鸣的活跃景象，蒋梦麟喻之为百家争鸣的先秦时代⑥。

---

① 顾颉刚：《蔡元培先生与五四运动》，见钟叔河、朱纯编：《过去的学校》，湖南教育出版社1982年版，第11页。

② 萧超然等编著：《北京大学校史1898—1949》，北京大学出版社1988年版，第47页。

③ 高平叔编：《蔡元培全集》（第六卷），中华书局1988年版，第350页。

④ 高平叔编：《蔡元培全集》（第三卷），中华书局1984年版，第149页。

⑤ 王国维：《国学丛刊序》，见周锡山编：《王国维文学美学论著集》，北岳文艺出版社1987年版，第180、181页。

⑥ 高平叔编：《蔡元培全集》（第七卷），中华书局1989年版，第150页。

蔡元培在北京大学的改革无疑是成功的，北京大学成为当时其他高等学校效仿的样板。在北京大学影响扩大的同时，尊尚学术和学术自由观念也逐渐为人们所接受。如果说蔡元培的影响"决不止于北大，而在于全国；其所改革者亦不止于教育，而在于整个文化"[1]，那么，德国大学观、学术观在21世纪初对中国现代高等教育及学术的发展便有着不可低估的影响。因此，蔡元培的大学观及其在北京大学的改革，可被看作是德国大学观、大学模式影响中国高等教育及学术的一个重要事例，同时，也是19世纪末20世纪初，中国接受西方文化过程中值得重视的个案。

第三节　蔡元培对德国大学理念的接受

在1910年12月出版的《教育杂志》上，刊登了一篇题为《德意志大学之特色》的文章，译者为蔡元培[2]。蔡元培在德国游学期间，专注于历史和哲学的学习，很少翻译文章，他之所以抽空翻译这一篇关于德国大学的文章，显然在他看来，此篇文章很重要。他还为译文专门写了简短的按语：

此篇为故柏林大学教授博士巴留岑所著《德意志大学》总论。博士在德国学界有重名，是篇又为名著，颇足供参考。

这位巴留岑教授，就是大名鼎鼎的包尔生。这位哲学家和教育学家于

---

① 唐振常：《〈蔡元培先生纪念集〉书后》，见蔡建国：《蔡元培先生纪念集》，中华书局1984年版，第315页。

②《教育杂志》发表此文时未署名，据高平叔编：《蔡元培年谱长编》（上卷），人民教育出版社1996年版，第353页，此篇为蔡元培所译。

1894年到柏林大学任哲学和教育学教授，是19世纪与20世纪之交，德国最有影响的学者之一，也是新康德主义哲学代表人物之一，其《哲学导论》发行了42版，影响深远。他还积极参与现实的教育改革，其教育学著作也堪称经典；他也培养了一批著名学者，哲学家胡塞尔、教育学家李特、诺尔和斯普兰格、史怀泽及滕尼斯等，均出其门下。蔡元培当然熟悉包尔生的名字及其哲学思想，他应该在1907年就开始参照日文译本翻译其《伦理学原理》，1909年10月，商务印书馆出版了汉译本。

作为一名教育学家和教育史家，包尔生出版有两本很有名气的著作。一本是两卷本的《中世纪到当代的德国中学和大学教育史》（1885年），另一本是《德国大学与大学学习》（1902年）。蔡元培所说的《德意志大学》就是《德国大学与大学学习》。全书分五个部分：第一部分为"历史发展线索"，第二部分为"目前大学的组织及其在公共生活中的地位"，第三部分为"大学教师与教学"，第四部分为"大学生与大学学习"，第五部分为"四个学部"。每个部分包含2至6章不等，非常系统地总结和叙述了德国大学的各个方面。在五个部分之前，作者写了一个引言，题目是"德国大学的总体特征"，蔡元培所翻译的，就是这个引言。

以下我们将参照包尔生的原文，阅读蔡元培的译文，并集中讨论两个问题：第一，当时蔡元培对西方大学了解的程度；第二，这篇文章对他日后的大学观念产生了何种可能的影响。

从这篇译文看，蔡元培对德文原文的理解总体上是没有问题的，并能够将其翻译为流畅的汉语。而且他依仗深厚的汉语功底，能把德文的长句子按照汉语的习惯进行分解，使译文读起来更加符合汉语的表达习惯。但是，或许是由于当时通行的翻译路数，或许是由于蔡元培注重核心内容而不看重细小之处，蔡元培的翻译显得比较自由，文字上不追求与原文严丝合缝，常常还会对文字进行增删。

所谓增，是指增添原文中没有的内容。蔡元培在译文中有时会增加若干文字，这些文字作用不同，有时是为了表述的流畅，有时是为了进行解释，有时是为了强调自己的观点，比如译文的第一句是：

欧洲近代，大学勃兴，其数多不可计。然可约之为三种，既别各国大学为英国风、法国风、德意志风三者是也。

但原文只是说（略仿蔡译风格）："当今高等学校，形式多种多样，然基本之类型有三，英国风、法国风和德国风三者是也。"（Die mannichfachen Formen der gegenwärtig bestehenden Hochschulen lassen sich auf drei Grundtyen zurückrühren：den englischen，den französischen und den deutschen Typus.）蔡元培在句首增添了"欧洲近代，大学勃兴"，显然是为了表述和意义的完整，应该说增添得有道理。但"其数多不可计"似不准确，原文主要讲大学的形式多样，并未谈数量的多少。

再如，在论述英国大学时，原文说"英国大学之学者，不同于德国，亦非终年为大学学生之教师，只进行学术讲座"（Aber auch die Universitätsgelehrten sind nicht in dem Sinne wie in Deutschland die Lehrer der akademischen Jugend，sie halten wissenschaftliche Vorträge），而蔡元培译此句为：

德国（系笔误或印刷错误，应为英国——笔者案）大学之学者，亦非终年为大学学生之教师，彼等于一学年间，不过演讲两三次，每次延续至十数时而已。

蔡元培显然觉得只说"只进行学术讲座"不够清楚，所以，就替作者作了进一步的解释，增添了"彼等于一学年间，不过演讲两三次，每次延续至十数时而已"数语。

另一种增添的情况，是蔡元培觉得原文意犹未尽，顺着作者的思路，写上自己的话。如作者论述德国大学教授对德国国家社会发展的独特贡献时说："如溥芬道富、多玛卢斯、萨味纳、斐尔巴哈、聂布尔、多赉乞克等为大学教授，于德之法律政治，皆有绝大之关系。而路得、米兰登，扩大德意志之国运者，亦悉为大学教授。"原文行文至此，此段结束。而蔡元培似乎觉得此段不够完整，意义不够完足，又添了一句结束语：

即是以论，大学教授之为功，夫岂浅鲜哉。

如果小小的增添不影响作者的原意，那么漏译往往会导致信息的损失。蔡元培的译文中有不少漏译的地方，有些轻微，有些比较严重。在论及英国大学时，译文说："今校中所行之制度习惯，犹酷似中世纪时，教师学生，莫不起居于本校宿舍之中。"此处漏译了"与寺院相近"一句。在列举英国不是大学教授的大学者时，原文列举了十四人，而蔡译只列举了达尔文等八人，漏掉了卡莱尔、休谟、洛克、沙夫斯伯里、霍布斯、培根六人的名字。当然这些属于轻微的漏译。

在论及德国大学特色时，蔡译在"故德国大学，于普通之组织，独能保存最初之形式焉"之后，漏译了一段文字，其大意为："大学的四个学部仍为教学机构，而英国大学之教学与生活则集中于学院（college）。同时，大学融四个学部为一整体，为所有学术职业之训练之所，此与法国异。"这段话从比较的角度强调德国大学的特色，应当说是重要的文字，不该省略；再比如，在谈及法国大学时，有段译文为："唯改造之新纪元，始于拿坡仑帝政时代，新建各种专门学校，如法学医学之属。废一大学中并置各科之旧习。"核以原文，此段译文漏掉了若干内容。原文大意为：

唯改造之新纪元，始于拿坡仑帝政时代，新建各种独立的专门学校，为种种以科学教育为基础的职业培养人才，如法学和医学专门学校。而包括文学和科学学科的哲学学部呈衰落之势。兼容不同学部的整体大学不复存在。

其中，"哲学学部呈衰落之势"是德法两国大学的重要区别之一，为作者所强调，而译文中则漏掉了这些内容，实属不该。又如，译文中"讲堂之上与学生晤对交换思想，彼以一种不可言传之刺激鼓励，夫岂闭户潜修之学者所能梦想及之"，原文在其后还有一段甚为重要的文字，但蔡译中却没有。其大意为："面对听众，教师会尽量集中讲述重要而一般性内容。所谓德国人有哲学思辨之倾向，偏好广泛之观念，其原因在于德国的知识传授，较之他国，更重课堂上之口述。"这些都是比较严重的漏译事例。

　　当然，细读此篇译文，不是为了品评蔡译水平的高下，而是想借此管窥蔡元培涉猎西方大学之多寡。以下分别以英国、法国和德国大学为例，试说蔡元培对诸国大学制度了解的程度。

　　关于"英国风大学"，包尔生有简要的介绍，在说到英国大学教学内容的变化时，蔡译说道：

　　近年又以法学为法庭实地应用之端，必须在大学先事熟习，故科目中又添法学。

　　此句读起来令人费解。查原文，方知作者是说"近年法学理论教育有所加强，而法律实际之训练其后在律师协会中完成"（und in jüngster Zeit ist auch das rechtswissenschaftliche Studium stärker vertreten，dem dann der praktische Kursus in den inns of court folgt）。蔡元培显然对英国大学的法学教育了解不深，不知律师协会（inns of court），故译文语焉不详。另外，蔡元培似乎对英国特有的学院制不是很了解，译文中或译为"宿舍"，或译为"专门学校"，翻译为"宿舍"是可以的，但翻译为"专门学校"似有不妥。如译文说"英国亦欲联合各种独立专门学校而为一大学"，其实原文是说"英国也尝试着将分散于学院的大学教学活动重新集中起来"（auch in England ist man bemüht den Universitätsunterricht aus der Zerstreuung in den colleges wieder zu sammeln）。

　　关于"法国风"大学，译文说"唯改造之新纪元，始于拿坡仑帝政时代，新建各种专门学校，如法学医学之属……故法基游台（疑为专门学校之名）对于一定的职业，而授以专门之训练"。所谓"法基游台"，德语为Fakultäten，法语为Facultes，即欧洲大学的学部（也翻译为学院），法国大学解体后，各学院成为独立的专门学校。蔡元培的理解本无误，但无须音译为"法基游台"。而且蔡元培自注"疑为专门学校之名"，也显示出对法国大学史不够了解。另外，蔡元培对法国的科学院系统似乎也不熟悉，有一段译文为：

　　法国亦然，研究最力之人，及负盛名之学者，皆属于中学校，并兼专门学校及束尔朋之教员，为公开之讲演，人人有听讲之特权，其不为大学生实际之教师而每日授课，与德国大学教授同。

说法国"负盛名之学者，皆属于中学校"，显然有问题。所谓"中学校"，原文为Akademie，指科学院。作者在Akademie之后又补充了法语词Institut de France，今译法兰西研究院，而蔡元培将其翻译为"专门学校"，故不够妥当。"束尔朋"原文为Sorbonne，今译索邦，指巴黎大学。此句中还漏译了College de France，即法兰西学院。略仿蔡译，此段原话大意为："法国亦然，研究最力之人，及负盛名之学者，皆属于科学院，如法兰西研究院，他们或兼任法兰西学院及巴黎大学之教员，为公开之讲演，人人有听讲之特权，而不似德国大学教授，为大学生实际之教师，而每日授课。"

蔡元培在德国游学期间，并不专攻西方大学制度，对英国和法国大学了解不深，本属正常。但考虑到蔡元培一直对教育抱有强烈的兴趣，同时，又有在德国大学中直接学习和生活两三年的经历，他对德国大学的历史和现状应该有比较深入的了解。但情况似乎并非如此。关于德国大学的独特之处，包尔生说德国的大学者同时几乎都是大学教授云云。蔡译如下：

德国凡大学教授，为真研究学问者，为大学问家，而此真研究学问者，与大学问家，无一不在大学为教师。彼弗布得二校，亦有不为大学教授之大学问家，又为文科中学校之教师者，非无学识绝特之人。

其中"弗布得二校"一句，初看不解，查原文得知，"弗布得"不是两个学校的名称，而是大名鼎鼎的洪堡兄弟。哥哥威廉·洪堡是柏林大学的创建者，被奉为德国现代大学的开创者，弟弟亚历山大·洪堡则是著名的科学家，但二人都不曾在大学中任教，所以包尔生说，他们俩算是例外。这句话大意为："当然也有例外，亦有大学问家不为大学教授者，威廉·洪堡和亚历山大·洪堡属之。"如此看来，当时蔡元培对德国大学历史的了解还相当有限，竟不知洪堡为何许人也。其实，包尔生在书中专门对洪堡及其思想有所介绍，还引用洪堡的文字阐述德国大学的理念。估计蔡元培在翻译此文时，还没有通读全书。

通过阅读蔡元培的这篇译文，我们可以断言，截至1910年，可能除了对他所就学的莱比锡大学，蔡元培对英国、法国和德国大学制度的整体了解还非常有限，至少可以肯定，他没有系统地钻研过诸国大学的历史与制度。与此同时，这篇译文也透露出一个重要的信息，蔡元培从这个时候开始关注和研究德国的大学。翻译此文，显然是他系统了解德国大学的开始。而且在翻译此文时，他显然还没有来得及通读全书。短短的11面的引言，似乎给蔡元培以很大的启发，所以，他迫不及待地动手翻译，并在《教育杂志》上发表。按他的说法，此文"颇足供参考"，这话应该首先是对他本人讲的。

那么，包尔生所写的这个序言究竟给了蔡元培哪些重要的参考？这个序言中的哪些内容使蔡元培在没有阅读全书的情况下，便匆匆动手翻译此文，并推荐给国内的读者？

包尔生在这篇短短的序言中，与其说是比较了英、法、德三个大国的大学特点，不如说是以英法大学为陪衬，用很大的篇幅陈述了德国大学的特色。关于德国大学的特色，包尔生说"故德国大学之特色，能使研究教学融合而一"，这也就是我们现在所熟悉的"教学与研究统一"的原则。但在包尔生看来，这一特色所产生的巨大效果，才是德国大学的真正特色所在。所以，他对"研究教学融合而一"差不多是一笔带过，接着以此为基础，用了大段篇幅论述德国大学与德意志民族、国家与社会的关系。包尔生写道（以下全引蔡译）：

德国凡大学教授，为真研究学问者，为大学问家，而此真研究学问者，与大学问家，无一不在大学为教师。

下文进一步论述道：

如此事状，虽似细小，而实关系于德国学界甚大。大学教授之事实，所以定国民他日地位势力之左券。

接着作者列举了众多的学者，说明德国的思想家、哲学家、诗人等大都以大学教授的身份，通过直接面对大学生、影响大学生而对德国文化、宗教、政治、法律产生了重大的影响。蔡元培翻译至此，显然感慨不已，不顾自己译者的身份，径直替作者总结道："即是以论，大学教授之功，夫岂浅鲜哉！"

作者还强调，大学能促进民族的统一，形成民族共同的信念，说大学：

今且为维持德意志联邦统一之重要机体，能使各联邦国民联合益巩固，感情益锐敏。

如此看来，德国的大学由于实行"教学与研究的统一"，而对整个民族的兴旺和发达作出了重要的贡献。触动蔡元培，并引起蔡元培高度共鸣的，显然是德意志大学的这一特色。他之所以急忙翻译这一文章，显然是想让更多的中国人明白，大学能够改变一个民族的命运。

我们都知道，蔡元培很早就是一个教育救国论者。戊戌变法之后，他告别京城，回乡办学，就是抱着教育救国的想法，希望通过培养人才，实现改造社会的目标。但我们发现，蔡元培从德国回来之后，其教育救国的思想有了新的聚焦点，这就是大学或学术。他似乎从泛泛的"教育救国"论者转变为"学术救国"或"大学救国"论者。他在任教育总长时，特别注重高等教育，反对优先发展初等教育的意见，认为高等教育更为重要，应当得到优先发展。而且他之所以力排众议，甘冒声誉受损的风险，接受"声名狼藉"的北京大学校长之职，多少也与此有关。

如果说蔡元培深受德国大学理念的影响，那么，这种影响绝不限于教学与研究统一、注重纯学术、教授治校等具体原则。德国大学在德国历史社会中的独特而重要的地位，想必给蔡元培留下至深的印象，这是他日后倾力改造北京大学的根本动力所在。而德国大学这一特色之所以能够进入蔡元培的视野，或许正是包尔生这篇序言的功绩所在。

第四节　蔡元培与汉堡大学

　　蔡元培一生三次赴德游学研究，前两次在莱比锡大学，第三次在汉堡大学。关于在莱比锡大学的学习，莱比锡大学档案馆存有相当的材料[①]。而关于蔡元培在汉堡大学的学习情况，迄今未见档案材料问世。笔者曾赴汉堡，欲在汉堡大学档案中查找蔡元培的学习记录，但由于种种原因，未能如愿。后求教于德国汉学家哈尼施（Thomas Harnisch）博士，他在进行《中国留学生在德国》的研究中系统查阅过汉堡大学关于中国学生的档案材料[②]，但没有找到蔡元培的名字。

　　根据现有的材料，1923年7月，蔡元培偕妻儿赴欧洲，先在比利时和法国逗留。在法国期间，蔡元培曾赴荷兰、瑞典斯德哥尔摩参加一个关于民族学的学术会议。在会上，蔡元培遇到当年在莱比锡留学时的同学但采尔（Theodor Wilhelm Danzel）[③]。蔡元培在莱比锡大学"与但采尔相识。但氏汉堡人，面微黄，颇心折东方文化，治民族学，其毕业论文之题曰《象形

---

　　① 陶英惠著：《蔡元培年谱》（上），台湾"中央研究院"近代史研究所1976年版，第191-208页；费路：《蔡元培在德国莱比锡大学》，见蔡建国编：《蔡元培先生纪念集》，中华书局1984年版，第461-463页。

　　② Thomas Harnisch, *Chinesische Studenten in Deutschland. Geschichte und Wirkung ihrer Studienaufenthalte in den Jahren von 1860 bis 1945*, 1999

　　③ Theodor Wilhelm Danzel（1886—1954），民族学家，任职于汉堡民族博物馆。后经蔡元培联系曾来中国进行研究。著有《文字的起源》（1912）、《文化与初民宗教》（1923）等。

字》"①。但采尔是民俗学家，时任汉堡民俗博物馆部门主任。他告诉蔡元培，汉堡民族博物馆资料丰富，劝其到汉堡进行研究。1924年11月18日，蔡元培偕夫人周养浩由巴黎经比利时到达德国科隆，第二天到达汉堡。11月21日，蔡元培"与夫人周养浩一同到汉堡大学报名注册入学"②。蔡元培在当日的日记中写道："到大学报名。"高平叔对此作了注释，说"蔡元培和夫人周养浩到汉堡大学报名入学"③。

从这些材料看，蔡元培在1924年的确在汉堡大学注册入学，但汉堡大学档案中何以没有蔡元培的学习记录？承蒙哈尼施博士的慷慨，笔者查看了他在汉堡大学档案馆的调查手记。我发现，在1924—1925年的冬季学期，确有一姓蔡的中国学生在汉堡大学注册学习，而且所学专业为民族学，但此人不是蔡元培。根据注册登记，此人的姓名为Tsai Tchou King，女性，年龄33岁，杭州人，曾在南京、布鲁塞尔和巴黎学习。此人的情况很容易使人想到蔡元培当时的夫人。蔡元培于1923年7月新娶，夫人名周峻，字养浩，1923年8月，到欧洲后先后在布鲁塞尔美术学校和巴黎美术专门学校学习，时年33岁。这位中国女学生蔡氏当是蔡夫人无疑。不知是按欧洲人妇随夫姓的习惯，还是出于其他原因，周夫人在婚后可能就冠以蔡姓，蔡元培在一封代夫人致张元济的信中便署以蔡周峻之名，即是明证④。Tchou King显然是周峻按江浙方言发音的德文拼法。

前不久笔者为考察蔡元培与但采尔的关系，与汉堡民族博物馆取得了联系。博物馆的工作人员意外地在档案中发现了但采尔于1924年10月15日写给蔡元培的一封信。但采尔原信如下：

---

① 高平叔编：《蔡元培全集》（第七卷），中华书局1989年版，第303页。
② 高平叔撰著：《蔡元培年谱长编》（中），人民教育出版社1996年版，第691页。
③ 中国蔡元培研究会编：《蔡元培全集》（第十六卷 日记1913—1936），浙江教育出版社1998年版，第271、274页。
④ 高平叔编：《蔡元培全集》（第七卷 1936—1940），中华书局1989年版，第193页。

蔡先生大鉴，

适才与我们民族博物馆馆长提伦纽斯（Georg Thilenius）教授商量过您的事情。他认为，您夫人在汉堡大学注册一事，当不成问题。我草拟了一份入学申请，随信寄上。务请您夫人尽快向大学提出申请。您若需要其他帮助，不妨去找汉堡大学汉学研究所的助教，他有意结识您及您夫人。他的地址是：弗里茨·耶格（Fritz Jäger）博士，汉堡大学，汉学研究所。

附寄的申请书须手抄一遍，寄往汉堡大学秘书处。随申请还须附上您夫人在北京大学的学业证书或中国公使开具的相应证明。

希望不久能在此见到您和您的夫人，并祝衷心问候。

信中提到的提伦纽斯不是汉堡大学文学院院长[1]，而是位人类学家，自1904年起，任汉堡民族博物馆馆长，从1920年起同时任汉堡大学教授。蔡元培在汉堡期间与提伦纽斯时有交往，回国后与他仍有书信交流，汉堡民族博物馆档案中还存有蔡元培于1929年5月31日写给提伦纽斯的一封信。耶格在汉堡取得汉学博士学位，当时正在撰写其教授论文；任汉学所所长福克（Alfred Forke）教授的助手[2]，1927—1929年，曾在南京中央研究院从事研究，1935年，接替福克任汉堡大学汉学所讲座教授。

由此信可知，蔡元培曾安排周夫人入汉堡大学学习，并在1924年10月份为此求助于但采尔。但采尔与民族博物馆馆长提伦纽斯商量后，写了此信，而且还为蔡夫人草拟了一份入学申请。申请原文如下：

兹谨向汉堡大学提交申请，愿获准为正式学生。我于___年___月___日出生于____，曾在北京大学学习一学期。我于___年与蔡元培先生结婚，他是中华民国的前任文化部部长和北京大学校长，将在汉堡居留，以从事其研究工作。蔡先生热爱德国文化，并在中国致力于促进德国文化，我欲在

---

[1] 中国蔡元培研究会编：《蔡元培全集》（第十六卷），第274页注释34称："Thilenius：薛尔蒙斯，教授，汉堡大学文学院院长"，误。

[2] 福克（1867—1944），汉学家，曾在德国驻北京公使馆和上海领事馆任译员，1923年任汉堡大学汉学所讲座教授。中国蔡元培研究会编：《蔡元培全集》（第十六卷），第274页注释32称："福克为汉堡大学民族学教授"，误。

此学习，也多受他的鼓励。提伦纽斯教授也惠允支持我的申请。我拟选教育学、民族学和汉学为我学习的专业。

蔡元培显然根据但采尔的建议，将此申请递交给大学，后蔡夫人获准在汉堡大学注册。蔡元培在1924年11月21日的日记中所写的"到大学报到"，并非如一般所认为的，是蔡元培本人报到，而是为夫人在大学注册报到。

根据以上材料可以肯定：一是在1924年11月到1925年年底，蔡元培在汉堡从事民族学研究，但没有在汉堡大学注册；二是蔡元培夫人周峻在1924—1925年冬季学期（即1924年11月到1925年3至4月间），在汉堡大学注册学习一学期。蔡元培应蒋梦麟的请求曾计划在1925年夏天短期回国，但未成行，后决定于同年11月回国[1]，所以，蔡夫人也就没有在汉堡大学继续注册。

那么，蔡元培为什么自己没有注册入学，而让夫人注册呢？蔡元培此时已年近60，又曾任中国教育部长，还是在任的北京大学校长，如在汉堡大学注册读书，显然不太合适。而让夫人注册，蔡元培则可获得有关研究方面的便利，如了解有关民族学的课程以及阅读参考材料情况，或在大学借阅图书等。

蔡元培此次到德国，本欲静心研究民族学，但由于需要应付的事情很多，终未能如愿。如他1925年4月24日给吴稚晖的信中所说："弟此次来欧，本欲暂脱国内一切旧关系，专心编书读书，然到此以后，亦仍应接不暇，真非初料所及[2]。"1926年，蔡元培在《一般》杂志上发表的《说民族学》一文，想必就是他在汉堡期间读书的成果。

---

① 高平叔撰著：《蔡元培年谱长编》（中卷），人民教育出版社1996年版，第696、715页。

② 高平叔撰著：《蔡元培年谱长编》（中卷），人民教育出版社1996年版，第704页。

第九章

季羡林与德国

　　季羡林（1911—2009）于1935年去德国留学，1945年回国，在德国哥廷根大学获得了博士学位，成为一名著名的印度学家，也成为中德学术交流史上的一位重要人物。本章所关注的，不是季羡林的学术研究与著述，而是他在德国的学习和学习情况。本章的研究主要基于对档案文献的挖掘和实地考察以及与当事人访谈，所获取的信息和资料具有重要价值。这些研究不仅对季羡林研究很有意义，同时，对于中国留德学生的研究，也是一个重要的补充。

第一节　季羡林与哥廷根大学

1935年，季羡林与哥廷根大学因缘相遇，从此走上了漫漫的梵学之路。当时，德国学术交流中心（DAAD，当时汉语名称为"德国学术交换处"，以下简称DAAD）与清华大学签订了学生交流协议。这是DAAD首次与中国进行学生交流项目，季羡林入选。在第二次世界大战前，双方共交换了三批学生，其中接受DAAD资助赴德学习的中国学生共计14人，第一批（1935年）3人，第二批（1936年）6人，第三批（1937年）5人。第一批的三人是季羡林（文学）、乔冠华（哲学）、敦福堂（心理学）。其中乔冠华（1913—1983年）后来从政、以外交部长而闻名，而季羡林日后则成为中国印度学的创始人和著名的东方文化学者，被誉为"国宝"级大师。

季羡林出生于山东省清平县（现属临清市）一个贫苦的农民家庭，6岁时到济南，寄养在家境小康的叔父家。在山东的省会城市中，季羡林有机会接受了较好的教育。1930年，季羡林考取清华大学，攻读外国文学。在这所中国的一流大学中，季羡林受到良好的学术训练，并发表了不少散文。1934年秋，季羡林完成学业，其毕业论文题目是"荷兰德林的早期诗作"（The Early Poems of Holderlin）。事后看来，这篇论文似乎已经预示了季羡林与德国的关系。大学毕业后第二年，季羡林得知清华大学与DAAD有交流项目，便提出申请。申请很快得到批准，季羡林幸运地得到了这个出国留学的机会。按照交流计划，季羡林每月的奖学金为120马克，免缴学费，可在德国学习两年。由此，季羡林的生活轨迹出现了重大的转折。

1935年9月16日清晨，24岁的季羨林经过10余天的火车旅行，到达德国首都柏林。在原清华大学同学的安排下，他住在魏玛大街16号，房东姓罗斯瑙（Rosenau）。魏玛大街位于当时华人聚集的夏洛滕堡区（Charlottenburg），生活比较方便。但季羨林似乎并不喜欢柏林，更不喜欢当时他所见到的中国留学生，只盼望着快点开始自己的学业。按照"远东协会"（Verband für den Fermen Osten）的安排，季羨林每天在柏林大学的外国留学生德语班（das Deutsche Institut für Ausländer）学习德语。一个多月后，在柏林的学习结束，季羨林选择哥廷根大学作为留学的大学。

哥廷根大学建于1737年，到季羨林来留学时，只有200年的历史，在德国算不上历史悠久的大学。但哥廷根大学在建立之初就与众不同，因倡导学术自由而闻名，也算是后来洪堡大学改革的先声。哥廷根大学长期是德国学术的重镇，在数学自然科学、语言学研究包括古代语言等学科，声名尤其显赫。

1935年10月31日，季羨林只身到达哥廷根。他后来说道："原来只打算住两年，焉知一住就是十年整，住的时间之长，在我的一生中，仅次于济南和北京，成为我的第二故乡。"

对于学习的专业，季羨林开始只有一种朦胧的想法，想学习欧洲的古代语言。所以，在一开始选修了希腊文，还自学拉丁文，但方向并未确定。大约一个半月之后，一名中国留学生送给季羨林一本梵文语法，勾起了他在国内曾经有过的学习梵文的念头。他认为，印度文化对中国影响至深，所以，学习梵文可以更好地理解中国文化。季羨林在12月中旬已经明确了未来的学习方向，并开始了解哥廷根大学的梵文情况。

自1819年在波恩大学设立梵文教席以来，德国的印度学可谓成就辉煌。而哥廷根大学的印度学更是德国，乃至整个西方同行中的翘楚。哥廷根历任印度学掌门人，如本发伊（Theodor Benfey，1809—1881年）、基尔霍恩（Franz Kielhorn，1840—1908年）、奥尔登堡（Hermann Oldenberg，1854—1920年）、西克（Emil sieg，1866—1951年）都是大师级人物。季季羡林到哥廷根的这一年，西克正好退休，继任者为瓦尔德施米特（Ernst Waldschmidt，1897—1985年）。当时瓦尔德施米特还不到40岁，但已声名在外。季羡林看到哥廷根"梵学天空，群星灿列"，钻研梵文的志向愈发坚定不移。

1936年的春季学期在4月1日开学，季羡林第二天便开始上瓦尔德施米特的梵文基础课（Sanskrit-Grammatik fur Anfanger）。让季羡林感到诧异的是，来上课的只有他一人。其实选修梵文的学生从来就不多，加之自纳粹上台后，哥廷根大学学生人数锐减，1933年还有3400名学生，而到了1936年只有1800多名学生了。两个月前才正式上任的瓦尔德施米特教授，第一次上课竟只面对一名学生，不知他有何想法。但他肯定没有想到，这位唯一的学生日后竟成为中国印度学的开创者。上课地点就在东方研究所（Seminar für orientalische Philologie）所在的楼中。季羡林称之为高斯—韦伯楼，其实这只是俗称，该楼的正式名称是米夏里斯楼（Michaelishaus），地址是王子街21号（Prinzenstrage）。从此这栋建筑成为季羡林长达十年的活动中心。

季羡林住在城东南的明希豪森街20号的欧朴尔家中。这条南北向的小街已属于城外，除了路口有一两家商铺外，均为住宅楼房。季羡林每天早出晚归经过这条普通而安静的小街。早上吃过早饭后，就步行大约半个小时去市中心的高斯—韦伯楼，在这里上课、看书，晚上约7点回到住所，晚饭后看书学习到10点，几乎天天如此。内向的季羡林很少交际，几乎把全部的时间都用在读书学习上。

季羡林的主修学科是印度学，学习梵文和巴利文，两个辅修学科是英国语言学和斯拉夫语言学，并计划在两年内获得博士学位。他在选择辅修科目时，坚持不选汉学，而且发誓不选有关中国的博士论文题目。他想用自己的成绩证明，中国人不用投机取巧也一样能完成学业，并写出合格的论文，或者说，他不愿给中国人丢脸。

两年的交换期转眼就要结束了，而季羡林只是跟随瓦尔德施米特学习了梵文基础语法和基础阅读，还根本谈不上博士论文，他显然不想中断学习回国。但要想继续学业，就必须有经济来源和合法的居留许可。而此时哥廷根大学汉学研究所正好需要一名汉语老师，真是吉人天相，季羡林立即抓住这一机会。通过汉学研究所所长哈隆（Gustav Halon）教授的努力，季羡林从1937年10月开始，担任汉学所的语言教师，教授口语课、阅读课等，月薪150马克。

多亏了这份工作，季羡林得以在教课之余，师从瓦尔德施米特继续其学业。1938年秋，瓦尔德施米特建议季羡林以"《大事》偈陀部分的动词变化"（Die Konjugation des fineten Verbums in den Gathas des Mahavastu）为题目撰写其博士论文。所谓《大事》，是记载有关佛陀生平传说的一部佛经，是用"混合梵文"写成的，文字艰深难解，这种既非梵文也非巴利文的语言对于研究印度佛教史、印度语言发展史都有重要意义。所谓"偈陀"意译为"偈"或者"颂"，是佛经常用的一种体裁，由固定字数的四句组成，它虽然只是《大事》的一个部分，但是是一个重要且有意义的部分，而且数量很大，需要极大的耐心、细心梳理和比较。季羡林"从此就在上课之余，利用一切可利用的时间，啃那厚厚的三大册《大事》"。

1940年秋，博士论文基本完成，打印出来118页的博士论文耗费了季羡林整整两年的时间。导师对论文非常满意，给了"优秀"的成绩。瓦尔德施米特在评阅意见中写道："论文对于认识和理解混合梵文作出了有份量的贡献。""总的来说，虽然在教育背景和语言背景上如此不同，但作为一名东亚人，季先生对德国治学之道的掌握达到了罕见的完美程度。他必将有所成就。"西克给季羡林的论文也打了"优秀"的成绩，并高度评价道："季先生没有辜负瓦尔德施米特教授对他的信任，出色地完成了导师所给予的博士论文题目。"

博士论文通过后，还须进行口试。1940年12月23日上午，进行了第一次口试。院长戴希格雷贝尔（Deichgraber）主持考试，梵文考了一个小时，斯拉夫语言学考了45分钟，比规定的时间多了15分钟。两位考官都给了"优秀"的成绩。瓦尔德施米特认为,季羡林"知识扎实,但在用德语即时表述方面,稍有困难"。布劳恩(Braun)认为,季羡林"熟知细节知识,能完全独立思考,知识面非常宽广"。英文考试因考官勒得尔(Roeder)生病而推迟到1941年2月19日举行,半小时的考试之后,成绩又是"优秀"。论文及三门考试下来,季羡林得了4个"优秀",他欣喜若狂,并颇感欣慰,认为"我没有给中国人丢脸,可以告慰我亲爱的祖国,也可以告慰母亲在天之灵了"。1941年9月,季羡林正式获得了博士学位。

拿到了博士学位后,季羡林开始认真考虑回国的问题。但中国国内政局动荡,回国的路障碍重重,季羡林不得不继续待在哥廷根。他除了在汉学所教汉语外,还继续进行佛教混合梵文的研究,他回忆道,"在博士后的五年内,我写了几篇相当长的论文,刊登在《哥廷根科学院院刊》上,自谓每一篇都有新的创见",并说"这是我毕生学术生活的黄金时代"。

与此同时,瓦尔德施米特教授应征从军,西克出任代理。这位70多岁的吐火罗文专家可能看准季羡林是可造就之才,主动提出为他传授吐火罗文。吐火罗语是印欧语系中的一种古代语言,20世纪初,德国的探险队在新疆发现了一些吐火罗语残卷。西克教授和他的合作者通过三十余年的研究,终于读通了这些残卷,并编写出吐火罗语语法。西克教授因而成为世界上少有的吐火罗语专家。季羡林有感于西克教授的诚意,开始跟随大师攻读吐火罗语。

一方面季羡林潜心学问,另一方面也与哥廷根的市民一起过着忍饥挨饿的日子,一起躲避盟军的飞机轰炸,生活动荡不安。终于有一天,美国兵随坦克进驻哥廷根,战争随之结束。

季羡林终于可以回家了。1945年10月6日是告别哥廷根的日子,季羡林在心中不断地念叨"别了,我的第二故乡哥廷根"。1946年5月19日,季羡林途经瑞士、马赛、西贡、香港,经过漫长的海上航行,终于回到了中国。

1946年秋,季羡林被聘为北京大学的教授,并出任刚刚建立的东方语言文学系主任，这一干就是三十多年（十年"文革"除外），季羡林秉承德国印度学的传统，不断开拓自己的研究，在梵文和吐火罗文研究等方面都有令人瞩目的成就，可谓著作等身，桃李满天下，为中国的印度学发展立下了"汗马功劳"，得到的荣誉不可胜数。

西克教授当年就对季羡林寄予厚望，他说："我深信，我们可以自豪地将这位年轻的博士送回家乡，他一定会在那里为德国的学术增添荣誉"。瓦尔德施米特也认为，季羡林在梵文研究上"必将有所成就"。西克和瓦尔德施米特没有看错，历史证明了他们的预言。

第二节　名师与高徒

季羡林成为一名印度学大师，应当感谢哥廷根大学。正是在德国的哥廷根大学，季羡林找到了他终生的事业。他在晚年说过："在哥廷根，我要走的道路终于找到了，我指的是梵文的学习。这条道路，我已经走了将近六十年，今后还将走下去，直到不能走路的时候。"如今斯人已去，季羡林一生的梵学探索之路已划上一个圆满的句号。季羡林在《留德十年》中称，哥廷根是他的"第二故乡"，因为他在此度过了十年的青春岁月。其实，这座位于德国中部的大学城更是他的"学术故乡"，他在此师从两位印度学大师，受到一流的印度学训练，奠定了一生事业的基础。

10年前，我在哥廷根大学开始寻找有关季羡林的材料。在大学图书馆，我第一次看到季羡林的博士论文。那是打印本，青蓝的封面显得陈旧，内页纸质不好，已经发黄，共118页。扉页上打印的署名是Hiän-Lin

Dschi，这是德文的写法，而他本人在旁边特地手书签名Shiann-Lin Jih。看来季羡林并不喜欢德文的拼写，更喜欢用中国自己的，或者他已经习惯的拼写方法。我随手翻看着论文，仿佛看到青年季羡林当年在哥廷根寂寞苦读的身影。按照德国的习惯，博士论文前面要附上作者的简历。季羡林在简历中专门提到他的两位导师，并对他们表示了诚挚的感谢："我要特别郑重感谢瓦尔德施密特教授，他是我进入印度学的领路人，为我博士论文的选题提出了建议，并在整个论文工作期间自始至终给予支持和指导。西克教授平时就对我的工作给予了极其宝贵的指导，在瓦尔德施密特教授从军期间，更是评阅了我的博士论文，并提出了许多修改建议。在此，我谨对西克教授表示最真诚的感谢。"

应该说，季羡林非常幸运，由于特殊的机缘，同时得到两位印度学大师的指导，一位是瓦尔德施密特教授，一位是西克教授。

瓦尔德施密特是柏林大学著名印度学家吕德斯（Heinrich Lüders）的学生，后来以研究在吐鲁番发现的梵文佛典残卷而著称。1936年，年方39岁的瓦尔德施密特被聘为哥廷根大学的印度学教授。也就是在同一年，季羡林经过几番考虑，最终决定攻读梵文。事后看来，这一时间上的巧合对季羡林的一生意义重大。据季羡林回忆："1936年春季开始的那一学期，我选了梵文。4月2日，我到高斯一韦伯楼东方研究所去上第一课。……这是瓦尔德施密特教授第一次上课，也是我第一次同他会面。"

瓦尔德施密特第一次走上讲台，来听课的居然只有一个学生，而且是一名来自中国的留学生。第一次讲课，第一次听课，一个老师，一个学生，初次见面颇有戏剧性。按中国的说法，这师生二人看来缘分不浅。

从此季羡林喜欢上了梵文，几乎把所有的时间都用在学业上。1938年下半年，季羡林便向瓦尔德施密特提出写博士论文的愿望。季羡林不屑于像许多中国留学生那样，取巧写一篇关于中国问题的论文，发誓"决不写有关中国的博士论文"。其实导师开始就建议他在选题时应该考虑利用汉语文献的优势，但季羡林更想成为一名与欧洲同行平起平坐的梵文学者。经与导师商量，他最终选择"《大事》偈陀部分的动词变化"作为博士论文题目。所谓《大事》，是记载有关佛陀生平传说的一部佛经，用"混合梵文"写成，文字艰深难解，这种既非梵文也非巴利文的语言对于研究印度佛教史、印度语言发展史都有重要意义。所谓"偈陀"意译为"偈"或者"颂"，是佛经常用的一种体裁，由固定字数的四句组成，它虽然只是《大事》的一个部分，但是一个重要而有意义的部分，而且篇幅很大。季羡林从此就"利用一切可利用的时间，啃那厚厚的三大册《大事》"。两年之后，博士论文基本完成，题目直接而具体，就是《〈大事〉偈陀部分的动词变化》。

关于他的博士论文，季羡林在《留德十年》中提到，哥廷根大学克劳泽教授对自己的评价，"他是一位蜚声世界的比较语言学家……他的大著（《西吐火罗语法》）被认为能跟西克、西格灵（Wilhelm Siegling）、舒尔策的吐火罗语法媲美。他对我的博士论文中关于语尾——mathe的一段附录，给予了极高的评价，因为据说在古希腊文中有类似的语尾，这种耦合对研究印欧语系比较语言学有突破性意义"。但两位导师对他的博士论文究竟评价如何，季羡林并没有提供具体的信息。

其实他本人很可能只是听过导师口头的评价，没有看到过导师给他博士论文的书面意见。哥廷根大学档案馆中至今保存着两位导师对季羡林博士论文的评阅意见，这对我们了解季羡林博士论文的贡献，特别是季羡林的学术发展潜力，具有重要意义。下面我们看看两位名师是如何评价季羡林的博士论文的。

瓦尔德施米特是季羡林的导师，但他在第二次世界大战开始后应征入伍，去了德国北部的叙尔特岛（Sylt），只能利用假期抽空对季羡林进行指导。季羡林说："教授每次回家度假，都听我的汇报，看我的论文，提出他的意见"。瓦尔德施米特对季羡林的博士论文评阅意见就写于叙尔特岛，时间是1940年12月1日。评语这样写道：

担任语言教师的季先生（季羡林从1937年开始在汉学所担任中文语言

老师——译者注）两年前就其博士论文题目向我咨询，我首先建议他参与佛教文献中的某些问题的研究，并建议他从事一个可以利用一些汉语文献的题目。季先生在考虑之后告诉我，他更愿意从事语法方面的研究题目，并成为一名印梵文语文学者。今后他显然会运用汉译的佛教文献从事比较研究，所以首先想通过其处女作成为一名接受欧洲训练的印度学者。我觉得，他放弃一个对他来说相对容易的，而选择一个更有难度的题目，其志向可嘉。从此我注意到，季先生以坚韧不拔的毅力从事其工作，论文在逐步成形。

关于论文研究对象的一般意义以及语言方面的难点，同事西克在其评阅意见中已经有清楚的说明。该论文对于理解和认识"混合梵文"，作出了有分量的贡献，它虽然没有对《大事》的语言作出完全的描述，因此没有结论性的意义，而且讨论的只是文献中诗歌部分的动词，但是诗歌部分篇幅巨大，也是核心的和语言方面最有意思的部分。找出所有相关的材料，并系统和明确的给予排列组织，这需要很大的耐心和感悟力。就所研究的文献部分而言，分析可谓穷尽无遗。其研究为本领域的学者们提供了实际的便利，在阅读这些迄今只是节译的文献时，季先生的研究成果可供查阅参考。

我在论文的选题和写作过程中给予了指导，知道季先生的研究扎实而可靠。在我应召入伍期间我与季先生保持着联系，利用休假时间多次看他的论文，一直到九月份论文提交之前。

正如西克教授所指出，在文献翻译中还存在若干不顺和不清楚的表达，但这些在付印之前不难修改更正。总体看来，季先生虽然在教育背景和语言背景上如此不同，作为一名东亚人，他对德国学术训练的掌握达到罕见的完美程度。季先生一定会有所成就。

因此，我同意西克教授的意见，同意他参加博士答辩，论文成绩为"优秀"。

可以看出，瓦尔德施米特对这位中国弟子的评价很高，首先肯定论文的选题，认为选择了有难度的题目，"其志向可嘉"，其次赞扬研究工作"扎实而可靠"，最后在总体评价时，认为季羡林"对德国学术训练的掌握程度达到罕见的完美程度"，而且坚信季羡林"一定会有所成就"。瓦尔德施米特没有看错，季羡林果然没有辜负导师的栽培，成为中国首屈一指的印度学家。

如果没有第二次世界大战，季羡林很可能完全在瓦尔德施密特的指导下完成博士论文。但由于战争，导师瓦尔德施密特应征入伍，西克教授才得以"返聘"，季羡林也有了接触另一位印度学大师的机会。

1921年，西克到哥廷根大学任梵文教授。他早期以研究《吠陀》而著名，后来由于参加了中亚古卷文字的破译而转向吐火罗文研究。在1903到1914年期间，柏林民族学博物馆派出四次考察队前往新疆地区，考察队在格伦维德尔（Albert Grünwedel）和勒柯克（Le Coq）的带领下，带回了大量的古文献和实物，其中有大量的用不同文字写成的残卷。这些残卷出自公元一世纪，具有很高的价值。柏林大学的梵文教授召集了若干年轻的梵文学者开始研究这些残缺不全的手卷。西克也参加了这一工作，他负责解读一组主要用婆罗谜字母写成的残卷，他与助手西克灵很快读通了这一语言，并证明了此种语言为一种印度日耳曼语言，将其命名为吐火罗语。西克又经过数年的努力，于1931年出版了《吐火罗语语法》。关于此书，季羡林说："这一本五百多页的大著就成了欧洲学术界划时代的著作。一直到现在研究中亚古代语言和比较语言的学者还不能离开它。"

瓦尔德施米特入伍后，已退休的老教授西克重返讲坛。季羡林回忆说，"第二次世界大战一爆发，瓦尔德施米特被征从军，西克出来代理他。老人家一定要把自己的拿手好戏统统传给我"。作为吐火罗文专家，西克一心想将自己的吐火罗文知识传授给勤奋好学的季羡林。恰好一位名叫古勿勒（Walter Couveur）的比利时学者也来到哥廷根，意欲学习吐火罗文。季羡林说，"时机正好，于是一个吐火罗文特别班就开办起来了。大学的课程表上并没有这样一门课，而且只有两个学生，还都是外国人，真是一个特别班"。

季羡林的博士导师虽然是瓦尔德施米特，但在申请答辩考试过程中，由于导师从军在外，所以具体是由西克教授操办的。早在1939年12月28日，西克就为季羡林博士答辩向哲学院院长写了一份推荐意见，内容如下：

尊敬的阁下，我十分荣幸地在本月27日致信之后再寄上如下评议意见。

同事瓦尔德施米特一直很称赞季先生的能力。我上学期开设的《梨俱吠陀》阅读课和相关课程，季先生积极认真参加了这两门课程，由此我也深信他具有很强的学术能力。季先生异常聪明。我可以说，在我多年的教学生涯中，来自"远东"的学生中无人能像季先生这样能对印度学有如此的理解和深入的研究。其博士论文的题目是同事瓦尔德施米特帮助选定的，题目本身就体现了导师对他研究能力的特殊信任。只有完全掌握德国的研究和学术方法的人，才能完成如此之题目。我虽然迄今尚未阅读论文，但我从与季先生的数次交谈中感到，论文的框架和论证合理，达到其语言学研究的目的。

季先生对德语的掌握如此之纯熟，可以很好地参加讨论，将外文翻译成德文，这也证明了他超凡的语言能力。

关于季先生的性格，我只能说，他始终是一位谦虚、可亲和正派的人。对此，我完全可以作证。

总之，我全力支持季先生关于参加博士考试的申请，而且深信，我们可以自豪地将此年轻的博士送回其家乡，他一定会在那里为德国的学术增添荣誉。

看得出来，西克对季羡林的学术能力和人品非常了解，虽然还没有看论文，但对其论文已经作出了完全的肯定。特别是最后一句对季羡林寄予了无限的希望，深信季羡林能够在中国"为德国的学术增添荣誉"。

西克在1940年10月4日还为季羡林的博士论文写了正式的评阅意见书。内容如下：

佛教的梵文文献中，有一部分、主要是在韵文部分，文字很不规范。这些文字开始被认为是Gatha方言。但后来发现，同样的语法错误不仅在诗歌中，而且也在叙述文字，特别是在铭文中出现，因此被称作"混合梵文"。关于这种方言或者混合梵文的来源，尚有争议。根据多数专家的看法，这可能是一种（印度中部）被梵文同化的方言。方言的使用者想使用更加高雅的梵文，但梵文知识有限。如果能有计划地搜集和梳理所有变化形式，将有可能对此做出结论。之后才可以肯定地说明，是否在"错误的"构词中也存在一定的规律，由此可以看出其中部印度民间语言的来源。

该论文"研究《大事》偈陀部分的动词变位"，是系统搜集其中词型变化的最初尝试，虽然仅限于变位动词的变化，但结果已经相当可观。《大事》是混合梵文的主要文本，规模宏大，而且篇章之间缺乏联系，所以除了语言问题，理解起来还有其他重重困难。瓦尔德施米特教授看好季先生的能力，故建议他以此问题为其博士论文的对象。季先生出色回报了导师对他的信任。论文对动词的搜集和梳理在我看来是完全可靠的。其构词形式得到正确的解读，并通过与其他印度中部语言的对照和比较澄清了其来源。对于难以理解的部分，附有译文，因此可以清楚地看出，相关的动词形式是否理解正确，是否排列正确。作者不是完全有囿于文本或者编者勒纳特的注疏，而是参考了其他手写文本的读法，有时并不限于现成的解释，而是坚持自己的看法。

整个论文显示，作者彻底掌握了德国的研究和教学方法。我非常高兴地推荐作者参加答辩。关于成绩，我毫不犹豫地建议给予一分。论文中有若干小问题，主要是由于外国人对于德语掌握不甚娴熟所致，应该在付印之前进行修改。

西克在评阅书中对季羡林论文研究的背景进行了说明，由此可以看出，季羡林论文的学术意义，以及研究工作的难度。同时，西克一如既往，对季羡林给予很高的评价，认为"作者彻底掌握了德国的研究和学

术方法",所给的成绩是一分,这是德国五分成绩系统中的最高分,如同
"优秀"。

　　总之,两位导师都非常欣赏季羡林的学术才能,无论对其研究工作,
还是对其学术能力,或是他的为人,都给予很高的评价,并对季羡林的未
来学术之路,寄予了极高的希望。名师的指导和殷切的期望显然对季羡林
产生了很大的影响,他后来在谈到瓦尔德施米特时说:"如果不是他怀着毫
不利己的心情对我这一个素昧平生的异邦的青年加以诱掖教导的话,我能
有什么成就呢?"他又说,西克"是我平生所遇到的中外各国的老师中对
我最爱护、感情最深、期望最大的老师"。甚至几十年之后,他还说,"一
直到今天,只要一想到他,我的心立即剧烈跳动,老泪立刻就流满全脸"。
季羡林似乎一生也没有忘记两位名师的教诲和期望,一直勤奋地从事印度
学的研究,终于成为德国名师手下的中国高徒。

第三节　初探季羡林在哥廷根的踪迹

　　承蒙德国马克斯·普朗克历史研究所的邀请,我来到德国中部小城哥
廷根,进行为期两个月的研究工作。以前也曾到过这里,尽管来去匆匆,
却印象极佳。此次有机会在此小住,当然倍感高兴。

　　哥廷根虽为小城,但闻名遐迩,因为她拥有一所有名的大学。不,按
哥廷根人的说法,哥廷根不是拥有一所大学的城市,而是拥有一座城市
大学。哥廷根大学自18世纪建立以后,便在德国大学中独树一帜,学术
风气自由而浓厚,大师迭出,如数学家高斯(Gauss)和希尔伯特(David

Hilbert）、物理学家韦伯（Wilhelm Eduard Weber）、语言学家格林兄弟（Brüder Grimm）等。哥廷根大师们的学术成就不仅在德国独步一时，在国际上也备受推崇。20世纪的美国学子纷纷越洋而至，拜在哥廷根的大师门下。许多学成而归者，还念念不忘哥廷根的传统，并依照其传统建立了一所大学，即约翰·霍普金斯大学，亦被称为"巴尔的摩的哥廷根大学"。

我来到哥廷根，不仅想到了哥廷根的辉煌历史，同时，也想到了一位著名的中国学人，对，季羡林先生。曾读过季先生《留德十年》一书，知道季先生在哥廷根学习、工作和生活了十年之久。按季羡林先生的说法："我曾在这里度过整整十年，是风华正茂的十年。我的足迹印遍了全城的每一寸土地。"我走在哥廷根的街道上，眼前常常幻出季先生的身影。看到街上蹒跚而行的老者，便会想到，他们也许是季先生当年的相识，恨不得上前打听一番。

最终有一天，我控制不住我的好奇心，决定借此良机，对季先生在哥廷根的踪迹进行查访，由此开始了以下的故事。

一、寻寻觅觅

哥廷根虽是小城，人口不过十来万，在二战中没有遭到什么破坏，街道上旧貌依然，但毕竟六十年过去，事过境迁，季先生的往事，从何打听？

我先想到了大学的档案馆，便去查了当年学生的注册簿，得知季先生当年的准确住址，即明希豪森街（Münchhausenstrasse）20号。打开地图一看，此街还在，便迫不及待前去察看。此街在城东南，不长，也就一千米左右，沿街没有商店，都是连成一片的楼房；各单元有独自的门牌号。没走几步，便找到20号。我驻足凝视，又看看三楼的窗户，想象着季先生当年进出的样子。走近看了看门牌上的姓名，已没有当年季先生房东家欧朴尔的名字。我想进去找人问问，但又一想，半个多世纪都过去了，恐怕无人能回答我的问题。

快快地离开明希豪森街，想到应去趟哥廷根市的档案馆，查查欧朴尔一家的下落，当年五十岁的房东太太想必已不在人世，但或许能找到她的儿子，或儿子的子女。市档案馆在新建的市政厅内，馆长玻穆（Böhm）先生接待了我。听了我的问题，他很快就找出了季先生的户籍登记表，表上只简单记录了季先生迁入迁出的时间等事项。我又逐年查了当时的哥廷根居民住址录，看到最初的户主为欧朴尔先生，后来变成了欧朴尔太太，查到50年代初的住址录时，已找不到欧朴尔的名字。我问能否得到欧朴尔一家后来的情况，玻穆先生说，鉴于《德国公民个人材料保护法》，他无法向我提供更多的材料。看来线索到此已断，怎么办呢？

玻穆先生建议，可去找《哥廷根日报》的工作人员，说他们或许能帮我查访有关人物的下落。此时我已有些泄气，觉得希望渺茫。但心想，必须试试这最后的途径。于是，我给报社打了电话，与一位编辑说了我的想法。他一听很感兴趣，当即与我约了采访时间。第二天，这位编辑来到我所在的研究所，并带了一位摄影记者。我讲述了季先生在哥廷根的学习和工作经历及其日后在中国的地位，并说很想找找当年与季先生有过交往的人。我通过在大学档案馆的调查，得知季先生主要师从的导师西克教授和瓦尔德施米特教授已分别于50年代和80年代谢世，当年的同学也无迹可寻；最有可能找到的是季先生房东家的后人，以及回忆中提到的邻居迈耶家的大小姐伊姆加德（Irmgard）。这位伊姆加德为季先生用打字机打了博士论文，与季先生有较多的交往，而且，季先生当年对她显然有倾慕之心。季先生在《留德十年》中提到，他在行将离开德国的前一天，去找伊姆加德一同打字。回去后季先生在日记中写道："她劝我不要离开德国。她今天晚上特别活泼可爱。我真有点舍不得离开她。但又有什么办法？像我这样的一个人不配爱她这样一个美丽的女孩子。"我想，这位伊姆加德如果还健在，如果我能找到她，她一定会讲述许多关于季先生的当年的事情。我边讲，那位记者边记录，摄影师也为我拍了照。

第二天一大早，我刚到研究所，一位同事便对我说，关于寻找知情人的文章及我的照片登在了《哥廷根日报》上。真快，快得有些让人吃惊。我赶紧去买了份报纸，细细读来。只见在地方版上有我一张大大的照片，旁边是一篇文章，标题是"谁为季博士打了博士论文"，文章一开始写道：

谁为季羡林打了博士论文？谁是季在回忆录中提到的伊姆加德·迈耶？她是否还在人世？她是否还记得60多年前住在明希豪森街20号的那位中国青年？或许有邻居、同学或房东欧朴尔家的成员还记得跟瓦尔德施米特教授攻读印度学，并在汉学所任职的那位中国学生？

看完文章，我心里很高兴，希望每一个哥廷根人都能看看今天的报纸。但结果究竟会如何，也只能听天由命。

二、迈耶太太

谁知没过一小时，就有人打来电话，说我要找的迈耶夫人还活着，而且还住在当年所住的房子里！说我晚上可给她打电话联系。真是天大的幸事！多少天的幻想，竟成了现实，我兴奋得只想引吭高歌，手舞足蹈。

晚上，我在电话机前伫立良久，然后拨通了迈耶太太的电话。我做了自我介绍，约了见面的时间。见面的前一天夜里，我辗转反侧，一次次梦见迈耶太太，听她侃侃而谈。

好不容易挨到了见面的时间，下午四点，我如约到了明希豪森街34号，也就是季先生常常进出的楼门。按了门铃，上到二楼，迈耶太太已备了咖啡和点心，我们边吃边聊。她说她们家当年住在三楼，就在现居室之上。她父母早已去世，她和妹妹二人后搬到楼下，二人一生未嫁，一直在此相依生活；妹妹五六年前也已去世，她现在独自一人。

话题很快就转到了季先生。迈耶太太简单讲述了当年与季先生的交往，主要说了为季先生打论文的事情。她说曾给季先生打过两篇东西，其中第一篇是博士论文。由于内容涉及梵文，许多字怪诞不堪，她必须常常问季先生，而且季先生要一页页仔细检查打好的稿子，所以，她打字时，季先生必须在场。迈耶太太还搬出当年为季先生打论文的打字机，摆在当时打字的位置上。她比画出打字的样子，说季先生就坐在她的右边，一页页看她打字。我赶紧拿出照相机，为迈耶太太照了相。

迈耶太太还说，后来季先生给她写过信，她保存了很长时间。但前几年她销毁了一批信件，季先生的信也随之不存，真是可惜！但她在妹妹的遗物中找出若干当年所认识的中国学生写的明信片，其中有田德望写的。田德望先生从20世纪50年代起，任北京大学的德语教授，是我老师的老师。他于1938至1939年曾在哥廷根学习，当年也是迈耶家的房客。季先生就是通过田先生认识伊姆加德小姐的。

迈耶太太还拿出不少关于当年哥廷根的材料及照片，为我讲述了许多往事。但关于季先生，她却知道或记忆不多，只是说，季先生为人很好，非常用功。迈耶太太当年是中学刚刚毕业的小姑娘，从照片上看，身材很好，一头金发，可谓美丽动人，用季先生的话说是"如花似玉"。她显然对季先生所迷恋的梵文或吐火罗文毫无兴趣，因此，对季先生的学业情况知道的不多。

聊了两个多小时，我起身告别。老太太说，我有什么问题，随时可去找她。出了门，我走在明希豪森街上，感到一切似乎亲切了许多。同时，也多少不太满足，心想头次见面，迈耶太太或许没有"知无不言"；还需要再谈一次，而且经过这次见面，迈耶太太也许会想起更多的往事。

此后，我又两次拜访迈耶太太，每次去她都准备咖啡点心款待，说起话来兴致勃勃。谈话的内容亦更加深入，而且迈耶太太每次都能找出一点新的材料，如一张照片、一张明信片等，并送给我不少珍贵的历史材料，如中国学生写的明信片、她及家人的老照片、中国学生的照片、她保存多年的关于哥廷根的材料、纳粹时代的粮票肉票等。我临行前最后一次去看望迈耶太太，她显得特别高兴，说因为我的来访使她回忆起早已淡忘的往事，勾起了青年时代的记忆。告别时，老太太迈着艰难的步履，一反德国人不出门送客的习惯，把我送到楼下，使我极为感动。走出数步后，我回头看着老人，突然有种不忍离去的感觉。

三、两位老太太

刊登在《哥廷根日报》上的那篇文章，不仅使我找到了迈耶太太，而且还使我挖掘出另外两位与季先生有过交往的老太太。

一位是当年季先生房东家对门邻居施米特家的大女儿，后随夫姓的巴特劳（Bartlau）太太。巴特劳太太已年过80，住在哥廷根的远郊。联系过后，她派她的一个儿媳妇接我去她家中。我一进门，马上被请到了备好咖啡和点心的桌上，边吃边聊。巴特劳太太说，她与季先生交往不多，常常在楼梯上见面，互相聊上几句，也曾与季先生一起在山洞中躲美军的炸弹，她对季先生印象极好。巴特劳太太也为我展示了她家人当时的照片，而且慷慨同意我翻拍几张。在我离开哥廷根前夕，巴特劳太太还邀我去她家中，但我没有时间，只好心领。她派她的那位儿媳妇给我送来精美的巧克力、一本哥廷根画册、数张30年代的哥廷根明信片以及翻拍的照片，令我感动不已。

巴特劳太太还提供了一条重要的线索，说季先生房东家的儿媳妇还住在达姆施达特市（Darmstadt）。我通过德国电信的电话查询服务，很快与这位伊玛·欧朴尔（Immma Oppel）太太取得了联系。她说丈夫已去世多年，现在她独自一人。季先生在回忆录中提到这位儿媳妇，说"儿媳妇长得非常漂亮，衣着也十分摩登"。这位当年摩登的太太对季先生也印象很好，说她曾短暂带孩子在婆婆家住，季先生常常为她们从地下室搬运物品；还说季先生曾给她写过信，可惜信早已丢失。后来她也给我寄了其家人的照片，使我有机会看到房东欧朴尔太太的形象。季先生在回忆录中对这位"母亲般的女房东"着墨颇多，给人印象很深。从照片上看，欧朴尔太太苗条、漂亮、和善。她如果还健在，一定能讲述许多关于季先生的往事。

另外，我还四处打听，访问了几位可能知情的人士，如接手欧朴尔家住宅的住户，也只剩一位老太太，住在一家老人院中；或哥廷根市档案馆的前馆长库恩（Kühn）女士，她曾因查清周恩来未曾在哥廷根居住而被邀请来中国访问，她为我提供了不少当时在哥廷根的中国学生的情况；还访问了1980年季先生再访哥廷根时参加接待的两位教授，一位是行将退休的印度学研究所的主任贝歇特（Bechert）教授，另一位是前汉学所的主任罗斯纳（Rosener）教授。在与他们的谈话中，使我了解到不少有关当年季先生身边一些人物的情况。

在哥廷根的日子很快就要结束了，多少个兴奋的日夜都将过去。回想整个查访的过程，深为自己的幸运而高兴，不但找到三位时代的见证人，特别是迈耶太太，而且还搜集了一些难得的历史照片和明信片。几位老人的热情和慷慨也十分令我感动。告别时，我向她们许诺，我回北京后将尽快拜访季先生，向他报告我在哥廷根的收获；并给她们写信，报告季先生的近况以及对来自哥廷根消息的反应。

六十余年的往事，本来早已是遥远的陈迹，但由于我的出现，却又在几位老人的心中，注入了生命，唤起一段段温暖的回忆。我的初衷是挖掘历史的事实，但通过与几位老人的交往，我从中感到许多超出历史研究意义的意义。

第四节　邻居眼中的季羡林

1935年10月31日，24岁的季羡林来到了哥廷根。他回忆说，"原来只打算住两年，焉知一住就是十年整"。这十年，季羡林在这个德国小城学习了梵文、吐火罗文，完成了博士论文，教汉语，做研究，度过了一段青春时光。

1999年秋天，我来哥廷根马克斯·普朗克历史研究所进行短期研究。我读过季羡林先生写的《留德十年》，熟悉一些相关的人物和场所，所以一到哥廷根，就总会想到季羡林，总是在想象季羡林当年求学和生活的场景。有一天，我终于按捺不住我的好奇心，决定搜寻一下季羡林当年在哥廷根的生活足迹。

然而，季先生离开哥廷根已经半个多世纪了。不仅年代久远，而且世事沧桑，偌大的哥廷根，季先生的足迹何从找起？

一、最初的线索

季羡林在《留德十年》中说，他当年住在明希豪森街20号。我就根据这个线索去市政府的户籍部门，经过一番查阅，我找到了1939年的《哥廷根市区及辖区居民册》（Einwohnerbuch für Stadt und Landkreis），并由此找到了明希豪森街20号二层（按中国算法是三层）的户主——威廉·欧朴尔先生（Wilhelm Oppel），他的职业是高级技术监督（Technischer Stadt-Inspektor），应该是处级的技术官员吧。再往后翻阅，1952年，户主换成了一位姓里普哈特（Lipphardt）的夫人。估计在欧朴尔太太去世后，里普哈特夫人成了新的租户。

很快我就找到了里普哈特夫人的线索，她现在住在一家养老院里。我与她约了时间，专程去拜访了夫人。里普哈特夫人的养老院是一家教会办的，叫Klausbergsitft，在郊外的克劳斯（Klausberg）山下。

我到达养老院的四楼，敲门进去。室内陈设简单而干净。里普哈特夫人已经85岁，身形清瘦，左耳失聪，左眼已盲，但她气色不错，也很健谈。当年认识季羡林先生的学者和熟人要么作古，要么不知下落，资料搜集可以说寸步难行。我走遍了相关部门，比如大学档案馆、大学图书馆、市档案馆、市政府户籍管理部门，查阅了不少尘封多年的材料，走访了大学中有关人员，如印度学研究所的退休所长、现任教师，汉学所的退休所长以及市档案馆的退休馆长等，四处搜寻有关的线索。可惜功夫下了不少，收获并不很大。

后来有人建议，我应该求助于报纸。我便联系《哥廷根日报》，一位副主编听了我的讲述，很感兴趣，专程来研究所对我进行了采访。1999年8月25日，《哥廷根日报》就刊登了征询季先生足迹的文章，并配有我的大幅照片，标题是"谁为季博士打了博士论文"。

编者按语说：

他是中国一位著名的学者，中国印度学的建立者。在北京大学担任系主任20年之久，还担任过副校长，是中印文化关系的推动者。如今一位同胞来寻找他在德国的踪迹。季羡林曾在哥廷根读书十年之久，在一个不平静的年代，从1935年到战争结束。

正文如下：

谁为季羡林打了博士论文？谁是季在回忆录中提到的伊姆加德·迈耶？她是否还在人世？她是否还记得60多年前住在明希豪森街20号的那位中国青年？或许有邻居、同学或房东欧朴尔家的成员还记得那位跟瓦尔德施米特教授攻读印度学，并在汉学所任职的那位中国学生？

这些都是陈洪捷教授的问题，他来自北京大学高等教育研究所。这位39岁的中德学术交流专家，正在研究这位伟大同事的生平。他目前在马克斯·普朗克历史研究所从事研究工作，探寻季在哥廷根的踪迹，他找到季于1935年8月26日在哥廷根大学注册登记表（此处表述有误——笔者），也去过1941年季完成博士论文的大学图书馆。

目前88岁的季老先生写过名为《留德十年》的小书，抱怨了多数不关心政治的德国人，同情不少犹太教授的离职。但陈教授说，他是"一位专心治学的学者"，书中几乎没有描写他在这里的生活情况。

或许情况并不如此。陈教授希望挖掘更多的事实。他求助报纸，希望找到60年前，认识这位当年的留学生、现在的著名印度学家的熟人。有线索请与本报编辑联系，电话0551-901-734。

其实在报上登文章，也是最后一试了。能有什么结果，只能听天由命了。

谁知，就在刊登的当天，一早报社就打来电话，说有人认识迈耶尔，而且迈耶尔太太还健在。听到此消息，我兴奋得简直无法形容，比中了100万元彩票还高兴。这天晚上，我一夜都在做梦，梦见与迈耶尔见面，听她说了好多好多有关季先生的事情。

我与迈耶尔太太通了电话，初步说了我的来意，希望与她聊聊季先生当年的情况，她同意见面，约好下周一面谈。这一天是8月26日，我终于找到了迈耶尔太太，她就是季先生当年心仪的"如花似玉"的伊姆加德姑娘，我心中有种莫名的激动。

好容易盼到了周一，下午四点我如约来到迈耶尔太太家。她住是明希豪森街34号，季先生当年住在同一条街的20号，相距五分钟的路程。我到达时，迈耶尔家中还有两位老太太，一位是内达道维奇（Nedadovic）太太，另一位是赛弗特太太（Seifert）。前者就是给我提供线索的老太太，后者是迈耶尔少女时代的朋友，也接触过中国留学生。三位是好朋友，见面就说个不停。估计迈耶尔搞不清我这位中国人要干什么，或许会冷场，所以找来两位朋友助阵。

迈耶尔太太准备了丰盛的蛋糕和咖啡，吃完之后，我们就开始说起当年的中国留学生。首先说到田德望，田先在意大利留学，然后从意大利来德国读了两年，他是迈耶尔家的房客，而且季先生就是通过田德望认识迈耶尔一家的。她还说到对门邻居家的房客，是中国留学生黄席棠，黄在哥廷根大学读物理，他弟弟黄席椿在德累斯顿大学读书，常来哥哥这里，所以与迈耶尔一家也很熟。另外还说到与中国学生王子昌来往较多。迈耶尔还拿出不少中国学生写给迈耶尔家的明信片和照片让我观看。看来迈耶尔已为这次见面做了相应的准备。

季先生当然是谈话的中心。迈耶尔太太说，她对季先生其实了解不多，季先生人很好，不爱说话，她所展示的照片中没有季先生的，拿出的明信片也主要是黄氏兄弟的。迈耶尔取出打字机，说当年就是用这台打字机给季先生打了博士论文，并给我们演示了一下如何打字，说打字机现在仍然可以使用。她说自己给季先生打过两篇论文，一篇是博士论文，另一篇不知是什么论文。都很费事，因为她不知内容，很多字很奇怪，常常是一堆辅音。打字时，季先生坐在旁边，看打得对不对。她还说她后来有了工作，不想打第二篇了。听说季找别人打了，但错误太多，所以又回来找她，她就又打了这篇论文。另外，她还提到季先生回国前去过瑞士，曾写信邀她去瑞士一游。她说，且不说德国人当时是不能去瑞士的，即使能去，她估计也不会去。我轻描淡写地问了一句，说中国有记者说季先生与您有恋情，是真的吗？她笑着说没有。由于是第一次见面，我也没有继续追问。

迈耶尔兴致很高，也很健谈，说了好多事情，包括二战期间的日常生活，两位老太太也补充了不少内容。转眼就晚上七点了，我们起身告别。第一次见面气氛很好，但由于有另外两个老太太在场，话题也不太集中。所以，我想只能下次再细谈。

十天之后，即9月9日，我再次拜访迈耶尔太太。这次她没有邀请其他朋友参加，但同样准备了精美的蛋糕和咖啡。由于上次见面很愉快，她对我产生了信任，所以彼此也更加放松一些，我也就多问了一些问题。

我问当时季先生为什么会找她打博士论文，她说是由田德望介绍的，而且是有报酬的。一共打过两篇论文，第二次时，由于已上班，她一开始不想打了，但后来还是打了。我还问，她当时是否觉得季先生对她有爱慕之情，她说丝毫没有感觉。我问季先生邀请她去瑞士，是否已经超出了一般的朋友关系范围。她说当时是有点吃惊，但也没有想太多。我问她为什么终身未婚，她说她们这一代女性，没有结婚的人很多，原因也很简单，因为许多男人在战争中牺牲了，战后的环境又不好，要工作，所以很多女性就错过了婚姻大事。她本人和她妹妹都没有结婚，二人一起生活，她妹妹两年前已去世。

关于季先生与迈耶尔太太的关系，季先生在日记中有两次记录。第一次是1945年9月24日："吃过晚饭，七点半到Meyer家去，同Irmgard打字。她劝我不要离开德国。她今天晚上特别活泼可爱。我真有点舍不得离开她，但又有什么办法呢？像我这样一个人不配爱她这样一个美丽的女孩子。"第二次是1945年10月2日："回到家来，吃过午饭，校阅稿子。三点到Meyer家，把稿子打完。Irmgard只是依依不舍，令我不知怎样好。"

根据这种写法，蔡德贵在《季羡林传》中写道："而伊姆加德小姐本人，已经爱上这位异国青年学者了。"坊间当然还有更花哨的说法，说季先生与伊姆加德已经手牵着手去看电影了，或者说季先生曾打算带着伊姆加德一起去英国，等等。

通过与迈耶尔太太的深入交谈，我觉得她很坦诚，讲的是事实，就是说，她与季先生没有恋情，不存在特殊的关系。从季先生这边看，他很可能心中的确喜欢这位女孩子，但季先生很清楚，他是有家室有子女的人，所以"不配爱她这样一个美丽的女孩子"。季先生的暗恋并没有越界，更不可能有所表白。所以，迈耶尔太太所述，完全可信。有关异国恋情的说法没有证据，显然是一些人根据想象而进行的炒作。

二、深入交谈

我幸运地找到了迈耶尔太太，自己很高兴，同时，也为季先生而高兴。我回到北大后，立即去见季先生，报告了我在哥廷根的收获，并送给季先生迈耶尔和妹妹的那张合照。从此这张照片就出现在了许多出版物中。要知道，季先生从来没有伊姆加德的照片，这张老照片的意义可想而知。季先生听了我的讲述，非常高兴，而且是那种发自内心的高兴，但并没有溢于言表。我想，虽然季先生当年对伊姆加德有所心动，但毕竟往事如烟，自己也到了90岁的高龄。现在得知伊姆加德的信息，当然高兴，但也不过是在往昔的情感上再添加一层温暖，并无任何现实意义。

季先生在《留德十年》中讲述与迈耶尔告别的情境时写道：

我就是怀着这样的感情离开迈耶尔一家，离开伊姆加德的。到了瑞士，我同她通过几次信，回国以后，就断了音讯。说我不想她，那不是真话。1983年，我回到哥廷根时，曾打听过她，当然是杳如黄鹤。如果她还留在人间的话，恐怕也将近古稀之年了。而今已垂垂老矣。世界上还能想到她的人恐怕不会太多，等到我不能想到她的时候，世界上能想到她的人，恐怕就没有了。

1983年，季先生跟随一个社科院的代表团访问德国，哥廷根只是其中一站。我在哥廷根大学印度学研究所的档案中看到了代表团的行程安排，看到代表团在哥廷根的活动安排得很满。估计季先生也就是去明希豪森街20号，他曾经的住所门前看了看，同时，肯定也去34号看了看。但不可能去具体打听迈耶尔一家的下落。而且几十年岁月过去了，时过境迁，他自己也好，其他人也好，肯定都认为当年的人家早已不知身在何处了。其实，迈耶尔家仍然住在34号，几十年都原地不动，只是从原来的三层搬到了二层。当时如果有人稍微用点心，打听一下，季先生完全有可能与伊姆加德重逢。可惜一个动人的历史瞬间没有出现。每想到此处，我就为季先生感到惋惜。

我为两位老人重新建立联系之后，迈耶尔太太托我为季先生转交过短信。季先生也说将给迈耶尔写信，但不知写了没有。我估计没有写信，因为我一直与迈耶尔太太保持着联系，季先生如果写过信，她会告诉我的。当时我有一个想法，最好能为两位老人安排一次见面。但迈耶尔太太说年龄大了，不便远行中国。季先生也说因为年龄关系无法旅行，而且说，如果早十年，倒是可以考虑。

我回北京后不久，香港一家电台的电视部听说我找到了迈耶尔太太。他们想以此为契机，拍一个关于季羡林在德国的小片，邀请我跟他们去哥廷根，为他们引荐迈耶尔太太。我想能为迈耶尔太太留下一些影像资料，这是一件好事。我就一口答应了。但没有想到，迈耶尔太太听说此事后，并不感兴趣，而且拒绝采访。我只好给老人家做工作，好说歹说，最后老人家可以说因为我才答应的此事。按计划，我们于2001年7月初去哥廷根。不承想，临近出发时，香港电台的人又说，他们经费有限，不能为我提供机票，让我自己承担国际旅费。我当然很生气，心想那我就不去了。但是，迈耶尔太太是看在我的面子上才答应接受采访的，我不去好吗？再说，这是件好事，对季先生很重要。所以我咬牙说，没问题，我自己出机票钱。之所以说"咬牙"，是因为我当时收入有限，一趟德国的往返机票钱是一个很大的数目。

7月初，我带着香港电台那位女编导和一位摄影师小伙子来到哥廷根。我先带他们去拍了点外景，7月9日，我们按照约定的时间到达迈耶尔太太家。我既是联络人，也是导游，还是翻译，采访提纲也是我帮他们拟定的。迈耶尔太太热情地接待了我们，整个采访过程也很顺利。后来，此节目在香港也播出了。虽然我没有看到播出的节目，不知效果如何。但说实在的，我觉得这位编导女士很不专业，对季先生的工作和生活也了解有限，估计节目质量不会太好。不过无论如何，迈耶尔太太的影像资料保存下来了，我对此感到很高兴。虽然我千里迢迢跑一趟德国，不但没有报酬，还搭上了机票钱。

我觉得，这位香港女编导很不专业，又缺乏对季先生的了解，只是草草拍几个镜头。于是我产生了一个想法，即在国内找一家电视台，重新拍一个关于季先生在哥廷根的片子。我手里有许多细节和资料，完全可以拍一部很好的片子。可惜，我自己工作繁忙，无暇跟进，这个想法终究也只是一个想法，未能付诸实施。

这次采访之后，2001年7月31日，迈耶尔太太给我写了封信。全信如下：

亲爱的陈先生，

今天我给您写信（幸好这打字机还在）。

7月9日下午很愉快，尽管我原来是有顾虑的。感谢您和香港的电视台小组，我会一直记着这次来访。

您给我带来的徐丽丽的文章（一篇讲述季先生的德文文章——笔者），我第二天好好读了一遍。我很感动，也很难过，一整天都在想着这事。我从未想到季先生一生如此之坎坷，我很佩服他的坚强。

而我有很好的父母，即使在战争期间生活也无忧无虑。直到1940年，日子才有些不好过。我去工作了，而且还得卖力地工作。

季先生写日记，我没有。

60年过去了，徐丽丽女士的文章让我想起当时的一些情景。我记得，我们有过很多交谈，包括与我家人一起。

季先生给我留下了极好的印象，他是一个亲和、安静和谦虚的人。想到他，就令人愉快。

8月6日是季先生90岁生日，我谨向他表示祝贺！随信附上一张生日贺卡，请您转交。

不可思议的是，季先生1980年来此寻访迈耶尔家，我们一直住在明希豪森街34号，他竟然没有找到。要是那时能见面，该多好啊。

感谢您，费心了。

谨祝衷心问候！

您的伊姆加·德迈耶尔

这一年是季先生90大寿，这个信息是我告诉老太太的。我想迈耶尔太太的贺卡，一定会让季先生特别高兴。我当面转交了贺卡。季先生高兴地说，我会回信的。

三、季羡林的房东一家

我在哥廷根的调查重点不仅是迈耶尔太太，当然还有季先生的房东欧朴尔（Oppel）一家。季先生在哥廷根欧朴尔家一住就是十年，彼此朝夕相处，可以说亲如一家。季先生回忆女房东时说道："我们共同生活了快十年，共同安乐，也共过患难。在这漫长的时间内，她为我操了不知多少心，她确实像自己的母亲一样。回忆起她来，就像回忆一个甜美的梦。"季先生回国后还与欧朴尔太太保持了一段时间的联系，并把千辛万苦弄到的一罐美国咖啡从北京寄往哥廷根。注意，季先生回国后与迈耶尔太太都没有写过信，可见女房东在季先生心中的重要性。

欧朴尔家住在明希豪森街。这是条很普通的街道，我去过许多次。据我的调查，欧朴尔家的住房由一住房合作社（Wohnungsgenossenschaft）所建，1928年建成，从此外观没有变化过。整个建筑为四层大众化住房，连成一排，几乎与明希豪森街一样长。各个单元有独立的门牌号。欧朴尔家住20号，三层（按德国说法是二层）。有一次我还上到三层，到欧朴尔家门口观看，想象季先生当年是如何每天从这里进出。

可是，时光流逝，物是人非，如何去找寻欧朴尔家的后人呢？我首先去市政府的户籍管理部门，查看了明希豪森街20号住户的记录，查到了欧朴尔。但1952年就换了户主，新户主是里普哈特太太。我又从内达道维奇太太那里得到这位里普哈特太太的电话，并很快取得了联系。老人家早已搬离住所，目前住在一家养老院，我便专程去面谈了一次。养老院坐落在僻静的克劳斯山脚下，那天阳光灿烂，我怀着热切的心情来到养老院。对我来说，每找到一个可能的知情人，就是一线希望。

养老院里非常安静，我径直来到四层楼的房间。里普哈特太太已经85岁了，她坐在轮椅上，身形清瘦，但气色很好。老人说，她和老伴是1952年搬入欧朴尔家住房的。当时欧朴尔太太刚刚去世不久，房客还在，是一位中国人。这位王姓中国人，待人友好，似乎因为政治原因暂时无法返回中国。王先生每天自己做饭，楼道总能闻到做饭的味道。他在一个研究所工作，会五种语言，藏书丰富，最后搬走时仅书就装了13箱；还有一大堆鞋。里普哈特太太说到这里，笑了起来。她左耳失聪，右眼丧失视力，但状态很好，而且很健谈。说有问题还可以去找她，然后补充道："只要我还活着"。

这次拜访，虽然没有得到有关季先生的信息，但对欧朴尔一家有了进一步的了解，她认识欧朴尔夫妇，而且她丈夫与欧朴尔先生还是同事。但她不认识季先生，也不知道欧朴尔子女的情况，线索到此似乎也就断了。

但我从别处打听到，欧朴尔家唯一健在，而且见过季先生的人，应该是儿媳妇艾玛·欧朴尔（Emma Oppel）。季先生在《留德十年》中写道，"儿媳妇人长得很漂亮，衣着也很摩登入时，但就是不讨婆婆的喜欢"。我得知这位儿媳妇住在达姆施达特市，通过电话簿，居然找到她的联系方式。这样我就联系上了这位儿媳妇。这位老人在电话中为我提供了不少信息。她说他们一直住在达姆施达特，只是在1943年达姆施达特被轰炸后去哥廷根住过三个月，当时还带着四岁的女儿和一岁的儿子。她印象中，季先生人很好，乐于助人，常常帮着他们从地下室搬东西。她说还曾收到过一封季先生的明信片，但已经找不到了。我请她找找欧朴尔一家的照片，不久她寄来了一张欧朴尔太太的照片，还有她自己的照片。欧朴尔太太这张照片很珍贵，让我看到了这位可亲的女房东的形象。在照片中，欧朴尔太太衣着讲究，那顶帽子尤其引人注目。季羡林在《留德十年》中说道，女房东一次买了顶帽子，很漂亮，她的一个女朋友也很喜欢，照样买了一顶，惹得房东太太很不高兴。照片中欧朴尔太太所戴的应该就是季先生所说的那顶帽子。

艾玛·欧朴尔还写了封短信说："这是我婆婆唯一能找到的照片。我公公的照片一张也没有了，战争中都丢光了。同时我也附上一张我的照片"。

总之，我基本了解了欧朴尔一家的情况。欧朴尔先生在市政府建筑管理局工作（Bauamt），应该是一名小领导（里普哈特太太说欧朴尔先生是她丈夫的上司），不爱说话，很老实，于1941年去世。欧朴尔太太是家庭妇女，家里的一把手。据季先生的评价，她是一个平平常常的中年妇女，也是一个心地善良和厚道的人，大约于1951年去世。季先生回忆说："一想到我的母亲般的女房东，我就浮想联翩，在漫长的十年中，我们朝夕相处，从来没有任何矛盾，值得回忆的事情实在太多了。"

儿媳妇艾玛·欧朴尔也说道，婆婆对待季先生，就像对待儿子一样。

儿子弗里茨（Fritz Oppel）与父母关系不是很融洽，由于政治问题还常常与父亲争吵，后来在达姆施达特工业大学读书，毕业后就在当地的一家飞机制造企业工作，后来也做了领导，于1996年去世。儿媳妇曾在哥廷根短住，所以认识季先生。她也是我唯一联系到的欧朴尔家里的成员。

我还打听了欧朴尔夫妇的墓地，本想去看看墓碑上准确的生卒年月，同时，也想替季先生去祭奠一下他们。但由于时间关系未能成行，想来有些遗憾。

四、季羡林当年的邻居

追寻季羡林先生在哥廷根的足迹，除了迈耶尔太太和房东欧朴尔家，我还发现了一个新的线索，就是房东欧朴尔家对面的邻居施密特家。

季羡林在《留德十年》中讲到美军进驻哥廷根后的一件事，说美军按图索骥捉拿一些纳粹头目，"有一天就索到了我住房对门的施密特先生家。他有一个女儿是纳粹女青年组织的一个大区（Gao）的头子。先生不在家，他的胖太太慌了神，吓得浑身发抖，来敲门求援。我只好走过去……充当起翻译来"。

施密特一家与欧朴尔家同住明希豪森街20号三层，三层一共有两家，右手边是欧朴尔家，左手边是施密特家。我想，他们家人想必与季先生有所接触，也许能提供点信息。所以，我也关注了这家人的下落。幸运的是，我找到了施密特家的大女儿巴特劳（Bartlau）太太。她住在哥廷根郊区的柏温德（Bovend），我专程去拜访了老人。

巴特劳太太送给我一张他们的家庭照片，一家人围桌而坐，上面有施密特家的二女儿，也就是季先生所说那位"纳粹小头目"；有男主人施密特先生，施密特旁边是四五岁的小儿子兰霍尔德；还有施密特家的女主人，也就是季先生所说的"胖太太"，当然也有巴特劳太太本人，她是施密特家的老大，以及巴特劳当时的男朋友，一位学医的大学生。这张照片中的施密特夫妇早已去世，巴特劳的男朋友（即巴特劳太太后来的丈夫）也已去世。巴特劳的妹妹还健在，但身体不好，住在亚琛。当年的小男孩住在慕尼黑附近。季先生对小兰霍尔德也有记忆，说他当时就练习钢琴。

巴特劳太太所能提供的关于季先生的信息很有限，所以，我想去拜访施密特家另外两位健在者，或许会有一点收获。我要了两位的联系方式，寻找机会前去拜访。不久，我找了一个机会去慕尼黑，专程拜访了兰霍尔德·施密特先生。

施密特先生住在慕尼黑南部远郊一处偏僻之所。我费了很大的周折终于在一片绿荫掩映的乡村中找了施密特的家。老先生的家很大，朴素而自然。老先生个头不高，白发白须，和蔼可亲，是自由职业的音乐教师，很有些音乐家的气质；夫人瘦小，一看就很有修养，是著名的化学家、哥廷根大学教授朋霍夫（Karl-Friedrich Bohnhoeffer）之女。说到季先生，施密特还有记忆，但也不过是儿童对大人的记忆，没有多少内容，觉得季先生是好人、友好。他同时讲述了不少他们家庭的事情。

这位施密特是我在哥廷根追踪到的最后一个相关人物，施密特一家的调查也基本结束，看来还是没有获得什么实质性的信息。不过与季先生当时的熟人有所交流，也不无好处，多少增加了一些背景方面的信息，使我能更好地还原季先生当时的生活场景。

回想一下，在整个调查过程中，我找到了四位见过季先生的老人，他们来自三个家庭，分别是房东欧朴尔家、迈耶尔家和施密特家。应该说，我是很幸运的，时隔半个多世纪，他们还健在，我还能找到他们，并与他们交谈，这已经超出了我的预计。虽然他们所能提供的信息非常有限，但毕竟他们见过季先生，与季先生有过交往，尤其是迈耶尔太太，她可以说是季先生生命中一位重要的人物。通过他们的描述，可以看出，季先生在哥廷根期间一直埋头学问，很少交际，而且不喜欢与一些"衙内"型中国留学生往来，在这些家庭保存的照片中，只看到了其他的中国留学生，而季先生从未出现过。在与人相处方面，季先生非常谦和、有礼貌，但很内向、说话少。所以，周围人其实对季先生了解不多，不知他学习什么专业，更不知他的家庭状况。在交谈中我发现，所有这些人都不知道季先生已经结婚，而且有一儿一女，包括女房东和迈耶尔太太，他们一直都以为季先生是单身一人。

季先生出于什么原因没有谈及家庭状况，我们不去猜测。但设身处地想想，季先生当时也的确很不容易。抗战开始后，季先生与家里就中断了通信联系。季先生苦苦地惦记着叔父年事已高，家里的经济来源何在，婶母是如何操持这样一个家的，妻子带着两个孩子，日子是怎么过的，用他自己的话说"真正是抑制不住的离愁别恨，数不尽的不眠之夜"。而这些，季先生在哥廷根是没有人可以倾诉的，他身边的人对他的离愁别恨全然不知。季先生内心的痛苦，可想而知！

五、季羡林当年的同学

季羡林先生在哥廷根似乎与中国留学生交往不多，往来较多只有章用、乐森琦、龙丕炎、张维夫妇、刘先志夫妇等。但我在哥廷根没有发现这些人的足迹，倒是有另外两位中国留学生进入了我的视野，而且他们都与季先生有关系。

首先是田德望，他于1938—1939年在哥廷根，虽时间不长，但对于季先生来说，他的出现很重要。因为田先生是迈耶尔家的房客，而且正是由于田德望，季先生才得以认识迈耶尔家的大女儿伊姆加德。

田德望毕业于清华大学，但比季先生早三届。田德望于1935年在清华毕业，成绩优异，获得了出国留学的机会。当时吴宓为代理系主任，认为国内对意大利文学，特别是文艺复兴时期的文学研究不够，因此建议田德望去意大利留学。田德望于1937年10月在佛罗伦萨大学获得博士学位，1938年春到哥廷根游学，1939年回国。在哥廷根期间，田德望就住在明希豪森街20号的迈耶尔家。

迈耶尔太太对田德望依稀有些记忆，说田回国前留下一些东西，托她妈妈寄走。她记得很清楚，箱子里有一个但丁的头像，很不好摆放。迈耶尔太太送给我的明信片中有两张是田德望先生当年写给迈耶尔家的。

我回到北京马上就去拜访田德望先生。田德望是我师爷辈的老师，我在北大德语专业读书时，他已经不上课了，所以无缘一见。但我看过他翻译的作品，如《乡村的罗密欧与朱丽叶》或《绿衣亨利》，都是翻译的典范。这次有机会拜见，也算是实现了我一个长久的愿望。

1999年10月19日下午，我在田德望先生的家里与田先生进行了长时间的谈话。田先生三个月前刚刚过了90岁大寿，行动不便，还有些耳背，但精神很好，提到过去的话题，滔滔不绝，而且记性很好，记得不少具体细节。

我先报告了迈耶尔太太的情况，并拿出那两张他当年写给迈耶尔家的明信片。老人听后很高兴，看到几十年前的明信片，更是很激动，然后详细地讲述了他在意大利和哥廷根留学的经历。田先生说到，他1927—1931年在清华大学读书，学西洋文学，接着读研究生，1935年毕业，成绩优异，获得出国留学奖学金。系主任吴宓建议他去意大利深造。1937年拿到博士学位后，去德国游学。由于认识季先生，所以选择了哥廷根。他在哥廷根大学读了三个学期（1938—1939年），主要学习了文学和艺术史类的课程。虽然他在清华学过德语，但水平有限，听课有困难，主要是自己看书。

他对房东一家印象很好，说房东迈耶尔先生在火车站工作，友好、老实，女房东也待人很好。他们家有两个女儿，老大严肃一些，很能干，老二很幽默，老大就是为季先生打博士论文的伊姆加德。

关于日常交往，他说与张维、王子昌、黄席棠交往较多，周末一起做饭、包饺子、还打桥牌。季羡林有时也参加，但他学习很刻苦，田德望先生一般不去打扰季先生。田先生还说，他与黄席棠和黄席椿来往较多，曾一起去耶拿、德累斯顿等地旅游。

田先生兴致很高，连续讲述好几个小时，还让我看了他从意大利带回的但丁雕像。田德望先生早就与但丁有缘，晚年精心翻译但丁《神曲》，看来不是偶然。这部近百万字的译作可谓先生的呕心沥血之作，历时20多年，89岁时才最终完成。

我的来访让田先生很高兴，我也倍感安慰。在我拜访田先生一年之后，他就去世了。

另外，我通过迈耶尔太太也了解到一个叫黄席棠的中国学生。黄是迈耶尔家对门邻居的房客，但与迈耶尔一家却来往较多。迈耶尔太太说黄席棠能说能玩，他还有一个弟弟，叫黄席椿，在德累斯顿读书，常常来哥廷根找他哥哥玩。因此，迈耶尔太太与黄氏兄弟都很熟，她拿出好多张黄氏兄弟写给迈耶尔家的明信片以及迈耶尔家人与黄氏兄弟的照片。由此看来，黄氏兄弟虽然不是迈耶尔家的房客，但来往很密切，一起郊游，一起活动，留下了不少照片。黄氏兄弟也常常外出旅游，并从不同的旅游地给迈耶尔家写明信片。而季先生似乎从来没有与他们一起活动。

季先生在《留德十年》中也提到过"姓黄的学物理的两兄弟"，但说"我同他们都不熟悉"。按说，当年迈耶尔、田德望与黄氏兄弟来往密切，季先生与黄氏兄弟应该也有不少来往。看来季先生与黄氏兄弟不是一路人，相互不大来往。

根据有关资料，得知黄席棠（1913—1972年）、黄席椿（1919—1986年）回国后都曾在同济大学任教，黄席椿于1952年院系调整时随电子工程系一起并入上海交通大学。而黄席棠曾担任上海交通大学物理系主任，代理理学院院长（1946—1952年）。新中国成立后，任厦门大学教授、物理系主任（1952—1960年）。1960年，调到新创建的福州大学物理系任教授。长期从事电动力学、理论力学、固体力学、数理方法及普通物理等教学与研究（这里要感谢厦门大学邬大光教授所提供的资料）。

我手里有若干迈耶尔太太给我的黄氏兄弟的明信片和照片，曾想找他们的后人。这些资料对他们来说应该更有意义，可惜一直没有进展。

总之，从中国留学生的角度看季先生，能够看出他与众不同的地方。季羡林先生专注于学问，刻苦用功，很少分心，只有一个很小的交流圈，基本不参加中国留学生的聚会、旅游等活动。他第一年在柏林时，对中国留学生的不正之风就很反感。他在日记中写道："在柏林看到不知多少中国学生，每人手里提着照相机，一脸不在乎的神气。谈话，不是怎样去跳舞，就是国内某某人做了科长了，某某人做了司长了。"季先生很讨厌这种留学生，耻与为伍。所以，季先生在哥廷根的岁月，基本没有交际、旅游的记录。

六、追踪调查反思

关于季羡林哥廷根岁月的"追踪手记"，一拖就是20年，我自己都不敢相信。好在还是写出来了，总算有了个交代。但由于时过境迁，远离现场，一些细微之处已经难以复原了。那么，我为什么要花这么大的力气去进行调查呢？

说来话长。关于中德学术交流史，一直是我的一个研究方向，我关注过德国的汉学家、德国学术在中国的传播、中国的留德学人以及中德学术组织，等等问题，所以早就关注到季羡林。其实我关注过的人物，还有几位，比如蔡元培、傅斯年、陈寅恪等，也都花了大量的时间去搜寻线索，可惜由于种种原因未能有重要的突破。做这种历史研究，很多时候要看运气，比如我去傅斯年和陈寅恪在柏林曾经的住所调查，去档案馆搜寻，都是无功而返，找不到任何有价值的信息。只是在关于季羡林的调查中，我好像有了点好运气，所以，大家得以看到这几篇"追踪手记"。

早在1996年，当时我在德国艾城（Eichstätt）大学撰写博士论文，我就专程去过哥廷根，在大学档案馆搜集了不少关于季羡林的资料。1999年，在马克斯·普朗克历史研究所短期访问，应该说给我提供了一个绝好的机会，使我得以真正展开调查。关于中德学术交流史中的人物，我特别想研究他们的学术交往。通过他们在德国的师承、学术成长、学术往来、学术发表，有助于分析中德学术交往的源流、层次和影响方式。所以，关于季先生在哥廷根的足迹研究，我最先锁定的是他的两位导师以及相关的老师和同学。关于两位导师，我查看了他们的著述以及他们为季羡林博士论文所写的评审意见，很有收获，已有专文发表。但关于季羡林的学术圈交往的调查，基本没有进展，季先生在《留德十年》中也没有提供多少线索。找到迈耶尔太太可以说是个意外，当然也是一个令人惊喜的收获，所以，"追踪手记"就以迈耶尔太太以及几个认识季羡林的邻居为主。从学术史研究的角度看，这些信息帮助不大。不过这毕竟是历史沧海中难得的陈迹，虽然学术价值有限，但对季羡林先生个人生活史，却有着重要的意义。

在写"追踪手记"过程中，我忽然想到，假如我从事的是一项国家社科基金项目，估计很难交差。因为我的研究未能按照一定的时间进度表进行，预设的研究目标也未能实现，所花经费更是无法统计。其实研究工作，本来就有许多未定因素，谁也无法预先知道其结果如何。关于季先生在哥廷根的经历的调查，我所花费的时间，断断续续算有数年之久，其中有山穷水尽的时候，也有柳暗花明的时刻。而最后的结果还远远没有达到我的预期目标。我有时在想，应该如何来判断我这项研究的价值呢？

当然，我的调查不是仅仅搜集到一些历史残片，也还有一点实际意义。我在哥廷根大学印度学研究所翻阅档案材料时，发现了一个关于授予季羡林"金博士证书"的文件袋。按照哥廷根大学传统，大学会为其校友在获得博士学位50年之际授予"金博士证书"。但我清楚地知道，季先生当时并没有收到此证书。我一打听，才知道印度学研究所曾准备了授予季先生"金博士证书"的相关材料，但由于联系渠道不畅，授予"金博士证书"之事便不了了之。我当时就告诉印度学研究所，应当重新启动此事，我愿意出面联系。回到北京后，我马上联系了德国驻华大使馆，说明了情况。不久，在北京的德国驻华大使馆举行了季羡林先生"金博士证书"的颁发仪式。这件事算是我调查季先生哥廷根踪迹的一项成果吧！

1999年，我从哥廷根回到北京后，虽然给季先生口头汇报了有关收获，但我更想尽快把我的调查情况写出来，并将所搜集的历史材料以及照片也公布出来。这些珍贵的资料对季先生有着重要的意义，同时，对季羡

林研究也很有参考价值。可惜我的"追踪手记"一拖再拖，直到季先生
2009年去世，也没有写出来。歉疚之感，挥之不去。现在终于完成了这篇
"追踪手记"，多少可以告慰季先生在天之灵了。

　　季羡林先生在2009年已经去世，当年我在德国见到的几位老人，想来
今天也已都不在人世了。当年的季先生以及其周围的人物已彻底成了过
去，中德交流中的一段故事也就此消失于茫茫的历史烟云之中。我有幸捕
捉到一点曾经的现场，做了点记录，我的这一番工夫，还算有点价值吧。

第十章

附录：我的留德经历

第一节　我的德国缘

在过去的30多年中，我去过德国无数次。可是我没有在德国完整地学习过，所以算不上"留德华"。但我觉得，我与德国大学缘分很深，我的学术成长几乎是在德国大学中完成的，德国大学是我学术生涯不可分割的一部分。以下谨就几次重要的德国经历略作记述。

1979年，我报考北京大学西语系的英语专业，但由于名额已满，招生组将我调剂到德语专业。这样，我就开始了四年的德语本科学习。在大学四年，虽然我见过德国人，了解了德国的情况，但去德国对我来说似乎还是一件很遥远的事情。

大学毕业时，本想通过报考研究生去德国留学，可惜没有被录取。正好北大的高等教育研究室需要懂德语的人，我就留校开始从事高等教育研究工作。在高教室（后改为高教所），我的主要任务是研究德国高等教育，所以，也在一直寻求着去德国进修的机会。在工作4年之后，机会终于来了。在高教所所长汪永铨老师的安排下，我于1987年9月来到了西柏林，在柏林自由大学进行为期一年的进修。初到柏林，我看到一个陌生而高度发达的国家，眼花缭乱，应接不暇，一切东西都要从头学起。从去超市购物到乘地铁，从乘火车到去大学食堂吃饭，一切都与国内不同。

在柏林自由大学，我的指导教师是霍伯纳（Peter Hübner），他是一位教育社会学家，当时任副校长，我很少能见到他。我就自由地选课和阅读，选听了不少课程，包括历史学、社会学、教育学等。通过上课，我不仅眼界得到开阔，也体验到了德国大学课程的组织方式，特别是研讨课。在研讨课上，有的学生有很好的知识基础和问题意识，往往可以引经据典地相互争论，而老师也能够就某一主题进行阐述，旁征博引，开阔学生的思路。我对德国大学的这种上课形式和风格印象很深，后来我才发现，这一年的听课经历在很大程度上也影响到我自己后来上课的风格。

由于中德两国长期缺乏学术交流，我所在的教育领域与德国几乎完全隔绝。我到德国之后，看到大量的文献，无论新旧，国内从未见过。我想如果每天静心读书，一年时间也读不了几本。买书吧，也没有经济能力。所以就开始疯狂地复印，整本整本地复印。我认识一位在自由大学物理系访问的中国学者，他白天黑夜都在实验室工作，实验室的复印机是免费的。我通常每天去图书馆，阅读、搜集和借阅文献，每周一两次去物理系实验室，通常都是晚上9点之后去，此时实验室基本没人了。我就这样开始一本一本地复印书籍，有些是19世纪的书，也有20世纪初的书，当然也有刚刚出版的新书。同时，也复印了不少论文或专著的章节。一年后，当我准备回国时，面对如山的复印材料，我发起愁来。我跟霍伯纳教授说起此事，他说他来想办法出运费。我采用了比较便宜的海运方式，邮局为我提供了印有"德国邮政"字样的邮寄麻袋，我一口气装了10多麻袋。一算账，700多马克。这批复印的书，充实了我的德国高等教育研究文献库，为我后来的研究奠定了一个很好的文献基础。我经常不无自豪地说，关于德国高等教育，我的收藏在中国绝对是第一。

第一次来德国，我觉得应该利用机会多走访一些相关的机构，建立人脉联系，为今后的研究铺路。我搜集了所有德国从事高等教育研究的机构，然后按图索骥，一个一个地去访问，从南到北，跑遍了整个德国。当时还处于东德和西德并列的时代，柏林是一个位于东德疆域的孤岛。要去西德各个城市，很不方便。我当时经费有限，要节约开支，所以，去外地一般都是采用搭顺车的方式。所谓搭顺车，就是去搭车中介服务站，工作人员给开车的人和搭车的人对接，搭车人给中介交点手续费，与开车人分摊点汽油钱。我就这样跑遍了当时所有我所知道的与高等教育研究相关的机构，包括政府机构和研究机构。开始时我还有些顾虑，觉得没有人介绍，也没有介绍信，不知人家是否会接待。后来我才发现，去这些机构，径自登门拜访即可，自我介绍，说明来意，人家就会接待我，还会送我一些他们的出版物。我就通过这种方式，建立了不少联系，甚至一直保持至今。

在柏林，有一个马克斯·普朗克协会下属的教育研究所。我到柏林不久就登门拜访，接待我的竟然是该所所长高特施密特先生，老先生认真听了我的介绍，了解了我研究的领域，给我介绍了一些有关的信息，而且还邀请我到他们研究所的图书馆看书。有一段时间，我几乎天天去他们图书馆看书、借书，而且都是用他的名义借书。后来我才知道，施密特先生是非常著名的德国学者，平时工作非常繁忙，我不过是一个从中国来的小青年，他就那么耐心，那么信任我，这让我很感动，发自内心地感谢老先生对我的信任和帮助。

一年时间很快就过去了，我发现要补的课还有很多，希望能够在德国攻读博士。本想回国后很快就能再来德国，但这一离开，就是7年。这其中发生了两德统一等一系列重大历史事件，我的计划也就搁浅了。

1993年，我开始在职攻读博士学位。1995年，我申请到了德国学术交流中心（DAAD）的博士生奖学金。这是"三明治"奖学金，需要有中国的导师和德国的导师，双方共同指导。说起德国的导师，还有一段故事。我曾从有关文献中看到一本《德国大学史》，感觉不错，但又买不到（其实也买不起）。我就给作者穆勒教授写信。这位艾希施达特大学的穆勒教授不久就回信，说他请出版社给我寄一本。我由此与他就建立了通信联系。当我申请DAAD奖学金时，他劝我去跟他读博。这样我就来到了艾希施达特，我称之为艾城。

艾城是巴伐利亚州的一个小城，古老而安静，艾城大学的历史可以追溯到16世纪的牧师培训学校。大学很小，只有不到4000名学生，然而很精致，是一个读书的好地方。穆勒教授与同学关系很亲近，经常与学生一起活动、吃饭，一起去慕尼黑看足球赛、听歌剧，或去奥地利滑雪。通过这些活动，让我更多地了解了德国人的生活。穆勒教授是历史学家，他给我引荐了不少历史学家，特别是从事大学史研究的学者，并带我参加由德国、奥地利和瑞士学者组成的"大学与科学史研究会"的学会，参加他们的年会，由此，我便有机会认识了德国大学史研究界的大部分权威学者。

在艾城大学，我主要的活动就是听课和读书。我根据兴趣选听了不少课程，除了历史类的课程，还听了社会学、教育学和艺术类的课程。虽然艾城大学很小，但藏书量非常可观。图书馆中没有的书，也可以通过馆际借阅的方式很方便地借阅。我还是那样，一边看书，一边复印书，特别是19世纪、乃至18世纪的书，根本买不到，必须靠复印来收藏。

我博士论文的主题是"关于德国古典大学观念及其对中国的影响"。一方面需要研究18、19世纪德国大学的观念与改革，另一方面则关注蔡元培在德国的留学经历及其对德国大学观念的接受。在艾城期间，我主要关注的是德国古典大学历史及其观念，系统搜集了有关的德文著述和历史文献，并在此基础上基本形成了我博士论文的思路和框架。

艾城毕竟是小地方，学术交流机会有限，所以我还必须经常走出来，以扩展我的学术联系。这次来德国，我在蔡元培与德国这一方面已经有一些研究基础，于是，我就以"蔡元培与德国"为题目，到若干所大学做报告，由此来扩展我在德国的学术圈子，我去过汉堡大学汉学系、柏林自由大学汉学系、洪堡大学汉学系、慕尼黑大学大学史研究所、莱比锡大学汉学系等。

在艾城一年半的时间里，除了学术，我在其他方面也有了不少收获，比如我加入了当地一个羽毛球俱乐部，每周都去打球，结识了一批当地的青年人，还与他们一起参加地方级的羽毛球比赛。因此我也熟悉了德国人的普通生活。艾城没有亚洲超市，只有一家小中餐馆，德国饮食便成为我的不二选择，我也喜欢上了德国的面包、奶酪、香肠等食品。同时，艾城中国人很少，我基本没有说中文的机会。可以说，艾城时期是我融入德国社会最深的一个阶段。

在艾城期间，我曾去哥廷根大学，查看季羡林先生的有关档案，想对他的留德经历和学术交往进行挖掘，但由于时间有限，而且也不敢分心，所以，关于季羡林先生的研究未能深入。1999年秋天，我申请到了马克斯·普朗克历史研究所为期三个月的研究资助，于是，我又来到了哥廷根。对我来说，这次机会是研究季羡林先生留德经历的天赐良机。

季羡林先生从1935到1945年在哥廷根读书和工作10年之久，后来写了《留德十年》一书，对他在哥廷根的学习和工作进行了回忆。我早就读过此书，但对许多事情还想刨根问底。这次来哥廷根，我第一想系统地查阅一下相关的档案资料，第二想调查一下季羡林先生当年的学习和工作情况，希望能够找到当年认识他的德国人，以便获得第一手的材料。我走访了大学档案馆、市档案馆、大学图书馆、市政府户籍管理部门，还找到印度学研究所和汉学所的退休所长以及市档案馆的退休馆长，但这些调查收获甚微。与此同时，我也在四处寻找季羡林先生在书中提到的熟人。但是由于已过去半个世纪，物是人非，世事沧桑，调查也几乎没有进展。最后我想到一个办法，即在《哥廷根日报》上刊登了一篇文章，一方面介绍季羡林先生，一方面说明我在寻求知情者。

没想到，我的运气真好！文章见报的当天，就有人给我提供了关于伊姆加德的信息，说她还健在，并给了我她的电话号码。这位伊姆加德正是当年为季先生用打字机打印博士论文的那位小姑娘。季先生在书中对她着墨不少，而且也袒露了自己当年对她的暗恋之情。我带着好奇而激动的心情，拜访了这位老人，并与她多次长聊。老人讲述了一些她所知道的关于季先生的事情，并说她当年高中刚刚毕业，曾帮助季先生打了博士论文，如此而已，并没有如坊间所传的那种恋情故事。老人对我很信任，讲了不少当年她个人和家庭的经历，并提供了关于季羡林房东家人以及其他邻居的信息，这样我也找到了几位认识或见过季先生的老人。我回国后立即拜访了季羡林先生，告诉了他我在哥廷根的收获。我也帮助季先生与伊姆加德恢复了中断半个多世纪的联系，并为季先生带回来自哥廷根的问候。同时，我还带回了不少老人保存的当年中国留学生的照片和明信片，这些都是珍贵的历史资料。这次短暂的哥廷根之行，通过寻觅季先生的踪迹，不仅有了意外的收获，也为季先生带回了意外的惊喜，成为我一次特殊的德国经历。

从哥廷根回国不久，我又申请到了洪堡奖学金，赴柏林洪堡大学进行研究。说到申请洪堡奖学金，还有一段插曲。我申请洪堡奖学金时，已年近40岁，到了申请年龄的上限。所以，我很珍惜这最后的机会，认真准备材料，力争实现夙愿。

准备好各种材料后，我满心欢喜地把材料寄往洪堡基金会。可是不久，我的申请材料被退了回来，理由是我在最近的3年中有在德国进行研究的经历，基金会认为，应当首先考虑那些迄今还没有去过德国的申请者。

我一下懵了，觉得成为洪堡学者的希望就此破灭了。但是我仔细一琢磨，觉得他们拒我的理由虽然有理，但缺乏依据。我又专门细看了有关洪堡奖学金的申请要求，其中没有提到所说的这一条规定。于是，我鼓起勇气，给洪堡基金会写了封申辩信，说到在洪堡基金会申请指南中没有规定优先考虑没有德国经历申请者，也没有规定在最近3年在德国进行过研究的申请者不能申请，所以，这些不应该成为拒绝我的理由。其实我也是抱着死马当活马医的念头，申诉一下，不行也没有关系。

没想到，过了不久收到了回信。回信说我言之有理，可以接受我的申请。至于具体评审状况和录取情况，视评审结果再定。我很意外，也很高兴，觉得洪堡基金会能够接受我作为一名申请者提出的理由，非常讲规则，并没有一拒了之。又过了一段时间，录取通知来了，我喜出望外！

这样我就以洪堡奖学金生的身份来到了洪堡大学。在柏林菩提树下大街上的洪堡大学，我不知来看过多少遍了，但每次都是以游客的身份，而这次就不同了，进入主楼的感觉也完全不同了。我的指导教授是布鲁赫

（Rüdiger vom Bruch），他是德国著名的大学史学者，是我在艾城大学导师穆勒教授的师兄，都是慕尼黑大学著名中世纪史学家学者博姆（Laetitia Boehm）教授门下的博士。但是我的申请之所以能通过，布鲁赫一个人是决定不了的，另一个评审人的意见更为重要，这位评审人就是洪堡大学教育系大名鼎鼎的施瑞尔（Jürgen Schriewer）教授，他是一位国际著名的比较教育学者，曾担任世界比较教育学会主席，他对我的申请书评价很高，强烈推荐。这当然是他事后告诉我的。

这次来洪堡大学，我一方面在历史系从事研究，另一方面也与教育系建立起了联系。我与施瑞尔教授有很多交往。教育系中另一位联系较多的是韩友耿（Jürgen Henze）教授，他是我第一次来德国时就认识的老朋友。这些联系对我后来创办北京大学德国研究中心以及中德高等研究院都发挥了重要作用。

作为洪堡学者，我可以在德国从事一年的研究。但是由于北大高教所需要我回来，我就中断了访学，提前半年回到北京。回到北大之后，我投入筹建德国研究中心的工作之中，虽然此后不断地访问德国，但基本是短期的工作访问，没有长期访问德国的机会了。

至此，我在德国学习和进修的岁月基本告一段落，从此，我主要作为一名组织者参与中德两国的学术交流。从2002年起，我建立并领导北京大学德国研究中心十年之久，然后又筹备和执行中德高等研究院项目，为北大与德国大学，或者说为中德学术的合作与交流做了一些工作。

总之，在过去的30多年里，我在中德学术交流方面做了一些事情，这些事情多多少少折射出这一时期中德学术交流与合作的状况，可以说是两国国际学术交流洪流中的一朵浪花。虽然这些故事都是个人经历，但也有超出个人的意义。

第二节　留德与中德学术合作

1987年，我第一次到德国。当时我是根据北京大学与柏林自由大学的校际合作协议，作为交流学者到德国柏林自由大学进行为期一年的访问。这是我第一次出国。当时，柏林墙还在，西柏林还是一个孤岛。

首次来德国，目的是进修，没有具体的任务。我的指导老师是霍伯纳教授，他是教育系的教授，专业是教育社会学，当时还担任副校长。我与导师很少有机会见面，平时与他的助手联系较多。他的助手是搞高等教育研究的，在大学的院校研究部门工作，与我的专业基本对口，所以平时交流多一点。

我在这一年中，主要做了三件事。一是听课。我根据自己的兴趣，选修和旁听了不少课程，领域涉及教育学、社会学、政治学和历史学等方面，顺便也体验了大学的各种课程类型以及教学方式。二是搜集高等教育方面的专业资料。在教育尤其是高等教育领域，中德之间长期没有联系，所有高等教育领域的德文学术文献对我来说都是新的，我不仅要关注最新的学术文献，还要回溯性搜集几十年的学术文献。就我当年的经济水平而言，不可能购买学术文献，我主要是通过复印书籍和购买旧书来丰富我的学术收藏。一年下来，我的书籍和复印材料竟然堆成一座小山。回国时我用海运寄回了10麻袋的书籍和复印材料。三是建立学术联系。为了了解德国的高等教育研究情况，我将西德所有与高等教育研究有关的机构列了一个单子，并利用各种机会分别走访了这些机构，从柏林的马克斯·普朗克教育研究所到波恩的大学校长联合会，从科隆的科学审议会到慕尼黑的巴伐利亚高等教育与规划研究所，从卡塞尔大学职业与高等教育研究所到法兰克福的国际教育研究所，从纽伦堡的联邦劳动局的职业与就业研究所到康斯坦茨大学的高等教育研究中心，从波鸿大学的比较教育研究中心到比勒菲尔德大学的教育系。

第一次来德国，无论从语言方面，还是从学术资料的搜集以及学术网络建立等方面，我都有很大的收获，虽然没做什么课题，也没有发表什么论文。1988年回国时，我本计划很快再回到德国，进行专题性研究。不曾想，回国后由于国内外形势的变化，一等就是七年。

我再次赴德时已是1995年。当时我作为博士生申请了德国学术交流中心（DAAD）的奖学金，来到艾希施达特大学进行博士研究。这次到德国，我有明确的研究任务，即围绕着我的博士论文的题目，进行德国大学历史研究。关于德国大学史的资料，国内几乎是空白，我只好重操旧业，开始系统性、大量复印有关文献。我的导师穆勒是德国大学史的专家，通过导师我结识了不少历史学家，特别是大学史方面的教授和专家。同时，由于我的博士论文也涉及蔡元培，因此结交了不少德国汉学界的学者和教授，并去了很多大学的汉学研究所作报告。第二次赴德，历时一年半，收获满满，第二年我便完成了博士论文，并顺利通过答辩。博士论文出版后，也得到不少赞誉。

在1997—2000年的四年当中，我频繁往返于中德之间，比如去卡塞尔大学进行一项为期半年的欧盟项目，之后到哥廷根的马克斯·普朗克历史研究所从事留德中国学人研究三个月，然后又作为洪堡学者到柏林洪堡大学进行关于蔡元培与德国的研究。

就我自己的中德学术交往而言，2000年可以说是一个转折点。在此之前，我去德国主要是为了学习和进修，以"接受"为主；而2000年之后，我则主要以"回报"为主，以组织者的身份进行中德学术交流而出入德国。

在21世纪之初，德国学术交流中心拟将其全球德国研究资助项目拓展到中国，我得到消息后，想借此机会来加强北大的德国研究。我在学校领导和若干老师的支持下，于2002年正式建立了"北京大学德国研究中心"。中心成员来自不同的院系，都是具有留德经历的老师，也都从事与德国相关的研究和教学工作。当时建立这个中心的一个重要目的就是去申请德国学术交流中心"全球德国研究卓越中心资助计划"。为此，我们需要不断与德国学术交流中心的有关负责人进行沟通，了解他们的想法，并按照他们的要求进行中心的建设和撰写申请报告。申请报告不仅涉及组织建构与活动计划，更要拿出学术研究的具体方案，工作量很大。与此同时，我们还必须与相关的德国大学合作者进行协商，还须与学校协商，这里不仅涉及合作的愿景，更要落实相关的资源和经费，其中遇到不少困难，进展缓慢。

经过不懈的努力，北京大学与德国学术交流中心终于在2005年签订了合作协议，决定共同支持德国研究中心。德方的合作大学是柏林自由大学和洪堡大学，这两所德国著名的大学都给予这个项目很大的支持。由此，北京大学的德国研究中心走入了全球12个德国研究卓越中心的行列。该项目是一个综合性的合作项目，具体涉及研究生培养、学术研究、学术会议、学术出版、学者交流等方面。德国研究中心也是一个跨学科的学术中心，成员来自德语、历史、哲学、法律、艺术、教育、社会学、政治学、心理学和经济学等众多领域，德方的参与者也相应地来自多个学科。

作为一个高端的研究中心，北大德国研究中心举办了大量的学术活动和中德双边学术研讨会，所邀请的德国学者也都是重量级的专家。2008年，中心举办了"以启蒙的名义"的研讨会，德国联邦教育部长沙万（Annette Schavom）亲自带领几位大咖级德国学者来北大参会，并在会上做了专题发言。北京大学的德国研究中心不仅成为北大与德国合作的一个重点，同时，也加强了中德两国人文社会科学领域的合作。

我做了10年德国研究中心的主任，中心从无到有，从默默无闻到影响远播，让我倍感欣慰。在这10年中，我去过无数次德国，但大都来去匆匆。虽然每次去德国的时间很短，但交往面大大扩大，从议员到大学教授，从政府官员到大学领导，朋友圈不断扩大。

2011年，我卸任德国研究中心主任，本想告别奔波的工作节奏。但没有想到，我马上又开始了一次新的长征，即开始投入北京大学中德合作人文社会科学高等研究院的筹建工作。

2011年左右，德国联邦政府计划在全球几大区域资助建立数个人文社会科学研究中心，在东亚的研究中心计划设在北京。闻此消息，我又跃跃欲试。我心想，北大与德国有很好的合作基础，有众多的合作大学和学者，同时，北大也是人文社会科学的重镇，所以，一定要抓住这个机遇，提升北大与德国学界合作的层次，扩大合作的范围。从此，我就开始频繁穿梭于中德之间，穿梭于北大与柏林自由大学、洪堡大学之间，穿梭于联邦政府和中国主管部门之间，从设计研究主题到邀请德方的学者，从落实北大方面的组织支持到邀请国内学者，事无巨细，可谓全力以赴。

按照计划，我们将借鉴柏林高等研究院的模式，建立一个中德合作的人文社会科学高等研究院，为中德两国顶级的学者提供一个开放和跨学科的研究和交流平台。经过几年的筹备，北大与柏林自由大学、洪堡大学共同制定了建立中德高等研究院的方案。联邦政府认为，应当先进行小规模试点，摸索经验。这样我们就在2015年9月正式建立了北京大学中德高等研究院，我出任中方院长。我们在中国邀请了五位驻院学者，德方的三位学者及两位博士后先到北大进行研究，同时，赴几所国内大学进行交流。第二年，中国的学者去柏林进行研究，举行了专题研讨会，并与相关大学的学者进行交流和研讨，为下一步高等研究院的工作进行铺垫。

这次小规模的试点很成功，各方面都给予了高度肯定，德国联邦教育部也表示，即将启动整个项目。眼见大功告成，我觉得可以功成而退了，建议让其他同事主持中德高等研究院工作，我就可以投入更多的精力从事我研究的教育领域。不出所望，联邦教育部于2018年决定正式启动这一项目，委托柏林自由大学和北京大学共同建立中德高等研究院，并邀请各方参与者到德国进行项目论证会。按说，联邦政府都决定了，论证会只是一个程序性的形式，但没想到的是，由于参与各方的论证工作不到位，现场论证居然被专家们否定了。个中原因比较复杂，无法细述，但我多年的心血和愿望，就此付诸东流，中德两国在人文社科领域的合作也失去了一次极好的机会。虽然这一项目未能最终执行，但整个筹备过程以及试点阶段都很有意义，而且也是我所参与的中德学术交流活动中的一个重要案例。

除了在北大的工作，我还在其他平台参与了不少中德学术合作的事情，比如代表欧美同学会德奥分会，参与组织了在柏林举办的第一届中德科技文化论坛（2018），在浙江外国语学院兼任德国研究中心主任，参与浙江科技学院中德工业文化研究中心、深圳技术大学德国工业文明研究中心的工作。

回首往事，1979年，我进入北京大学德语系读书，这一刻就注定了我与德国的缘分。40多年来，我一方面从事德国教育方面的研究，另一方面从事中德学术合作的组织工作，我的视线从未离开过德国。幸运的是，自20世纪80年代以来，中德两国一直保持着良好的关系，中德两国的学界交流与合作也一直呈现积极发展的势头。在这个大背景下，我有幸做了几件事，在中德学术交流的历史上留下了些痕迹。我希望，中德两国能够继续保持良好的合作关系，有更多的学者能够参与中德合作的工作之中。德国作为工业强国和学术大国，对于中国有着重要的意义。而且国际间的文化与学术合作永远是双赢的，彼此可以通过合作而丰富自己，中德建交50年来的交流合作历史就是最好的证明。

在中德学术交流与合作过程中，理工科领域的合作往往更受重视，而且容易开展，但人文社科学科领域的合作却相对困难一些。不仅中国学者对德国相应专业了解不足，德国学者对中国的有关研究也所知有限，所以，双方要找到共同的研究主题和兴趣点，不是一件容易的事情。另外，中国的德国研究不少还处于接受式、跟随型阶段，与德国人文社科学者的对话能力还十分有限。但正因为如此，进一步推进中德之间人文社会科学领域的学术合作，显得尤其重要。在过去的几十年中，我对于促进中德学术合作作了一点贡献，可以聊以自慰，但我深知，这方面的合作仍然任重道远，还需要有人不断地去努力。

参考文献

一、专著

[1] 花之安.德国学校论略［M］.鄂中质社，1897.

[2] 花之安.自西徂东［M］.上海：广东会，1902.

[3] 陶英惠.蔡元培年谱［M］.台北：中央研究院近代史研究所，1976.

[4] 孙常炜.蔡元培先生全集［M］.台北：商务印书馆，1978.

[5] 舒新城.中国近代教育史资料（上册）［M］.北京：人民教育出版社，1979.

[6] 舒新城.中国近代教育史资料（下册）［M］.北京：人民教育出版社，1979.

[7] 郑观应.郑观应集（上册）［M］.夏东元，编，上海：上海人民出版社，1982.

[8] 钟叔河，朱纯.过去的学校［M］.长沙：湖南教育出版社，1982.

[9] 朱克曼.科学界的精英——美国的诺贝尔奖金获得者［M］.周叶谦，冯世刚，译.北京：商务印书馆，1982.

[10] 王国维.王国维遗书（第五册）［M］.上海：上海古籍书店，1983.

[11] 托夫勒.第三次浪潮［M］.北京：三联书店.1983.

[12] 程舜英.两汉教育制度史资料［M］.北京：北京师范大学出版

社，1983.

　　［13］陈学恂.中国近代教育文选［M］.北京：人民教育出版社，1983.

　　［14］蔡建国.蔡元培先生纪念集［M］.北京：中华书局，1984.

　　［15］高平叔.蔡元培全集［M］.北京：中华书局，1984-1989.

　　［16］钟叔河.走向世界——近代中国知识分子考察西方的历史［M］.
北京：中华书局，1985.

　　［17］席勒.审美教育书简［M］.冯至，范大灿，译. 北京：北京大学出
版社，1985.

　　［18］朱有瓛.中国近代学制史料［M］.第二辑上册. 上海：华东师范大
学出版社，1987.

　　［19］周锡山.王国维文学美学论著集［M］. 太原：北岳文艺出版社，
1987.

　　［20］约瑟夫·本-戴维.科学家在社会中的角色［M］.赵佳苓，译. 成
都：四川人民出版社，1988.

　　［21］萧超然，等.北京大学校史1898-1949［M］.北京：北京大学出
版社，1988.

　　［22］吴晗等.皇权与绅权［M］.天津：天津人民出版社，1988.

　　［23］齐如山.齐如山回忆录［M］.北京：中国戏剧出版社，1989.

　　［24］毛礼锐，沈灌群.中国教育通史（第六卷）［M］.济南：山东教
育出版社，1989.

　　［25］陈山榜.张之洞劝学篇评注［M］.大连：大连出版社，1990.

　　［26］冯天瑜，等.张之洞评传［M］.南京：南京大学出版社，1991.

　　［27］希尔斯.论传统［M］.傅铿，吕乐，译.上海：上海人民出版社，
1991.

　　［28］北京大学校史研究室.北京大学史料［M］.第一卷.北京：北京大
学出版社，1993.

　　［29］派泽特，弗拉姆汉.联邦德国的高等教育——结构与发展［M］.

北京：北京大学出版社，1993.

［30］纪昀.闲微草堂笔记［M］.长沙：岳麓书社，1993.

［31］熊月之.西学东渐与晚清社会［M］.上海：上海人民出版社，1994.

［32］高平叔撰著.蔡元培年谱长编［M］.北京：人民教育出版社，1996.

［33］蒋梦麟.西潮［M］.沈阳：辽宁教育出版社，1997.

［34］中国蔡元培研究会.蔡元培全集（第一卷）［M］.杭州：浙江教育出版社，1997.

［35］中国蔡元培研究会.蔡元培全集（第二卷）［M］.杭州：浙江教育出版社，1997.

［36］中国蔡元培研究会.蔡元培全集（第三卷）［M］.杭州：浙江教育出版社，1997.

［37］中国蔡元培研究会.蔡元培全集（第四卷）［M］.杭州：浙江教育出版社，1997.

［38］中国蔡元培研究会.蔡元培全集（第五卷）［M］.杭州：浙江教育出版社，1997.

［39］中国蔡元培研究会.蔡元培全集（第六卷）［M］.杭州：浙江教育出版社，1997.

［40］中国蔡元培研究会.蔡元培全集（第八卷）［M］.杭州：浙江教育出版社，1997.

［41］中国蔡元培研究会.蔡元培全集（第十六卷）［M］.杭州：浙江教育出版社，1998.

［42］中国蔡元培研究会.蔡元培全集（第十七卷）［M］.杭州：浙江教育出版社，1998.

［43］中国蔡元培研究会.蔡元培全集（第十八卷）［M］.杭州：浙江教育出版社，1998.

［44］王承绪.比较教育学史［M］.北京：人民教育出版社，1999.

［45］陈洪捷.德国古典大学观及其对中国的影响［M］.北京：北京大学出版社，2000.

［46］郑金洲，瞿葆奎.中国教育学百年［M］.北京：教育科学出版社，2002.

［47］莫里斯·哈布瓦赫.论集体记忆［M］.毕然，郭金华，译.上海：上海人民出版社，2002.

［48］阿诺德·盖伦.技术时代的人类心灵［M］.何兆武，何冰，译.上海：上海科技教育出版社，2003.

［49］彼得·盖伊.施尼茨勒的世纪：中产阶级文化的形成1815-1914［M］.梁永安，译.北京：北京大学出版社，2006.

［50］瓦尔特·凯泽，沃尔夫冈·科尼希.工程师史：一种延续六千年的职业［M］.顾士渊，等译.北京：高等教育出版社，2008.

［51］陈洪捷.观念、知识和高等教育［M］.合肥：安徽教育出版社，2012.

［52］马克斯·韦伯.经济与社会（第二卷）［M］.阎克文，译.上海：上海人民出版社，2021.

［53］Koch，Erduin Julius. Hodegetik für das Universitaets-Studium in allen Facultäten［M］.Berlin：Franke，1792.

［54］F.Schleiermacher. Gelegentliche Gedanken über Universitäten in deutschem Sinn［M］.Vermischte Schriften，Bd.4，Berlin，1850.

［55］Hahm R. Wildhelm von Humbodlt.Lebensbild und Charakteristik［M］.Berlin，1856.

［56］Zeller E. Über akademisches Lehren und Lernen.Vorträge und Abhandlungen von Eduard Zeller［M］.Dritte Sammlung，Leipzig，1884.

［57］Alois Riedler. Unsere Hochschulen und die Anforderungen des zwanzigsten Jahrhundert［M］.Berlin，1898.

［58］PAULSEN F.Die deutschen Universitten und das Univer-sittsstudium
［M］.Berlin：Verlag von A.Asher&Co.Berlin，1902

［59］Wilhelm Lexis. Die Universitäten im Deutschen Reich［M］.
Berlin，1904.

［60］Mommsen T. Rede beim Antritt des Rektorats：Reden und Aufsätze
［M］. Berlin，1905.

［61］SCHRDER.O. Die philosophische Doktorwürde an den Universitäten
Deutschlands［M］.Halle：Verlag der Buchhandlung des Waisenhauses，1908.

［62］Spranger E.Über das Wesen der Universität［M］. Leipzig：
DurrLeipzig，1910.

［63］Spranger E. Wildhelm von Humboldt und die Reform des
Bildungswesens［M］. Berlin：Reuther & Reichard，1910.

［64］Adolf Harnack. Aus Wissenschaft und Leben［M］. Giessen，1911.

［65］von OechelhÄuser W. Aus deutscher Technik und Kultur［M］.
München/Berlin：R. Oldenbourg Verlag，1921.

［66］C.H.Becker. Vom Wesen der deutschen Universität［M］. Leipzig，
1925.

［67］König R. Vom Wesen der deutschen Universitat［M］. Berlin：
Verlag Die Runde，1935.

［68］Karl Jaspers，Reitz Ernst. Vom lebendigen Geist der Universität und
vom Studieren. Zwei Vorträge［M］. Heidelberg：Lambert Schneider，1946.

［69］Anrich E. Die Idee der deutschen Universität. Die fünf Grundschriften
aus der Zeit ihrer Neugründung durch klassischen Idealismus und romantischen
Realismus［M］. Darmstadt：Wiss. Buchges，1956.

［70］Weischedel W，Müller-Lauter W，Theunissen M. Idee und
Wirklichkeit einer Universität，Dokumernte zur Geschichte der Friedrich-
Wilhelms-Universität zu Berlin［M］.Berlin，Boston：De Gruyter，1960.

［71］Max Scheler. Die Wissensform und die Gesellschaft［M］. Bern，1960.

［72］Caecilie Quetsch. Die zahlenmässige Entwicklung des Hochschulbeuches in den letzten fünfzig Jahren［M］. Berlin /Goettingen / Heidelberg，1960.

［73］Schelsky H. Einsamkeit und Freiheit. Idee und Gestalt der deutschen Universitat und ihre Reformen［M］. Hamburg：Rowohlt Reinbek，1963.

［74］Anrich，Ernst. Die Idee der deutschen Universität. Die fünf Grundschriften aus der Zeit ihrer Neubegründung durch klassischen Idealismus und romantischen Realimus［M］.Darmstadt，1964.

［75］Ralf Dahrendorf. Bildung ist Bürgerrecht. Plädoyer für eine akative Bildungspolitik［M］. Hamburg，1965.

［76］Joseph Ben-David. The scientist's role in society：A comparative study［M］. New Jersey：Prentice-Hall，1971.

［77］Clemens Menze. Die Bildungsreform Wilhelm von Humboldt［M］. Hannover：Schroedel，1975.

［78］Manfred Schröter. Schellings Werke［M］.München，1977.

［79］Lohmar U. Staatsbürokratie：Das hoheitliche Gewerbe. Deutsche Aspekte eines neuen Klassenkampfes［M］. München：Goldmann，1978.

［80］Reinhard Rürup.Wissenschaft und Gesellschaft：Beiträge zur Geschichte der Technischen Universität Berlin 1879—1979［M］. 1. Band，Berlin：Springer Verlag，1979.

［81］Menze C.Wilhelm von Humboldt － Bildung und Sprache［M］. Paderborn，1979.

［82］Fritz K. Ringer. Die Gelehrten. Der Niedergang der deutschen Mandarine 1890- 1933［M］. Stuttgart，1983.

［83］Thomas Nipperdey. Deutsche Geschichte 1800—1866：Bürgerwelt und starker Staat〔M〕.München: C. H. Beck, 1983.

〔84〕W.v.Humboldt. Schriften zur Anthropologie und Bildung〔M〕. Ullstein Frankfurt/Main, 1984.

〔85〕Max Weber. Wissenschaft als Beruf〔M〕. Berlin, 1984.

〔86〕Kant Immanuel. Der Streit der Fakultäten〔M〕.Leipzig, 1984.

〔87〕Kurt-Victor Selge. Internationaler Schleiermacher-Kongreß Berlin 1984〔M〕. Berlin: De Gruyter, 1985.

〔88〕Jeggle U., et al.Volkkultur in der Moderne. Probleme und Perspektiven empirischer Kulturforschung〔M〕. Berlin: Rowohlt Taschenbuch, 1986.

〔89〕Franz Schnabel. Deutschte Geschichte im neunzehnten Jahrhundert. Band 3: Erfahrungswissenschaften und Technik〔M〕.München: dtv, 1987.

〔90〕W.Treue, K.Gründer. Wissenschaft politik in Berlin: Minister, Beamte, Ratgeber〔M〕.Heidelberg: Colloquium Verlag, 1987.

〔91〕Eigen M. Die Idee der Universität〔M〕. Berlin, 1988.

〔92〕Weber M. Gesammelte Aufsätze zur Religionssoziologie I〔M〕. Tübingen: Mohr, 1988.

〔93〕L.Boehm, C.Schönbeck. Technik und Bildung〔M〕. VDI Verlag, 1989.

〔94〕Wolfgang Benz. Die Geschichte der Bundesrepublik Deutschland 〔M〕. Bd. 1: Politik. Frankfurt /M, 1989.

〔95〕Muller E. Gelegentliche Gedanken über Universitäten〔M〕. Leipzig, 1990.

〔96〕.Thomas Ellwein. Die deutsche Universität. Vom Mittelalter bis zur Gegenwart〔M〕. Frankfurt /M, 1992.

〔97〕Kössler H. 250 Jahre Friedrich-Alexander-Universit（a）t Erlangen-Nürnberg: Festschrift〔M〕.Erlangen, 1993.

［98］Burton R. Clark. Places of Inquiry . Research and Advanced Education in Modern Universities ［M］. Berkely, 1995.

［99］Helmut Schmidt. Die Globalisierung ［M］. Frankfurt /M, 1998.

［100］Thomas Nipperdey. Deutsche Geschichte 1800−1866: Bürgerwelt und starker Staat ［M］.Verlag C.H. Beck, 1998.

［101］Mitchell G. Ash. Mythos Humboldt: Vergangenheit und Zukunft der deutschen Universitäten ［M］.Wien: Böhlau, 1999.

［102］Thomas Harnisch. Chinesische Studenten in Deutschland. Geschichte und Wirkung ihrer Studienaufenthalte in den Jahren von 1860 bis 1945 ［M］. Hamburg, 1999.

［103］Schwinges R.C. Humboldt International. Der Export der deutsche Universitätsmodells im 19 und 20 Jahrhundert ［M］.Basel, 2001.

［104］Charles E.McClelland. The German experience of professionalization: modern learned professions and their organizations from the early nineteenth century to the Hitler era ［M］.Cambridge: Cambridge University Press, 2002.

［105］Gteiffenhagen M, Greiffenhagen S. Handwörterbuch zur politischen Kultur der Bundesrepublik Deutschland ［M］.Wiesbaden: Westdeutscher Verlag, 2002.

［106］Heidelberger Akademie der Wissenschaften. Politikberatung in Deutschland ［M］. Wiesbaden: VS Verlag für Sozialwissenschaften, 2006.

［107］Sondermann M, Simon D, Scholza-M., et.al.Die Exzellenzinitiative: Beobachtungen aus der Implementierungsphase ［M］.Bonn: Institut für Forschungsinformation und Qualitätssicherung（iFQ）, 2008.

［108］Paradeise C. et al. University governance ［M］. Springer, Dordrecht, 2009.

［109］Czerwick E, Lorig W H, Treutner E. Die öffentliche Verwaltung in der Demokratie der Bundesrepublik Deutschland［M］. VS Verlag für Sozialwissenschaften, 2009.

［110］Simon D, Knie A, Hornbostel S. Handbuch Wissenschaftspolitik ［M］. Wiesbaden: VS Verlag für Sozialwissenschaften, 2010.

［111］Tobias Hoymann. Der Streit um die Hochschulrahmengesetzgebung des Bundes .Politische Aushandlungsprozesse in der ersten groβen und der sozialliberalen Koalition ［M］. Wiesbaden: VS-Verlag für Sozialwissenschaften, 2010.

［112］HEPP G F. Bildungspolitik in Deutschland. Eine Einführung ［M］. Wiesbaden: VS Verlag für Sozialwissenschaften Springer Fachmedien, 2011.

［113］H. Spitzer, H.Höllmüller &B.Hönig. Soziallandschaften, Perspektiven Sozialer Arbeit als Profession und Disziplin ［M］. Wiesbaden: VS Verlag, 2011.

［114］Behrmann C, Bruhn M, Trinks. Intuition und Institution: Kursbuch Horst Bredekamp ［M］. Berlin: De Gruyter, 2012.

［115］Neller K. Handwörterbuch zur politischen Kultur der Bundesrepublik Deutschland［M］. Springer-Verlag, 2013.

［116］Julian Nida-Rümelin. Der Akademisierungswahn, Zur Krise beruflicher und akademischer Bildung ［M］. Hamburg 2014.

［117］Duong S, Hachmeister C D, Roessler I. Gleichzeitigkeit des Ungleichzeitigen? Lage und Zukunft von Fachhochschulen im Hochschulsystem aus Sicht von Fachhochschulleitungen ［M］. Centrum für Hochschulentwicklungg GmbH, Arbeitspapier, 2014.

［118］Schrader J, et al. Governance von Bildung im Wandel ［M］. Springer VS, Wiesbaden, 2015.

［119］Neumann A.Die Exzellenzinitiative.Deutungsmacht und Wandel im Wissenschaftssystem ［M］. Wiesbaden: Springer VS, 2015.

［120］Hüther O，Krücken G. Hochschulen：Fragestellungen，Ergebnisse und Perspektiven der sozialwissenschaftlichen Hochschulforschung［M］. Wiesbaden：Springer VS，2016.

［121］Holtmann E，W.J.Patzelt. Führen Regierungen tatsächlich［M］. Wiesbaden：VS Verlag für Sozialwissenschaften［M］.2018.

［122］Veit S，Reichard C，Wewer G. Handbuch zur Verwaltungsreform［M］. Wiesbaden：Springer VS，2019.

［123］HRK .Promotionen von Absolventinnen und Absolventen von Fachhochschulen und Hochschulen für Angewandte Wissenschaften und Promotionen in kooperativen Promotionsverfahren，HRK-Umfrage zu den Prüfungsjahren 2015，2016 und 2017［M］. Berlin .Hochschulrektorenkonferenz，2019.

［124］Knüpling F，et al. Reformbaustelle Bundesstaat［M］. Springer VS，Wiesbaden，2020.

［125］Pasternack P，Rediger P，Schneider S. Instrumente der Entbürokratisierung an Hochschulen［M］. Wittenberg：Institut für Hochschulforschung，2021.

二、论文集、会议录

［1］中国蔡元培研究会.蔡元培纪念集［G］.杭州：浙江教育出版社，1998.

［2］陈平原，郑勇.追忆蔡元培［G］.北京：中国广播电视出版社，1997.

三、报告

［1］Allianz der Wissenschaftsorganisationen. Wachstum braucht Wissenschaft：Bildung und Forschung bilden Basis und Motor wirtschaftlicher

und sozialer Innovation［R/OL］.［2019-12-08］.https：//www.hrk.de/
positionen/beschluss/detail/wachstum-braucht-wissenschaft-bildung-und-
forschung-bilden-basis-und-motor-wirtschaftlicher-und-soz/.

　　［2］BDA. Bildung 2030 im Blick［R］.Berlin：BDA，2017：6-52.

　　［3］BMBF. Forschung an Fachhochschulen-Wie aus praxisorientierter
Forschung Produkte und Dienstleistungen werden［R］. Bielefeld：
W.Bertelsmann Verlag，2016：9.

　　［4］Bundesrechnungshof. Bericht an den Haushaltsausschuss des
Deutschen Bundestages nach § 88 Abs. 2 BHO über die Prüfung der
zweckentsprechenden Verwendung restlicher Hochschulpaktmittel und der
Bedingungen des Zukunftsvertrags Studium und Lehre stärken［R］. Bonn：
Bundesrechnungshof，2020：16-17.

　　［5］Der Präsident der Universität Osnabrück. Zahlen，Daten，Fakten
2016-2018［R］.Osnabrück：Uni Osnabrück，2 019-06-19：74.

　　［6］Deutsche Forschungsgemeinschaft/Wissenschaftsrat.Bericht der
Gemeinsamen Kommission zur Exzellenzinitiative an die Gemeinsame
Wissenschaftskonferenz［R/OL］.［2019-11-30］. https：//www.bmbf.de/
files/1_Bericht_an_die_GWK_2015.pdf.

　　［7］Deutsche Forschungsgemeinschaft.Exzellenzstrategie des Bundes
und der Länder Statistische übersichten zu den Förderentscheidungen zu
Exzellenzclustern［R/OL］.［2019-12-01］.https：//www.dfg.de/download/
pdf/dfg_im_profil/geschaeftsstelle/publikationen/studien/bericht_exstra_
foerderentscheidungen_de.pdf.

　　［8］Hochschule Osnabrück. Forschungsbericht 2019/20 " WIR forschen"
［R］.Osnabrück：Hochschule Osnabrück，2020-04-20：42.

　　［9］Hofmann，Silvia；Hemkes，Barbara；Leo-Joyce，Stephan；
König，Maik；Kutzner，Petra. Ausbilungsplus，Duales Studium in Zahlen

2019：Trends und Analysen［R］.Bonn：Bundesinstitut für Berufsbildung，2020-07-06：12，24.

［10］Internationale Expertenkommission zur Evaluation der Exzellenzinitiative（IEKE）.Endbericht［R］.Berlin：IEKE，2016：40.

［11］Markus Uloth. Ergebnisse der Studieneingangsbefragung Fachbereich Architektur Bachelor WS 2016/2017［R］Fachhochschule Dortmund. Dortmund，2016-09-02：36.

［12］Sigrun Nickel u.a.：Duales Studium：Umsetzungsmodelle und Entwicklungsbedarfe［R］. CHE Centrum für Hochschulentwicklung，2022：129.

［13］Uni Tübingen. Promotionsstudium an der Universität Tübingen，Schritte zur Einschreibung［EB/OL］［2021-02-06］.https：//uni-tuebingen. de/studium/bewerbung-und-immatrikulation/promotion/.

［14］Wissenschaftsrat. Empfehlungen zur weiteren Differenzierung des Tertiären Bereichs durch duale Fachhochschul-Studiengänge［R］.1996.

［15］Wissenschaftsrat. Empfehlungen zur Entwicklung des dualen Studium［R］. Positionspapier，2013：39.

［16］WR. Empfehlungen zur Differenzierung der Hochschulen［R］. Lübeck：Wissenschaftsrat，Drs.10387-10，2010-11-12.

四、期刊文献

［1］陶英惠.蔡元培与中央研究院［J］.近代史研究所集刊（7期），1978，6.

［2］宋月红，真漫亚.蔡元培与《北京大学月刊》——兼论蔡元培对北京大学的学术创新［J］.北京大学学报（哲学社会科学版），1997，6.

［3］张剑.中国学术评议空间的开创——以中央研究院评议会为中心［J］.史林，2005，6.

［4］左玉河.从考文苑到研究所：民初专业研究机构之创设［J］.社会科学研究，2007，2.

［5］周海霞.德国应用科技大学（FH）获博士学位授予权之争议［J］.外国教育研究，2014，（10）：96-108.

［6］陈洪捷.洪堡大学理念的影响：从观念到制度——兼论"洪堡神话"［J］.北京大学教育评论，2017，15（03）：2-9+188.

［7］王兆义.德国应用科学大学更名研究［J］.比较教育研究，2019，（3）：53-60.

［8］陈洪捷，巫锐."集群"还是"学科"：德国卓越大学建设的启示［J］.江苏高教，2020（02）：1-8.

［9］巫锐，皮尔·帕斯特纳克.德国高等教育"合约管理"模式的经验与启示——基于柏林洪堡大学七版目标协定文本的比较分析［J］.清华大学教育研究，2020，41（01）：126-133.

［10］陈洪捷.工业技术文化视野中的德国应用科学大学［J］，中国职业技术教育，2021，36.

［11］陈洪捷，徐宏伟，咸佩心，王兆义，任平，贺阳.德国工业技术文化与职业教育（笔谈）［J］.中国职业技术教育，2021（36）：17-28.

［12］徐宏伟.工业技术文化视野下德国工商业协会的职业教育实践［J］.高等职业教育探索，2022，21（05）：32-37.

［13］巫锐.德国教育法体系的整合机制及其启示［J］.湖南师范大学教育科学学报，2022，21（01）：49-56+66.

［14］任平，王兆义.工业技术文化视域下德国手工业行会的教育功能及其实践路径［J］.高等职业教育探索，2022，21（06）：15-21.

［15］咸佩心，李琦琦.工业技术文化视野中的德国科学资助者协会［J］.职教论坛，2022，38（05）：38-48.

［16］Volk und Wissen, Zur Geschichte der Arbeitererziehung in Deutschland. Von den Anfängen bis［J］. Monumenta Paedagogica, 1971

（10）：66.

[17] CLARK W. On the ironic specimen of the doctor of philosophy [J].
Science in context, 1992, 5: 97-137.

[18] R. V. Bruch. Langsamer Abschied von Humboldt [J]. Forschung &
Lehre, 1995（12）: 667-673.

[19] Porter M.Cluster and the New Economics of Competition [J].
Harvard Business Review, 1998（76）: 77-78.

[20] Paletschek, S. Die Erfindung der Humboldtschen Universität.
Die Konstruktion der deutschen Universitätsidee in der ersten Hälfte des 20.
Jahrhunderts [J]. Historische Anthropologie, 2002, 10.

[21] Dedering K, Kneuper D, Tillmann K J. Was fangen "Steuerleute"
in Schulministerien mit Leistungsvergleichsstudien an? Eine empirische
Annäherung [J]. Zeitschrift für Pädagogik, 2003（47）: 158-159.

[22] Geyer M. Translationale Bürgerschaft. Betrachtungen zur deutschen
und amerikanischen Wissenschaftskultur [J]. Potsdamer Bulletin für
Zeithistorische Studien, 2006（36/37）: 11-20.

[23] BAETHGE M. Das deutsche Bildungsschis-ma: Welche Probleme
ein vorindustrielles Bildungs-system in einer nachindustriellen Gesellschaft hat
[J].SOFI-Mitteilungen, 2006（34）: 13-27.

[24] J.Moes. Was bedeutet die Exzellenzinitiative für die
Nachwuchsförderung [J]. GEW-Handbuch Promovieren mit Perspektive. Ein
Ratgeber von und für DoktorandInnen, 2006: 65-83.

[25] Kühl S. Von Autonomie, Reform und Demobürokratien. Eine kleine
Luhmann-Nacherzählung [J]. Forschung & Lehre, 2007（07）: 388.

[26] Langewiesche D. Die "Humboldtsche Universität" als nationaler
Mythos [J]. Historische Zeitschrift, 2010, 290: 53-91.

[27] Holger Kinzel. Industry 4.0-Where does this leave the Human

Factor？［J］. Journal of Urban Culture Research，2017，（15）：70-83.

［28］Rita Casale. Die Komposition des Getrennten-über Geschichte und Gegenwart des Studium Generale［J］. Forschung & Lehre，2018，（7）：588.

［29］Özmen E. Wissenschaftsfreiheit：Normative Grundlagen und aktuelle Herausforderungen［J］. Zeitschrift der Bundeszentrale für politische Bildung，2021（46）：04-08.

［30］Bloch R，Würmann C. Prekär，aber frei？ Arbeitsbedingungen und Karrierewege in der Wissenschaftund ihre Konsequenzen für die Wissenschaftsfreiheit［J］. Zeitschrift der Bundeszentrale für politische Bildung，2021（46）：48-54.

五、报纸文献

［1］蔡元培.北京大学国学研究所一览序［N］.北京大学日刊，1925-06-27.

［2］WIARDA J M. Rechnungshof fordert Sperre von Hochschulpakt-Geldern［N/OL］.（2020-09-22）［2022-12-12］. https：//www.jmwiarda. de/2020/09/22/rechnungshof-fordert-sperre-von-hochschulpakt-gelder/.

［3］Kühne A，Warnecke T. Bildung ist ihr Geschäft［N/OL］.（2016-10-20）［2022-08-08］. https：//www.tagesspiegel.de/wissen/bertelsmann-stiftung-bildung-ist-ihr-geschaeft/14700072.html.

［4］Dämon K. Akademiker-Schwemme "Wir haben keine Jobs für all die Akademiker"［N/OL］.（2016-04-04）［2022-12-12］. https：//www. wiwo.de/erfolg/jobsuche/akademiker-schwemme-wir-haben-keine-jobs-fuer-all-die-akademiker/13399740.html.

［5］TU9 Hauptstadtbüro. Promotionen in Kooperation mit der Industrie（ "Kuckucksei" -Promotionen）［N/OL］.（2017-06-14）［2022-12-12］. https：//idw-online.de/de/news676394.

六、电子资源

［1］Arne Pautsch. Warum das FH-Promotionsrecht ein Irrweg ist［EB/OL］. Forschung & Lehre. https：//www.forschung-und-lehre.de/politik/warumdas-fh-promotionsrecht-ein-irrweg-ist-3027/.

［2］Bund-Länder-Vereinbarung gemäβ Artikel 91b des Grundgesetzes（Forschungsförderung）über die Exzellenzinitiative des Bundes und der Länder zur Förderung von Wissenschaft und Forschung an deutschen Hochschulen［EB/OL］.（2005-01-03）［2019-12-01］.https：//www.gwk-bonn.de/fileadmin/Redaktion/Dokumente/Papers/exzellenzvereinbarung.pdf.

［3］Bundesministeriums der Justiz. Grundgesetz［EB/OL］.（2022-06-28）［2022-08-08］.https：//www.gesetze-im-internet.de/gg/art_91b.html.

［4］Bundesrechnungshof. Unsere Geschichte［EB/OL］.［2022-12-10］.https：//www.bundesrechnungshof.de/DE/5_ueber_uns/1_wer_wir_sind/unsere_geschichte/unsere_geschichte_artikel.html.

［5］Deutscher Lehrerverband. Bildung in Deutschland – Diagnosen und Perspektiven des Deutschen Lehrerverbandes［EB/OL］.（2012-10-12）［2022-12-12］.https：//www.lehrerverband.de/bildung-in-deutschland/.

［6］DHV. Zur Zukunft der Exzellenzinitiative überlegungen des Deutschen Hochschulverbandes［EB/OL］.（2016-01-25）［2022-08-08］https：//www.hochschulverband.de/fileadmin/redaktion/download/pdf/resolutionen/Resolution-Exzellenzinitiative.pdf

［7］DIHK. DIHK-Stellungnahme zum Entwurf eines Gesetzes zur Modernisierung und Stärkung der beruflichen Bildung-Berufsbildungsmoderni sierungsgesetz（BBiMoG）［EB/OL］.（2019-01-08）［2022-12-12］.https：//www.bmbf.de/bmbf/shareddocs/downloads/files/2019_01_08_dihk-stellungnahme.pdf? __blob=publicationFile&v=3.

［8］FAZ. Deutschland sucht seine Spitzenuniversitäten "［EB/OL］. https：//www.faz.net/aktuell/politik/bildung−deutschland−sucht−seinespitzenuni versitaeten−1147112.html.

［9］Frank Jung. Doktortitel für FH−Absolventen：Uni Kiel bremst Promotionsrecht aus［EB/OL］.https：//www.shz.de/nachrichten/meldungen/ doktortitel−fuer−fh−absolventen−uni−kiel−bremst−promotionsrecht−aus− id30008337.html

［10］GWK. Verwaltungsabkommen zwischen Bund und Ländern über die Errichtung einer Gemeinsamen Wissenschaftskonferenz（GWK−Abkommen） ［EB/OL］.（2019−02−07）［2022−12−12］. https：//www.gwk−bonn.de/ fileadmin/Redaktion/Dokumente/Papers/gwk−abkommen_16−11−2018.pdf

［11］HRK. Grundsätze zur Fortführung der Exzellenzinitiative［EB/OL］. （2015−11−10）［2022−08−08］. https：//www.hrk.de/positionen/beschluss/ detail/grundsaetze−zur−fortfuehrung−der−exzellenzinitiative/

［12］HRK. Hochschulen in Zahlen−2020［EB/OL］. https：//www. hrk.de/fileadmin/redaktion/hrk/02−Dokumente/02−06−Hochschulsystem/ Statistik/2020−10−01_HRK−Statistikfaltblatt_Hochschulen_in_Zahlen_2020_ Deutsch.pdf.

［13］Handwerkskammer Region Stuttgart. Positionspapier Bildungspolitik ［EB/OL］.［2022−12−12］. https：//www.hwk−stuttgart.de/artikel/das− fordert−die−kammer−in−sachen−bildungspolitik−67，0，1607.html.

［14］Im Gespräch：Präsidenten von TU und Hochschule Darmstadt： "Der Doktortitel darf nicht verwässert werden"［EB/OL］. Frankfurter Allgemeine. https：//www.faz.net/aktuell/rhein−main/streitgespraech− promotionsrecht−an−fachhochschulen−12959889.html

［15］Jeretin−Kopf M，Haas R，Steinmann R，et al. Wie Industrie 4.0 Bildung，Arbeit und Technik beeinflusst［EB/OL］. https：//www.

researchgate.net/publication/308890733_Wie_Industrie_40_Bildung_Arbeit_ und_Technik_beeinflusst.

［16］Julia Becker. Promovieren mit Fachhochschulabschluss？ ［EB/OL］ https：//www.academics.de/ratgeber/promovieren-fh-fachhochschule.

［17］Katja Irle.Promotion als Privileg ［EB/OL］. Frankfurter Rundschau. https：//www.fr.de/wissen/promotion-privileg-11305180.html.

［18］KMK. Bildung in der digitalen Welt［EB/OL］.（2016-12-08）［2022-08-08］. https：//www.kmk.org/fileadmin/Dateien/ veroeffentlichungen_beschluesse/2016/2016_12_08-Bildung-in-der-digitalen-Welt.pdf.

［19］KMK. Ländervereinbarung über die gemeinsame Grundstruktur des Schulwesens und die gesamtstaatliche Verantwortung der Länder in zentralen bildungspolitischen Fragen［EB/OL］.（2020-10-15） ［2022-12-12］. https：//www.kmk.org/fileadmin/veroeffentlichungen_ beschluesse/2020/2020_10_15-Laendervereinbarung.pdf.

［20］Kultusministerkonferenz.Netzwerk der Exzellenz（Beschluss der Kultusministerkonferenz vom 4.3.2004）［EB/OL］.（2004-01-01） ［2019-11-30］.https：//www.kmk.org/fileadmin/veroeffentlichungen_ beschluesse/2004/2004_03_04-Netzwerk-der-Exzellenz.pdf.

［21］Stiftung Mercator. Leitbild［EB/OL］.［2022-12-12］. https：// www.stiftung-mercator.de/de/wer-wir-sind/leitbild/

［22］Siemens Stiftung. Wie können wir mit Bildung Zukunft gestalten？ ［EB/OL］.［2022-12-12］. https：//www.siemens-stiftung.org/stiftung/ bildung/

［23］Verband Bildung und Erziehung. Schul- und Bildungspolitik. Ziele und Positionen［EB/OL］.［2022-12-12］. https：//www.vbe. de/arbeitsbereiche/schul-undbildungspolitik/ziele-und-positionen.Marion

Schmidt. Bitte nicht noch mehr Doktoranden! Warum Fachhochschulen kein Promotionsrecht haben sollten ［EB/OL］. Zeitonline. https：//www.zeit. de/2014/10/fachhochschulen-promotionsrecht-doktoranden.

［24］Wikipedia. Kategorie ：Ingenieurberuf ［EB/OL］. https：// de.wikipedia.org/wiki/Kategorie：Ingenieurberuf.

后　记

感谢山东教育出版社的创意，促使我将自己的研究论文筛选编辑成书。本书内容是从我发表的关于德国高等教育研究的文章中精选出来的，不包括有关专著或有关专著中的章节。多数文章在收入本书时题目有所改动，内容也进行了轻微增删。

所收录的文章中有几篇是与他人合作的成果。第三章第三节和第四章第三节的合作者是深圳技术大学咸佩心副教授，第三章第四节和第五章第四节的合作者是北京外国语大学巫锐副教授，第四章第四节的合作者是浙江科技大学王兆义副研究员，第六章第三节的合作者是中国教育科学研究院的秦琳副研究员。

在文献搜集和整理过程中，张乐博士和刘璐博士做了大量细致的工作。山东教育出版社的李红主任对本书的编辑工作给予了专业的指导，王柏林编辑对全书做了精心、细致的编辑工作。在此一并感谢。